맑스주의 역사 강의

유토피아 사회주의에서 아시아 공산주의까지

맑스주의 역사 강의 : 유토피아 사회주의에서 아시아 공산주의까지

초판1쇄 펴냄 2010년 7월 20일
초판7쇄 펴냄 2022년 5월 01일

지은이 한형식
펴낸이 유재건
펴낸곳 그린비
주소 서울시 마포구 와우산로 180, 4층
대표전화 02-702-2717 | **팩스** 02-703-0272
홈페이지 www.greenbee.co.kr
원고투고 및 문의 editor@greenbee.co.kr

주간 임유진 | **편집** 홍민기, 신효섭, 구세주, 송예진 | **디자인** 권희원, 이은솔
마케팅 유하나, 육소연 | **물류유통** 유재영, 한동훈 | **경영관리** 유수진

저작권법에 의해 한국 내에서 보호를 받는 저작물이므로 무단전재와 무단복제를 금합니다.
책값은 뒤표지에 있습니다. 잘못 만들어진 책은 구입처에서 바꿔 드립니다.
ISBN 978-89-7682-350-2 03300

學問思辨行 : 배우고 묻고 생각하고 판단하고 행동하고
독자의 학문사변행을 돕는 든든한 가이드 _그린비 출판그룹

그린비 철학, 예술, 고전, 인문교양 브랜드
엑스북스 책읽기, 글쓰기에 대한 거의 모든 것
곰세마리 책으로 통하는 세대공감, 가족이 함께 읽는 책

맑스주의
역사 강의

유토피아 사회주의에서 아시아 공산주의까지

한형식 지음

그린비

차례

들어가면서 9
이 강의의 목표 9
혼란스러운 개념들 정리 11
① 사회주의와 공산주의 12 | ② 맑스주의 18 | ③ 용어상의 혼란 20

1강 _ 자본주의의 발전과 맑스 이전의 사회주의 25
자본주의의 발전과 사회주의의 등장 26
정치적 노선의 사회주의: 바뵈프와 블랑키 29
① 가난한 자들의 봉기 29 | ② '프롤레타리아트 독재'에 관한 오해 32
경제적 노선의 사회주의: 생시몽, 푸리에, 프루동, 바쿠닌 36
① 생산력발전에 대한 낙관과 비관 36 | ② 정치적 행동과 직접행동 44

2강 _ 맑스·엥겔스의 초기 사상 51
자유주의자에서 사회주의자로 53
자본주의와 소외: 『1844년의 경제학-철학 초고』 56
① 이 텍스트가 지니는 의미 56 | ② 사적 소유와 상품생산의 철학적 해석 58
③ 변증법: 혁명적 변화의 철학적 원리 61 | ④ 인간의 유적 본질과 소외의 극복 63
유물론적 역사이해: 「포이어바흐에 대한 테제들」, 『독일 이데올로기』 65
맑스주의의 기초 확립: 『공산당 선언』 70
① 『공산당 선언』의 역사적 의미 70 | ② 유물론적인 자본주의 분석 74
③ 자본주의의 붕괴와 사회주의로의 이행 76 | ④ 공산주의에 대한 전망 79

3강 _ 맑스·엥겔스의 후기 사상 85
착취의 과학적 해명: 잉여가치론 85
제1인터내셔널: 국가주의·아나키즘과의 대결 89
① 제1인터내셔널의 결성 89 | ② 아나키즘과의 대립 92 | ③ 국가주의의 대두 95
파리코뮨과 새로운 국가론: 『프랑스 내전』 97
라살레파와의 대결: 『고타강령 초안 비판』 104
① 독일 노동운동의 통합과 「고타강령」 104 | ② 노동전수익권 비판 107
③ 형식적 평등과 실질적 평등 109 | ④ '철의 임금법칙' 비판 112
맑스 사상의 체계화: 『반뒤링』, 『포이어바흐와 독일 고전철학의 종말』 115
① 최초의 맑스주의 교과서 116 | ② 엥겔스의 해석 문제 118

4강 _ 제2인터내셔널의 논쟁들(1) – 수정주의 논쟁과 총파업 논쟁 127
분열의 시작 131
수정주의 논쟁 133
① 수정주의와 개량주의 133 | ② 수정주의의 등장 134 | ③ 정통파의 입장: 붕괴론 135
④ 베른슈타인의 수정주의 137
⑤ 사회개량이냐 혁명이냐: 베른슈타인과 룩셈부르크의 논쟁 141
총파업 논쟁 150
① 총파업이란 무엇인가 150 | ② 아나코-생디칼리즘과 총파업 153
③ 맑스주의와 총파업 155 | ④ 맑스주의의 총파업 수용: 1905년 혁명과 『대중파업』 160

5강 _ 제2인터내셔널의 논쟁들(2) – 반전 논쟁과 식민지 논쟁 171
반전 논쟁 171
① 반전 논쟁의 역사적 배경 171 | ② 방어 전쟁의 논리 175
③ "전쟁에는 전쟁으로": 「슈투트가르트 결의안」 179
식민지 논쟁 184
① 자본주의의 발전과 식민지 점령 184 | ② 수정주의자들의 식민지관 187
③ 혁명적 사회주의자들의 수정주의 식민지관 비판 197

6강_ 러시아혁명과 레닌(1) - 1917년 이전의 러시아와 레닌 201

러시아혁명의 배경 201
① 러시아혁명의 전사(前史) 202 | ② 인민주의자들의 등장 203
③ 초기의 러시아 맑스주의: 2단계 혁명론 206

러시아혁명의 새로운 흐름 210
① 러시아 사회민주당의 창립 210 | ② 레닌의 전위당 이론: 『무엇을 할 것인가?』 214
③ 1905년 혁명과 소비에트 219 | ④ 1905년 혁명에 대한 맑스주의자들의 평가 225

7강_ 러시아혁명과 레닌(2) - 1917년 혁명과 소련의 성립 229

2월 혁명에서 10월 혁명으로: 사회주의혁명으로의 발전 229
맑스주의 국가론을 다시 생각하다: 『국가와 혁명』 239
10월 혁명의 과제들 246
① 혁명이 직면한 문제들 247 | ② 서유럽 혁명의 불발 249 | ③ 전시공산주의 253

새로운 시대의 맑스주의: 『제국주의』 256
신경제정책(NEP): 이보전진을 위한 일보후퇴 264

8강_ 코민테른과 스탈린 체제 273

코민테른의 성립 273
스탈린과 소련의 발전방향을 둘러싼 논쟁들 279
① 스탈린의 부상 279 | ② 스탈린의 권력장악 285 | ③ 정치투쟁 과정에서의 논쟁들 287

스탈린 시기의 소련과 스탈린주의 291
① 일국사회주의론 291 | ② 스탈린 테러 297 | ③ 스탈린주의를 어떻게 볼 것인가? 301

9강 _ 중국혁명과 마오주의 309

중국 공산당의 형성: 신해혁명에서 대장정까지 309

옌안 시대 320
① 대중 노선의 본격화와 『옌안문예강화』 321
② 추상적 교리에서 구체적 정세로: 『실천론』과 『모순론』의 변증법 재해석 325

공산주의 중국의 성립과 새로운 사회를 위한 시도들 333
① 제1차 5개년 계획 333 | ② 의도와 결과의 괴리: 대약진운동 337

혁명은 계속된다: 문화대혁명 345
① 문화대혁명의 발발 345 | ② 문화대혁명의 문제의식: 「문혁 16조」 349
③ 홍위병운동의 확산과 문혁의 성격 전화 353 | ④ 문화대혁명의 의의 358

10강 _ 맑스주의의 새로운 흐름들 363

웨스턴 맑시즘 364
① 웨스턴 맑시즘의 등장과 전개 364 | ② 그람시의 맑스주의 373
③ 프랑크푸르트 학파 377 | ④ 68혁명 이후의 맑스주의들 381

아시아 공산주의 393
① 아시아 공산주의의 과제와 특징 393 | ② 동아시아 공산주의의 전개과정 400
③ 그 외 지역의 공산주의 411

나가면서 417

더 읽을 책들 422
찾아보기 431

들어가면서

이 강의의 목표

새움에서는 지난 4년 동안 6회에서 8회 분량의 '맑스주의의 역사' 강의를 진행해 오고 있습니다. 이 강의는 맑스 직전의 사회주의에서부터 현재까지의 맑스주의의 전체 흐름을 간략하게 개괄할 목적으로 마련되었습니다. 그리고 이 강의에 기초해서 대중들이 손쉽게 읽고 맑스주의의 전체 윤곽을 짐작할 수 있는 책을 만들고자 했습니다. 맑스주의를 대중들에게 좀 더 널리 알리기 위해서는 맑스주의라고 불린 사상들을 짧게 정리해서 알려 드릴 필요가 있다고 봅니다. 물론 지금까지 이런 시도가 전혀 없었던 것은 아닙니다. 하지만 제한된 지역이나 시기, 인물만을 다룬 경우가 많았고 특정한 정치적 입장이 강하게 반영된 책도 많았습니다. 또 다루는 범위가 워낙 광범위한 까닭에 책의 분량도 많아질 수밖에 없었습니다.

저희 강의는 맑스주의에 대한 사전지식이 전혀 없는 분들도 어렵지 않게 이해할 수 있는 수준으로 진행하려 합니다. 또 좀더 자세히 공부하려는 분들에게 앞으로의 공부에 도움을 주는 역할을 하고 싶습니다. 새움의 전체 활동처럼 이 강의도 특정한 정치적·이론적 입장을 선전하거나 정당화하기 위한 게 아닙니다. 또 맑스주의의 역사를 정리하는 데 있어서도 저 개인의 입장을 가급적 배제하고자 했습니다. 물론 온전히 객관적인 역사 서술이 불가능하다는 것을, 특히 맑스주의처럼 당파적인 정치사상의 경우엔 더더욱 그렇다는 것을 저도 잘 알고 있습니다. 그러나 가급적이면 역사에서 좀더 큰 영향력을 가졌던 맑스주의 해석들을 제 판단을 개입시키지 않고 소개하려 애썼습니다. 그것이 얼마나 성공적이냐에 대한 판단은 독자들의 몫이라 봅니다. 저희의 강의와 이 책이 더 나은 대중교재가 나올 수 있도록 자극하는 역할이라도 할 수 있다면 그것으로 기쁠 것입니다.

강의에서는 이른바 '주류의 해석'이라고 하는 것들을 다양하게 소개하겠습니다. 그래서 맑스주의 안팎에서 이론적·실천적으로 영향력이 큰 목소리들을 소개하는 식이 될 것입니다. 또 맑스주의를 실천과 분리된 이론의 영역에서만 다루지 않으려고 합니다. 맑스주의자들의 사상은 정치적 운동과 밀접하게 연관되어 형성되었습니다. 이 실천적인 운동들과 분리해서 이론을 보게 되면 사실 무슨 이야기인지 이해하기가 불가능합니다. 특정한 정치적 상황에서 특정한 정치적 주장을 펼치는 것인데, 그 상황과 주장을 빼고 추상화된 개념만 본다면 어떤 이야기를 하는지 모르게 돼요. 그래서 가능하면 역사적 맥락 속에서 맑스주의 이론을 소개하는 방식으로 강의하려고 합니다.

강의 과정에서 보겠지만 맑스주의는 아주 다양한 흐름으로 구성되어 있습니다. 이 흐름들은 약간의 입장차이를 가지고 평화롭게 공존했던 게 아닙니다. 많은 경우에 서로 간의 격렬한 적대 속에서 발전합니다. 대부분의 맑스주의 이론들은 정치적 투쟁과 이론적 논쟁과정 속에서 생성됩니다. 따라서 그것들이 등장한 맥락을 알아야 합니다. 누구와 싸우면서 한 말인지, 누구에게 찬성하면서 한 말인지, 또 누구의 주장에 영향받은 이론인지를 아는 게 중요합니다. 그래서 노선과 사상의 대립, 영향, 계승 관계를 중심으로 이야기를 하려 합니다. 즉 흐름의 연속으로서 맑스주의를 개관하려 합니다. 또한 사람들이 맑스주의 또는 사회주의·공산주의에 대해 가지고 있는 막연한 통념들이 어디에서 유래했는지 밝힐 것입니다. 그럼으로써 이런 통념들이 타당한 것인지 근거 없는 것인지 그리고 어떤 맥락에서 통념으로 굳어진 것인지를 비판적으로 검토해 볼 수 있을 것입니다.

혼란스러운 개념들 정리

우리 사회 전체에서뿐만 아니라 강의를 들으러 오는 분들도 맑스주의가 무엇이냐에 대한 개념상의 혼란이 상당히 큰 것 같습니다. 맑스주의를 공부할 때 나오는 개념들이 아주 다양하고 여러 가지 의미로 사용되기 때문에 개념적 혼란이 상당히 심합니다. 맑스주의처럼 사람 이름 뒤에 '주의'가 붙으면 그 사람의 사상을 가리키는 것입니다. 하지만 역사적 전개과정 속에서 그 사람이 살아 있는 동안 표현했던 생각과는 아주 다른 내용들이 그 사상 안에 들어가는 일도 발생합니다.

그리고 맑스주의와 관련된 다른 용어들도 있습니다. 사회주의와 공산주의가 대표적입니다. 일상생활에서는 맑스주의, 사회주의, 공산주의를 잘 구별하지 않습니다. 사회민주주의라는 말도 있고, 좌파나 진보 같은 말까지 포함하면 경계가 아주 모호해집니다. 그래서 맑스주의, 사회주의, 공산주의가 무엇인지 개념정리를 먼저 해야 할 것 같습니다. 이 개념들이 특정한 시기에 같은 공간에서 계획적으로 나왔으면 정리가 이루어졌을 것입니다. 하지만 다른 역사적 과정을 겪으면서 사용되다 보니 용어들의 의미가 고정되지 않고 변화했으며, 이것이 용어상의 혼란을 낳았습니다.

① 사회주의와 공산주의

우선 사회주의와 공산주의를 보겠습니다. 사회주의는 무엇을 가리키는 말인가요? 사회주의라는 용어는 원래는 정치철학에서의 용어입니다. 사회주의와 반대되는 개념이 있죠. 사회의 반대말이니까 개인주의입니다. 17~18세기 영국에서 개인주의·자유주의 노선과 반대되는 사회사상의 노선을 사회주의라고 불렀습니다. 즉 사회를 바라볼 때 기본 단위를 개인이 아닌 집단으로 보는 관점을 취하는 사회사상을 사회주의라고 통칭한 것입니다. 그래서 사회주의를 이해하기 위해서는 사회주의와 자유주의의 차이를 분명히 인식할 필요가 있습니다. 역사적으로는 둘 사이의 경계 자체가 모호해지기도 하는데, 특히 한국에서는 두 개념의 사용이 너무 부정확합니다. 한국의 좌파 또는 진보 진영 안에는 자기들이 사회주의적이라고, 심지어 공산주의적이라고 말하지만 가만 들어 보면 자유주의자인 사람들이 상당히 많습니다.

개인주의·자유주의라는 개념은 생겨나면서부터 경제적 함의를 가지고 있었습니다. 개인의 사유재산에 대한 인정을 가장 중요한 요소로 삼고 있었기 때문입니다. 사회주의가 개인주의·자유주의와 대립된다면, 사회주의는 개인의 사유재산권에 대한 반대를 당연히 담고 있겠죠. 사회주의 안에는 처음부터 개인의 사유재산에 대한 반대 노선으로서 집단적 소유나 사회적 소유라는 생각이 있었습니다. 맑스 이후로는 이 의미가 상당히 중요한 특징으로 부각됩니다. 사회주의라는 말은 영국에서 처음 널리 쓰이기 시작했지만, 곧 전 유럽으로 퍼져서 여러 가지 다양한 주장들이 사회주의라는 이름으로 불립니다. 열거하기 힘들 정도로 많은 사회주의들이 등장하게 됩니다.

다음은 공산주의의 기원을 살펴보겠습니다. 공산주의(Communism)

라는 말의 어원인 코뮌(commune)이라는 단어는 오래전부터 있었습니다. 지역공동체, 촌락공동체로서의 코뮌이라는 게 있었고, 프랑스혁명 시기에는 파리에서 주민들의 정치조직인 코뮌이 자발적으로 형성되기도 했습니다. 공산주의(Communism)라는 용어 전에 코뮌날리즘(Communalism)이라는 용어도 쓰였어요. 둘 다 같은 어원을 갖는 단어들인데 상당히 오래전부터 쓰였던 것들입니다.

근대적 의미에 가까운 공산주의가 나타나기 시작한 것은 유럽의 중세 말 정도부터라고 합니다. 중세 말에 수도원운동이 유행합니다. 교황청 중심의 가톨릭에 반기를 들면서 수도원이라는 결사체를 중심으로 새로운 신앙운동이 생겨납니다. 이 운동을 처음 시작한 사람이 유명한 아시시(Assisi)의 성 프란체스코라는 사람입니다. 성 프란체스코의 가장 중요한 사상이 '가난사상'입니다. 가난은 재산이 없는 거죠. 중세 때 재산은 곧 토지를 의미했습니다. 성 프란체스코의 주장은 성직자들이 토지를 소유하지 않아야 한다는 것이었습니다. 교황청에서는 난리가 났겠죠. 중세 유럽의 제일 큰 지주 중 하나가 교황이었기 때문입니다. 프란체스코파는 처음에는 이단으로 몰리기도 했습니다. 그러나 이 운동이 영향력을 얻고 상당한 세력을 형성하게 되면서 결국 교황청에서도 승인을 합니다. 그런데 수도원들이 커지면서 재산을 정말 소유하지 말아야 하는지, 어디까지가 재산을 소유하지 않는 것인지 등의 문제를 두고 논쟁이 벌어집니다. 근대의 소유권 개념도 이 시기의 오랜 논쟁과정을 거치면서 구체화된 것입니다. 이 무렵을 배경으로 쓴 움베르토 에코(Umberto Eco)의 소설 『장미의 이름』을 보면 돌치노(Dolcino)파라는 이단이 나옵니다. 이들은 극단적으로 가난을 주장한 사람들로, 부자를 죽이고 그 재산을 빼앗아서 빈민들에게 나눠 주기도 합니다. 하지만 결국 수도원들도 주류 가톨릭으로 편입되면서 프란체스코파 중 아주 급진적인 소수파만이 남게 됩니다. 이 사람들이 자기들을 코뮤니스트라고 불렀습니다. 이 전통이 하나의 연속되는 단체나 학파로 계승된 것은 아닙니다. 오늘날 우리가 공산주의라고 부르는 것과 유사한 사상과 운동의 형태들이 여기서 처음 형성되었다는 의미에서의 출발점입니다.

종교적인 의미였던 공산주의가 정치적으로 세력을 가지게 되는 것은 프랑스혁명 이후입니다. 맑스주의를 공부할 때 프랑스혁명에 대한 사전 지식이 유용합니다. 왜냐하면 맑스가 생각했던 혁명의 모델이 프랑스혁명이기 때문입니다. 프랑스혁명의 이념을 담은 선언문이 「인간과 시민의 권리선언」입니다. 여기서 부르주아 민주주의의 중요한 권리들이 공식적으로 정립되고 사회적으로 인정되기 시작합니다. 이때 중요한 사회적 원리는 **소유권**이에요. 소유권이라는 것이 시민의 일차적 권리가 됩니다. 소유권은 **자유권**과 연결됩니다. 개인이 소유물을 마음대로 처분할 수 있는 권리가 자유권입니다. 이렇게 근대 부르주아혁명의 가장 중요한 원리가 소유권이고 여기에 상응하는 정치적 권리가 자유권입니다. 「인간과 시민의 권리선언」에서는 자유와 평등이 함께 이야기됩니다. 우리가 잘 아는 자유와 평등의 역설이 이때부터 시작하죠.ND 자유권이 재산의 처분권이라면, 평등은 그 자유를 일정 정도 제약하는 것입니다. 반대로 자유가 신장되면 부를 소유한 사람들과 소유하지 못한 사람들 사이에 불평등이 발생할 수 있습니다. 평등과 자유는 각각 사회주의와 자유주의라는 정치이념의 핵심 목표가 됩니다.

1789년에 프랑스혁명이 일어나서 공화정이 성립되는데, 혁명 세력 내에서 대표적으로 두 파가 대립을 하게 됩니다. 바로 자코뱅파와 지롱드파입니다. 이 두 파의 입장차이를 공산주의와 연결해서 보자면 자유의 권리를 더 강조하느냐 아니면 평등을 강조하느냐를 놓고 두 당파가 대립합니다. 개인의 사유재산권은 두 당파 모두 인정했지만 자코뱅파는 소유권에 일정 정도 제한을 둘 필요가 있다고 보았습니다. 자코뱅파의 지도자였던 막시밀리앙 로베스피에르(Maximilien Robespierre)는 생존권을 중요하게 생각합니다. 이는 당시의 시대 상황과 관련이 있습니다. 혁명 이후의 혼란스러운 상황 속에서 식량이 부족하게 되니까 식량 값이 폭등합니다. 빈민들은 기아선상을 헤매는 반면에, 식량을 매점매석한 상인들은 막대한 이윤을 남깁

「인간과 시민의 권리선언」은 "인간은 자유롭고 평등한 권리를 가지고 태어났다"는 원리를 천명한 대표적인 근대적 선언이다. 하지만 소유권을 신성불가침의 권리로 선언해 경제적 불평등의 확대를 조장하기도 했다. 이 문제의 심각성을 감지한 로베스피에르는 1793년의 새로운 「인권선언」에서 소유권의 남용을 사회적으로 제한하는 조항을 추가했다.

니다. 그래서 로베스피에르는 식량 값의 상승을 제한하는 '최고가격제'라는 법령을 통과시킵니다. 이에 대해서 최고가격제가 개인의 소유권에 대한 침해라는 반론이 바로 제기됩니다. 부르주아들이 소유권을 지키려고 목숨 걸고 혁명했는데 혁명하자마자 가난한 놈들 때문에 소유권이 침해되어서 되겠냐는 반론인 거죠.

최고가격제를 정당화하는 근거가 생존권입니다. 자코뱅파는 소유권을 일차적으로 인정하긴 했지만 생존권의 차원에서 일정 정도 제약하자고 주장합니다. 반면에 지롱드파는 생존권에 대해서 격렬하게 반대합니다. 좀더 급진적인 좌파였던 에베르파는 생존권이 소유권보다 더 우위에 있다고 주장합니다. 로베스피에르는 가운데 끼여 있는 거죠. 로베스피에

프랑스혁명 초기 자코뱅파의 지도자였던 로베스피에르. 사상적으로는 루소에게서 많은 영향을 받았고, 정치적으로는 소시민과 노동자의 입장에서 민주주의를 실현하려 했다.

르도 자기 입장이 절충적이라는 것을 알았습니다. 하지만 프랑스혁명의 이념이 자유와 평등을 사회적으로 실현하는 것이므로 어느 하나를 버리지 못합니다. 로베스피에르는 자기가 이 대립 때문에 죽을 것이라는 생각을 했다고 합니다. 결국 평등과 자유(소유권)의 문제를 둘러싼 정치적 대립이 로베스피에르의 죽음으로 표현된 것입니다.

'테르미도르 반동'*으로 로베스피에르가 죽고 자코뱅파가 해산된 후에 잔당들이 세를 모읍니다. 자코뱅파 중에서도 과격파인 급진 자코뱅 또는 자코뱅 좌파가 형성됩니다. 자코뱅 좌파들이 혁명음모를 꾸몄다가 발각되어 처형당하는데, 이때의 음모 주동자가 프랑수아 바뵈프(François Babeuf)라는 사람입니다. 바뵈프는 자신의 그룹을 '평등파'라고 불렀습니다. 평등권을 더 강조하는 집단이니까요. 바로 이 사건이 성 프란체스코에서부터 시작한 공산주의 노선이 유럽 정치사에서 중요한 세력으로 등장하게 되는 사건입니다. 소유권의 제한과 소유권에 우선하는 평등권을 주장하는 사람들이 자신들의 노선을 공

---

* 자코뱅 독재가 실시된 지 1년 만인 1794년 6월, 식량위기가 심화되면서 급진적인 민중파인 에베르파가 활발히 행동하기 시작하자 자코뱅파의 공안위원회가 이들을 제거한다. 파리 민중들에게 인기가 높았던 에베르파를 제거한 것은 공안위원회의 자충수가 되어 기회주의자들과 온건파가 로베스피에르를 제거하려는 음모를 꾸민다. 혁명력 테르미도르 8일(7월 26일)에 로베스피에르가 국민공회 단상에서 반대파들을 비판하자, 다음날 국민공회 의원들이 로베스피에르와 그의 동료들을 체포해 테르미도르 10일(7월 28일)에 처형한다. 이후 혁명의 방향이 급격히 보수화되었기 때문에 이를 '테르미도르 반동'이라 부르게 되었다.

산주의라고 부릅니다. 바뵈프의 노선은 루이 블랑키(Louis Blanqui) 그리고 블랑키와 거의 동시대에 살았던 사람인 맑스에 의해 계승됩니다. 이 두 사람은 자기들의 정치적 입장을 '공산주의'라고 불렀습니다. 유럽 사회 내에서 사회 하층계급의 이해관계를 대변하는 정치적 이념과 실천으로서 공산주의가 본격화되는 것이 바로 이때부터입니다.

그렇다면 사회주의와 공산주의는 어떻게 다를까요? 사회주의와 공산주의 모두 자본주의와 자유주의를 비판합니다. 하지만 사회주의는 공산주의보다 훨씬 폭넓은 스펙트럼을 가지고 있다는 차이가 있습니다. 상당히 다양한 세력들이 자칭타칭 사회주의라는 이름으로 불렸죠. 사회주의에는 근대 자본주의를 비판하지만 과거로의 회귀를 대안으로 생각하는 보수적인 입장도 포함되어 있습니다. 또 자본가들의 일부가 노동자계급의 이해관계를 부분적으로 수용한 사회주의도 있고, 종교적 색채의 사회주의도 있습니다. 1강에서 볼 '유토피아 사회주의'라는 조류도 있고요. 맑스·엥겔스 자신은 1848년의 『공산당 선언』에서 사회주의를 중간계급의 운동으로, 공산주의를 노동자계급의 운동으로 정의합니다. 자신들의 입장은 당연히 공산주의였습니다. 그리고 1875년에는 『고타강령 초안 비판』이라는 텍스트에서 '낮은 단계의 공산주의'와 '높은 단계의 공산주의'를 구분합니다. 공산주의가 하나의 단일한 시기가 아니라 두 단계로 나누어진다고 본 것입니다. 나중에 소련에서 낮은 단계의 공산주의에 해당하는 사회를 사회주의라고 부르고 높은 단계에 해당하는 사회를 공산주의라고 부릅니다. 이때부터 공산주의의 전(前)단계, 공산주의에 아직 도달하기 이전의 시기를 보통 사회주의라고 불렀습니다. 우리가 가지고 있는 통념 중에 사회주의는 공산주의보다 앞선 단계, 낮은 단계라는 것은 여기서 유래하는 것입니다. 그런데 지금은 통상적으로는 거의 구별을 안 하죠.

사회주의와 공산주의를 자유주의와 대비시켜서 살펴봅시다. 자유주의에서 자유의 주체는 개인입니다. 반면에 사회주의에서는 정치 또는 사회를 구성하는 주체는 '개인들의 연합'이라고 생각합니다. 이때 연합이라는 말은 단순히 개별 개인들의 합만을 의미하는 것은 아닙니다. 주체로서의 개인 개인이 모여 있는 것이 사회이지 사회가 개인 위에 독자적으로 있는 것이 아니라고 보면 개인주의입니다. 반면에 개인을 포함하지만 개인을 넘어서는 독자적인 실체로서의 사회가 집단적인 주체를 형성한다고 보면 사회주의가 됩니다. 자유주의에서 재산에 대한 권리는 개인이 가집니다. 반대로 사회주의에서는 재산에 대한 권리는 개인이 아니라 사회 집단이 가지고 있습니다. 따라서 집단적 소유가 되는 거죠. 이게 제일 중요한 차이점이라고 할 수 있습니다. 그런데 맑스는 정치철학적으로 이 두 가지를 통합하려는 생각을 합니다. 당대의 사회주의가 자유주의를 극복한다고 했지만, 맑스는 자유주의나 당대의 사회주의나 둘 다 부족하다는 생각을 했습니다. 그리고 이 둘이 자기에게 와서 통일되어 발전된 형태로서의 공산주의로 완성된다고 보았습니다.

② 맑스주의

이제 맑스주의라는 용어로 넘어갑시다. 이 용어는 사회주의, 공산주의라는 용어보다 나중에 생겨난 것입니다. 대체로 1850년대 정도부터 사용되기 시작했습니다. 문헌 자료에는 Marxid, Maxian, Maxist, Marxism의 순서로 사용되었다고 합니다. 그런데 이게 처음에는 좋은 의미로 쓰인 게 아니었습니다. 요즘에는 사람 이름을 가지고 '~의 사상'이라고 하는 게 익숙한데, 19세기 사회주의운동 진영에서는 그런 식으로 사상을 부르는 것을 부정적으로 봤습니다. 개인숭배라는 거죠. 개인을 높이고 개인의 사상을 하나의 교리처럼 만든다고 해서 싫어했습니다. 맑스주의라는 말은 처음부터 맑스주의자들 자신들이 쓴 게 아닙니다. 반대파들, 대표적으로 프루동주의자나 바쿠닌주의자 같은 아나키스트들이 맑스주의자들을 욕하기 위해서 쓴 것입니다. 맑스도 이런 말로 자신의 사상을 부르는 것을 싫어했다고 합니다. 그러다가 독일에서 19세기 말에 사회민주당이 창립되면서 맑스주의를 긍정적 의미로 쓰기 시작합니다. 오늘날의 용법처럼 어떤 특정한 정치적·사회적 입장을 강령처럼 공유하는 정치 세력들을 지칭하기 위해 맑스주의라는 말을 처음으로 쓰기 시작한 사람은 칼 카우츠키(Karl Kautsky)입니다. 이 사람이 맑스주의와 다른 사회주의, 혹은 정통 맑스주의와 수정주의를 나누기 위해 맑스주의라는 용어를 사용한 것입니다.

맑스주의를 지칭하는 명칭이 또 있죠. 요새는 잘 안 쓰는 표현인데 '맑스-레닌주의'라는 말 들어 보셨나요? 이것은 소련에서 1930년대 중반에 공식적으로 쓰였는데, 스탈린(Iosif Stalin)이 만들어 낸 말입니다. 맑스주의는 19세기 사상이고, 20세기의 변화된 자본주의 상황에 좀더 맞는 이론적 갱신이 레닌(Vladimir Lenin)에 의해서 이루어졌다는 의미에서 맑스-레닌주의라는 표현을 쓴 것입니다. 공식적인 설명은 그런데, 실질적인 의도는 따로 있었습니다. 맑스가 할아버지고 레닌은 아버지면, 자기가 맑스와 레닌을 계승한 사람이라는 겁니다. 자기의 정통성을 주장하기 위해서 맑스-레닌주의라는 말을 만든 것입니다. 스탈린 시대 이후로 공산주의라는 말은 맑스-레닌주의라는 말과 거의 같은 의미로 사용됩니다. Communism이라는 단어를 '코뮨주의'라고 번역하는 사람들이 우리나라에 있죠. 공산주의가 맑스-레닌주의 또는 스탈린주의를 의미해 왔기 때문에 이것과 차별성을 두는 새로운 공산주의라고 해서 코뮨주의라는 말을 쓰는 것 같습니다. 이것도 정치적인 입장차이가 용어에서 드러나는 사례입니다. 맑스주의를 공부할 때 항상 용어가 혼란스러운 가장 큰 이유는, 용어를 단순하게 대상의 이름을 지칭하기 위해서가 아니라 정치적 입장을 표명하기 위해서 혹은 다른 정치적 입장과의 차별성을 드러내기 위해서 쓰기 때문입니다.

③ 용어상의 혼란

용어를 간단하게 살펴보았는데 이런다고 해서 사회주의와 공산주의 개념이 정리되는 것 같지는 않습니다. 어디까지가 공산주의고 어디까지가 사회주의냐는 문제는 상당히 혼란스럽습니다. 구체적인 사람으로 한번 생각해 볼까요? 여러분이 아는 공산주의자 이름을 얘기해 보세요. 맑스, 엥겔스, 레닌, 스탈린 같은 사람들은 공산주의자가 분명해요. 하지만 모든 사람이 그렇게 분명한 것은 아닙니다. 우리나라에서는 더 모호하죠. 심지어 김대중, 노무현도 빨갱이라고 하는데, 이 사람들이 공산주의자예요? 그건 아니라는 것에 대부분 동의할 것 같습니다. 김대중, 노무현을 공산주의자나 사회주의자라고 부르기는 힘들 것 같아요. 물론 한국에는 그렇다고 확고하게 믿는 사람들도 있지만요. 그럼 김일성은 어떻습니까? 공산주의자일까요 아닐까요? 김정일은 어떨까요? 우리나라에서도 그걸 가지고 아직도 싸우죠. 이 예도 역시 공산주의가 뭐냐는 문제는 이론적 문제일 뿐만 아니라 그 용어를 사용하는 사람들의 정치적 노선의 대립과도 연결되어 있다는 것을 보여 줍니다.

　　그러면 베트남독립의 아버지 호치민(胡志明)은 공산주의자일까요? 이것도 상당히 중요한 논쟁거리입니다. 호치민 노선을 철저한 공산주의로 본다면 오늘날 베트남은 호치민 노선에 대한 배신이 되겠죠. 반대로 오늘날 베트남의 급속한 자본주의화가 베트남 공산당 주도로 이루어지는 것에 크게 문제제기하지 않는 사람들도 있습니다. 마오쩌둥(毛澤東) 아시죠? 이 사람은 공산주의자일까요? 여기에 대해서도 논쟁이 있습니다. 맑스주의 진영 내에서 마오가 공산주의자인가라는 문제를 두고 많은 논란이 있었습니다. 학자들끼리 이론적 평가를 놓고 싸운 정도가 아닙니다. 마오는 스탈린이 죽은 뒤 집권한 흐루쇼프(Nikita Khrushchyov)를 수정주의자라고 비판하면서 공산주의자가 아니라고 합니다. 그러면서 유명한 '중소 분쟁'이 발생합니다. 이렇게 보면 공산주의가 뭐냐 또는 맑스주의가 뭐냐는 개념정의 자체가 애초에 불가능한 거라는 생각도 들어요. 따라서 우리가 엄격하게 그 용어들을 사용하려면 어떤 시대에 어떤 나라에서 누가 말한 맑스주의, 사회주의, 공산주의냐를 구별해야 합니다.

그런데 사회주의와 공산주의라는 표현이 진보나 좌파라는 말하고 섞여 버리면 상당히 문제가 복잡해집니다. 우리 통념에서 사회주의나 공산주의나 진보나 좌파는 비슷한 정치성향들을 지칭하죠. 반대편에는 우파, 보수파, 자유주의 등등이 있다고 보통 생각합니다. 그런데 이것도 성립하기 힘든 모호한 구별입니다. 먼저 진보냐 보수냐는 일차적으로 역사가 앞으로 가느냐 뒤로 가느냐를 가지고 나눈 구분입니다. 앞으로 가는 게 좋다고 생각하면 진보고, 뒤로 가는 게 좋다고 생각하면 보수나 복고주의입니다. 이것만 가지고는 구분을 할 수 없는 게, 어디가 앞이고 어디가 뒤인지 어떻게 알아요? 불분명하죠. 근대 서구에서 진보라는 말은 무엇이 역사의 발전이냐에 대한 동의가 상당 부분 이루어져 있는 상태에서 사용되었습니다. 유럽의 계몽주의 시대 때 이 말을 널리 쓰기 시작합니다. 계몽주의자들에게는 자기들의 시대 이전은 다 나쁜 것이었습니다. 근대 이전의 중세를 그냥 중세라고 하지 않고 정말 나쁜 것이라는 의미에서 '중세-암흑기'라고 표현합니다. 이 말은 계몽주의자들이 만들어 낸 것입니다. 그러면서 중세에 반대해 앞으로 나아가는 것을 발전 또는 진보라고 말했어요.

진보는 두 가지 구체적 의미를 지니는데, 첫번째가 **생산력의 증대**입니다. 요즘 말로 하면 경제발전입니다. 두번째는 거기에 상응하는 **정치와 문화의 발전**입니다. 계몽주의에서 말하는 진보는 두 가지를 모두 의미하는 것입니다. 둘 다 향상되는 것이 역사의 발전이고 진보라고 생각했습니다. 근대 서구의 많은 사람들이 이 생각을 공유했습니다. 그래서 진보라는 말을 하는 사람들 중 이 둘을 부정하는 사람은 거의 없습니다. 공산주의자나 자본주의 옹호론자들이나 다 진보에 찬성합니다. 공산주의자라고 해서 생산력발전을 거부하지는 않습니다. 공산주의에 대한 아주 잘못된 통념 중의 하나가 공산주의는 다 같이 가난하게 사는 것, 또는 금욕주의라는 생각입니다. 자본주의는 욕망을 충족시키는 시스템이고 공산주의는 욕망을 억제해서 없는 것을 서로 나눠 갖는 시스템이라고 생각하기도 합니다. 그러나 원래 공산주의자들에게는 그런 생각이 없었습니다. 물론 복고적 사회주의와 공산주의도 존재하지만 맑스주의적 전통에는 그런 게 없어요. **자본주의나 맑스의 공산주의나 똑같이 생산력의 고도의 발전을 역사의 진보에서 핵심적 요인으로 생각합니다.** 그래서 맑스주의는 금욕주의보다 쾌락주의에 훨씬 가까워요. 이런 점에서 자유주의와 대부분의 사회주의·공산주의는 진보를 옹호한다고 할 수 있습니다. 결국 진보·보수라는 틀로 공산주의와 자본주의를 구분할 수는 없습니다. 그런데도 진보와 사회주의·공산주의를 유사한 경향이라고 이해하게 되면 상당히 혼란스럽겠죠.

소련이 붕괴되면서 이 용어법들이 더 엉망진창으로 되어 버립니다. 사회주의가 붕괴된 후 소련은 다시 자본주의로 전환됩니다. 이때 구소련 체제에서 자본주의로 나아가는 것을 진보라고 불렀습니다. 그전에는 공산주의자들이 자본주의자들을 보수라고 부르고 자기들을 진보라고 불렀습니다. 그런데 소련이 붕괴되니 이제 용어법이 반대가 된 것입니다. 급속한 자본주의화를 주장하는 사람들이 진보주의자가 되었고, 여전히 사회주의·공산주의 체제를 유지하는 것을 원하는 사람들은 보수주의자가 되었습니다. 또한 공산주의 옹호론자들이 우파가 되었고, 자본주의 옹호론자들은 좌파라고 불렸어요.

우리나라에서도 1980년대에서 1990년대 초반까지 진보의 내용은 공산주의 또는 맑스주의와 연결되어 있다는 게 통념이었는데, 1990년대 중반 이후에는 진보의 내용에서 맑스주의가 빠집니다. 오히려 (신)자유주의자들이 자기들을 진짜 진보라고 불렀어요. 한국 사회에서 진보의 의미 자체가 달라진 것입니다. 1990년대 이후에 진보를 표방한 정치적·사회적 주장들 중에서 내용을 뜯어 보면 자유주의적 내용을 핵심적 요소로 갖는 것들이 많습니다. 이것은 진보라고 불릴 수는 있지만 맑스주의, 사회주의, 공산주의와는 다르고 구분을 해야 합니다. 이 진보라는 말 때문에 자유주의 좌파와 사회주의·공산주의 계열 사이의 경계가 모호해졌어요. 우리나라에는 스스로를 사회주의자라고 생각하는 자유주의자들이 많은 것 같습니다. 스스로 급진적이고 전복적이라고 생각하는 자유주의자들도 너무 많고요. 자유주의 사회에서 자유주의가 어떻게 전복적일 수 있는지 참 궁금합니다. 한국 사회에서 급진적이고 전복적인 역할을 자임했던 자유주의가 노동운동과 맑스주의운동의 쇠퇴에 큰 역할을 했고, 그 결과 자유주의를 더욱 강화시켰다는 사실을 잊어서는 안 될 것입니다.

이렇게 진보·보수 또는 좌파·우파라는 말은 나라와 시대에 따라 용어법이 너무 다릅니다. 그래서 진보·보수, 우파·좌파라는 용어를 과학적 개념이나 학문적 용어로 사용하기는 힘들다고 할 수 있습니다.

"이 세 사람(생시몽, 푸리에, 오언) 모두에게 공통된 점은 그들이 역사적으로 산출된 프롤레타리아트의 대표자로서 행동하지 않았다는 점이다."

— 프리드리히 엥겔스, 『유토피아에서 과학으로의 사회주의의 발전』

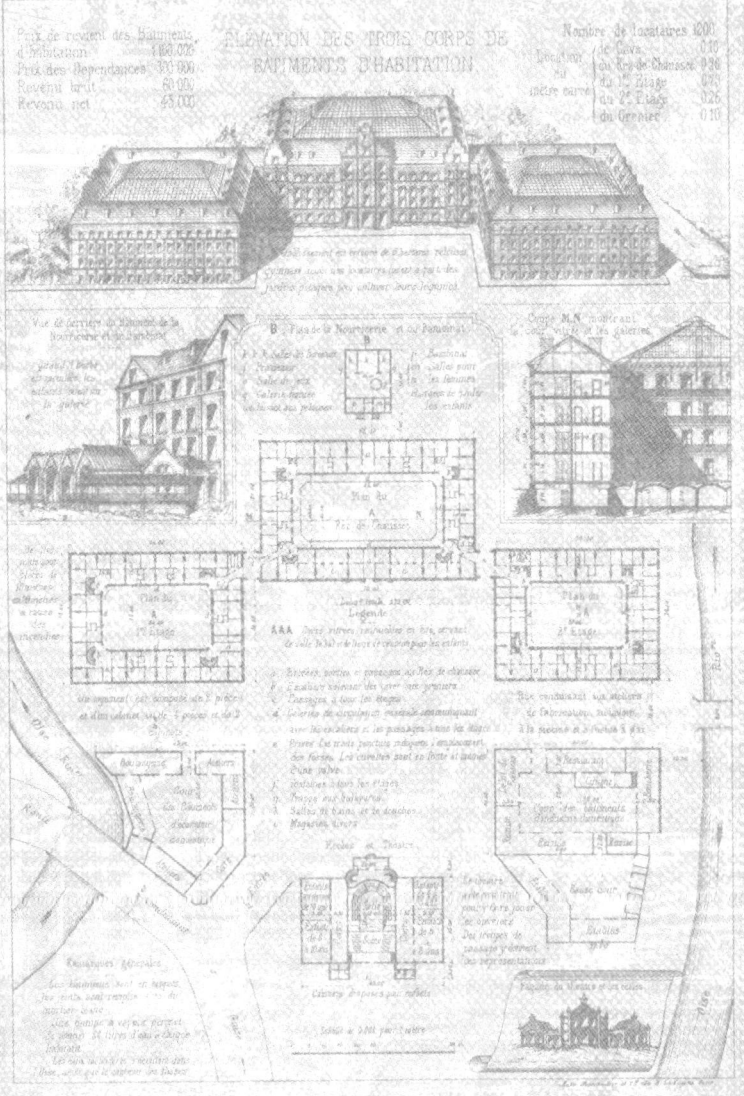

샤를 푸리에의 '팔랑스테르'에서 영감을 받은 장 고댕의 '파밀리스테르'의 투시도와 평면도

1강
자본주의의 발전과 맑스 이전의 사회주의

사회주의·공산주의와 연관된 정치적 지향과 사회적 운동이 맑스·엥겔스 이전에 이미 존재했습니다. 그래서 맑스·엥겔스는 의식적으로나 무의식적으로나 이전에 존재했던 또는 동시대에 존재하던 다른 사회주의·공산주의로부터 영향을 받을 수밖에 없었습니다. 이 영향관계를 살펴보는 것으로 강의를 시작하겠습니다. 그 당시에 존재했던 모든 사회주의·공산주의를 다 볼 수는 없고, 맑스·엥겔스에게 영향을 미친 흐름은 어떤 것이었고 어떤 요소들이 맑스·엥겔스에게 계승되었는지를 먼저 볼 것입니다.

맑스·엥겔스 이후 지금까지도 소수이지만 맑스주의자를 표방하는 사람들이 존재합니다. 150년간 맑스주의의 흐름이 존재했죠. 그런데 이 흐름에 맑스·엥겔스 당시에 존재했던 사회주의·공산주의가 계속해서 영향을 미치는 경우도 있었습니다. 맑스·엥겔스가 분명히 자기들과는 종류가 다른 사회주의·공산주의라고 생각하고 분류했던 흐름들이 맑스·엥겔스 당시나 사후에 맑스주의자를 표방했던 사람에게 영향을 준 부분이 있습니다. 그래서 맑스주의 진영 내에도 맑스주의와는 다른 기원을 갖는 사회주의·공산주의가 존재하게 됩니다. 맑스주의자들 간의 노선차이가 복잡해지는 이유 중의 하나가 맑스의 사상과는 대립되는 사회주의·공산주의 조류가 사후에 맑스주의 내부로 침투하기 때문입니다. 이 흐름들을 다음으로 보겠습니다.

자본주의의 발전과 사회주의의 등장

사회주의의 흐름을 살펴보기 전에 사회주의가 등장하게 된 배경을 간단하게 정리하겠습니다. 사회주의는 당연히 자본주의의 확산에 대한 대응으로 나타납니다. 따라서 사회주의가 등장한 배경을 알기 위해서는 우선 자본주의 발전의 역사를 알아야 합니다. 유럽의 자본주의 발전과정에서 1492년은 결정적인 해입니다. 이 해는 콜럼버스(Christopher Columbus)가 아메리카에 상륙한 해입니다. 그의 아메리카 침략 이후로, 유럽 국가들은 한 대륙의 문명 전체와 인구 대부분을 파괴한 폭력적인 약탈을 통해 자본주의 선진국으로 도약할 수 있었습니다. 아메리카 침략을 선도한 스페인과 포르투갈의 뒤를 이어 네덜란드도 **식민지 점령과 해외무역**을 통해 부를 축적했습니다. 뒤늦게 이 대열에 동참한 영국은 가장 놀라운 속도로 자본주의를 발전시켰습니다. 17세기 영국의 발전은 근대적 산업자본주의와 그 부산물인 자유주의를 낳았습니다. 18세기가 되면 세계에서 유럽의 패권과 유럽 내의 자본가들의 지배는 확고한 것이 됩니다. 18세기에도 **식민지에 대한 착취는 자본주의 발전의 핵심 조건**이었습니다. 당시 영국에서 가장 번성한 무역항이 있던 브리스톨과 리버풀은 노예무역과 식민지 플랜테이션에서 노예노동으로 재배한 사탕수수무역을 통해 성장한 도시들입니다. 산업혁명의 중심지였던 맨체스터는 리버풀의 후방도시였기에 산업의 중심지가 될 수 있었습니다. 이 당시 영국의 주요 수입원이 노예무역과 국가가 후원한 해적질이었다는 것은 놀라운 일이 아닙니다.

초기 자본주의 단계에서 무역의 발달은 그 뒤를 받쳐 주는 은행제도와 수송수단의 개선을 요구했습니다. 또한 18세기가 되면 수공업적 생산은 새로운 생산형태인 기계제 공장으로 급속하게 대체됩니다. 공장은 기계를 제작하고 가동시키기 위해서 더 많은 에너지와 철강을 필요로 했습니다. 또 대규모의 노동자를 고용했는데, 이와 함께 그들이 조직적으로 일하게 만드는 규율이 필요해졌습니다. 노동이 엄격한 규율과 기계에 부속됨에 따라 노동자들은 영혼을 잃어버린 듯한 느낌을 가지게 되었고, 이것이 근대 산업문명에 반대하는 감정적 기반이 되었습니다.

아메리카 대륙을 발견한 크리스토퍼 콜럼버스 위대한 탐험가로 알려져 있지만, 다른 한편으로 그는 대표적인 식민주의자이다. 그를 비롯한 당대의 탐험가들에 의해 노예무역, 식민지 플랜테이션, 자원착취 등이 활성화되었다. 이를 통해 유럽은 자본주의로 진입하는 시초축적에 성공할 수 있었지만, 유럽인들에게 점령당한 지역의 주민들은 말할 수 없는 고통을 겪었다.

새로운 시대의 지배계급인 부르주아지는 자신들의 지배를 안정적이고 효율적으로 작동하게 해줄 이데올로기를 필요로 했습니다. 정치경제학과 자유주의가 그 역할을 했는데, 이것들은 계몽주의에서 사상의 원천을 찾았습니다.

19세기는 자본주의 생산양식이 확대되고, 적어도 유럽의 주요 지역에서는 확고하게 자리 잡은 기간입니다. 19세기의 자본주의는 주로 기계제 대공업이 확산되는 방식으로 전개되었습니다. 공업은 특히 섬유공업과 제철업을 중심으로 확산되었습니다. 19세기 전반기 동안에 이런 발전이 가장 두드러진 나라는 영국이었고, 뒤이어 프랑스와 독일 그리고 미국

1770년대의 매뉴팩처 공장 모습. 공장제 수공업의 발달은 이후 '기계'와 '대공업'을 낳았다. '기계제 대공업'은 자본주의적 산업을 발전시키는 것을 가로막고 있던 제약들을 제거했으며, 또한 노동자들을 완전히 기계의 부속품으로 전락시켰다.

에서 발전이 가속화됩니다. **공업의 확산은 지리적으로는 도시에 근거**한 것이었고, 그에 비해 **농촌은 급속히 해체**되었습니다. 그리고 그에 따라 경제활동에 종사하는 인구의 주력이 농업에서 산업으로 이동하는 현상이 나타났습니다. 그런데 이런 사회적인 변화는 결코 순탄하게 이루어진 것이 아닙니다. 변화의 과정 내내 몰락하는 농민들과 갈수록 가혹하게 착취당하게 된 노동자들의 저항이 계속되었습니다. 공업의 발전은 인클로저(Enclosure)로 인해 농촌에서 쫓겨난 농민은 물론 여성과 아동까지 공장으로 끌어들였습니다. 그러나 이들은 가혹한 장시간 노동, 평균수명과 신체조건을 봉건 시대보다 더 퇴보시키는 열악한 노동조건, 기아로부터의 위협을 피하기에도 턱없이 부족한 낮은 임금에 고통받아야 했습니다. 이런 상황에서 노동자들이 어떤 사상의 주입 없이도 자발적인 저항을 일으키는 것은 너무나 자연스러운 일입니다. 태업, 파업, 기계파괴, 공장방화 등의 자발적이지만 일회적인 저항이 끊이지 않았습니다. 그리고 그 뒤를 이어 조직화와 단결의 노력들이 지배계급과 국가의 잔인한 탄압을 뚫고 계속되었습니다. 그 저항들은 조금씩이나마 성과를 확대시켰고, 여기에 근거해 여러 사회주의와 맑스주의가 나오게 되었습니다.

맑스 이전에 존재했던 사회주의·공산주의를 분류하는 방식이 있습니다. 사회사상사를 정리하는 사람들은 17~19세기의 사회주의 사상을 크게 두 측면으로 분류합니다. 즉 흔히 정치적 의미의 사회주의와 경제적 의미의 사회주의로 나눠서 얘기합니다. 이렇게 구분하는 것은 근대 사회의 기본적인 특징 때문입니다. 근대 사회의 두드러진 특징 중 하나가 **정치와 경제의 분리**입니다. 예를 들어 중세에는 공식적으로 신분이 있었고, 이 공식적인 신분에 재산의 소유권이 결부됩니다. 평민과 귀족 간의 신분격차에 따라 경제적으로 토지를 소유하느냐 못하느냐가 나누어집니다. 토지 소유의 유무라는 경제적 격차를 공식적인 정치적 신분으로 표현했던 것입니다. 정치적 신분과 경제적 격차가 통일되어서 하나로 나타났던 것이죠. 그래서 정치적으로 신분이 높은 사람은 경제적으로도 부유한 사람이었습니다. 반대로 근대 부르주아 민주주의의 핵심은 형식적 평등입니다. 신분이 없어지니까 정치적으로는 평등해지지만 경제적으로는 여전히 불평등합니다. 정치 영역과 경제 영역의 분리를 단적으로 보여 주는 게 이런 현상입니다. 그래서 근대 사회에서 사회주의적 정치이념을 가진 사람들도 정치에 초점을 맞춰서 사회의 변혁을 생각하는 노선과 경제의 변화에 초점을 맞추는 노선으로 크게 나누어졌습니다.

정치적 노선의 사회주의: 바뵈프와 블랑키

① 가난한 자들의 봉기

정치적 노선에서의 사회주의자들은 사회를 지금과는 다른 새로운 이상적 사회로 바꾸려면 정치혁명을 해야 한다고 생각했습니다. 경제제도를 바꾸거나 사회개량을 해봤자 좋은 세상은 안 온다는 것입니다. 대신 결정적인 정치혁명을 통해서만 완전히 새로운 세상이 가능하다는 입장입니다. 맑스에게 영향을 준 공산주의자·사회주의자 중에서 정치적 노선에 해당하는 사람은 바로 프랑수아 바뵈프와 루이 블랑키입니다. 블랑키는 바뵈프를 계승했다고 생각해서 자기를 공산주의자라고 부릅니다. 그리고 19세기 중반에는 블랑키주의자들과 맑스주의자들이 자기들을 묶어서 공산주의자라고 했습니다. **이 사람들이 생각했던 정치혁명은 정치권력의 장악입니다**. 선거 같은 입헌적인 방식을 통한 정치권력의 장악을 상상하기 힘든 상황에서 그들은 **무장봉기**를 수단으로 생각했습니다. 말 그대로 무기를 들고 정부청사를 점령하려 했습니다. 프랑스혁명에서 부르주아지가 그런 방식으로 정치권력을 장악했기 때문에 그 모델이 여전히 유효하다고 생각했던 것입니다. 자기들이 제일 최근에 직접 목격했던 성공적인 혁명이 무장봉기를 통해 정치권력을 장악하는 형태였으니까 그렇게 생각했던 건 당연한 일입니다.

좀더 구체적으로 들어가 보면 무장봉기를 누가 하느냐가 문제입니다. 다시 말해 봉기의 주체가 누구냐는 것입니다. 바뵈프는 민중의 정치적 성숙도가 상당히 낮다고 생각했기 때문에 그 주체가 지식인들이라고 판단합니다. 민중들에게 정치적 봉기의 임무를 맡기는 것보다, 위계적 질서를 갖추고 훈련받은 소수의 집단이 음모적 방법으로 계획을 잘 짜서 국가권력을 장악하는 것이 새로운 세상을 여는 핵심적인 그리고 유일한 방식이라 생각했던 것입니다. 이 점에서는 바뵈프나 블랑키나 큰 차이가 없습니다. 그래서 이 사람들을 **소수파의 음모를 통한 정치권력 장악의 노선**이라고 부를 수 있습니다. 이게 맑스에게 중요한 영향을 미치는데, 맑스한테 가면 결정적으로 달라지는 것도 있습니다. 맑스에게 혁명의 주체는 소수의 지식인들이 아니라 인구의 압도적 다수를 차지하게 되는 프롤레타리아트가 됩니다. 또 혁명이 일회적 사건으로 가능한 것이 아니라는 생각을 했다는 점도 맑스의 새로움이라고 할 수 있습니다. 아무튼, 바뵈프와 블랑

"「인권선언」만으로는 굶주림을 달랠 수 없다"고 주장하면서 불평등을 극복하기 위해 사적 소유를 폐지하려 한 바뵈프(왼쪽). 기존 질서를 전복하려는 음모가 발각되어 1796년 형장의 이슬로 사라졌다. 바뵈프의 음모론을 계승한 블랑키(오른쪽)는 1830년 이후 각종 봉기를 주도해 30여 년을 옥중에서 보냈다. 파리코뮌 봉기가 발발했을 때는 감옥에서 코뮌 지도자로 선출될 만큼 프랑스의 대표적인 혁명가였다.

키의 노선에서는 정치혁명, 국가권력 장악을 통한 혁명이 중요합니다.

혁명이 성공하려면 대중의 지지가 필요한데, 바뵈프와 블랑키가 생각한 정치적 지지 세력은 가난한 사람들이었습니다. 바뵈프와 블랑키는 **사회가 부자들과 가난한 사람들의 계급대립의 형태로 구성**되어 있다는 생각을 명확하게 합니다. 자기들의 봉기는 사회의 빈자들의 이해관계를 대변하고 이들의 지지를 등에 업고 추진되는 정치적 과정이라고 주장합니다. 그리고 가난한 사람들에게 사회적 부를 평등하게 분배하는 것을 목표로 삼습니다. 즉 프랑스혁명의 평등원리를 정치혁명을 통해서 급진적으로 실현하는 것이 이 사람들의 목표입니다. 문제는 가난한 사람들이 혁명을 지지하느냐 마느냐가 되겠죠. 어떤 상황이 되면 이들이 혁명을 지지하게 될지를 설명해야 합니다. 아주 중요한 조건이 바로 빈곤입니다. **대중들이 극도로 가난한 상황에 처하게 되면 혁명적으로 된다는 것입니다.** 바뵈프와 블랑키 둘 다 대중의 빈곤이 혁명의 필수적 조건이라는 생각을 했습니다. 이것이 맑스에게 중요한 원리로 계승됩니다.

다음으로 특히 블랑키에게 두드러지게 나타났던 생각은, 국가권력의 장악으로부터 온전한 사회주의·공산주의 사회가 실현되기까지는 과도기가 필요하다는 것입니다. 너무 상식적인 이야기 같죠? 그런데 이 당시에는 그렇지 않았습니다. 국가권력을 장악하기만 하면 그날로 곧바로 공산주의가 실현된다는 생각을 많은 사람들이 했습니다. 그리고 블랑키는 이 과도기가 어떤 성격일지에 대해 이야기합니다. 이 과도기는 바로 **소수의 혁명가들과 빈자들이 혁명적인 독재를 하는 기간**입니다. 민중들이 정치적으로 성숙하고 공산주의 사회가 실현될 때까지 혁명적 지식인들이 과도적으로 독재를 수행해야 하는 기간을 설정했다는 게 블랑키의 아주 중요한 공헌입니다. 이것 역시 맑스에게 계승됩니다.

② '프롤레타리아트 독재'에 관한 오해

여기서 '독재'(dictatorship)라는 개념이 등장했는데 이 문제를 좀 정리하고 넘어가야겠습니다. 독재에 대해 우리가 통상적으로 가지는 이미지는 아주 나쁜 거죠. 지금 21세기에는 독재가 좋은 거라고 속으로 생각하는 사람이 있어도, 겉으로는 결코 그렇게 말 못합니다. 그런데 왜 더 좋은 사회를 만든다고 주장했던 사람들이 독재를 하자고 했을까요? 바로 독재 개념이 지금과는 다른 의미를 가지고 있었기 때문입니다. 맑스주의에 대한 아주 중요한 통념 중의 하나가 맑스주의가 독재를 주장한다는 것입니다. 사실 맑스주의자들은 '프롤레타리아트 독재'를 주장하잖아요. 그러니까 반공주의자들이 "거봐, 자기 입으로 나쁜 놈들이라고 하는데 뭘 더 얘기해"라고 말한단 말이에요.

미국에 할 드레이퍼(Hal Draper)라는 유명한 정치철학자가 있는데,

그가 dictatorship의 용법의 변화를 역사적으로 추적했습니다. 19세기 중반까지의 유럽에서 오늘날 사용되는 의미의 '독재'를 지칭하는 단어들로는 despotism, tyranny, absolutism, autocracy 등이 있었습니다. 그런데 프롤레타리아트 독재에서 '독재'를 의미하는 단어는 dictatorship입니다. dictatorship은 앞의 단어들과 동의어로 사용되지 않았습니다. **이 단어가 오늘날처럼 민주주의에 반대되는 용어로 일반적으로 쓰인 것은 최근에 와서입니다.** 1848년 혁명기에도 이 단어는 민주주의의 반대말은 결코 아니었고, 민주주의자들의 운동의 한 측면으로 여겨졌습니다. 또 dictatorship에는 평상시의 통치방식과 구별되는 일시적이고 제한적인 동안의 권력사용이라는 의미가 기원에서부터 있었어요. dictatorship이라는 말은 고대 로마에서 나온 것입니다. 고대 로마에서는 외침을 받는 등의 위기상황이 오면 집정관이 한시적으로 독재관(dictator)을 임명해서 정부를 효율적으로 운영했습니다. 그리고 이런 체제를 dictatura라고 불렀습니다. 그 이후로 dictatorship은 위기상황에서 임시적으로 운영되는 어떤 통치형태를 의미했습니다.

하지만 제일 일반적으로는 지배(rule)라는 뜻으로 사용되었습니다. 19세기 초·중반에는 이 단어를 '지배'나 '특정 집단의 우세'라는 말과 거의 동의어로 사용했습니다. 맑스의 용법에서도 dictatorship과 rule은 대체될 수 있는 경우가 많습니다. 그러니까 프롤레타리아트 독재는 **프롤레타리아트가 지배하는 정부 혹은 프롤레타리아트가 지배 세력인 정치 체제입니다.** 그리고 이 때문에 부르주아지 독재와 프롤레타리아트 독재가 대비되는 것입니다. 부르주아지가 지배하는 정치 체제는 부르주아지 독재이고 프롤레타리아트 독재는 프롤레타리아트가 지배하는 정치 체제입니다. 19세기에는 지금 보기에는 이상한 용어, 즉 '프롤레타리아트의 민주적 독재' 같은 말을 사용합니다. 지금 보면 용어모순이지만 이것을 '프롤레타리아트의 민주적 통치'라고 읽으면 이해가 됩니다. 프롤레타리아트가 지배계급이 되어서 통치하는데 그 통치형태가 민주적인 것이 바로 '프롤레타리아트의 민주적 독재'인 것입니다.

그런데 19세기 말~20세기 초로 넘어오면서 dictatorship이 오늘날의 의미에서의 '독재'로 의미가 변합니다. 용법의 변화는 충분히 일어날 수 있는 일인데, 이 경우에는 용법의 변화과정에서 인위적인 개입과 정치적인 해석이 있었습니다. 특히 러시아혁명 이후에 반공주의자들이 러시아혁명을 비판하기 위해서 dictatorship이라는 용어를 '반민주적이고 폭력적인 수단에 주로 의존하는 전제정치'라는 의미로 사용합니다. 원래 dictatorship과 democracy는 범주가 다른 말입니다. dictatorship은 통치 자체를 가리키는 말이고, democracy는 통치의 성격을 가리키는 말이잖아요. 범주가 다른 말을 같은 범주 안으로 옮겨 놓고, dictatorship과 democracy를 다 통치의 성격을 가리키는 용어로 바꾼 것입니다. 맑스주의자들은 19세기부터 '프롤레타리아트 독재'라는 용어를 썼는데, 용법이 바뀌면서 이제는 자기들 입으로 민주주의를 부정하는 입장처럼 보이게 된 것입니다. 그래서 공산주의는 독재를 옹호하고 자본주의는 민주주의를 옹호하므로 **공산주의와 민주주의가 반의어라는 냉전 시대의 개념쌍**이 널리 퍼지게 됩니다. 이런 용법이 확산되는 계기는 냉전 시대의 반(反)소련 선전입니다. 그리고 반공주의자들에게 그런 논리를 제공한 것은 프롤레타리아트 독재를 둘러싸고 벌어진 카우츠키와 레닌의 논쟁입니다. 카우츠키가 러시아혁명을 비난하기 위해서 쓴 『프롤레타리아트 독재』라는 책이 이런 용법이 고착화되는 원천입니다.

'독재 대 민주주의'의 구도와 비슷한 것이 '전체주의 대 민주주의'라는 개

냠쌍입니다. 냉전 시대가 되면서 독재 대신 전체주의(Totalitarianism)라는 말이 많이 쓰입니다. 자본주의의 반대말은 공산주의잖아요. 그런데 공산주의자들도 자기들이야말로 진정한 민주주의자라고 말하고, 자본주의자들도 같은 주장을 합니다. 공산주의 대 자본주의는 곧 독재 대 민주주의라는 구도로는 이 문제를 설명하지 못합니다. 또 이 대립구도는 결정적으로 파시즘도 설명하지 못합니다. 파시즘은 당연히 민주주의와 대립합니다. 그리고 파시스트들이 공언하는 자신들의 적은 공산주의입니다. 그렇다면 파시즘과 대립하는 공산주의와 민주주의는 한편이 되어야 합니다. 또한 파시즘은 경제적 측면에서 보면 본질은 자본주의잖아요. 독재(=공산주의) 대 민주주의(=자본주의)라고 해버리면, 공산주의 반대를 모토로 발흥한 파시즘은 민주주의의 편에 있게 됩니다. 자유민주주의자들이 보면 자기들이 아주 끔찍한 독재를 했던 히틀러 같은 부류하고 가까운 세력이라는 논리가 성립한단 말이에요. 논리만 그런 것이 아니라 현실에서도 서유럽의 지배계급은 공산주의보다 파시즘에 훨씬 더 우호적이었습니다. 히틀러가 서구 국가들을 상대로 선전포고를 하기 전까지는 말입니다.

그래서 자본가들에게는 파시즘과 공산주의를 하나로 묶는 용어가 필요했습니다. 이 둘을 하나로 묶어서 새로운 구도를 만들기 위해 고안된 용어가 '전체주의'입니다. 파시즘과 공산주의, 특히 스탈린주의를 자유주의 체제의 공통의 적으로 묶어 두기 위해서 인위적으로 고안한 것이죠. 그래서 전체주의로서의 공산주의는 민주주의와 대립하는 개념이라는 통념이 생기게 된 것입니다. 냉전 시대의 이 구도로 맑스주의의 역사를 보면 이해하기 힘든 부분이 많습니다. 왜 많은 맑스주의자들이 자유와 민주주의를 위해 목숨을 걸었는지 설명할 수가 없습니다.

경제적 노선의 사회주의: 생시몽, 푸리에, 프루동, 바쿠닌

① 생산력발전에 대한 낙관과 비관

이제부터 경제적 노선의 사회주의를 살펴볼 텐데, 대표적인 사람이 클로드 생시몽(Claude Saint-Simon)입니다. 이 사람은 1760년에 태어났으니까 맑스·엥겔스보다 2세대 정도 앞서 살았던 사람입니다. 흥미롭게도 생시몽과 바뵈프는 한 동네에서 태어났습니다. 생시몽은 19세기에 가장 성공한 지식인입니다. 당대에나 후대에나 영향력이 아주 컸어요. 생시몽의 제자들 중 역사가 티에르(Adolphe Thiers), 사회학의 아버지 콩트(Auguste Comte), 종교공동체를 만든 앙팡탱(Barthélemy Enfantin) 등이 유명하고, 그 외에 프랑스 정부에서 핵심적 역할을 한 제자도 많습니다. 생시몽은 자본주의가 새롭게 열리는 초입에 살던 사람인데, 이 사회가 어떤 식으로 발전할 것인가에 대한 나름대로의 해석과 전망을 내놓았습니다. 그는 **앞으로의 사회는 산업이 고도로 발전한 사회가 될 것이고 또 그렇게 되어야 한다**고 생각합니다. 그래서 사회의 모든 일들은 산업의 발전을 위해서 조직되어야 한다고 봅니다. 경제적 발전에 부합하게끔 사회와 정치가 조직되어야 한다는 주장이죠. 생시몽의 '산업'이라는 개념은 맑스의 '생산력' 개념과도 공통점이 있습니다. 그는 미래는 산업이 발전한 사회가 될 거고 사회의 주체는 산업가가 될 거라고 예언합니다. 산업가라는 말은 부르주아지만을 가리키는 게 아닙니다. 공업·상업에 종사하는 모든 사람은 물론이고, 산업을 뒷받침하기 위한 교양요소를 가진 지식인들까지도 포함합니다. 특히 공업이 산업의 핵심이 될 것이라고 말하는데, 생시몽의 산업가는 자본가계급뿐만 아니라 공업노동자계급도 포함하는 개념입니다. 생시몽이 사회주의자로 불리는 중요한 이유들 중 하나는 이 노동자계급이 인구의 상당한 부분을 차지할 거고 이 사람들을 중심으로 사회를 재편해야 한다고 생각했기 때문입니다. 두 계급 사이에 계급적 모순이 있을 것이라 생각하지는 않았고, 이 노동자계급을 중심으로 사회를 조직하는 것이 산업 발전과 조화될 것이라 생각했습니다. 산업화의 초기에 있을 수 있었던 미래에 대한 낙관적 전망이죠.

생시몽의 생각을 한마디로 표현하자면 산업을 중심으로 사회가 조직되어야 한다는 것인데, 이것은 경제가 정치보다 더 중요하다는 의미입니다. 그는 더 나아가 **정치의 영역을 경제의 영역으로 환원**시켜 버려야 한다고까지 주장합니다. 산업이 발전한 미래 사회에서는 정치는 없어지고 경제 영역만 남을 거라는 얘기입니다. 이때 정치는 인간에 대한 인간의 통치를 의미합니다. 인간의 한 집단이 다른 집단에 대해 지배를 행사하는 것이 정치의 핵심인데 이것이 없어진다는 거예요. 이렇게 되면 사회에는 **사물에 대한 인간의 '관리'만이 남게 된다**고 봅니다. 정치 영역이 경제 영역으로 환원되면 다른 모든 학문은 경제학으로 환원됩니다. 그리고 정치의 기관인 **'국가'가 소멸**하겠죠. 우리가 앞으로 자주 듣게 될 중요한 이야기가 바로 '미래 사회에서의 국가의 소멸'입니다. 이게 맑스주의에서 핵심적 요소로 수용됩니다. 맑스·엥겔스가 자기에게 영향을 준 사상가로 푸리에, 생시몽, 로버트 오언(Robert Owen) 세 사람을 꼽는데, 그중에서 생시몽의 영향력이 제일 컸다고 할 수 있습니다. 맑스의 국가론에서 핵심은 공산주의 사회에서는 자본주의와 달리 국가가 소멸하며, 인간에 대한 인간의 지배 대신에 사물에 대한 인간의 관리만이 남는다는 것입니다. 과거의 자본주의에서는 자본가계급이 노동자계급을 지배했지만, 공산주의 사회에서는 지배 자체가 없어집니다. 이 생각이 바로 생시몽에게서 물려받은 것입니다.

그렇다면 사물에 대한 인간의 관리라는 것은 뭘 의미할까요? 생시몽

생시몽은 산업이 발전함에 따라 '유기적인' 사회공동체가 성립할 것이라 주장해 맑스·엥겔스에게 많은 영향을 주었다. 하지만 그는 맑스·엥겔스와는 달리 계급투쟁을 부정했으며, 평화적인 개혁을 통해 이런 변화를 실현할 수 있을 것이라고 보았다.

의 생각은 산업발전을 위해선 사물의 관리가 아주 조직적으로 이루어져야 한다는 것을 전제하고 있습니다. 사회가 체계적으로 그 사회의 재화를 관리해야 합니다. 오늘날의 용어로 말하면 생시몽은 **계획경제를 생각했던 것입니다**. 이것 역시 이후의 사회주의에서 핵심적 요소가 됩니다. 생시몽은 **사회의 물질적 부를 사회가 계획적으로 조직해야 생산성이 높아진다는 것을 전제했습니다**. 그리고 이런 사회가 오면 인간은 자신이 갖고 있는 잠재력을 다 펼칠 수 있을 것이라는 낙관적인 전망을 합니다. 앞으로 우리는 맑스주의에서 비슷한 내용을 여러 번 발견하게 될 것입니다.

다음으로 생시몽보다 조금 늦게 태어난 샤를 푸리에(Charles Fourier)라는 프랑스인이 있습니다. 이 사람은 생시몽이 큰 성공을 거둔 것과는 대조적으로 아주 비참하게 살았어요. 생전에는 아무도 그를 몰랐고 혼자 방 안에서 굶어 가면서 이상한 내용의 원고를 남기는데, 죽고 난 뒤 그 원고들이 출판되면서 알려집니다. 생시몽의 일부 제자들이 푸리에의 영향과 결합해 종교적 색채의 공동체를 건설하기도 했습니다.

푸리에는 생시몽처럼 체계적인 사회사상가라기보다는 공상가나 몽상가에 가까운 사람이었습니다. 그렇지만 어떤 면에서는 아주 날카로운 얘기도 합니다. 생시몽이 산업발전에 대해서 낙관적이었던 반면, 푸리에는 이중적인 태도를 취합니다. 산업발전이 긍정적인 효과를 가져오기도 하겠지만, 그에 못지않게 부정적인 면도 가져올 것이라는 양가적인 평가를 합니다. 푸리에는 **근대 문명 사회에서 빈곤은 풍요로부터 비롯된다**는 유명한 이야기를 했습니다. 근대 자본주의 사회에서는 어떤 집단의 빈곤이 다른 집단의 풍요 때문에 생겨난다는 것입니다. 사회 전체의 생산력은 고도로 발전하는데 사회의 어떤 특정한 계층은 비참한 생활을 하게 되는 것이 자본주의의 모순입니다. 이걸 예리하게 인식

푸리에는 부르주아 출신이지만 프랑스혁명기의 혼란으로 파산한 뒤 사적 소유에 비판적인 관점을 가지게 된다. 자유로운 생산자들의 협동 사회인 '팔랑스테르'를 구상함으로써 다가올 새로운 사회를 그 어떤 사회주의자보다도 구체적으로 그려냈다.

했던 사람입니다. 그래서 어떤 때는 전(前)자본주의 사회로의 회귀를 주장하기도 하고, 어떤 때는 자본주의의 긍정적 측면을 얘기하기도 합니다.

이 사람이 맑스에게 준 영향을 살펴보겠습니다. 먼저 그는 유럽에서 거의 최초로 여성해방을 주장한 사람입니다. 18~19세기에 유럽 여성의 사회적 지위는 말도 못하게 열악했습니다. 서구 사회에서 여성들이 선거권을 온전하게 획득한 것이 1960년대인데, 푸리에는 그 당시에 이미 여성해방을 주장했던 것입니다. 맑스도 이 부분을 높이 평가합니다. 그런데 푸리에의 여성해방의 핵심은 성해방입니다. 성욕에 대한 억압을 통해서 남성이 여성을 억압하고 지배한다고 생각했기 때문에, 성애의 자유로운 발현이 가능해지면 여성에 대한 정치적·사회적 억압도 사라질 거라고 주장합니다. 이 생각에서 영향을 받은 앙팡탱이 생시몽주의적인 요소와 푸리에적인 요소를 결합한 공동체를 만들어 성해방을 실현하고자 했는데, 결

과적으로 실패합니다. 왜냐하면 남성들이 여전히 임신과 육아의 책임을 여성에게만 전가시켜, 여성들은 해방되는 게 아니라 오히려 또 다른 질곡에 빠지게 되었기 때문입니다. 남성들은 겉으로는 성해방을 얘기했지만 뒤에서는 도덕적으로 비난하는 이중적 태도를 보이기도 했다고 합니다. 그러면서 여성주의자들이 떨어져 나와 독자적인 유토피아 사회주의를 추구하는 여성운동을 전개합니다. 대표적으로 플로라 트리스탕(Flora Tristan)이라는 사람이 있었어요. 그 외에 제1인터내셔널에서도 유토피아 사회주의 출신 여성들의 활약이 두드러졌습니다. 아무튼 많은 한계를 가지고 있었음에도 불구하고 여성해방을 중요한 사회적 과제로 설정했다는 점에서 푸리에의 사상은 맑스에게 큰 영향을 주었다고 할 수 있습니다.

 푸리에가 맑스에게 미친 더 중요한 영향은 역사를 하나의 연속으로 보기 시작한 것입니다. 푸리에는 역사철학을 체계적으로 연구한 사람입니다. 그는 인류의 역사를 4개의 시기로 나누고, 인류의 역사가 이 시기들의 연쇄로 이뤄져 있다는 생각을 했습니다. 맑스 철학의 핵심인 유물론적 역사이해는 역사를 통일적인 하나의 연속으로서 이해하는 역사관입니다. 이 점에서 푸리에는 맑스에게 영향을 준 것입니다. 물론 이런 역사관은 두 사람만의 고유한 것은 아니었고 당대의 많은 사람들이 공유하던 것이었습니다.

 푸리에는 팔랑스테르(Phalanstère)라는 공동체를 구상했습니다. 공동체 건물의 설계도도 작성할 만큼 구체적으로 구상합니다. 그 안에서 사람들은 일상생활과 노동을 공유합니다. 생산적 노동뿐만 아니라 가사노동도 공유해서 공동육아와 공동취사를 합니다. 노동을 공유하는 대신에 사유재산은 인정합니다. 공동으로 노동하고 나서 생산물을 나눠 가지면 그것은 사유재산이라고 생각해요. 그리고 푸리에는 미래에 공동체가 많이 생겨나서 모든 세상이 공동체들로 바뀔 거라고 생각했습니다. 그래서 국가도 도시도 없어지고, 세상이 각각의 공동체와 공동체들의 연합으로 바뀔 거라고 예언했습니다.

그런데 푸리에는 이 공동체를 유지하기 위해서는 인간의 심리를 이용해야 한다고 봤습니다. 노동의 공동체가 유지되려면 노동이 힘들기만 하면 안 되겠죠. 구성원들이 공동체를 지속적으로 유지할 수 있게끔 만들어 주는 어떤 동기가 필요합니다. 그래서 '정념'(passion)에 대한 연구를 하는데, 이 정념을 잘 조절해 주면 사람들이 적극적이고 능동적으로 공동체 활동을 할 거라고 생각합니다. 예를 들어 과시욕 같은 것을 충족시켜 주거나 이성에 대한 성욕을 이용하는 것이죠. 푸리에는 인간을 지배하는 것이 이성적인 동기가 아니라 정념이라고 보는 셈입니다. 사회를 조화롭게 구성하는 데 있어 제일 핵심적인 것은 어떻게 인간의 정념을 조절하고 통제하고 조화롭게 만들어 나가는가의 문제라고 본 것입니다. 오늘날 사회심리학이나 이데올로기론, 정신분석학에서 많이들 하는 얘기잖아요.

푸리에의 이런 생각 중에서도 맑스주의에 특히 영향을 준 것은 노동에 대한 견해입니다. 팔랑스테르의 구성원들은 하기 싫지만 공동체를 유지하기 위해서 억지로 노동을 하는 것이 아니라 노동이 곧 쾌락이기 때문에 하는 것입니다. 정념을 조절하면 노동이 즐거운 것이 된다는 거예요. 노동과 쾌락의 일치, 이것이 팔랑스테르를 지탱하는 핵심적인 원리입니다. 맑스도 공산주의 사회가 되면 노동의 성격 자체가 자본주의 사회와는 본질적으로 달라질 것이라고 예상합니다. 푸리에처럼 쾌락으로서의 노동을 이야기하는 것은 아니지만, 더 이상 강제되고 고통스러운 소외된 노동이 아닌 자기실현으로서의 노동이 나타날 것이라고 말합니다.

푸리에의 이런 생각은 오늘날 사회주의에서도 매력적인 것으로 남아 있습니다. 쾌락으로서의 노동이라는 아이디어는 20세기 말부터 유럽 사회에서 상당히 유행합니다. 우리나라에서도 근래 들어 많이 이야기되고 있죠. 새로운 자본주의 시대가 되면 노동의 성격이 육체노동에서 정신노동으로, 단순노동에서 창의적인 노동으로 바뀐다는 이야기 들어 보셨죠? 이런 아이디어의 원천이 푸리에식 사고입니다. 노동의 성격이 전환되어서 노동이 고통스러운 것이 아니라 창의적이고 자아를 실현하는 행위가 된다는 건 자본주의적인 전통에서도 그리고 사회주의적인 전통에서도 나오는 이야기입니다.

우리나라에서는 문화산업하고 연결해서 이런 식의 주장을 합니다. 얼핏 보면 문화산업은 즐거운 노동을 제공하는 것 같습니다. 제조업보다 고부가가치이고 노동도 창의적이고 즐겁다고 해요. 심지어 놀이와 노동이 결합된다고도 말합니다. 우리나라의 많은 사회학자들이나 문화주의자들이 하는 주장인데, 정말 그래요? 그런 사람들이 잘 드는 예가 애니메이션산업인데 애니메이션산업이야말로 대표적인 저임금·장시간 노동의 산업이잖아요. 그러면 음악산업은 즐거운 건가요? 노래 만들고 공연해서 먹고살 수 있는 사람들이야 그렇다 쳐도 테이프나 CD 만드는 사람은 다 단순노동에 종사하죠. IT산업에서도 프로그래머 등 일부 사람만 창조적인 노동을 합니다. 예를 들어 마이크로소프트에 고용된 인력 중에 프로그래머는 아주 소수이고 압도적 다수는 콜센터에서 전화받는 사람들, CD 찍는 사람들, A/S하는 사람들, 판매하는 사람들입니다. 우리가 생각하는 창의적이고 독창적인 즐거운 노동이 문화산업이나 IT산업에서 실현된다는 건 상당 부분 거짓말이죠.

그럼에도 이런 담론들이 끊임없이 나오는 것은 자본주의 사회에서 노동이 고통스럽기 때문인 것 같아요. 고통스러운 노동에 대한 대안은 친

자본주의적 담론에서든 반자본주의적 담론에서든 모색할 수밖에 없는 것입니다. 맑스도 이런 생각을 했습니다. 공산주의 사회에서 노동은 어떻게 될까? 공산주의 사회가 되어도 노동은 여전히 힘들까? 노동자들에게 제일 절실한 게 이런 거겠죠? 어차피 노동을 해서 먹고살아야 한다면, 누가 대통령이나 서기장이 되느냐는 중요한 게 아닙니다. 중요한 것은 자본주의 사회에서보다 내가 경제적으로 더 풍요로울 수 있느냐 그리고 그것을 위한 노동이 지금과 똑같이 고통스럽고 지겹고 힘든 것이냐의 문제겠죠.

맑스는 공산주의 사회가 되면 노동의 성격이 전화한다고 봅니다. 그러나 노동이 곧 쾌락이라는 것은 너무 단순한 생각이라고 봐요. 푸리에는 단순하게 생각해서 노동과 쾌락을 통일시킬 수 있을 거라고 생각했지만 맑스는 그렇지 않다고 말합니다. 대신 그는 공산주의 사회가 충분히 발전하면 노동이 점진적 변화과정을 거쳐서 자기 잠재력을 발휘하는 자아실현의 방식이 되므로, 그런 관점에서는 고통스럽지 않을 거라고 생각해요. 또 개인 한 사람의 노동이 자신의 자아실현일 뿐만 아니라 다른 사람의 자아실현의 조건이 된다고 말합니다. 그래서 이게 공산주의입니다. 사회의 차원과 개인의 차원을 연결시켜 함께 생각하는 것이 맑스 사상의 아주 중요한 특징입니다.

이 문제를 가지고 사회주의와 자유주의의 차이를 다시 한 번 정리해 봅시다. 자본주의는 개인의 욕망을 억압하기 때문에 개인의 욕망을 충분히 충족시키기 위해서는 기존의 자본주의 사회를 전복해야 한다고 주장하는 사람들이 있죠? 그리고 이 사람들은 기존의 사회 체제를 전복하는 가장 혁명적인 행위는 경제투쟁이나 정치투쟁을 하는 게 아니라 내 욕망을 내 멋대로 충족시키는 것이라는 주장도 합니다. 요즘 한국 사회에서 쉽게 들을 수 있는 주장인데, 이 입장이 사회주의와 결정적으로 다른 점은

타인에 대한, 사회적 관계에 대한 고려가 없다는 점입니다. 맑스의 주장은, 개인은 사회적 관계 속에서만 존재하고 욕망을 실현할 수 있다는 것입니다. 자본주의 사회의 사회적 관계는 한 개인의 욕망이 다른 개인에게 고통을 주게 합니다. 한 개인이 즐겁고 부자가 되기 위해서는 다른 사람의 것을 빼앗아야 하는 사회적 관계가 자본주의적 관계입니다. 자본주의뿐만 아니라 이전의 모든 계급 사회의 관계라는 것은 개인의 차원에서 욕망이 충족되어도 사회구성원 모두가 그렇게 될 수 없다는 것이 문제입니다. 자유주의와 공산주의의 핵심적 차이는, **공산주의는 개인의 발전이 동시에 다른 사람의 발전의 조건이 되는 사회적 관계를 추구한다는 점입니다**. 공산주의 사회와 계급 사회의 차이는 사회적 관계의 방식이 달라지는 것, 즉 사람과 사람의 관계 맺음의 방식이 달라지는 것입니다. 자기들이 아무리 혁명적이고 전복적이라고 주장한다 해도, 그 사람의 주장에 대한 평가기준은 사회적 관계망에 대한 고려가 있느냐 없느냐여야 합니다. 그것이 없으면 자유주의입니다. 자유주의가 지배하고 있는 한국 사회에서 자유주의자가 어떻게 혁명적이고 전복적일 수 있는지 궁금합니다.

② 정치적 행동과 직접행동

다시 본론으로 돌아가죠. 푸리에의 사상은 다음 세대인 피에르-조제프 프루동(Pierre-Joseph Proudhon)에게 계승됩니다. 프루동은 맑스가 활동하던 당시에 맑스의 제일 유력한 라이벌이었습니다. 사회주의 진영 내에서 맑스의 제일 큰 라이벌이 한 사람은 프루동이고 다른 한 사람은 미하일 바쿠닌(Mikhail Bakunin)입니다. 제1인터내셔널 초기에 프루동이 맑스와 대립하다가 세력이 약해지고, 그 뒤를 바쿠닌이 잇게 됩니다. 19세기 사회주의 사상으로서 제일 세력이 컸던 두 조류를 고르라면, 하나가 맑스주의이고 다른 하나가 아나키즘(Anarchism)입니다. 프루동은 아나키즘의 핵심적인 이론가였습니다. 맑스의 저작이나 그 이후의 맑스주의자들의 저작은 거의 논쟁과정 속에서 나옵니다. 그리고 맑스의 논쟁적인 저술들은 상당수가 아나키즘과의 대결과정에서 나온 것입니다.

이제 프루동은 어떤 의미에서 아나키스트고 어떤 주장을 했는지, 같은 사회주의이면서 어떤 점에서 맑스주의와 다른지를 알아봅시다. **정치를 부정**하는 게 프루동 사상의 핵심입니다. 그런 의미에서 그는 여전히 경제적 사회주의의 전통 속에 있습니다. 그는 **정치권력의 획득을 통해서 사회를 변혁할 수 있다는 것을 전면 부정**합니다. 생시몽처럼 정치가 경제로 환원된다는 식의 주장을 펼치는 것이 아니라, 사회의 변혁을 위한 행위를 할 때 정치적 행동은 일체 해서는 안 된다고 주장하는 것입니다. 왜냐하면 **모든 정치는 억압이라고 보기 때문**입니다. 어떤 형태의 정치든, 그게 군주제든 귀족제든 민주주의든 모두 악이라고 봅니다. 더 나아가서 국가 자체를 부정합니다. 그래서 이상적 사회로 넘어가기 위한 행위를 할 때도 **정치적 행동을 부정**하게 돼요. 그리고 그에 대한 대안으로 새로운 의미의 공동체, 바로 **협동조합**을 얘기합니다. 프루동의 협동조합의 주체는 생산자입니다. 생산자는 물건을 실제로 만드는 사람인데, 자본가도 노동자도 다 생산자 잖아요. 프루동이 생각한 생산자는 대규모 산업의 자본가도 아니고, 대규모 산업에 고용된 노동자도 아닙니다. 전통적인 사회에 기반을 두고 있는 소생산자들과 소규모 자영농들이 협동조합의 주체입니다. 프루동이 이 사람들을 주체로 설정한 것은 근대 세계에 대한 프루동의 이해방식과 관련이 있습니다.

그는 근대 자본주의 사회를 기본적으로 부등가교환을 통한 착취가 만연해 있는 사회라고 봤습니다. 프루동은 자신이 노동한 만큼 받아 가야

프랑스의 아나키즘 사상가 프루동(왼쪽). 자신의 사상을 '상호부조주의'로 칭하고 노동자계급의 자각과 결속을 촉구했다. 저서 『소유란 무엇인가』를 통해 "소유란 도둑질이다"라고 선언했으며, 힘 대신 정의를 가치의 척도로 삼아야 한다고 주장했다. 러시아 출신의 아나키스트 바쿠닌(오른쪽)은 1847년 폴란드 민족주의를 고취하는 연설을 했다는 이유로 반역자로 몰린 뒤 중부 유럽을 떠돌아다니며 혁명가의 삶을 살게 된다. 흔히 아나키즘의 아버지라고 불리지만, 사상가보다는 행동가에 가까웠던 혁명가이다.

한다는 노동전수익권(勞動全收益權)*설의 입장을 가지고 있었습니다. 그래서 상인과 고리대금업자에 의해 유통 영역에서 자행되는 폭리 추구를 비판합니다. 그가 보기에 상인과 고리대금업자는 생산은 안 하고 유통을 매개하면서 자기 몫을 챙기는 비생산적이고 착취적인 집단이었어요. 그들의 착취 때문에 생산자들이 자신이 노동한 만큼 보상받지 못한다는 것입니다. 따라서 프루동은 상품교환 자체가 자본주의의 문제라고 생각했고, 상품교환을 매개하는 화폐를 폐지해야 한다고 주장합니다. 그는 대신

---

* 생산물가치의 유일한 원천은 '노동'이므로, 그 소득 역시 모두 생산자에게 돌아가야 한다는 주장이다. 노동전수익권자들은 주로 이윤과 지대라는 불로소득이 '분배'의 왜곡을 발생시킨다는 것을 비판했다. 그리고 노동전수익권 확립을 위해서는 노동한 만큼 상품을 구매할 수 있는 '노동화폐'를 도입해야 한다고 주장했다. 이에 대해 맑스·엥겔스는 이들이 분배의 왜곡을 발생시키는 근본적인 토내, 극 교환가치의 취득이 목적인 자본주의적 '생산'의 문제를 보지 못하기 때문에 '유토피아적'이라고 비판했다.

에 상호은행(인민은행)과 노동화폐를 제안합니다. 노동화폐는 온전한 화폐라기보다는 일종의 쿠폰입니다. 협동조합 내에서도 기본적인 교환은 이루어집니다. 그런데 화폐 없이 등가교환을 하려면 기준이 있어야 하잖아요. 조합원들은 노동시간을 기준으로 교환합니다. 이를 통해 생산자들이 노동한 만큼 보상받을 수 있도록 하는 것입니다. 이 두 가지 수단을 통해 프루동은 상인과 고리대금업자의 불로소득을 없애고 부등가교환을 등가교환으로 전환하여 교환의 정의를 실현시키려 했습니다.

프루동은 조화로운 소규모 공동체들의 연합이 국가를 대체해야 하는데, 근대 자본주의는 이걸 불가능하게 하고 부등가교환에 근거해서 서로 착취하는 체제를 만들었으니까 잘못된 거라고 봅니다. 이런 악이 집결된 형태가 국가입니다. 아나키즘(an-archism)은 일체의 지배가 없다는 의미입니다. 아나키즘에서는 아무리 국가가 민주적이라고 주장해도 본질적으로 억압적이고 착취하는 거라고 봅니다. 이 사람들이 보기에 맑스주의의 가장 큰 문제는 프롤레타리아트 독재입니다. 한 계급의 다른 계급에 대한 지배를 주장하므로 결국은 자본가들의 주장하고 똑같다는 거죠. 그래서 프루동과 맑스는 자본주의를 반대한다는 점에서는 일치하지만 자본주의에 대한 대안과 운동방식에 있어서는 상당히 다릅니다.

프루동의 운동방식을 좀더 얘기해 봅시다. 그는 소생산자들이나 자영농들이 공동체를 만들다 보면 이게 확산되어서 기존 사회를 대체할 거라고 봤습니다. 그 과정에서 일체의 폭력적 방식을 부정하고 노동조합도 만들면 안 된다고 주장합니다. 노동조합을 통해 노동자들이 임금 인상 투쟁을 하거나 노동조건 향상 투쟁을 하는 것도 나쁘다는 겁니다. 프루동의 대안은 산업노동자들이 소생산자가 되는 것입니다. 그런데 임금노동자들이 소생산자가 되려면 생산도구가 있어야 하겠죠. 돈이 없으면 생산수단을 살 수가 없습니다. 고리대금업자한테 돈을 빌려 오면 다시 착취가 시작되니까 이자를 받지 않고 빌려 주는 은행이 있으면 좋겠죠. 그게 상호은행입니다. 프루동은 노동자나 농민이 이자를 받는 금융자본에 의지하지 않고 자립적으로 생산의 기반을 마련할 수 있게 도와 주는 상호은행이 대규모로 있어야 한다고 생각합니다. 그 외의 방법은 다 거부해요. 프루동주의 운동은 현실 역사 속에서는 19세기 중엽에 이미 그 영향력을 잃고 거의 소멸해 버렸습니다. 현실적으로 정치적 억압이나 경제적 착취는 강력하고 조직적으로 이루어지는데, 협동조합 방식은 거기에 맞설 힘이 약했기 때문이었다고도 볼 수 있습니다. 그래서 아나키즘의 목표는 그대로 수용하지만 프루동과는 사뭇 다른 전술을 들고 나온 사람이 등장하는데 그 사람이 바쿠닌입니다.

바쿠닌은 아나키즘이 꿈꾸는 사회로 나아가기 위해서는 폭력혁명만이 수단이라고 생각했습니다. 그는 바뵈프나 블랑키의 주장을 그대로 받아들여, 소수의 음모가들로 구성된 비밀결사가 무장봉기를 해서 권력을 장악하면 그날로 바로 사회주의 사회가 된다고 주장해요. 바쿠닌한테는 프롤레타리아트 독재라는 과도기가 없습니다. 이건 좀 비상식적이지 않나요? 권력만 장악했는데 어떻게 사회가 다 바뀔까요? 바쿠닌이 그렇게 생각한 것은 인민들이 이미 혁명적이라는 걸 전제하기 때문입니다. 인민들은 이미 혁명적 잠재력을 가지고 있는데 억압적인 사회제도 때문에 실현되지 못하니까 권력만 장악하면 바로 새 세상이 열린다는 것입니다. 바뵈프나 블랑키가 소수로 구성된 집단의 혁명을 주장한 것은, 인민의 의식이 충분히 성숙하지 못했다고 생각했기 때문입니다. 맑스주의자들은 더 나아가 소수 음모가들의 무장봉기가 아니라, 노동조합도 만들어야 하고 협동조합도 만들어야 하고 의회진출도 해야 하고 대중교육도 해야 하고,

이런 것들을 다 포괄적으로 해야 세상이 바뀐다고 주장해요.

19세기 말에 가면 의회제도와 보통선거제가 유럽에서 일반화되면서 의회를 통해 사회를 바꿀 수 있다는 믿음이 상당히 널리 퍼지는데, 맑스주의자들도 이를 일부 수용합니다. 의회라는 장치가 결정적 수단은 아니지만 유효한 사회개량의 수단일 수 있겠다고 생각하고, 또 그것 자체가 혁명은 아니지만 혁명으로 나아가는 전단계는 될 수 있겠다고 본 것입니다. 반면에 바쿠닌주의자들은 의회전술 자체를 부정합니다. 바쿠닌주의자들은 무장봉기에 의한 권력장악을 강조했기 때문에, 당연히 의회전술 같은 것은 부르주아지에 투항하는 나약하고 비겁한, 사회를 바꿀 의지가 없는 전술이라고 봐요. 그래서 **의회전술을 승인하느냐 부정하느냐를 놓고 맑스주의자들과 바쿠닌주의자들이 대립**합니다. 여기까지가 맑스 이전과 동시대에 존재했던 다른 사회주의·공산주의 흐름이었습니다.

"이제까지의 모든 사회의 역사는 계급투쟁의 역사다."
— 칼 맑스·프리드리히 엥겔스, 『공산당선언』

인쇄된 『신라인 신문』을 보고 있는 맑스와 엥겔스

2강
맑스·엥겔스의 초기 사상

이제부터 본격적으로 맑스·엥겔스의 입장을 그들의 저작을 중심으로 정리해 보려고 합니다. 그들의 주요 저작들을 시간 순으로 살펴보겠습니다. 맑스는 1818년에 태어나서 1883년에 죽습니다. 그리고 엥겔스는 2년 뒤인 1820년에 태어나서 1895년에 죽어요. 맑스보다 12년을 더 살았습니다. 맑스·엥겔스를 보통 붙여서 한 사람처럼 부르죠? 두 사람이 아무리 마음이 잘 맞았더라도 사상적 입장차이가 있을 수 있기 때문에 두 사람의 사상을 하나로 볼 수 있느냐는 의문이 당연히 제기되겠죠. 처음에는 아무런 입장차이가 없었다고 하더라도 나이가 들면서 생각이 변했을 수도 있습니다. 만약 변했다는 것을 인정한다면 어떤 시기의 사상이 본질적이냐의 문제도 발생하겠죠. 맑스주의의 역사 속에서 실제로 이런 문제가 여러 번 논의됩니다. 단순히 지적 호기심의 차원에서가 아니라 정치적 문제와 결부되어 논쟁이 벌어졌습니다.

 맑스·엥겔스의 말년부터 후계자들이 생겨나고, 특히 엥겔스 말년에 이르면 유럽에서 사회주의운동이 상당히 큰 세력으로 성장해 맑스·엥겔스의 사상을 자기들의 정치이념으로 받아들입니다. 그런데 이 정치 세력들은 공식적으로는 맑스·엥겔스를 받아들였지만 실제의 입장은 다양하게 나누어졌습니다. 다양한 분파들이 자기들의 주장을 정당화하려면 자기가 진짜 맑스주의고 나머지는 가짜라고 주장해야겠죠. 그때부터 문제가 생깁니다. 문제가 더 복잡해지는 것은 맑스가 생전에 공식적으로 출판한 저작이 몇 권 안 되기 때문입니다. 맑스·엥겔스의 저술은 대부분 초고 상태로 남아 있었습니다. 이것들을 정리해서 계속 책으로 내고 있는데 아직도 완간이 안 되었습니다. 특히 19세기 말~20세기 초까지는 맑스의 작업의 전모가 대부분 알려지지 않은 채로 있었습니다. 상당히 제한된 범위 내에서의 맑스 수용만이 가능했고, 따라서 완결된 그리고 다른 사상과 확연히 구별되는 맑스·엥겔스의 사상을 제시하는 것은 현실적으로 어려운 일이었습니다.

우리가 맑스·엥겔스의 사상을 짧은 시간 안에 정리해야 하는데, 저의 기본적 방식은 가장 영향력이 컸던 맑스 해석을 중심으로 소개하는 것입니다. 제 해석이 아니라 맑스주의 역사에서 정치적·이론적으로 당대나 이후에 영향력이 제일 컸던 입장들을 비교하면서 정리해 가겠습니다. 우리가 다룰 맑스·엥겔스의 텍스트는 『1844년의 경제학-철학 초고』(1844), 「포이어바흐에 대한 테제들」(1845년경), 『독일 이데올로기』(1845~1846년경), 『공산당 선언』(1848), 『프랑스 내전』(1871), 『고타강령 초안 비판』(1875), 그 다음으로 엥겔스가 쓴 『오이겐 뒤링 씨의 과학변혁』(1878), 『루트비히 포이어바흐와 독일 고전철학의 종말』(1886)입니다. 이 텍스트들을 선정한 이유는 맑스·엥겔스 이후에 여러 분파들이 자기 입장을 정당화하기 위해 강조점을 두는 텍스트들이기 때문입니다. 또 맑스·엥겔스의 저작 선집을 내거나 맑스·엥겔스 사상을 설명하는 연구자들이 대부분 이 책들을 중요하게 다룹니다.

자유주의자에서 사회주의자로

맑스의 초기 저작들부터 보겠습니다. 맑스의 초기를 흔히 자유주의 시기라고 합니다. 맑스가 처음부터 사회주의자나 공산주의자였던 것은 아닙니다. 처음에는 주변의 다른 지식인들과 마찬가지로 전제적이었던 독일의 정치 체제를 기본적인 권리가 신장되고 민주적인 제도들이 정착되는 사회로 변혁시키기를 지향했습니다. 그 시절에 관계를 맺었던 비슷한 정치적 지향을 가지고 있던 사람들이 소위 '청년헤겔학파'입니다. 헤겔(Georg Hegel)의 초기 사상, 청년 시기의 헤겔을 헤겔 사상의 핵심으로 보고 계승하고자 했기 때문에 그런 이름으로 불렸습니다. 청년헤겔학파는 급진적 정치철학자로서의 헤겔을 부각시키려고 했습니다. 그 그룹의 일원으로서 맑스가 지적 활동을 시작한 것입니다.

그러나 맑스는 얼마 지나지 않아 사회주의적 지향을 가지게 됩니다. 그리고 급진적인 문필활동의 결과 독일에서 추방당합니다. 추방되어 프랑스와 벨기에를 떠돌아다니는 과정에서 망명한 독일 노동자 집단과 만나게 됩니다. 프랑스에는 정치적인 이유로 전제적 독일에서 추방당하거나 자발적으로 망명한 많은 사람이 생활하고 있었습니다. 그중에 숙련노동자 계층에 속하면서 급진적인 정치적 지향을 가진 '의인동맹'(Bund der Gerechten)으로 알려진 그룹이 있었습니다. 그 단체를 주도해서 만든 사람은 빌헬름 바이틀링(Wilhelm Weitling)이라는 재봉사 출신의 독일 정치사상가였습니다. 맑스는 이 단체에 가입한 후에 이론적으로 영향력이 있는 위치를 차지하게 됩니다. 그러다가 의인동맹이 '공산주의자동맹'(Bund der Kommunisten)으로 이름을 바꾸고 체계적이고 일관된 조직을 구성하려는 노력을 하게 되죠. 그래서 강령을 작성해야 했는데, 그 책임이 우여

과학적 사회주의의 창시자들

1818 　맑스 출생.
1820 　엥겔스 출생.
1839 　맑스 본 대학과 베를린 대학에서 법학과 철학을 공부.
1841 　맑스 박사학위논문 「데모크리토스와 에피쿠로스 자연철학의 차이」 발표.
1842 　맑스 『라인 신문』의 편집장이 됨.
1843 　맑스 파리로 망명. 『독일-프랑스 연보』 제작.
　　　이 연보에 「유대인 문제에 대하여」와 「헤겔 법철학 비판 서설」 수록.
1844 　맑스 『1844년의 경제학-철학 초고』 저술.
1845 　맑스 벨기에의 브뤼셀로 추방됨. 「포이어바흐에 대한 테제들」 작성.
　　　맑스·엥겔스 『신성가족』 출판.
　　　엥겔스 『잉글랜드 노동자계급의 처지』 출판.
　　　맑스·엥겔스 『독일 이데올로기』 저술.
1847 　맑스 『철학의 빈곤』 출판. 엥겔스와 함께 '의인동맹'에 가입.
　　　이 동맹은 나중에 '공산주의자동맹'이 됨.
1848 　맑스·엥겔스 『공산당 선언』 발표. 2월 유럽 전역에서 혁명 발발.
　　　맑스 벨기에에서 추방당해 파리로 감. 파리에서 『신라인 신문』의 편집장 맡음.
1849 　맑스 혁명 전복 후 런던으로 망명.
1850 　맑스 『프랑스에서의 계급투쟁』 저술, 정치경제학 연구에 몰두하기 시작함.
1852 　맑스 『루이 보나파르트의 브뤼메르 18일』 발표.

▶ 청년기의 프리드리히 엥겔스(위)와 칼 맑스(오른쪽)

1859	맑스 『정치경제학 비판을 위하여』 출판.
1864	런던에서 제1인터내셔널 창립. 맑스 독일 담당 서기가 됨.
1867	맑스 『자본』 제1권 출판.
1869	아우구스트 베벨과 빌헬름 리프크네히트 등이 '독일 사회민주노동당' 창건.
1871	파리코뮨의 봉기 발발. 맑스 『프랑스 내전』 발표.
1875	맑스 『고타강령 초안 비판』 저술.
1876	제1인터내셔널 공식 해체.
1878	엥겔스 『오이겐 뒤링 씨의 과학변혁』 출판.
1880	엥겔스 『오이겐 뒤링 씨의 과학변혁』 일부를 편집해 『유토피아에서 과학으로의 사회주의의 발전』 출판.
1883	맑스 사망.
1884	엥겔스 『가족, 사적 소유 및 국가의 기원』 출판. 맑스의 유고를 이용해 엥겔스가 『자본』 제2권 출판.
1886	엥겔스 『루트비히 포이어바흐와 독일 고전철학의 종말』 출판.
1889	제2인터내셔널 결성.
1891	카우츠키 등이 초안을 작성한 「에르푸르트 강령」 발표.
1894	엥겔스가 『자본』 제3권 출판.
1895	엥겔스 사망.

곡절 끝에 맑스에게 맡겨집니다. 그 동맹의 강령으로서 작성된 것이 『공산당 선언』입니다. 『공산당 선언』은 그런 맥락에서 저술된 것입니다. 맑스의 생각이 말년으로 가면서 조금 바뀌기는 하지만, 『공산당 선언』에서 표방했던 입장들이 전면적으로 변경되지는 않습니다. 맑스 사상의 큰 틀은 『공산당 선언』의 단계에 이미 자리를 잡았다고 말할 수 있습니다.

자본주의와 소외: 『1844년의 경제학-철학 초고』

① 이 텍스트가 지니는 의미

지금부터 『공산당 선언』의 입장이 형성되기 이전에 맑스가 저술했던 주요 저작들을 보려고 합니다. 시간 순으로 『1844년의 경제학-철학 초고』(이하 『경제학-철학 초고』)라는 텍스트를 먼저 보겠습니다. 이 책은 맑스의 초기 사상을 보여 주는 대표적인 텍스트로 평가받고 있습니다. 그리고 3강 마지막에 볼 『루트비히 포이어바흐와 독일 고전철학의 종말』이라는 텍스트와 아주 대조적인 텍스트라고 할 수 있습니다. 내용 측면에서도 대조적이지만, 후대의 맑스주의자들 중 대립하던 두 노선이 이 두 텍스트에 각각 근거해 자신들의 입장을 정당화한다는 점에서도 흥미롭습니다.

1844년이니까 맑스가 아주 젊었을 때 쓴 텍스트입니다. 이때는 맑스가 초기의 자유주의적인 경향을 극복하고, 사회주의자 또는 공산주의자로서 자신의 정치적 정체성을 어느 정도는 정립한 이후입니다. 철학적으로는 또 다른 사상가에 의거해 헤겔을 넘어서려고 하는 단계라고 할 수 있어요. 그 사람이 누구냐 하면 루트비히 포이어바흐(Ludwig Feuerbach)입니다. 포이어바흐는 헤겔에 대립되는 정치적·사상적 입장을 가지고 있었던 사람은 아니고, 청년헤겔학파의 대표적 인물 중의 한 사람입니다.

이 책의 제목이 『경제학-철학 초고』인데 철학과 경제학이 함께 다루어지고 있다는 게 의미 있는 특징입니다. 맑스가 청년기에는 철학자 또는 저널리스트로 활동을 시작합니다. 그러다가 경제학 연구를 하게 돼요. 맑스가 '국민경제학'(Volkswirtschaftslehre)*에 대한 연구를 이 시기에 집중적으로 하는데, 이 과정이 초고의 상태로 남게 된 것입니다. 물론 맑스가 독자적인 경제사상을 이 시기에 이미 가졌던 것은 아닙니다. 이 텍스트의 경제학에 해당되는 부분에서 맑스가 직접 쓴 부분은 몇 페이지 정도이고, 대부분의 내용은 국민경제학자들의 저작들을 연구하면서 발췌한 것입니다. 그래서 이 텍스트는 맑스가 이 무렵에 국민경제학에 대한 연구를 자신의 주요한 학문적·이론적 과제로 삼았다는 것, 그리고 이 당시에 맑스가 어떤 책을 봤고 어떤 이론들과 대결하고 수용하고 비판했는지를 보여 줍니다. 그리고 이 텍스트가 수용되는 과정에서도 경제학에 대한 부분을 가지고 논의한 사람은 거의 없습니다. 여기서 중요하게 다루어지는 부분은 역시 철학적인 내용입니다.

이 텍스트는 맑스 생전에는 출판이 안 됩니다. 이 책은 맑스가 죽고 50여 년이 더 지난 1932년에 와서야 소련에서 출판됩니다. 저술과 출판 사이의 이 간격이 중요한 역사적 결과를 낳습니다. 맑스의 초기 사상이 맑스 당대나 직후의 사람들에게 알려지지 않게 된 것입니다. 러시아혁명이 이미 성공하고 스탈린 체제가 안정기로 접어들 무렵, 즉 맑스의 이름을 딴 이데올로기가 아주 거대한 국가를 형성하고, 맑스주의 진영 내에 이미 상

---

* 프리드리히 리스트(Friedrich List) 및 독일 역사학파가 주장한 경제학. 19세기 초 후발 자본주의 국가였던 독일의 경제학자 리스트는 당시 고전파 경제학자들이 주장하던 "모든 장소, 모든 국민에게 보편적이고 타당한 경제학"을 거부하고, 각국의 역사적 사정에 맞는 서로 다른 국민적 경제학이 있어야 한다고 주장했다. 국민경제를 완성하기 위해서 영국 위주의 자유무역에 반대하고 보호무역을 제창했다.

당할 정도로 이론적·정치적 분할이 이루어진 이후에야 이 책이 출판됩니다. 이 무렵에는 맑스주의자들 사이에 이론적 논쟁 정도가 아니라 수많은 사람들이 살해된 격렬한 정치적 충돌이 발생해 분파 간의 골이 깊어져 있었습니다. 분열된 맑스주의자들 중에서 어떤 집단은 이 텍스트를 상당히 중요하게 생각하고 또 어떤 집단은 이 텍스트에 전혀 주의를 기울이지 않습니다. 이처럼 이 책 자체가 지닌 의미도 크지만, 그것보다 이 책이 맑스주의의 흐름 속에서 아주 대조적으로 수용된다는 점이 더 중요합니다.

② 사적 소유와 상품생산의 철학적 해석

이제 이 책의 내용을 간략하게 설명하겠습니다. 처음부터 맑스가 경제학과 철학을 결합시킬 저술 의도를 가지고 있었는지는 확인되지 않아요. 어떤 의도를 가지고 같은 시기에 경제학 연구와 철학 연구를 했는지는 명확하지 않지만, 중요한 것은 경제적 현상을 철학적으로 해석하려는 시도가 분명히 있다는 점입니다. 맑스가 설명하려고 했던 첫번째 경제적 현상은 '사적 소유'이고, 두번째는 '상품생산', 상품이라는 현상입니다. 맑스는 자본주의의 핵심적 특징으로서 사적 소유와 상품생산이 철학적으로 해석해야 할 아주 중요한 사태라고 생각했습니다. 그는 이 현상들을 **소외**라는 개념을 통해서 해석합니다. 이 개념은 오늘날 우리에게 상당히 익숙하죠. 일상생활에서도 자주 사용하는 개념입니다. 주체가 자신의 본모습을 잃어버리고 자기가 아닌 자기와 대립되는 것이 되는 것, 자신의 활동의 산물을 낯설게 느끼고 그것과 분리되고 나아가 적대적 관계를 맺게 되는 것, 이것이 소외의 사전적인 의미입니다. 맑스도 이것과 크게 다르지 않은 의미로 소외라는 표현을 사용합니다.

자본주의 사회에서 소외가 나타나는 대표적인 경우가 **노동**입니다.

'노동의 소외'가 『경제학-철학 초고』에서 맑스가 가장 주목하는 부분인데 구체적으로는 다음과 같은 것을 의미합니다. 첫번째로 노동자가 어떤 생산물을 만들었는데 자기에게 귀속되지 않더라는 것입니다. 공장에서 노동자가 만들었다고 해서 자기 집에 들고 가는 것이 아니잖아요. 자본주의 사회에서는 들고 가면 절도입니다. 노동자가 자신의 노동의 산물을 자기의 것으로 삼지 못한다는 것이 소외의 첫번째 양상입니다. 두번째는 생산물이 자기의 육체와 머리에서 나온 것임에도 불구하고 낯설게 느껴지게 된다는 것입니다. 세번째는 노동자가 생산물을 생산하는 과정을 자기 의지대로 통제하지 못하게 되는 것입니다. 자본주의가 발달할수록 생산과정에 대한 노동자들의 직접적인 통제는 사라지고, 자기가 원하는 방식대로 물건을 만들어 내는 게 불가능해집니다. 이런 일들이 일어나는 이유는 뭘까요? 맑스는 노동의 산물이 상품이 되기 때문이라고 봅니다. 자본주의에서 노동자는 스스로 사용하기 위해서 혹은 즐거움을 위해서 혹은 자신을 표현하기 위해서 생산하는 것이 아닙니다. 자본가에게 이윤을 가져다 줄 목적으로 물건을 생산해야 하기 때문에, 노동자와 노동의 산물 그리고 노동과정이 분리될 수밖에 없습니다.

생산물로부터의 노동의 소외는 다른 영역에서의 소외도 낳습니다. 먼저 인간과 인간 간의 소외가 나타납니다. 대표적으로는 노동자와 자본가의 관계가 적대적 관계로 되죠. 또 노동자와 다른 노동자의 관계도 소외의 관계가 됩니다. 공장에서 성과급을 놓고 경쟁해야 하는 노동자들의 관계가 대표적인 사례겠죠. 다음으로는 인간과 그의 노동의 대상인 자연의 관계도 소외가 됩니다. 맑스가 이 책에서 언급하는 말대로 하자면 인간과 그의 바깥에 있는 자연 사이의 신진대사가 원활하게 이뤄지지 못하게 됩니다. 이런 것들이 다 소외의 현상이죠. 우리가 현대 사회에서 일상적으로 애기하는 소외와 다르지 않습니다. 20세기에, 특히 서유럽 자본주의 국가들에서 널리 펴져 있던 사회이론으로서의 대중문화 비판이나 대중사회 분석에서 소외가 아주 핵심적인 개념이 되잖아요. 이 텍스트의 영향을 받아서 그러한 연구들이나 사상조류들이 형성되었습니다. 이런 조류들은 현대 사회의 핵심적 문제를 소외로 봅니다.

그런데 우리의 통념에서 맑스는 경제를 애기하는 사람인데, 『경제학-철학 초고』에서는 경제적 측면에 대한 철학적 해석이 우선적인 것 같습니다. 사적 소유나 상품생산 그 자체가 문제라기보다 그것이 소외를 낳기 때문에 문제가 된다는 뉘앙스가 훨씬 강한 텍스트라는 말이죠. 다시 말해서 자본주의의 핵심적인 모순을 사적 소유나 상품생산 같은 경제적 모순으로 보면서 자본주의의 극복을 애기하기보다, 자본주의가 낳는 소외의 극복을 더 중요하게 언급합니다. 맑스의 용어법대로라면 경제적 토대가 아니라 상부구조가 자본주의 모순의 더 중요한 지점이라는 애기가 됩니다. 이는 우리가 들어 온 맑스주의자들의 주장과는 거리가 있습니다. 맑스에 대해서 흔히 '경제결정론자'라고 애기하잖아요. 모든 현상을 경제적 토대로 환원시켜서 설명하는 이론, 이것이 맑스주의에 대해 아주 널리 퍼진 비판입니다. 실제로 맑스에게는 그런 측면이 상당히 강합니다. 맑스는 자기가 이전의 사회주의·공산주의와 결정적으로 다른 점은 경제적 토대를 가지고 사회를 해석했다는 것이라고 말합니다. 그런데 이 텍스트에서는 오히려 토대가 아니라 상부구조가 자본주의에서 더욱 본질적인 문제라고 말하고 있는 것처럼 읽힌다는 점이 문제입니다. 그래서 맑스의 계승자들에게는 이 텍스트가 센세이셔널하게 받아들여졌겠죠.

맑스는 자본주의 경제와 소외의 관계에 대해 소외가 자본주의적인 사적 소유의 원인이면서 결과라고 애기합니다. 사적 소유가 소외를 낳고 소외는 동시에 사적 소유를 낳는다는 것입니다. 형식논리적 관점에서 보면 이해하기 힘들지만 둘은 상호관계 속에 있습니다. 중요한 것은 자본주의와 소외를 극복하기 위해서 어떻게 해야 하느냐입니다. 맑스는 헤겔에서 포이어바흐에게로 이어지는 철학적 접근법에 주목합니다. 바로 **변증법**입니다. 이 책에서 소외 다음으로 강조되는 것이 변증법이에요. 맑스는 헤겔 변증법이 아주 유용한 철학적 방법이지만 일정한 한계를 지니고 있으며, 그 한계를 포이어바흐의 사상이 극복했다고 얘기합니다. 이 책에서는 포이어바흐의 한계를 언급하기도 하지만 대체로 긍정적인 평가를 내립니다. 그래서 이때의 맑스가 포이어바흐주의자의 단계에 있다는 평가도 있습니다. 맑스가 주목했던 소외의 극복의 매개는 변증법이고, 그중에서도 특히 '부정의 부정'을 강조합니다.

③ 변증법: 혁명적 변화의 철학적 원리

먼저 변증법을 간략하게 설명해야 할 것 같습니다. 변증법은 형식논리학에 대비되는 논리이자 방법론으로, 고대 그리스에서부터 전해 내려온 것입니다. 아주 단순하게 말해서 형식논리는 실체는 항상 자기동일적이고, 자기동일적이지 않으면 그 실체가 아니라는 것입니다. 예를 들어 이것이 펜이라고 하면, 펜이면서도 동시에 지우개일 수는 없습니다. 우리 일상생활을 지배하는 논리가 형식논리학이죠. 책상은 책상이거나 책상이 아니거나 해야 합니다. 둘 중의 하나여야 하는 거죠. 그런데 변증법은 한 사물이 무엇이면서 동시에 그것이 아닐 수도 있고, 존재하면서 동시에 존재하지 않을 수도 있다고 봅니다. 말만 들으면 좀 황당한 소리 같지만 이 논리는 운동과 변화를 설명하기 위해서 나온 것입니다. 역사적 사례를 들자면 봉건제는 항상 봉건제이고 다른 것일 수 없다면, 봉건제 사회가 자본제 사회로 변화하기는 불가능합니다. 봉건제이면서도 그 안에 봉건제가 아닌 다른 것이 동시에 존재하는 과정을 거쳐야 봉건제와는 다른 자본제 사회가 될 수 있습니다. 서양 철학에서 존재론의 기본적인 문제는 존재(being)와 변화(becoming)의 관계를 설명하는 것이었습니다. 이것을 논리학적으로 대응시키면 being의 논리가 형식논리학의 논리고, becoming의 논리가 변증법적 논리라고 할 수 있습니다.

그런데 변증법이 19세기 중엽에 와서 독일 철학자들에게 중요해진 것은 바로 정치적 문제 때문입니다. 맑스가 살았던 시기는 프랑스혁명의 여파가 계속해서 이어진, 크게 봐서 100여 년간의 혁명의 세기였습니다. 아주 단순하게 형식논리를 정치적 상황에 대입시켜 봅시다. 예를 들어서 루이 16세의 절대왕정이 있어요. 형식논리에 의하면 이 체제는 절대로 다른 정치 체제일 수 없습니다. 다른 정치 체제로의 변화가 불가능하므로 절대왕정은 정당한 것이 됩니다. 19세기의 급진적 독일 사상가들에게 형식논리학은 기존의 사회 체제를 정당화하기 위한 기득권의 논리였습니다. 반면에 변증법은 기존의 체제가 다른 체제로 바뀌는 변화가능성을 설명하는 논리로 해석되었습니다. 헤겔이 변증법을 아주 중요한 방법론 또는 체계로 삼은 이유도 이것입니다. 보통 헤겔을 프랑스혁명의 철학적 해석자로 평가하는데, 이는 프랑스혁명이라는 정치적 사건에 대한 철학적 대응이 헤겔의 사상이라는 말입니다. 즉 헤겔은 정치적 변혁과 혁명적 과정을 설명하기 위해 변증법에 의존한 것이라고 볼 수 있고, 맑스도 이 텍스트를 쓸 무렵에는 이런 의미에서 변증법을 강조했습니다.

맑스는 변증법에서 **부정의 부정**이라는 논리를 강조합니다. 부정의 부정은 '고양'의 과정입니다. A가 부정되면 not A가 되고, 다시 이게 부정되면 A로 돌아가는 게 아니라 새로운 단계인 A'가 된다는 것입니다. 존재하는 것들은 부정을 통해 더 발전된 높은 단계로 고양됩니다. 이것이 바로 '부정의 부정'입니다. 부정의 부정이라는 것은 **현 상황이 완결되고 고착된 것이 아니라 더 높은 단계로 끊임없이 나아간다**는 것을 설명하는 논리입니다. 이 논리는 혁명적 지향성이 있는 사람에게는 매력적이었겠죠. 기존 체제를 변혁할 수 있다는 가능성을 보여 주는 논리로 받아들여집니다. 저희 세대인 80년대 초·중반 대학생들은 전공에 관계없이 헤겔 공부를 많이 했는데요. 그때는 헤겔 책만 봐

근대 철학을 집대성한 헤겔. 맑스는 헤겔의 역사철학과 변증법에서 큰 영향을 받았다. 『자본』 제1권 제2판 후기에서 맑스는 헤겔이 비록 변증법을 신비화하기는 했지만, 변증법의 운동을 포괄적으로 서술한 최초의 사람이라고 말하며 헤겔 사상의 의의를 평가하고 있다.

도 가슴이 두근두근 거렸어요. "이성적인 것은 현실적이고 현실적인 것은 이성적이다." 80년대에는 헤겔이 한 이 말을 기존의 비이성적 정치 체제는 좀더 이성적이고 발전된 상태로 나아갈 수밖에 없고, 또 그래야 한다는 요청으로 받아들였습니다. 그런데 이는 한국 사회에서만 나타난 독특한 해석이었던 게 아니라 청년헤겔학파도 한 해석입니다. 그리고 맑스가 『경제학-철학 초고』를 쓸 무렵에도 여전히 공유했던 해석이기도 합니다. 이런 식으로 부정의 부정은 소외를 극복하는 중요한 논리가 됩니다.

④ **인간의 유적 본질과 소외의 극복**

맑스에게 자본주의 사회는 본질적으로 소외에 근거한 체제였습니다. 여

2강 _ 맑스·엥겔스의 초기 사상 63

기에서 가장 중요한 것은 **노동과 자본의 소외**입니다. '자본'은 노동이 축적된 것으로, 기계와 같은 생산수단을 포함합니다. 노동과 자본의 대립은 고전파 경제학자인 애덤 스미스(Adam Smith) 같은 사람도 주목했던 것입니다. 그러나 맑스는 그들이 노동의 보수인 임금과 자본의 보수인 이윤으로 총생산물이 분배되는 것만을 보고 있지, 생산과정에서 노동이 자본에 의해 착취당하는 것은 보지 못한다고 비판합니다. 이것이 근본적인 소외입니다. **자본의 기원은 노동에 있는데 자본이 그 기원인 노동을 오히려 착취하기 때문이죠.**

이런 식의 소외는 논리적으로 소외되지 않은 '원형'을 전제해야 성립됩니다. 소외되지 않은 원형이 존재하지 않으면 소외도 없습니다. 맑스가 인간의 소외를 얘기한다면 소외되지 않은 원형으로서의 인간의 본질을 상정해야 합니다. 맑스는 개개인의 본질이 아니라 **인간의 유적(類的) 본질**을 전제합니다. 인간의 '유적 본질'은 인간이 **이성적이고 자유로운 행위자**라는 것입니다. 이런 유적 본질에 대한 생각이 맑스에게서 특별히 새로 나타난 것은 아닙니다. 지금의 우리도 대체로 동의하는 것이잖아요. 구성원을 이성적이고 능동적이고 자유롭게 만들어 주는 사회가 좋은 사회라는 생각을 부정하는 사람은 21세기에 없죠. 이것은 바로 계몽의 이념입니다. 맑스가 새롭게 말한 것이 아니라 계몽의 기본적인 인간관인 것입니다.

문제는 이런 사고방식이 맑스의 기본적 입장인 유물론 및 변증법과 배치된다는 것입니다. 맑스에게 '유물론'은 현실을 넘어선 초월적이고 관념적인 영원한 존재는 없고 구체적인 현실만이 존재하는 모든 것이라는 의미를 담고 있습니다. 인간이라는 존재는 역사적 과정을 통해 생성된 것이지, 신이 만들었거나 하늘에서 툭 떨어져서 태곳적부터 동일한 모습으로 존재한 게 아니라는 것입니다. 변증법의 관점에서도 모든 것은 변화하니까 고정된 본질이 있으면 안 됩니다. 그래서 『경제학-철학 초고』의 단계에서는 인간의 본질에 대해서 명확한 유물론적 규정을 하지 못했다고 볼 수 있습니다. 오히려 이 단계에서 맑스는 계몽주의자들이나 헤겔주의자들의 유산인 '인간의 유적 본질'이라는 관념적인 개념을 여전히 가지고 있었습니다. 이 텍스트에서 소외는 사회적 과정이지만 인간의 주체적 측면에서 나타납니다. 따라서 사회적 문제는 주체의 차원에서 일어나고 주체의 차원에서 해결되는 것입니다. 인간의 유적 본질을 부정하는 소외가 다시 부정되면 소외가 극복되고 인간이 해방되는데, 이 과정은 주체의 지평에서 이뤄집니다. 그렇게 되니까 사회적 문제를 객관적 토대의 차원이 아니라 주체적 실천의 차원에서 얘기하게 됩니다. 이 대목이 후대의 맑스주의자들에게 중요하게 받아들여진 부분입니다.

유물론적 역사이해: 「포이어바흐에 대한 테제들」, 『독일 이데올로기』

『경제학-철학 초고』를 쓴 이후부터 『공산당 선언』을 저술하기 전까지 맑스의 사상에서 중요한 변화가 일어납니다. 특히 두 개의 텍스트가 과도기적 역할을 하는데, 그중 하나가 「포이어바흐에 대한 테제들」입니다. 「포이어바흐에 대한 테제들」은 『경제학-철학 초고』가 쓰인 직후인 1845년이나 1846년에 쓰입니다. 「포이어바흐에 대한 테제들」의 6번 테제는 "**인간의 본질은 그 현실에 있어서 사회적 관계들의 앙상블이다**"입니다. 이것을 『경제학-철학 초고』의 "자유로운 의식적 활동으로서 유적 본질"이라는 생각과 비교해 보세요. 같은 사람의 말이라고 보기 힘들죠. 인간의 본질은 선천적으로 주어지는 게 아니라, 현실의 사회적 관계가 앙상블을 이루고 여러 사회적 요소들이 조화를 이루어서 구성된다는 것입니다. 그렇다면 인간의

인간학적 유물론자 포이어바흐. 헤겔 철학을 급진적으로 해석한 청년헤겔학파의 일원이었지만 곧 헤겔의 관념론을 비판했다. 처음에 맑스·엥겔스는 포이어바흐의 유물론을 높이 평가했지만, 이후에는 그가 역사 속에서 자신의 삶을 생산하는 구체적인 인간이 아니라, 역사를 초월한 추상적인 인간을 전제하고 있다고 비판했다.

본질은 항상 그 사람이 처해 있는 사회적 관계에 의해서 변화할 수밖에 없겠죠? 이 단계에서 맑스는 인간이 어떤 관념적인 본질을 가지고 있는 게 아니라는 인식을 하면서 『경제학-철학 초고』의 입장과 멀어집니다.

그리고 다른 한 텍스트는 요즘에 다시 주목받고 있는 『독일 이데올로기』라는 텍스트입니다. 「포이어바흐에 대한 테제들」과 비슷한 시기에 쓴 책입니다. 『독일 이데올로기』에서는 역사에 대한 인식이 점점 더 중요해집니다. 『경제학-철학 초고』에서 관념적인 인간의 본질에 대해서 얘기하다가 「포이어바흐에 대한 테제들」에 와서는 어느 정도 이런 입장에서 벗어나는 모습을 보여 주었다면, 변화의 구체적 모습을 보여 주는 게 『독일 이데올로기』입니다. 『독일 이데올로기』가 특히 중요한 것은 맑스의 역사철학이 구체화되기 시작한 텍스트이기 때문입니다. 이때는 '생산양식'이라는 개념은 안 쓰고, '소유형태'라는 개념을 써요. 『독일 이데올로기』에서 이 소유형태의 역사를 가지고 인류의 역사를 해명합니다. 맑스는 이 무렵부터 **소유형태의 변화가 인류 역사의 변화의 원동력**이라는 인식을 합니다. 이게 맑스 스스로 말하는 **유물론적 역사이해**입니다. 경제적 토대의 관점에서 전체 역사를 설명하려는 시도가 체계화된 최초의 텍스트가 『독일 이데올로기』예요. 『경제학-철학 초고』가 상부구조와 관념적 문제틀에 갇혀 있었고 선험적 주체의 소외와 극복과정으로서의 변증법의 전개를 이야기했다면, 『독일 이데올로기』에서는 상당한 이탈이 나타나고 있습니다.

역사의 종말(The End of History)이라는 말을 들어 보셨을 겁니다. 영어단어 end에는 '끝'이라는 의미도 있지만 '목적'이라는 뜻도 있죠. 역사에는 완성된 종결점이 정해져 있다는 생각을 옛날부터 해왔습니다. 역사의 모든 과정은 역사의 끝에 도달하게 될 정해진 목적을 실현하는 과정이라는 것입니다. 기독교가 가장 대표적으로 이런 역사관을 가진 사상이죠. 구원의 날이 정해져 있잖아요. 기독교 이전의 유대교를 비롯해서 이런 사고는 상당히 널리 퍼져 있었습니다. 이런 역사관을 '목적론적 역사관'이라고 부릅니다. 그리고 목적론적 역사관의 가장 완성된 근대적 형태가 헤겔의 역사철학입니다.

그런데 맑스는 공산주의 사회가 되면 역사가 어떻게 될 것이라는 청사진이 정해져 있지 않다고 말합니다. 역사의 전개과정의 끝(목적)은 아무도 모르고, 그것은 역사의 결과로서 드러나는 것이지 우리 마음속에 또는 우리 바깥에 객관적으로 존재하는 것이 아니라고 합니다. 그가 유토피아 사회주의를 비판하는 것도 이런 이유에서입니다. 그 사람들은 하나의 이상으로서의 사회주의를 꿈꾸는 것이죠. 맑스는 그에 반대해서 공산주의에 대한 재미있는 정의를 내립니다. "우리는 현재의 상태를 지양해 나가는 현실적 운동을 공산주의라고 부른다." 이 말이 의미하는 바는 공산주의 사회라는 목적의 구체적 모습이 완결된 형태로 있고 그것을 실현시키기 위해서 필연적으로 역사가 나아가는 것이 아니라, 구체적인 현실에서 운동이 일어나고 그 운동의 결과로 공산주의가 온다는 것입니다. 공산주의 사회를 미리 규정해서 말하는 것은 관념론입니다.

실제로 맑스는 공산주의 사회에 대한 구체적인 묘사나 서술은 거의 하지 않습니다. 지나가면서 몇 번, 그것도 어디에 빗대서 표현하기도 하는데 그중 하나가 많이 알려진 『독일 이데올로기』의 구절입니다. "아무도 하나의 배타적인 활동의 영역을 갖지 않으며 모든 사람이 그가 원하는 분야에서 자신을 도야할 수 있는 공산주의 사회에서는 사회가 전반적 생산을 규제하게 되고 바로 이를 통하여 내가 하고 싶은 그대로 오늘은 이 일 내일은 저 일을 하는 것, 아침에는 사냥하고 오후에는 낚시하고 저녁에는 소를 치며 저녁식사 후에는 비평을 하면서도 사냥꾼으로도 어부로도 목동으로도 비평가로도 되지 않는 일이 가능하게 된다." 이것이 맑스가 꿈꾼 공산주의라고 많이 알려진 모습입니다. 그런데 이 묘사는 맑스의 독특한 생각이 아니라 생시몽주의자들이나 푸리에주의자들이 했던 말을 맑스가 옮겨 놓은 것입니다. 맑스가 이런 생각을 전혀 하지 않았다고 할 수는 없어도, 이 구절을 공산주의 사회에 대한 맑스의 구체적 기획으로 보는 것은 지나친 해석입니다.

그럼에도 이 구절에는 공산주의 사회에 대한 중요한 두 가지 생각이 담겨 있습니다. 하나는 공산주의 사회가 인간의 잠재력이 온전히 실현되는 사회라는 것이고, 다른 하나는 어떤 특정한 일에 얽매이지 않고 복합적이고 다양한 일을 자유롭게 하면서도 먹고살 수 있는 사회가 공산주의 사회라는 것입니다. 특히 두번째 생각은 분업 문제와 관련된 논의의 중요한 단초가 됩니다. 분업은 인간을 매우 단순하고 수동적으로 만듭니다. 그리고 그에 따라 삶은 아주 지겹고 단조로운 것이 됩니다. 또 구상하고 명령하는 일과 그것을 수행하는 일 사이의 분업이 고착화되면, 명령하는 사람은 항상 명령하고 밑에서 수행하는 사람은 항상 수행만 해야 하는 또 다른 지배-피지배 관계가 형성될 수도 있습니다. 맑스가 생각하기에 근대 자본주의 사회에서 가장 문제가 되는 분업의 형태는 **육체노동과 정신노동의 분**

할입니다. 『독일 이데올로기』에서는 이 같은 노동의 분할 문제를 제기하고 있는 것입니다.

또한 맑스는 이 텍스트에서 이데올로기도 유물론적 관점에서 다루고 있습니다. 『독일 이데올로기』는 **이데올로기의 영역이 자립적인 영역이 아니라는 것**을 최초로 표명한 텍스트입니다. "이데올로기에는 역사가 없다", "이데올로기는 자립적이지 않다" 또는 "한 시대의 지배적 이데올로기는 지배계급의 이데올로기이다" 등등의 잘 알려진 문구들이 나오는 텍스트가 바로 『독일 이데올로기』입니다. 이 구절들이 의미하는 바는, 이데올로기는 그 자체로 생겨나고 변화하는 것이 아니라 소유형태의 문제에 의해서 결정된다는 것입니다. **토대에 의해서 상부구조가 결정된다**는 맑스주의의 아주 핵심적인 테제가 여기에서 정식화되기 시작한 것이죠. 맑스주의에 관한 20세기의 많은 논란이 이 테제를 둘러싸고 벌어집니다. 맑스주의에 반대하는 측에서는 이런 입장이 세상의 모든 문제를 경제 문제로 환원시키는 것이라고 비판합니다. 하지만 맑스·엥겔스는 경제환원론을 말한 것이 아닙니다. 상부구조의 상대적 자율성을 이야기하고 있는 수많은 구절을 맑스·엥겔스의 텍스트에서 찾을 수 있습니다. 하지만 그런 비난이 나오는 이유는 맑스주의의 계승자들 중에서 상당 부분 조야한 경제환원론적 입장을 취한 사람들이 있기 때문입니다. 그리고 그런 입장에 대한 책임이 맑스·엥겔스에게까지 거슬러 올라가는 것이죠. 이 문제에 대해서는 3강 후반부에 이야기할 텐데, 이 논쟁과 연결된 텍스트가 바로 엥겔스가 쓴 『루트비히 포이어바흐와 독일 고전철학의 종말』입니다. 이 책에서 경제환원론적으로 맑스를 해석할 여지를 줍니다. 이렇게 후기 맑스 사상의 내용을 구성하는 중요한 몇 가지 요소가 처음 나타나는 텍스트가 『독일 이데올로기』입니다.

맑스주의의 기초 확립: 『공산당 선언』

다음으로 맑스가 도달한 단계를 보여 주는 텍스트는 1848년의 『공산당 선언』입니다. 『공산당 선언』을 보기 전에 두 가지를 염두에 두어야 합니다. 우선 『공산당 선언』은 앞서 언급한 '공산주의자동맹'이라는 정치조직의 강령으로 작성된 글입니다. 이 단체는 맑스가 만든 것도 아니고 온전히 주도했던 것도 아닙니다. 따라서 강령을 맑스가 주도적으로 썼지만 그 내용이 백 퍼센트 맑스 자신의 사상이라고 단정할 수는 없습니다. 다른 구성원들의 의견을 완전히 무시하고 맑스의 의견대로만 썼으면 강령으로 채택되지 않았겠죠. 맑스 자신이 온전히 만족하지 않았다 하더라도 모든 구성원이 수용할 수 있는 선에서 내용을 조율했을 겁니다. 둘째, 이 선언은 말 그대로 당의 강령입니다. 학술서하고는 저술방식이 다르겠죠. 이론적 논증으로 정치적 입장을 뒷받침할 수 없고 주장의 나열로 그칠 수밖에 없습니다. 그러므로 주장들이 단순화된 형태로 제기되지 체계적이고 이론적으로 전개되지 않습니다. 그래서 수용자들도 단순화된 형태로 맑스의 사상을 받아들이게 되는 문제점이 발생할 수도 있습니다. 이런 점들을 감안하고 읽어야 합니다.

① 『공산당 선언』의 역사적 의미

이 텍스트를 읽으면서 생각해 볼 문제 중 하나는 『공산당 선언』 당시의 맑스의 입장이 이후로도 지속되는가, 변화가 있다면 어떤 점에서 변화했느냐입니다. 많은 사람이 『공산당 선언』의 단계와 이후의 단계에서 전면적인 사상적 변화는 없지만 특정한 한 문제와 관련해서는 아주 중요한 입장 전환이 있었다고 봅니다. 특히 정치적 입장에서 획기적 변화가 일어났다고 주장하는 사람들이 있었어요. 대표적인 사람이 레닌입니다. 그에 의하면 1871년의 『프랑스 내전』에선 『공산당 선언』의 정치적 입장과 획기적으로 다른 입장이 등장합니다. 이 변화의 내용은 뒤에서 자세히 다루겠습니다. 그렇다면 맑스·엥겔스 스스로도 이런 변화를 인정했을까요? 맑스·엥겔스는 『공산당 선언』은 역사적 문헌이라고 얘기해요. 즉 이 선언은 어떤 역사적 시기를 표현하기 때문에 개정판을 내는 건 옳지 않다고 말합니다. 자신들의 입장변화나 변화된 상황에 대해선 재판을 찍을 때마다 「서문」을 새로 달아 언급합니다. 그들은 자신들의

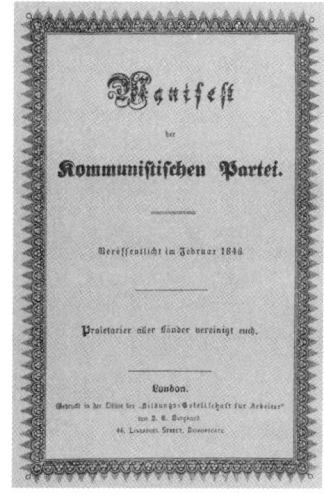

1848년 2월에 런던에서 출판된 『공산당 선언』 초판 표지. 자본주의의 위대함과 파괴력을 서술한 『공산당 선언』의 정확성은 맑스·엥겔스 당대보다 오늘날 더욱 뚜렷하게 확인할 수 있다.

정치적 입장이 변화했다는 것을 1872년 독일어판 「서문」에서 밝히고 있습니다. 따라서 본문도 중요하지만 「서문」을 함께 읽는 게 중요합니다.

이 책은 4개의 장(章)으로 구성됩니다. 1장 「부르주아와 프롤레타리아」, 2장 「프롤레타리아와 공산주의자들」, 3장 「사회주의와 공산주의 문헌」, 4장 「각각의 반정부 당들에 대한 공산주의자들의 입장」으로 구성되어 있습니다. 제목에서 알 수 있듯이 자신들의 입장을 포지티브하게 진술한 것은 1장과 2장입니다. 3장에서는 자신들 이전이나 당대의 다른 사회주의·공산주의의 입장을 비판적으로 서술합니다. 그들과 자신들이 어떤 점에서 다른지를 보여 주기 위해서죠. 4장도 당대의 반정부적 운동에 대해 공산주의자는 어떤 태도를 취해야 하는지를 짧게 서술한 부분입니다. 그래서 이론적으로 중요한 부분은 1장과 2장이라고 할 수 있습니다.

『공산당 선언』을 다룰 때도 후대에 많은 영향을 미친 내용을 중심으로 이야기하려 합니다. 맑스주의가 역사적으로 어떻게 전개되었는지를 미리 앞당겨서 설명해야 어떤 문제들이 중요한지를 알 수 있을 것 같습니다. 『공산당 선언』은 이후의 맑스주의자들에게 맑스·엥겔스 사상을 제일 정확하고 간편하게 전달하는 책으로 받아들여졌고, 따라서 영향을 가장 많이 준 텍스트라고 할 수 있습니다. 이 책은 1848년에 나오고 당대에도 널리 읽힙니다. 여러 나라 말로도 번역되어서 19세기 중엽부터 말까지 유럽 여러 나라로 보급됩니다. 그래서 맑스주의를 19세기 말 유럽 사회주의 운동의 주요 이데올로기로 만들어 준 텍스트라고 할 수 있어요. 특히 역사적으로 중요한 것은 1891년에 작성된 독일 사회민주당의 「에르푸르트 강령」에 많은 영향을 준 것입니다. 이 강령은 제2인터내셔널 시기의 맑스주의운동 전체의 입장을 공식적으로 대변한 강령입니다. 이 강령은 『공산당 선언』의 내용을 거의 전적으로 되풀이합니다.

맑스·엥겔스는 살아 있는 동안에는 뛰어난 정치운동 지도자가 되거나 많은 추종 세력을 지니지 못했습니다. 자기 나라에서도 살지 못하고 망명지 영국에서 인생의 대부분을 살고 죽었어요. 그들이 살았던 영국의 노동운동 전통은 맑스주의 전통과는 상당히 다릅니다. 영국에는 차티스트 운동(Chartist Movement) 이래로 페이비언 사회주의(Fabian Socialism) 등으로 대변되는 독특한 개량적 노동운동 전통이 있었기 때문에 맑스주의자는 영국에서도 극소수였습니다. 고향인 독일에서도 말년까지도 정치적 영향력이 그렇게 크지 않았습니다. 맑스·엥겔스의 사상을 중심으로 큰 정치적 세력이 형성된 것은 맑스가 죽고 엥겔스가 말년의 몇 년을 보내던 시기부터입니다.

특히 1880년대 초부터 독일 사민당을 통해서 맑스주의 세력이 커집

차티스트들이 1842년에 벌인 파업을 군대가 진압하는 모습. 차티스트운동은 19세기 중엽 영국 노동자 계급의 참정권 획득운동이다. 노동자계급은 1838년에 보통선거, 비밀선거, 공정한 선거구 획정, 매년의 의회개선, 의원의 재산자격 폐지, 의원 세비 지급 등 6개 항의 '인민 헌장'(People's Charter)을 작성했고, 이 헌장을 실현하기 위해 서명운동과 전국집회를 전개했다. 1848년 2월 혁명 이후 전 유럽의 혁명적 분위기 속에서 런던 대청원 시위운동을 벌였지만 탄압과 내부분열로 결국 실패했다.

니다. 독일 내에서 독일 사민당이 큰 세력이 되고, 그 뒤를 이어 유럽 각국에서 사민당들이 생겨납니다. 이 세력들이 모여서 제2인터내셔널이라는 국제적인 조직을 형성하게 됩니다. 이 국제조직을 이론적으로나 실천적으로 이끌고 간 세력이 독일 사민당이었습니다. 그래서 독일 사민당이 제2인터내셔널의 입장을 실질적으로 대변했어요. 그 공식적 표현이 「에르푸르트 강령」이었고, 이 강령의 내용이 『공산당 선언』에서 거의 직접적으로 유래하기 때문에 『공산당 선언』이 역사적으로 중요하다는 것입니다. 19세기 말~20세기 초의 유럽 사회주의운동은 『공산당 선언』에서의 맑스·엥겔스의 사상에 입각해 있었다고 말할 수 있습니다. 제2인터내셔널 시기에 맑스주의 내에서 분파들이 생겨나는데, 「에르푸르트 강령」을 고수하면서 스스로를 정통파라고 부르는 집단과 정통파에 대항하는 수정주의자들이 나타납니다. 수정주의자들은 「에르푸르트 강령」이 틀렸다고 비판했습니다. 『공산당 선언』에서의 맑스주의를 비판하고 극복하기 위해서 수정주의가 형성된 거라고 할 수 있죠. 결국 맑스주의의 역사에서 초기의 큰 두 흐름은 『공산당 선언』에 대한 입장차에서 나누어진 것입니다. 수정주의자들의 등장과 이들이 제기한 논쟁은 4~5강에서 보겠습니다.

② 유물론적인 자본주의 분석

『공산당 선언』의 내용을 살펴봅시다. 첫 구절이 아주 인상적입니다. "**이제까지의 모든 사회의 역사는 계급투쟁의 역사다**"라는 표현으로 시작됩니다. 역사를 계급투쟁으로 해석합니다. 그리고 정치적 강령을 초월적이거나 보편적인 토대가 아니라 역사적인 토대에서 시작하는 게 특이해요. 프랑스혁명의 「인간과 시민의 권리선언」이나 미국혁명기의 「독립선언서」 같은 근대의 다른 정치적 선언들과 비교해 보면 차이가 두드러집니다. 이 선언들은 초월적이고 보편적인 권리의 토대를 먼저 확립해 놓고 거기서 연역해 논의를 풀어나갑니다. 그러나 맑스·엥겔스는 구체적인 역사에서 출발해 사회나 정치나 경제를 얘기합니다. 그것도 그냥 역사가 아니고 계급투쟁의 역사입니다. 맑스주의에서 '계급'은 생산수단의 소유를 둘러싼 분류개념입니다. 부르주아지는 생산수단을 소유한 계급이고, 생산수단을 소유하지 못한 계급은 프롤레타리아트라고 부릅니다. 단순히 소득의 수준을 가지고 나누는 게 아니라는 점을 기억하세요. 맑스·엥겔스는 생산과정을 둘러싼 사회적 관계를 가지고 계급을 나눕니다. 다시 말해 그들은 경제적 토대를 중심으로 한 유물론적 역사해석에 근거해서 『공산당 선언』을 저술한 것입니다.

그래서 맑스·엥겔스는 자본주의 사회의 분석에서 출발합니다. 자본주의 사회는 부르주아지만이 생산수단을 소유하는 사회입니다. 생산수단에 대한 부르주아지의 독점에 근거하기 때문에 착취와 억압이 본질적이고 구조적으로 일어날 수밖에 없습니다. 그리고 부르주아지가 프롤레타리아트를 더 안정적으로 착취하는 데 있어 국가가 핵심적인 역할을 합니다. 따라서 **국가는 계급지배의 수단일** 뿐이죠. 착취나 억압이 본질적이라는 말은 우연적인 것이 아니라는 뜻입니다. 착한 부르주아가 많아지면 착취와 억압이 없어질 수 있고 못된 놈이 많아지면 착취가 심해지는 차원의 문제가 아니고, 본인들의 의지나 자의적인 선택에 관계없이 착취

청년기의 맑스와 엥겔스. 1848년의 『공산당 선언』에서 두 사람은 이미 '유물론적 역사이해'라는 틀을 확립했으며, 1872년에 쓴 독일어판 「서문」에서도 "이 책에서 개진된 일반적 원칙은 여전히 정당하다"고 말했다.

와 억압이 일어납니다. 자본주의는 존재하기 위해서는 착취와 억압에 근거할 수밖에 없다는 것입니다. 이렇게 사회 문제를 윤리적인 문제나 개인의 선택의 문제로 보지 않고 '경제적 구조'의 문제로 본다는 것이 맑스·엥겔스 관점의 새로운 점입니다.

    맑스는 자본주의에는 긍정적인 측면도 있다고 보았어요. 그는 자본주의 사회가 이전의 어떤 사회와도 비교가 안 될 정도로 엄청난 생산력증대를 보여 주었고, 생산력이 발전함에 따라 문명의 요소들, 교양요소들이 사회 전반으로 확산되기도 했다고 평가합니다. 그런데 이 번영이나 발전이 영원히 지속되는 것은 아니고 자본주의는 언젠가 필연적으로 망할 수밖에 없다고 봅니다. 자본가들이 뭔가를 잘못해 자본주의가 망할 수도 있

다는 것이 아니라, 개인이 어떻게 하든 간에 그것과 상관없이 자본주의는 본질적으로 붕괴될 수밖에 없다는 것입니다.

맑스는 그 붕괴의 원인을 **생산력과 생산관계의 모순**이라고 말해요. 자본주의 사회는 생산력이 고도로 발전한 팽창되는 사회인데, 자본주의의 생산관계는 생산수단의 사적 소유에 근거하고 있습니다. 맑스가 보기에 발전하는 생산력과 사적 소유에 묶인 생산관계는 조화를 이루기가 힘들어요. 생산력의 지속적인 성장을 위해서는 생산과정의 사회화가 이뤄져야 합니다. 그리고 실제로 자본주의에서도 생산과정의 사회화가 확장됩니다. 그럼에도 불구하고 생산수단에 대한 소유는 부르주아지가 독점하고 있어서 사회화가 이뤄지지 않습니다. 쉽게 말하자면 생산의 규모가 커지면서 생산에 직·간접적으로 관여하는 사람들은 점점 늘어나는데 생산수단은 여전히 소수가 독점하는 것이 문제입니다. 그래서 생산과정의 사회화와 생산수단에 대한 사적 소유가 모순을 일으킬 수밖에 없고, 이 모순은 주기적 공황과 구조적 위기의 형태로 나타난다는 것이 『공산당 선언』의 설명입니다. 여기서 공황은 과잉생산에 의해 발생합니다. 공황의 형태로 자본주의의 위기가 주기적으로 발생하다가 결국 회복할 수 없을 정도의 위기가 닥쳐와서 자본주의 자체가 붕괴된다는 것입니다. 자본주의가 붕괴되는 과정은 인간의 의지로 막을 수 없고 필연적으로 일어난다는 **자본주의 붕괴의 필연성**이 『공산당 선언』의 핵심적 테제입니다.

③ **자본주의의 붕괴와 사회주의로의 이행**

맑스는 붕괴가 일어나고 자본주의가 사회주의로 이행하는 과정에서 구체적으로 어떤 현상이 일어나는지를 차례대로 이야기합니다.

1) **노동자계급이 사회의 다수를 차지합니다.** 이것은 상식적으로 이해

할 수 있는 주장입니다. 자본주의가 충분히 발전하면 노동자의 수도 당연히 늘어나겠죠. 자본주의적 생산관계가 일반화되어서 농업이나 다른 전자본주의적 생산이 없어지고 산업생산이 사회를 거의 지배하게 되면, 사회에는 극소수의 자본가계급과 인구의 압도적 다수를 차지하게 되는 노동자계급만이 남게 됩니다. 그런데 실제 19세기 말의 유럽 사회의 인구구성을 보면 가장 선진적인 자본주의 사회였던 영국에서도 상당히 많은 수의 농민계급이 남아 있었습니다. 유럽의 주요 자본주의 국가들에서는 19세기 내내 노동자계급보다 농민계급이 훨씬 많았어요. 따라서 농민계급이 어떻게 될 것이냐는 문제가 제기됩니다. 맑스는 단호하게 프롤레타리아트로 전락할 것이라고 대답합니다. 농민을 포함한 중간계급은 다 분해되고, 소수의 부르주아지와 다수의 프롤레타리아트만 남게 될 거라는 거죠. 이것이 **계급구성의 단순화 테제**입니다. 자본주의가 충분히 발전해 사회주의로 넘어가는 그 즈음이 되면 계급구성이 단순화되어 두 계급만이 남게 되는데 자본가계급은 소수가, 노동자계급은 압도적 다수가 될 것입니다. 프롤레타리아트의 다수화 테제는 계급구성의 단순화 테제와 사실상 연결된 테제입니다.

    2) 맑스는 자본주의가 발전할수록 **대중의 빈곤화**가 심화될 것이라고 예측합니다. 프롤레타리아트의 태도는 사회주의로의 이행단계가 되면 혁명적으로 되어야 하는데, 그 전제조건이 프롤레타리아트의 빈곤화입니다. **이 빈곤화를 통해서 프롤레타리아트는 의식의 고양을 경험하고 혁명의 주체로 형성**됩니다. 그런데 이게 이대로 안 되어서 나중에 문제가 됩니다. 선진 자본주의 국가들에서는 프롤레타리아트의 생활수준이 향상되어 그들이 정치적으로 온건해지는 현상이 나타납니다. '수정주의 논쟁'이 이런 현상을 둘러싸고 벌어집니다.

3) 그 다음으로 자본주의가 붕괴하고 노동자계급은 혁명을 일으킵니다. 사회주의로의 이행과정에서 **노동자계급은 정치적으로는 국가권력을 장악**해야 합니다. 여기서 맑스의 정치철학이 구체화됩니다. 앞에서 맑스에게 국가는 계급지배의 수단이고 중립적이지 않다고 했습니다. 국가는 부르주아지의 계급지배의 수단인 동시에 프롤레타리아트를 착취하고 억압하는 장치입니다. '계급지배의 수단'이라는 말은 부르주아지가 국가를 장악하고 있다는 의미입니다. 따라서 혁명의 첫 단계에서 프롤레타리아트는 부르주아지가 장악하고 있던 국가권력을 탈취해야 합니다. 그리고 이 국가권력을 사용해서 **생산수단의 사회화 등의 사회주의적 조치를 실행하는 사회혁명을 수행**해야 합니다.

사회주의혁명에 대한 맑스의 생각을 조금 더 자세히 살펴봅시다. 프롤레타리아트가 국가권력을 장악하는 것은 정치적 행동입니다. 그러나 자본주의에서 사회주의로 넘어가는 것은 사회의 구조 자체가 변화하는 것이기 때문에 정치혁명이 아니라 사회혁명입니다. 사회 체제 자체가 다른 체제로 변화하는 것을 사회혁명이라고 할 수 있겠죠. 우리는 자꾸 혁명을 정치 영역에만 국한해서 생각하는데, 맑스가 생각하는 혁명은 그렇지 않습니다. 맑스의 혁명관에서는 사회혁명이 본질적입니다. 이를 위한 최초의 단계는 프롤레타리아트에 의한 국가권력의 장악이라는 정치혁명의 형태로 전개됩니다. 국가권력을 장악한 프롤레타리아트는 '프롤레타리아트 독재'를 합니다. 1강에서 프롤레타리아트 독재는 프롤레타리아트의 지배라는 의미라고 얘기했죠. 즉 부르주아지가 지배하는 국가의 주인을 바꾸고 국가기구를 장악함으로써, 부르주아지가 프롤레타리아트를 지배하던 기존의 체제를 전환시키는 것입니다. 그 전환의 핵심적 조치가 부르주아지 독재의 억압적인 수단을 파괴하고 생산수단을 사회화하는 것입니다. 『공산당 선언』에서는 생산수단의 사회화가 구체적으로 어떤 것인지는 얘기하지 않아요.

④ 공산주의에 대한 전망

프롤레타리아트 독재 후에 결국 공산주의로 넘어가면 국가가 필요하지 않게 됩니다. 국가는 기본적으로 한 계급이 다른 계급을 착취하고 억압하기 위한 수단이므로 **프롤레타리아트 독재에 의해서 무계급 사회인 공산주의 사회가 실현되면 국가는 폐지**됩니다. 다시 도식적으로 말하면 부르주아 국가기구가 있고 이것을 프롤레타리아트가 장악해요. 그 이후에도 한동안은 국가기구가 존속하겠죠. 공산주의 사회가 되어야 국가가 완전히 폐지됩니다. 이렇게 단계를 설정하는 것이 『공산당 선언』에서의 맑스 국가론의 특징입니다. 나중에 기존의 국가권력을 장악하고 일정 정도 유지하는 게 필요한가, 기존의 국가권력이 프롤레타리아트 혁명 이후에도 유용한 도구일 수 있는가를 둘러싸고 논쟁이 벌어집니다. 하지만 『공산당 선언』의 단계에서 맑스는 분명히 그런 주장을 하고 있습니다.

맑스는 사적 소유를 사회적 소유로 전환시키는 문제를 둘러싼 오해에 대해서도 언급합니다. 맑스 당시에 공산주의의 반대자들은 공산주의가 일체의 소유를 없애려 한다고 공격했어요. 이것은 지금도 우리가 공산주의에 대해서 일반적으로 가지고 있는 통념입니다. 맑스는 공산주의는 **생산수단의 사적 소유는 폐지하지만 사회적 생산물을 취득할 힘을 누구로부터도 빼앗지 않는다고 대답**합니다. 생산수단은 사회적 소유가 되지만 소비재는 개인이 소유할 것이라는 얘기입니다. 더 나아가서 이때의 사회적 생산물의 의미는 단순히 물질적 소비재에만 국한된 게 아니라 정신적 생산물까지를 포함합니다. 맑스는 공산주의가 실현되면 자본주의 사회에서 대다수의 사람들에게 억압되었던 사적 소유 대신에 더 풍요로운 생산물의 취득이 가능해진다고 말합니다.

예를 들어서 오늘날 단순노동에 종사하는 저임금 노동자를 생각해 봅시다. 셋방, 옷 몇 벌, 배우자와 자식, 간혹 약간의 저축 등이 그가 가진 전부일 것입니다. 교양이나 지식도 거의 없고 취미와 특기를 가질 여유도 없습니다. 사적 소유를 신장한다는 자본주의에서 이 사람이 실제로 소유하고 있는 것은 별로 없습니다. 하지만 공산주의 사회가 오면 물질적으로 풍족하게 소비할 수 있을 뿐만 아니라, 『독일 이데올로기』에서 우리가 봤던 것처럼 하고 싶은 것을 할 수 있고, 자기 잠재력을 충분히 발현할 수 있으며, 지식과 감정도 풍부해집니다.

다른 예를 들어 봅시다. 자본가들은 지적 재산에 대한 소유권이 개인들의 더 풍요로운 소유를 보장해 준다고 말합니다. 실제로는 어떤가요? 지적 재산권이 개인의 소유를 보장해 주는 경우가 더 많나요 아니면 제한하는 경우가 더 많나요? 지적 재산권은 부르주아지의 특정 소수가 독점하고 있죠. 얼마 전에도 신종인플루엔자의 유행으로 특허권을 가진 제약회사만 배를 불렸잖아요. 약을 살 돈이 없는 민중들은 약을 먹는 권리마저 박탈당합니다. 우리 사회에는 글리벡(Gleevec)이라는 백혈병약 값이 너무 비싸서 죽어 가는 환자들이 있죠. 그분들은 자신의 건강에 대한 권리조차 소유하고 있지 못한 것입니다. 이게 정말 개인적 소유가 신장된 건가요? 이것은 인간의 지적 활동의 산물에 대한 소유권의 강화가 더 많은 인간들의 소유를 제한하는 사례입니다. 지식에 대한 사적 소유를 사회적 소유로 전환하면 개인들이 소유하는 것은 더 늘어날 수 있습니다. 사회주의가 되면 지식의 결과물들을 공유할 수 있습니다. 약을 제조하는 과정을 우리가 알지 못하더라도 지식의 결과물들이 나에게 공유됨으로써 간접적으로 내가 소유하는 지식이 늘어납니다. 지적 재산권이 사유화되지 않고 공유되면 대부분의 민중들이 가지게 되는 지식은 늘어날 수밖에 없어요. 자본주의 사회에서 사적 소유권이 보장되면 개인적 소유가 늘어날 것 같지만 구조적 불평등 때문에 대부분의 사람들에게는 소유가 박탈되고 소수의 소유만 늘어난다고 맑스는 보는 것입니다.

맑스가 공산주의에서 개인적 소유의 신장을 이야기할 때 전제하는 것이 있습니다. 자본주의는 생산력발전과 생산관계의 모순 때문에 붕괴한다고 했잖아요. 그러나 사회주의에서는 이 모순이 해소되니까 생산력 발전의 장애가 사라지고 생산력이 자본주의에서보다 더욱 발전해 물질적으로도 훨씬 풍요로워진다고 말합니다. 이런 물질적 부의 확대가 전제되어서 감정적·정서적으로도 풍요로운 사회가 된다는 것이 『공산당 선언』의 주장입니다.

2장의 제일 끝을 보면 공산주의 사회의 원리에 대해 아주 예외적으로 언급하는 구절이 나옵니다. "**각자의 자유로운 발전이 모두의 자유로운 발전의 전제조건이 되는 연합체.**" 이것이 맑스가 아주 분명하게 표현하는 공산주의의 이념입니다. 개인주의(자유주의)와 자기 이전의 사회주의 두 조류를 비판적으로 극복해서 통일시키려 한 것이 맑스 정치철학의 중요한 측면이라고 했죠. 맑스는 개인과 사회를 대립시키는 것이 아주 일면적인 이해방식이라고 생각합니다. 사회와 분리된 개인의 자유도 있을 수 없고, 개인을 희생시키는 사회만의 자유라는 것도 바람직하지 않다는 것입니다. 자본주의 사회에서는 이 둘이 계속해서 모순을 일으킬 수밖에 없어요. 여기에서는 계급과 계급의 대립이라는 형태로 이 모순이 나타납니다. 우리에게 익숙한 공산주의에 대한 통념은 전체의 이익을 위해서 개인을 희생시키는 사회라는 것입니다. 전체주의라는 말이 함의하는 게 그거잖아요.

그러나 실제로 맑스가 이야기했던 공산주의 사회는 전혀 다른 사회입니다. 개인의 자유로운 발전이 이루어져야 전체의 자유로운 발전이 가능하고, 동시에 모두의 발전이 개인의 자유로운 발전의 조건이 되는 사회가 공산주의 사회입니다. 개인은 위축되거나 소멸되는 것이 아니라 오히려 훨씬 더 자유로워지고, 그리고 그 자유는 사회적 관계의 망 속에서만 가능합니다. 『공산당 선언』에서는 맑스가 생각한 개인의 의미 자체가 변화했다고 볼 수 있습니다.

앞에서 인간 본질에 대한 맑스의 입장이 관념론에서 유물론으로 발전해 나갔다고 이야기했습니다. 유물론적으로 보면 개인을 영원히 변치 않는 선험적인 본질로 설명하는 것은 불가능합니다. 유물론에서는 개인 자체가 새롭게 만들어질 수 있는 것입니다. 개인 또는 개별적 인간이라는 것은 여전히 그대로인데 사회적 관계, 사회구조만 변화하면 공산주의 사회가 될 수 있는 것이 아닙니다. 「포이어바흐에 대한 테제들」에 따르면 인간의 본질은 사회적 관계의 앙상블입니다. 따라서 **공산주의 사회가 되면 새로운 사회적 관계의 앙상블로서의 새로운 인간이 구성될 것입니다.** 이 생각은 자본주의 사회의 인간과 공산주의 사회의 인간은 질적으로 다른 존재라는 것을 함축하고 있습니다. 이것이 현실에서 어떻게 실현될지가 어려운 문제예요.

현실의 공산주의 사회에서는 어떻게 이것을 실현하려 했을까요? 세뇌시키고, 말 안 들으면 강제수용소 보내서 노동으로 교화시키고, 딴생각하면 옆집에서 고발하게 하면 공산주의적 인간이 될까요? 이런 방식은 인간은 외적인 강제를 가하면 새로운 인간으로 개조된다는 믿음에 근거한 것입니다. 소련에서는 실제로 이런 생각을 했어요. 그게 무조건 나쁘다기 보다는 현실적으로 실패했다는 것이 문제입니다. **지금의 자본주의 사회와**

다른 세상, 더 나은 세상을 꿈꾼다면 동시에 우리의 삶의 방식과 존재조건 자체가 변화해야 한다는 것을 인정해야 합니다. 지금 우리의 모습을 가지고는 새로운 사회로 못 갑니다. 삶의 방식이 바뀌어야 하는데 정치적 이념만 그럴듯하게 되뇌면 세상이 바뀐다는 순진한 믿음을 과거의 많은 공산주의자들이 가지고 있었던 것 같아요.

"노동자계급은 단순히 기성의 국가기구를 접수하여 자기 자신의 목적을 위해 그것을 행사할 수는 없다."

– 칼 맑스, 『프랑스 내전』

파리 거리에 바리케이드를 쳐놓은 코뮨 투사들

3강
맑스·엥겔스의 후기 사상

다음으로 볼 텍스트는 『프랑스 내전』입니다. 1871년에 나오니까 『공산당 선언』과는 꽤 간격이 있죠. 그동안에 일어난 중요한 사건은 제1인터내셔널의 창립(1864)과 『자본』 제1권의 출판입니다. 맑스는 인생의 후반부를 정치경제학 연구에 몰두했습니다. 1867년에 총 4권으로 계획된 『자본』 제1권이 공식적으로 출판됩니다. 맑스는 『자본』의 나머지를 원고 상태로 남기고 죽습니다. 맑스의 경제사상과 『자본』에 대해서는 새움의 다른 강의에서 다루므로 여기서는 길게 얘기하지 않겠습니다. 다만 잉여가치 개념에 대해서만 간단히 말씀드릴게요. 맑스·엥겔스가 자신들의 사회주의를 다른 유토피아 사회주의보다 더 우월하다고 본 근거는 자신들의 것은 유토피아가 아니라 과학이라는 점입니다. 특히 '유물론적 역사이해'와 '잉여가치의 발견'이 과학적 사회주의에서 결정적이라고 생각했습니다.

착취의 과학적 해명: 잉여가치론

유물론적 역사이해는 앞에서 말한 것처럼 경제적 토대 위에서 역사를 이해하는 것입니다. 맑스·엥겔스는 자본주의가 어떻게 생성되었고 어떻게 재생산되는지, 물건뿐만이 아니라 자본주의적 생산양식 자체가 어떻게 재생산되는지를 자신들이 과학적으로 해명했다고 주장합니다. 재생산조건의 해명은 동시에 재생산의 중단의 이유도 밝혀내 줄 수 있겠죠. 즉 자본주의가 필연적으로 붕괴할 수밖에 없는 이유도 자기들이 해명했다는 것입니다. 이것이 맑스가 생각했던 중요한 성과예요.

그러면 잉여가치의 발견은 왜 중요할까요? 이 개념은 맑스를 고전파 경제학자들 및 다른 사회주의 사상가들과 나누는 핵심적인 지점입니다. 왜냐하면 고전파 경제학은 '가치'의 원천이 노동이라고 생각했지만 잉여가치(이윤)를 설명하지 못했으며, 다른 사회주의 사상가들은 착취관계의 존재를 과학적으로 해명하지 못했기 때문입니다. 맑스는 **노동력이라는 개념과 노동이라는 개념**을 구분합니다. 그리고 **이윤의 유일한 원천은 인간의 노동**에 있다고 보는데 이게 '노동가치설'*입니다. 자본주의의 핵심은 이윤인데 이 이윤이 어디에서 나오느냐를 설명하는 것입니다. 당시에 통상적으로 임금은 노동의 대가라고 생각했었는데, 맑스는 그게 아니라 임금은 노동력의 대가라는 것을 밝혀냈습니다. 임금이 노동의 대가라면 노동자가 노동한 만큼 임금으로 다 받아 온다는 말이 됩니다. 그러면 자본가들이 얻는 이윤은 노동이 아닌 다른 곳에서 생겨야 합니다. 이것은 '가치'의 원천이 노동이라는 노동가치설과 어긋나게 됩니다. 하지만 자본가들이 노동자들에게 임금을 주고 구매하는 것이 노동이 아니라 노동력이라면, 노

---

* 상품의 가치는 그 상품의 생산에 필요한 노동시간에 의해 결정되며, 이 가치가 상품들이 서로 교환되는 비율을 결정한다는 이론이다. 애덤 스미스와 데이비드 리카도(David Ricardo)가 체계화했으며, 맑스는 이를 비판적으로 계승해 자본가들이 노동자의 노동력을 착취함으로써 '이윤'을 얻는다는 사실을 밝혀냈다.

동의 결과로 나온 생산물의 부가가치 중에서 일부만을 노동자에게 노동력의 대가로 주고 나머지는 자본가가 가져가는 것이 됩니다. 이 경우에는 자본가들의 이윤의 원천은 노동자의 노동이 됩니다. 자본가들이 아무리 선의를 가지더라도 자본이 자본으로서 존재하기 위해서는 이윤을 남겨야 합니다. 그러기 위해서는 생산된 부가가치 중의 일부만을 노동자에게 임금으로 주고 나머지는 자본가가 이윤으로 가져가야 합니다. 즉 **이윤을 남기기 위해서는 노동자에게 지불하지 않는 부분**이 항상 있어야 합니다. 이게 바로 **잉여가치**입니다. 맑스는 잉여가치의 원천을 해명하고 노동자에 대한 구조적 착취를 해명한 것입니다. 잉여가치를 설명해야 착취가 우연에 의한 것이 아니라 자본주의의 구조에 의한 필연적인 것임을 설명할 수 있습니다. **자본주의의 문제는 생산물의 분배가 아니라 생산의 영역 자체에서 비롯되는 것**입니다.

맑스가 보기에 이전의 사회주의자들의 문제는 빈부격차로 자본주의의 문제를 설명한 것입니다. 인간의 도덕성이나 사회개량을 통해서 이 빈부격차를 줄이면 좋은 사회가 된다는 게 맑스 이전의 사회주의자들의 이야기입니다. 하지만 맑스에게 착취는 우연적인 것이 아니라 필연적인 것입니다. 착취는 자본주의적 생산양식의 본질이므로, 생산양식을 그대로 두고 인정에 호소하거나 사회개량을 통해 빈부격차를 줄인다고 해서 문제가 해결되지는 않는다고 봅니다. 그렇게 해서는 사회적 문제는 다른 형태로 반복될 뿐이에요. 빈부격차는 착취의 결과물이지 원인이 아닙니다. 빈부격차가 원인이 되어서 자본주의에 문제가 생기는 게 아니라 자본주의가 원인이고 그 결과가 빈부격차입니다. 사회적 문제는 자본주의적 생산양식 자체를 다른 형태의 생산양식으로 변경하지 않고서는 해결될 수 없다는 것을 주장하기 위해서 맑스·엥겔스는 잉여가치 개념에 근거한 것

• 맑스 정치경제학 연구의 총체, 「자본」

▲ 1867년 출판된 『자본』 제1권 독일어 초판 표지

1848년 혁명의 실패 후 맑스는 영국으로 망명하고, 그곳에서 1850년대 초부터 본격적으로 경제학 연구를 시작한다. 그리고 1867년 마침내 필생의 대작인 『자본』의 제1권을 출판한다. "현대 사회의 경제적 운동법칙을 발견하는 것"을 목표로 한 저작인 『자본』의 제1권은 '자본의 생산과정'을 분석하고 있다. 그 자신이 "예술적 전체"라고 표현할 정도로 맑스는 『자본』 저술에 심혈을 기울였지만, 완벽함을 추구하는 성격, 제1인터내셔널에서의 활발한 활동, 끊임없이 그를 괴롭힌 병마 때문에 생전에 제1권만을 직접 출판할 수 있었다. 그리고 맑스 사후에 엥겔스가 맑스가 남긴 유고를 편집해 나머지 권들을 출판한다. '자본의 유통과정'을 다루는 제2권이 1885년에, '자본주의적 생산의 총과정'을 다루는 제3권은 1894년에 출판되었다.

입니다. 이것이 다른 사회주의자들과 자기들의 본질적인 차이라고 봐요. 자신들은 자본주의 메커니즘의 핵심적 비밀을 파헤쳤기 때문에 과학적 사회주의이고, 좋은 사회에 대한 이상만을 가지고 사회개량을 주장하는 사람들은 유토피아적(공상적) 사회주의라고 구분합니다.

제1인터내셔널: 국가주의·아나키즘과의 대결

① 제1인터내셔널의 결성

『자본』 제1권이 출판되기 얼마 전 유럽 노동운동에 중요한 변화가 생깁니다. 제1인터내셔널이라는 조직이 결성된 것입니다. 제1인터내셔널의 정확한 명칭은 '국제노동자연맹'(International Workingmen's Association)인데 이걸 줄여서 인터내셔널이라고 많이 불렀어요. 당시의 언론에서도 인터내셔널 또는 인터내셔널파라고 불렀습니다. 이 단체는 맑스가 만든 것이 아니라, 노동운동이 19세기 중반에 활성화되면서 프랑스 노동자들과 영국 노동자들이 결합해 오랜 준비 끝에 만든 것입니다. 이 단체의 강령과 규약을 작성하는 작업이 당시 인터내셔널에서 독일 대표 역할을 했던 맑스에게 맡겨집니다. 잠정 강령과 규약에는 『공산당 선언』의 내용이 많이 반영됩니다. 그런데 『공산당 선언』에는 없던 흥미로운 주장 하나가 강령에 포함됩니다. "**노동자계급의 해방은 노동자계급 스스로의 과제**"라는 내용입니다. 노동자계급이 아닌 다른 집단이 해방을 가져다주지 않는다는 것이죠. 다른 집단은 누구일까요? 부르주아 집단도 있고, 지식인 집단도 있겠죠. 지금 보면 당연한 얘기로 들리지만 당시의 상황에서는 노동자계급이 독자적으로 해방의 주체가 될 수 있다는 생각 자체가 상당히 혁신적인 것이었습니다.

최초의 국제 노동운동 조직

1864   국제적인 노동운동 조직의 필요성에 부응해 런던 세인트 마틴스 홀에서
각국의 노동운동 지도자들이 모여 '국제노동자연맹'(제1인터내셔널) 창립.

1865   런던 세인트 마틴스 홀에서 준비대회가 열림. 맑스가 기초한 「창립 선언」 발표.
「창립 선언」에서는 당시의 자본주의 상태를 분석하고, 노동자계급의 해방을 위한 단결 요청.

1866   제2차 대회가 제네바에서 개최됨.
맑스주의자들뿐 아니라 프루동주의자들을 비롯한 다양한 분파들이 결집함.
노동조합의 중요성 인정, 8시간 노동일 요구, 심야작업 및 여성·아동노동 제한, 상비군 폐지와
인민군 창설 등을 논의.

▶ 1866년 제네바에서 개최된 제1인터내셔널 제2차 대회에 참석한 각국 노동운동 대표들

1867	제3차 대회가 로잔느에서 개최됨. 맑스가 불참하고 프루동주의자들이 대대적으로 참석함. 생산수단의 국유화를 결의했으며, 미국의 남북 전쟁, 프로이센-오스트리아 전쟁 등 자본주의에서의 전쟁에 대한 태도를 논의함.
1868	브뤼셀에서 제4차 대회 개최. 반전, 파업의 역할 등을 논의함. 협동조합과 토지국유화 등의 문제로 맑스주의자들과 프루동주의자들이 날카롭게 대립함.
1869	바젤에서 제5차 대회 개최. '아이제나흐파'로 불리던 '독일 사회민주노동당' 대표들이 참석. 또한 바쿠닌이 대의원 중 한 명으로 참석함. 토지국유화에 반대하던 프루동주의가 쇠퇴했으며, 의회전술 및 상속권 문제를 둘러싸고 맑스주의자들과 바쿠닌주의자들이 충돌. 특히 상속권 폐지를 주장한 바쿠닌파가 투표에서 승리해, 이후 인터내셔널에서 맑스주의에 대한 반대자들이 바쿠닌을 중심으로 결집하게 됨. 또한 아일랜드 독립 문제를 토의함.
1870	프로이센-프랑스 전쟁 발발. 6주 만에 프랑스군 항복 선언. 전쟁으로 인해 인터내셔널 대회는 개최되지 않음.
1871	파리코뮌 봉기 발발. 맑스 파리코뮌 봉기를 분석한 『프랑스 내전』 발표.
1872	헤이그에서 제6차 대회가 개최됨. 바쿠닌주의자들과 맑스주의자들이 충돌함. 총평의회의 권한, 정치적 행동, 총평의회의 미국 이전, 바쿠닌주의자들의 제명 문제 등을 두고 격렬한 투쟁이 벌어졌으며, 결국 총평의회의 미국 이전이 결정됨.
1876	인터내셔널 해산.

또 인터내셔널은 **노동자계급의 국제주의**를 표방했습니다. 인터내셔널의 사회주의자들은 노동자계급은 어떤 나라에 있든 간에 이해관계가 동일해지니까, 노동자계급의 연대가 민족적 연대보다 훨씬 더 강할 것이라고 믿었습니다. 같은 나라의 자본가계급과 노동자계급의 관계는 적대적이고, 서로 다른 나라의 노동자계급 간의 연대성은 강하다고 본 것입니다. 그러나 실제로는 19세기 말~20세기 초가 되면 민족주의가 번성하면서 민족주의에 사회주의가 패배하게 되죠. 그게 제1차 세계대전에서 일어난 일입니다. 쇼비니즘(Chauvinism)*이 격화되어서 폭력적인 양상으로 번지는데 각 나라의 노동자계급은 오히려 자국의 전쟁을 적극적으로 찬성하는 상황이 벌어집니다. 아무튼 제1인터내셔널은 국제적 연대를 중요한 이념으로 삼고 있었다는 게 중요합니다.

② 아나키즘과의 대립

인터내셔널의 초기에는 다양한 정치적 입장을 가진 세력들이 혼란스럽게 공존하고 있었습니다. 이탈리아 민족주의자인 마치니주의자, 아나키스트, 영국의 온건한 조합주의자, 맑스주의자 등등. 출신 계급도 다양해서 정체성이 애매했습니다. 강령도 규약도 있었지만, 문헌으로만 있었고 통일된 행동도 이뤄지지 않았어요. 초기의 혼란이 어느 정도 정리되고 나서는 맑스주의와 프루동주의, 이 두 큰 흐름이 대립하게 됩니다. 두 입장은 먼저 '정치적 행동'이라는 개념을 둘러싸고 논쟁을 벌입니다. 맑스는 국가권력 장악을 당면 과제로 삼았습니다. 반면에 프루동주의는 국가권력 장악을

---

*배타적인 애국주의를 뜻하는 말로, 프랑스 제1제정 시절 나폴레옹을 신으로 추앙하며 맹목적인 애국심을 보였던 니콜라 쇼뱅(Nicolas Chauvin)이라는 군인의 이름에서 유래했다. 주로 국민국가적 애국주의와 결부되어 파시즘이나 제국주의적 팽창의 정당화에 이용되었다.

거부하고 더 나아가 국가제도 자체를 부정했습니다. 그리고 혁명 후에 프롤레타리아트 독재가 필요하다는 점도 비판합니다. 두번째로 상호은행과 상속권 폐지를 가지고 맞섭니다. 맑스는 『공산당 선언』에서는 상속권 폐지를 주장했는데 이때는 반대합니다. 맑스의 입장에서 상속권은 사적 소유의 결과물입니다. 자본주의를 폐지하면 저절로 폐지되는 것이기 때문에 그는 이것을 본질적 주장으로 전면에 내세울 필요가 없다고 반박합니다. 상호은행은 소생산자의 형성을 돕기 위한 제도라고 앞서 얘기했죠. 맑스가 소생산자의 소멸을 예언했는데 이런 주장에 찬성할 수는 없었겠죠.

몇 년 뒤에 프루동주의가 쇠퇴하고 그 자리에 바쿠닌주의자들이 들어오는데, 그때부터 정말 지저분한 싸움이 벌어집니다. 이론 싸움이나 정치적 노선 싸움을 떠나서 정파 간의 권력다툼과 감정 싸움이 되고 결국은 조직이 해체됩니다. 1872년 네덜란드 헤이그에서 열린 인터내셔널 대회에서 맑스는 총평의회를 뉴욕으로 옮기자고 제안해요. 총평의회를 노동운동의 중심인 유럽에서 뉴욕으로 옮기자는 것은 활동을 하지 말자는 얘기입니다. 바쿠닌에게 인터내셔널의 주도권을 줄 바에는 판을 깨고 싶었던 거죠. 뉴욕으로 옮겨서 결국은 와해됩니다. 맑스주의와 바쿠닌주의 간의 갈등 때문에 인터내셔널이 무너진 것입니다.

아나키즘과 맑스주의의 분란의 핵심이었던 정치적 행동 문제를 좀더 살펴봅시다. 『공산당 선언』에서 맑스가 제시한 노동자계급의 정치적 과제는 기존의 국가권력을 장악하고 과도기 동안 그걸 이용해서 사회주의적 조치를 시행하는 것입니다. 이것을 바쿠닌주의자들은 정치적 행동으로 보고 거부합니다. 이런 혁명은 국가권력의 주인만 바꾸는 거라고 비판합니다. 반면에 맑스주의적 입장에서는 바쿠닌주의자들은 단 한 번의 무장봉기로 국가제도, 사회적 제도가 완전히 변혁될 거라고 본다는 점에서 비

인터내셔널 헤이그 대회에서 맑스·엥겔스 맑스와 엥겔스가 함께 참석한 최초의 대회이다. 맑스는 헤이그 대회가 "인터내셔널의 생사가 걸린 대회"라 생각했고, 실제로도 이 대회는 사실상 마지막 인터내셔널 대회가 되었다.

현실적이라고 비난합니다.

바쿠닌주의자들이 '정치적 행동'으로 비판한 것에는 정치적 목적을 달성하기 위한 수단으로 의회를 활용하는 노선도 포함됩니다. 19세기 후반으로 가면 유럽 전체에서 산업화가 진전되어 노동운동과 사회주의 세력이 자연스럽게 성장합니다. 동시에 부르주아 민주주의가 확산됩니다. 19세기 내내 정치적 투쟁은 보통선거권 쟁취를 둘러싸고 일어나고, 그 결과 보통선거권이 상당 부분 획득되죠. 노동자계급의 수가 늘어나고 선거권을 얻게 되면서 노동자계급이 의회에서 상당수의 의석을 획득할 수 있게 됩니다. 그래서 부르주아 민주주의라는 틀 속에서도 노동자계급이나 사회주의자가 합법적으로 더 큰 목소리를 낼 수 있는 상황이 옵니다. 맑스주의자들은 의회가 노동자계급의 이해관계를 관철시키는 데 유용한 수단이라는 것을 경험적으로 알게 된 것입니다. 선거를 통해 프롤레타리아트를 대변하는 국회의원을 의회에 진출시켜 입법부와 행정부를 견제함에 따라 노동자계급의 처지가 개선되었습니다. 눈에 보이는 개량들이 늘어나니까 의회를 무시할 수가 없었어요. 그래서 맑스주의자들은 공식적으로 의회를 유용한 수단으로 받아들입니다.

　반면에 아나키스트들은 의회전술은 결국 계급지배의 수단인 국가를 인정하는 것이고 의회도 억압의 기구일 뿐이라며 반대합니다. 맑스주의자들도 의회전술이 혁명을 대신할 수 없다는 것을 인정하지만 혁명으로 나아가는 과정에서 유력한 수단이라고 주장한 것이고, 아나키스트들은 잠정적 수단으로서의 의회전술도 부정한 것입니다. 그래서 정치적 행동의 문제를 둘러싼 논쟁에서는 **국가를 단번에 폐지하느냐 아니면 국가를 장악해서 과도적으로 이용하느냐의 문제, 그리고 의회를 유용한 정치적 수단으로 사용하느냐 그렇지 않느냐의 문제**를 가지고 두 집단이 대결한 것입니다.

③ 국가주의의 대두

이 무렵 사회주의 진영 내에 국가에 대한 다른 입장을 가진 집단이 등장합니다. 대표적인 사람이 독일의 페르디난트 라살레(Ferdinand Lassalle)였습니다. 라살레는 독일 내에서 상당한 세력을 형성한 노동운동 지도자입니다. 조금 뒤에 볼『고타강령 초안 비판』에서 이 노선에 대해 다시 얘기할게요. 그는 협동조합을 중심으로 한 노동운동을 추구했는데, 협동조합이 생산수단을 구매해 소유하게 되면 자본주의의 모순이 해결된다고 봅니다. 그런데 문제는 생산수단을 구매할 돈이 어디서 나오느냐는 겁니다. 그는 국가가 재정지원을 해야 한다고 주장합니다. 협동조합이 국가의 원조를 받아 자본가들로부터 생산수단을 사들여서 경제 체제를 전환해야 한다는 것입니다. 국가와 우호적인 자본가 그리고 노동자라는 삼각동맹에 의해서 사회주의가 실현될 수 있다고 보는 거죠. 우리나라에도 있는 노사

정위원회의 원형 같은 것입니다. 이때 라살레는 국가가 자본가와 노동자 중 어느 편도 아닌 중립적인 존재라는 것을 전제합니다. 즉 중립적인 국가의 중재하에 자본가와 노동자 간 계급타협이 가능하다고 보는 거예요.

이런 노선이 왜 하필 독일에서 부상했을까요? 독일 같은 후발 자본주의 국가들에서는 급속하게 자본주의를 발전시키기 위해 애를 썼는데 두 개의 다른 발전 모델을 추구합니다. 일부 자본가들은 영국식 자본주의 모델을 추종했습니다. 독일에서도 영어를 쓰고 영국에서 사업을 하면서 정치적으로는 자유주의 성향을 지닌 자본가들이 등장했습니다. 엥겔스 집안도 그중의 하나였어요. 엥겔스 집안의 공장이 영국에 있었습니다. 그런데 독일에서 이런 자유주의적 부르주아지보다 세력이 컸던 집단이 전통적인 지주계급인 융커(Junker)계급이었습니다. 이 융커계급이 국가를 장악하고 있었죠. 이들이 대부르주아들을 편입시켜 동맹블록을 형성한 게 이 당시 독일의 정치적 지배계급입니다. 이들은 자본주의적 발전을 원했지만, 자유주의적 모델이 아닌 국가 주도적 모델로 발전해야 한다고 생각했습니다. 국가가 인위적으로 개입해 자본을 형성해 주고, 산업발전을 지원해 주며, 경쟁도 적당히 조절해 주는 모델이 여기서 생겨납니다. 이들은 국가가 자본가와 노동자 중 어느 편도 아닌 중립적인 장치라는 이데올로기를 유포시킵니다. 이에 대한 노동자계급의 화답이 라살레 노선이었습니다. 이 노선은 이후에 유럽의 전통적인 사회 모델이 됩니다. 이런 노선을 흔히 코포라티즘(Corporatism)이라 부르죠. 이 노선에선 국가의 역할이 결정적입니다. 그래서 한편에선 이들을 국가주의자라 불렀습니다.

이제 국가 문제에 대한 사회주의 진영의 입장을 한번 정리해 봅시다. 국가의 역할을 긍정적으로 보고 강조하는 라살레식의 국가주의가 한편에 있고, 반대편에 아나키즘이 있습니다. 맑스주의는 그 중간입니다. 맑스주의는 이 두 노선과 구별되면서도 일정 부분 겹쳐 있었어요. 국가권력의 장악이나 의회전술을 인정한다는 점에서는 국가주의적이지만, 국가를 계급지배의 수단으로 보고 궁극적으로 국가폐지를 주장한다는 점은 아나키즘과 공유합니다. 그래서 **맑스·엥겔스의 국가론은 한편으로 국가주의, 다른 한편으로는 아나키즘 사이에 위치하면서 동요하는 형태로 전개**됩니다.『공산당 선언』의 단계에서는 국가주의에 조금은 더 가깝다고 할 수 있습니다. 반대로 아나키즘으로 기우는 텍스트가『프랑스 내전』입니다. 레닌이 맑스의 국가관이『공산당 선언』의 단계와『프랑스 내전』의 단계에서 변화가 있다고 본 것은 이런 이유에서입니다.

파리코뮌과 새로운 국가론:『프랑스 내전』

이제『프랑스 내전』을 보겠습니다.『프랑스 내전』은 인터내셔널에 파리코뮌(Paris Commune) 사태를 보고하기 위해서 쓴 글입니다. 그래서 대부분의 내용이 파리코뮌 봉기의 경과를 기술한 것입니다. 책의 3부에 가면 파리코뮌이 시행했던 정책들에 대해 얘기하면서 자신의 견해를 말하는 부분이 나옵니다. 이 부분에서 파리코뮌이 어떤 의미를 지니는 정치적 실험이었는지에 대해 이야기합니다. 이런 언급을 통해서 맑스의 정치적 견해를 짐작할 수 있어요.

3부에 주목할 만한 구절이 나오는데 "노동자계급은 단순히 기성의 국가기구를 접수하여 자기 자신의 목적을 위해 그것을 행사할 수는 없다"고 합니다.『공산당 선언』에서는 기존의 국가기구를 장악해 사회주의적 조치를 실행하기 위해서 사용할 수 있다고 했는데 이제 그것이 불가능하다고 말합니다. 이게 두 텍스트의 결정적인 차이점이에요. 이 구절의 의미는, 기존

| 위대한 혁명 **파리코뮌**

코뮌의 성립과 전개

1871년 1월	프로이센-프랑스 전쟁에서 프랑스가 패배. 파리에서 무기력한 정부에 대항하는 민중봉기가 발발하지만 진압됨. 시민들의 항전 의지는 여전한 상황에서 프로이센-프랑스 휴전조약이 체결됨.
2월	보르도에서 국민의회가 소집되고 임시 행정장관에 아돌프 티에르가 지명됨.
3월	국민의회 정규군에 대항해 '국민방위대' 연합이 결성됨.
3월 16일	국민방위대가 티에르 정부의 대포 양도 요구를 거부하고, 정규군의 압수 기습작전이 실패하면서 봉기 발발. 티에르 정부는 파리에서 도망쳐 베르사유로 도피하고, 국민방위대 중앙위원회가 파리 장악(코뮌혁명).
3월 19일	정규군과 국민방위대가 화해해 합동으로 중앙위원회를 결성. 중앙위원회는 코뮌(인민의회) 선거를 공고. 파리에 이어 마르세유, 나르본, 툴루즈, 생테티엔 등 다른 도시에도 코뮌운동이 전개됨.
3월 26일	코뮌 평의원 선거가 실시되어 85명의 의원이 선출됨.
3월 29일	파리 시청에서 「코뮌 선언」이 발표됨.
4월 16일	코뮌 보궐선거가 실시됨.
4월 19일	「프랑스 인민에 대한 파리코뮌의 선언」을 발표.
5월 1일	공안위원회가 설립됨.
5월 15일	「소수파 선언」을 발표함. 브뤼셀에서 파리코뮌 지지 집회가 벌어짐.

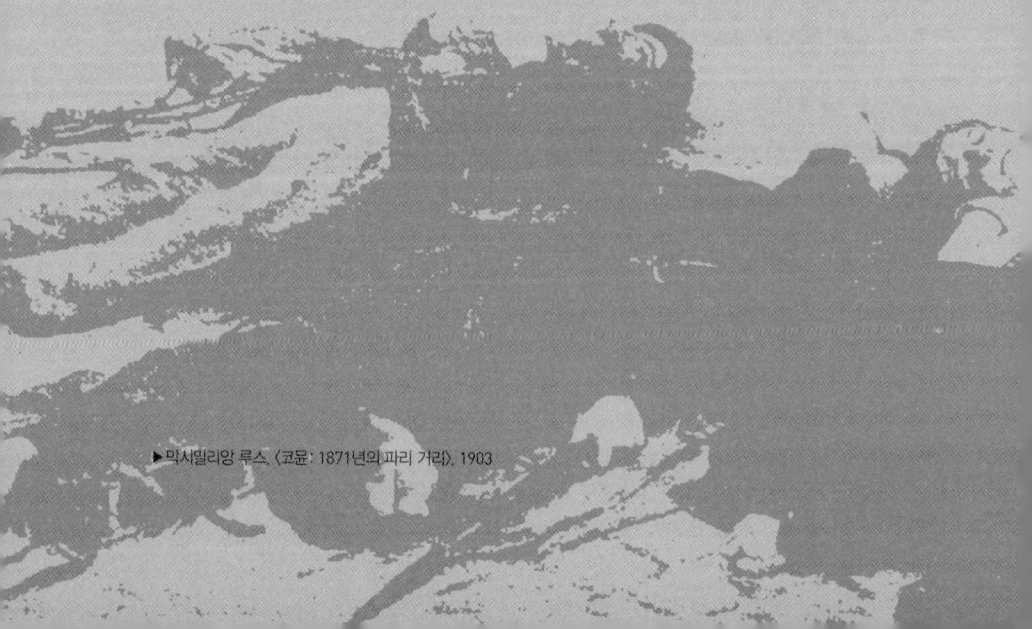

▶ 막시밀리앙 루스 〈코뮌: 1871년의 파리 거리〉, 1903

코뮌의 진압

4월 3일	국민방위대가 티에르 정부가 있는 베르사유로 총출격하지만 패배함.
5월 8일	티에르가 파리에 대해 최후 통고를 보냄.
5월 21일	베르사유군이 파리 침입을 개시함. '피의 주간'이 시작됨.
5월 28일	전투의 종료. 도시 전체가 베르사유군 손에 들어감.
5월 30일	맑스, 파리코뮌을 분석한 저작 『프랑스 내전』 발표.

파리코뮌에서 시행된 해방적 조치들

3월 30일	집세 지불 정지령 제정.
4월 2일	교회과 국가의 분리령 제정.
4월 6일	인질의 인도주의적 처분에 관한 법령 제정.
4월 10일	각 구에 여성노동자를 위한 협동작업장 개설.
4월 12일	집세 지불에 관한 법령 제정.
4월 16일	경영자가 버려둔 공장시설 접수령 제정.
4월 18일	상업어음 지불기한에 관한 법령 제정.
4월 27일	노동자에 대한 벌금·임금공제 금지령 제정.
4월 28일	제빵노동자의 야간노동 금지령 제정.
5월 2일	정치적·직업적 선서의 폐지 조치 시행.
5월 4일	관리의 겸직에 대한 이중수당 금지령 제정.
5월 17일	국민방위대 가족들에 대한 생활보상 대책 마련 및 내연관계의 처자 차별 철폐.

의 국가기구를 지금의 형태 '그대로' 노동자계급의 이익에 맞게 사용할 수는 없다는 것입니다. 즉 기존의 국가권력을 장악하고 난 후에 그것의 성격이나 내용을 변화시켜야 합니다. 그래야만 노동자계급의 이해관계에 부합하게 사용할 수 있다는 거죠. 다시 말해 기존의 국가기구를 조금씩 파괴시켜 나가야 한다는 것입니다. 이 과도적 과정을 프롤레타리아트 독재라고 부릅니다. 『공산당 선언』에서는 기존의 국가기구를 '그대로' 사용해서 사회주의로 이행하는 경로를 제시합니다. 『프랑스 내전』에서는 프롤레타리아트 독재 시기에 국가권력을 장악할 것을 주장하면서도 동시에 기존 국가기구의 파괴작업을 요구한다는 점이 『공산당 선언』과 다릅니다.

『프랑스 내전』의 이 구절은 이후에 맑스주의의 여러 분파들에 의해 각기 다르게 해석됩니다. 『프랑스 내전』과 『공산당 선언』의 차이에 영감을 받은 레닌이 자신의 국가관을 전개한 책이 『국가와 혁명』입니다. 이 책은 『프랑스 내전』에 대한 해설서라고 할 수 있습니다. 그는 프롤레타리아트 독재가 국가권력을 장악함과 동시에 국가권력을 파괴하면서 새로운 정치 체제를 만들어 내는 것임을 보여 주었다는 것이 파리코뮌의 교훈이라고 봅니다. 그리고 이에 근거해서 러시아에서도 차르가 지배하던 기존의 국가기구를 장악함과 동시에 파괴하고 소비에트(Soviet)로 대체시켜야 한다고 주장합니다.

아주 흥미롭게도 똑같은 구절을 레닌과 정치적으로 정반대편에 있던 맑스주의자인 에두아르트 베른슈타인(Eduard Bernstein)도 인용합니다. 사민주의의 이론적 출발점이라 할 수 있는 베른슈타인의 저서 『사회주의의 전제와 사민당의 과제』에서 똑같은 구절이 인용됩니다. 그런데 베른슈타인은 레닌과는 반대로 해석합니다. 베른슈타인은 프롤레타리아트가 국가권력을 장악할 필요가 없다는 의미로 이 구절을 해석해요. 물론 『프랑스

『내전』의 해당 부분을 읽어 보면 베른슈타인의 해석은 왜곡이라는 것을 곧 알 수 있습니다. 아무튼 똑같은 구절을 다른 식으로 해석하면서 베른슈타인은 기존의 국가권력을 인정하고 그 안에서의 개량을 주장합니다. 레닌이 기존의 국가기구로는 사회주의로 갈 수 없다고 주장한 것과 정반대의 입장입니다. 이렇게 맑스주의의 두 대립적인 흐름이 똑같은 구절에 근거해서 다른 입장을 전개했던 것입니다.

1871년 3월 29일 파리 시청 앞 광장에서 코뮌 성립을 선언하는 모습.

맑스가 주목했던 파리코뮌의 다음 주장은 상비군을 폐지하고 무장인민으로 대체해야 한다는 것입니다. 이것은 『공산당 선언』에서도 나온 사회주의자들의 전통적인 주장입니다. 그리고 코뮌이라는 제도는 행정부와 입법부를 통합시킨 정치형태라는 점도 중요합니다. 오늘날 민주주의의 관점에서는 삼권을 분립시켜야 되는데 행정과 입법이 통합되면 비민주적이지 않나요? 이 부분은 코뮌을 부르주아 민주주의적 기구와 구별하기 위해 맑스가 강조한 것입니다. 부르주아 민주주의의 핵심적 기구는 입법부입니다. 입법부는 행정권의 소유자로서의 절대군주의 전제를 제한하는 과정에서 성장했습니다. 그런 맥락을 이해해야 해요. 사실 부르주아 민주주의에서 인민들의 권리가 입법권에 제한된 것은 주권자로서의 온전한 지위를 갖지 못한 것이라고 봐야 합니다. 반면에 코뮌에서 행정부와 입법부를 동시에 장악했다는 것은 인민이 행정권자이면서 동시에 입법권자라는 의미입니다. 또 이 사례는 코뮨이 부르주아 민주주의의 정치 체제와는 다른 형태의 정치 체제를 지향했다는 것을 보여 줍니다. 입법자와 실행자가, 지시하는 사람과 그것을 수행하는 사람이 분리되어 있지 않았다는 것입니다. 게다가 소환권을 통해 직접민주주의적 성격이 강화되었습니다. 대의민주주의는 대의자들이 언제든 인민을 배반할 수 있는 구조입니다. 그것을 통제할 수 있는 방법은 몇 년 만에 치러지는 선거밖에 없죠. 코뮨의 유권자들은 아주 느슨한 정도의 조건만 충족되면 언제든 대의자를 소환할 수 있었습니다. 유권자들의 의지가 대의자들에 의해서 왜곡되지 않고 실현될 수 있는 방안을 실험했다는 것이 파리코뮨의 의미 중 하나입니다. 또한 코뮨에서는 발의권도 인민들이 가지고 있었어요. 이게 21세기에 새로운 코뮨을 주장하는 사람들도 주목하는 요소입니다. 대의민주주의가 실질적 민주주의를 실현하지 못한다고 보기 때문에, 어떻게 인민들의 정치적 권력행사를 좀더 보장할 수 있을까라는 문제의식에서 코뮨의 이런 특징을 강조하는 것입니다. 그 외에 교회의 재산 몰수, 선거를 통한 사법 공무원 선출도 코뮨의 중요한 특징으로 말해집니다.

  파리코뮨의 사람들은 코뮨들의 연합체가 국가를 대체할 것이라는 전망──실현되지는 않았지만──을 가지고 있었습니다. 이 사람들이 장악한 것은 파리밖에 없었지만 장기적으로는 프랑스 전체를 코뮨들의 연합체로 대체할 수 있을 거라 희망했습니다. 맑스는 이 문제에 대한 사람들의 오해도 지적합니다. 국가를 코뮨으로 대체하는 것을 중앙집중적 정부에 반대하는 연방제 옹호로 오해한다는 것입니다. 맑스는 연방제와 지방자치의 강화로 이 부분을 오해하는 해석을 비판하면서, 코뮨과 연방제를 혼동해서는 안 된다고 말합니다. 프랑스에서의 연방제 주장은 프랑스혁명에서 나온 입장으로, 전자본주의적·봉건적 모델로 복귀하자는 얘기입니다. 맑스는 파리코뮨은 중세 코뮨들의 재생과는 전적으로 다르다는 주장을 분명히 해요.

그가 이 문제를 언급하는 이유는 두 가지입니다. 하나는 코뮨에 대한 논의를 프랑스혁명 당시의 자코뱅파를 중심으로 한 중앙집권제 옹호자들과 지롱드파를 대표로 한 연방제 옹호자들 간의 대립이라는 틀에서 봐서는 안 된다는 것입니다. 다른 하나는 파리코뮨을 아나키즘적 봉기의 사례로 보려는 시도를 비판하기 위해서입니다. 후자의 해석은 여러 곳에서 제기되는데, 특히 흥미로운 것은 베른슈타인의 경우입니다. 그는 아까 말한 『사회주의의 전제와 사민당의 과제』에서 이 문제도 언급합니다. 베른슈타인은 맑스가 연방제를 주장했다는 증거로 이 부분을 제시하는데, 지금 본 것처럼 아무 근거 없는 왜곡입니다. 베른슈타인은 맑스가 『프랑스 내전』에서 연방제를 옹호했고 연방제는 아나키스트들의 오래된 주장이므로, 맑스는 아나키즘에 동조했다는 결론을 내립니다. 이것은 베른슈타인이 자신의 국가주의적 경향을 정당화하기 위해서 한 이야기입니다. 기존 정치질서 내에서의 개량을 주장한 그가 국가기구의 완전한 폐지를 주장한 텍스트를 불편해한 것은 당연합니다.

아무튼 맑스는 파리코뮨을 전제정이든 부르주아 민주정이든 간에 기존의 국가기구와는 전적으로 다른 새로운 정치형태를 실현하려 한 시도로 해석했습니다. 이런 시도가 바로 '프롤레타리아트 독재'가 의미하는 것입니다. 이제 프롤레타리아트 독재는 부르주아지에 대한 프롤레타리아트의 지배라는 단순한 의미가 아니라 기존의 국가권력이 해체되고 새로운 정치형태가 모색되는, 사회주의로 가는 정치적 이행기의 의미를 지니게 됩니다. 이 부분을 꼭 기억해 두세요.

파리코뮨에서는 의미 있는 사회적 조치들도 시행하는데, 제빵공들의 야간작업 폐지, 노동자들에 대한 벌금부과 금지, 노동자 보호입법 등이 있습니다. 또 자본가들이 혁명을 피하기 위해 파리를 탈출하면서 버린 작업장들을 접수한 후에 ─보상금은 나중에 주기로 하고─ 노동자들이 경영하게 합니다. 노동자의 직접경영 형태가 최초로 시도된 것입니다. 무상몰수까지는 아니지만, 생산수단을 노동자가 직접 장악해서 통제하는 모델을 시도했다는 것이 중요합니다. 모든 행정을 공개했고, 철저하게 민주적이었으며, 의외로 질서가 유지되었고, 여성들의 참여가 활발했다는 점도 맑스가 생각한 코뮨의 중요한 성과들입니다.

라살레파와의 대결: 『고타강령 초안 비판』

『프랑스 내전』에 이어 『고타강령 초안 비판』을 볼 차례입니다. 앞에서 맑스 정치사상이 아나키즘과 국가주의 사이에 위치해 동요하고 있었으며, 국가주의로 불리는 대표적인 세력이 독일의 라살레파였다고 했죠. 『고타강령 초안 비판』은 라살레파에 대한 공격을 주된 내용으로 합니다.

① 독일 노동운동의 통합과 「고타강령」

라살레는 맑스보다 몇 년 뒤에 태어났고 맑스의 영향으로 노동운동을 시작했습니다. 맑스·엥겔스는 망명한 뒤 프랑스, 벨기에를 떠돌다가 영국에 정착해서 쭉 살고 있었기 때문에 독일의 노동운동과는 관련을 거의 맺지 못했습니다. 맑스가 학문적 명성을 얻게 된 이후에 독일의 사회주의자들 또는 노동운동가들이 맑스와 교류를 하게 돼요. 이를 통해 맑스 사상에 근거한 노동운동이 독일 내에서 생겨납니다. 그들이 모여서 하나의 정치적 당파를 형성하게 되는데, 창립 대회를 했던 독일의 지명을 따라 '아이제나흐(Eisenach)파'라고 불렸습니다. 그보다 앞서 형성되어 독일 노동운동 내에 더 큰 규모와 영향력을 가진 집단이 있었는데 바로 라살레파였습니다. 라살레는 '전독일 노동자협회'(Allgemeiner Deutscher Arbeiterverein)라는 조직을 만들어서 노동운동을 하다가 39살의 나이로 일찍 죽고 요한 슈바이처(Johann Schweitzer)라는 사람이 운동을 이끌고 있었습니다.

프랑스 사회주의와 맑스의 영향을 받아 사회주의자가 된 라살레. 헤겔주의자였던 그는 절대정신의 구현체로서의 '국가'가 사회주의 실현이라는 역사적 과제를 지니고 있다고 보았다. 이 때문에 그의 사회주의관을 '국가사회주의'라고 부르기도 한다. "독일 사회민주당은 맑스의 사상을 아버지로, 라살레의 전술을 어머니로 해서 탄생했다"는 말이 있을 정도로 사회민주당에 큰 영향을 미쳤다.

라살레파와 아이제나흐파는 통일된 노동운동을 하기 위해 1875년에 당 대 당으로 통합을 합니다. 그 결과로 만들어진 당이 '독일 사회민주당'(Sozialdemokratische Partei Deutschlands)입니다. 독일 사회민주당은 세계 최초의 대중 정당이자 사회주의 정당입니다. 통합 후에 새로운 당의 강령을 만들었는데, 그 강령이 통합 대회가 열린 곳의 지명을 딴「고타강령」입니다. 맑스·엥겔스가 이 강령이 채택되기 전에 초고를 검토했는데 상당히 분노합니다. 아이제나흐파의 입장(자신들의 입장)보다 라살레파의 입장이 더 큰 비중을 차지한다고 보았기 때문입니다. 그래서 라살레파에게 지나치게 양보했던 부분들을 신랄하게 비판하는 편지를 독일 사민당의 지도자들에게 보냅니다. 이 편지는 1875년에 4월~5월 초에, 즉 고타 대회 전에 작성됨에도 불구하고 강령에 반영되지도 않고 출판도 안 됩니다. 독일 사민당 지도자들이 이 편

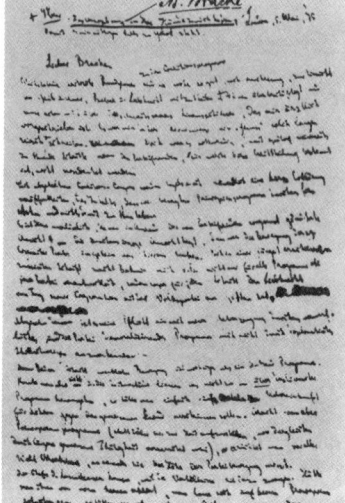

1875년 맑스가 독일 사민당 지도자 중 하나인 빌헬름 브라케(Wilhelm Bracke)에게 보낸 편지. 이 편지가 후에 수정을 거쳐 『고타강령 초안 비판』이 된다. 편지에서 맑스는 「고타강령」 전체가 국가에 대한 라살레파의 신앙 혹은 민주주의적 기적에 대한 신앙으로 오염되어 있으며, 이 두 신앙은 사회주의와는 거리가 멀다며 신랄하게 비판했다.

지가 당의 단합을 깬다고 생각해서 무시해 버린 것이죠. 1891년에 가서야 말년의 엥겔스가 강력하게 요청해서 일부 내용을 수정하는 조건으로 출판됩니다. 이렇게 『고타강령 초안 비판』은 맑스·엥겔스가 활동하던 시기에 쓰였지만, 맑스 사후에 그리고 엥겔스가 죽기 4년 전에야 출판됩니다. 출판되고 나서도 독일 노동운동에 큰 영향력을 미치지는 못했습니다. 우리가 이 텍스트를 보는 이유는 그것이 이후에 직접적인 영향을 미치기도 했지만, 그것보다도 당대에 맑스가 처해 있었던 정치적·이론적 지형을 알려 주기 때문입니다. 즉 그가 어떤 입장과 대결하면서 자신의 입장을 분명히 하려고 했는지를 잘 보여 주는 저작입니다. 앞서 맑스주의와 아나키즘의 대결을 보았다면 이번에는 맑스주의와 국가주의의 전선을 이 텍스트를 통해 보겠습니다.

② 노동전수익권 비판

이 텍스트는 「고타강령」 초안의 순서를 그대로 따르면서 조목조목 비판하고 있습니다. 제일 첫 구절에 나오는 얘기가 바로 노동전수익권(勞動全收益權)을 둘러싼 논쟁입니다. 「고타강령」에는 노동의 수익이 평등하게 모든 사회 성원에게 귀속되어야 한다는 주장이 있어요. 이것을 문제 삼는 것입니다. 이 주장은 맑스 이전의 사회주의자들에게 널리 퍼져 있던 것입니다. 1강에서 보았던 프루동도 어떤 면에서는 노동전수익권이라는 개념을 전제로서 받아들이고 있었습니다. 그는 생산자가 자신의 노동을 통해서 어떤 생산물을 만들지만 그것이 그 생산자에게 온전히 귀속되지 않는 것을 문제 삼습니다. 얼핏 보면 맑스도 비슷한 이야기를 하고 있는 것 같습니다. 잉여가치에 대한 자본가들의 착취를 그렇게 해석할 수도 있습니다.

그러나 프루동식의 노동전수익권과 맑스의 잉여가치 사이에는 결정적인 차이점이 있습니다. 프루동은 노동을 통해서 생산적인 일을 하는 사람들이 있고, 그들에게 기생해서 이 생산적 노동의 산물을 노동 없이 착취하는 계급은 따로 있다고 생각합니다. 대표적인 기생적 계급으로 고리대금업자나 상인을 들고 있습니다. 지대에 대해서도 그런 방식으로 이해하는 사람들도 있습니다. 실제로 생산에 어떤 기여도 하지 않는데도 받아 가는 이익이라는 것이죠. 그러면 그들은 왜 이런 일이 생긴다고 보는 걸까요? 프루동은 교환에서의 불평등 때문이라고 주장합니다. 그래서 공평한 등가교환을 실현해야 불평등의 문제가 해소된다고 보았던 것입니다. 결국 이런 관점은 생산과정보다 생산의 결과물들이 유통되는 교환과정에서 왜곡이 생겨 분배가 불평등하게 이루어지는 것이 기본적 문제라고 보는 것입니다. 노동전수익권의 관점도 마찬가지로 노동의 산물이 노동자에게 온전히 귀속되지 못하는 것을 유통의 문제 또는 분배의 문제로 설명합니다. 생산과정 자체에 대한 관심은 없고, 노동의 결과인 수익이 어떻게 분배되고 유통되느냐의 차원에서 문제를 바라보는 게 노동전수익권을 주장하는 논자들이나 프루동과 같은 연합주의자들의 자본주의에 대한 기본적인 인식이었습니다.

맑스는 노동전수익권은 말이 안 되는 것이라고 이야기합니다. 생산물이 생산자에게 모두 귀속되면 사회가 유지되고 재생산되기 위해 필요한 공제분은 어떻게 되느냐고 묻습니다. 즉 사회주의 사회에서도 잉여노동은 필요하다는 것입니다. 잉여노동을 통해서만 생산에 필요한 생산수단을 재생산할 수 있습니다. 그리고 노동전수익권의 또 다른 한계는, 맑스가 『자본』에서 언급한 것처럼 이 입장에서는 노동할 수 없으면 먹고살 수 없다는 것입니다. 잉여노동은 불가피하게 노동할 수 없는 사람들을 부양하기 위한 것이기도 합니다. 이것이 사회주의의 잉여노동과 자본주의에서 이윤의 원천으로서 잉여노동의 차이점이라고 할 수 있습니다. 사회주의에서도 잉여노동이 필요하다는 것을 인정한다면 노동전수익권은 받아들일 수 없습니다.

노동전수익권을 주장하는 논자들과는 달리 맑스는 자본주의의 모순을 생산과정의 문제로 봅니다. 2강에서 살펴본 『공산당 선언』에서도 맑스는 사회구조를 계급분할로 이해했습니다. 계급은 빈부격차와는 무관하며 (빈부격차는 계급분할의 결과로 나타나는 현상이죠), 생산과정에서 생산수단의 소유 여부로 나뉘는 것입니다. 맑스는 자본주의의 문제는 자본주의가 스스로를 생산하고 재생산하는 메커니즘 자체에 있는 것이라고 봅니다. 그 결과물들이 우연적으로 분배되는 과정에서 일어나는 왜곡 때문에 문제가 생겨난다고 보는 것은 자본주의를 피상적으로 이해하는 방식이라고 비판합니다.

③ 형식적 평등과 실질적 평등

다음으로 맑스는 '분배의 평등'에서 그 평등이 무엇인지를 분석합니다. 그는 여기서 오늘날 우리들에게는 익숙한 얘기들을 합니다. 평등에는 형식적 평등과 실질적 평등이 있다는 것입니다. 형식적으로 평등하더라도 실질적으로 불평등하게 되는 경우가 있습니다. 맑스가 보기에 근대 자본주의 사회는 기본적으로 형식적 평등과 실질적 불평등의 체제였어요. 부르주아 민주주의는 정치적 평등을 주장하며, 그것의 경제학적 버전이 상품교환에 있어서의 등가교환입니다. 그러나 자본가와 노동자의 계급관계에서는 본질적으로 착취가 이루어지기 때문에 실질적으로는 평등한 교환이 불가능합니다. 「고타강령」에서는 평등한 권리에 추상적으로 접근합니다. 하지만 평등에 대해 얘기하려면 형식적 평등과 실질적 평등을 구분해서 어떻게 실질적 평등이 실현될 수 있느냐를 밝혀야 합니다. 어떤 경우에는 실질적으로 평등하기 위해서는 오히려 형식상으로는 불평등해야 합니다. 노동자들의 능력과 처지가 다 다른 상황에서 형식적으로 분배상의 평등을 주장하면 어떤 결과가 나올까요? 노동자 간의 능력차이가 있는데 형식적 평등을 적용하면 어떤 사람은 일을 더 많이 했는데 일을 적게 한 사람과 똑같이 받아가서 실질적으로 불평등해지기도 합니다. 어떤 사람은 부양해야 할 가족이 많고 어떤 사람은 혼자 사는데 형식적으로 똑같이 분배하면 결국 실질적으로는 불평등하게 됩니다. 이런 것들을 감안하면 오히려 형식상에서는 불평등해야 합니다. 맑스는 「고타강령」에서의 평등한 권리라는 것이 형식적이고 추상적인 원리여서 현실을 평등하게 만드는 데 유효하지 못하다는 것을 밝힙니다.

더 중요한 이야기가 뒤이어서 나옵니다. 평등의 문제가 공산주의 사회에서는 어떻게 취급되느냐를 짧게 언급하고 있습니다. 맑스는 자본주의 사회가 공산주의로 넘어가더라도 오랜 기간 자본주의를 거쳐 왔기 때문에 곧바로 완전한 공산주의를 실현하기는 어렵다고 봅니다. 그래서 공산주의 실현은 아마 두 단계로 진행될 것이라고 예측합니다. 즉 첫번째 단계인 낮은 단계의 공산주의가 있고, 다음에 공산주의의 더 높은 단계가 있을 거라고 생각합니다. 낮은 단계의 공산주의에서는 자본주의와 전면적으로 다른 평등을 적용하기는 힘듭니다. 자본주의 사회에서는 실질적 평등을 위해서 권리의 형식적 불평등을 적용해야 합니다. 마찬가지로 **낮은 단계의 공산주의 사회**에서도 개인들이 **능력에 따라 일하고, 일한 만큼 분배받는다**는 불평등한 원칙이 적용된다고 얘기합니다. 이 생각은 사실은 맑스 자신이 고안한 것이 아니라 생시몽이 한 얘기입니다. 생시몽과 맑스가 그렇게 생각한 이유는 무엇일까요? 아직 자본주의의 틀을 완전히 벗어나지 않은 사회에서 형식적으로 완전한 평등을 실시하면 결국 실질적으로 불평등이 일어날 수밖에 없기 때문입니다.

그런데 이런 사회는 자본주의 원리가 일정 정도 남아 있으므로 완전히 새로운 사회라고 말할 수 없습니다. 완전한 그리고 더 높은 단계의 공산주의에서는 **각자 능력에 따라 일하고, 필요에 따라 분배받는다**는 중요한 공산주의 원칙이 적용됩니다. 이게 가능하려면 여러 가지를 전제해야 합니다. 능력에 따라 일하더라도 어떤 사람은 부지런하고 어떤 사람은 게으르면 안 됩니다. 그러려면 노동이 하기 싫어서 억지로 하는 것이 아니라 누구나 열심히 할 만한 것이어야 합니다. 즉 노동의 성격 자체가 변해 노동이 자기실현이나 즐거움의 원천이어야 합니다. 그리고 각자의 능력의 불평등이 항구적으로 지속되거나 재생산되는 구조면 이 사회에서도 평등은 불가능합니다. 개인들 혹은 집단들 간의 능력의 격차가 여러 세대에 걸쳐서 재생산되거나 고착되면 곤란하겠죠.

더 중요한 전제가 있습니다. 능력의 격차나 일한 만큼 분배받는다는 말을 할 때는 항상 기준점이 있어야 합니다. 능력이 더 많다 혹은 더 적다, 더 많이 혹은 더 적게 일했다, 더 많이 혹은 더 적게 분배받았다고 얘기하려면 동일한 기준이 있어야 합니다. 자유와 평등에 대한 아주 잘못된 통념 혹은 자본주의와 공산주의에 대해 흔히 가지는 통념이 하나 있습니다. 자본주의는 경쟁원리에 입각해 있기 때문에 각자가 능력을 충분히 발휘하게끔 북돋아서 결국 생산력을 더 효율적으로 발전시키는 반면에 공산주의는 평등을 강조하니까 결국은 다 같이 가난해진다는 것입니다. 또 자본주의는 개인의 능력을 신장시키고 창의성을 고양한다고도 합니다. 반면에 평등은 획일화시키는 원리이니까 평등한 사회에서 사람들은 더 나아질 필요가 없고, 그래서 게을러진다는 말을 흔히 하죠. 그런데 경쟁이 평등보다 덜 획일적인가요? 그렇지 않습니다. 경쟁이야말로 평등보다 더 획일적이죠. 경쟁이 가능하려면 단 하나의 기준이 존재해야 합니다. 앞선 사람과 뒤처진 사람을 나누려면 목표점이 정해져야 해요. 그래야 누가 앞에 가고 뒤에 가는지를 알 수 있습니다. 모든 사람이 똑같이 하나의 기준만을 바라보고 기준과 똑같아지도록 강요하는 원리가 바로 경쟁입니다. 따라서 평등은 획일화이고 경쟁은 다양화라는 통념은 정말 말이 안 됩니다. 높은 단계의 공산주의는 능력의 정도와 분배의 기준이 되는 획일적인 척도 자체가 없어져야 실현될 수 있어요.

"각자는 능력에 따라 각자에게는 필요에 따라"라는 원리는 단순하게 내키는 대로 능력에 따라 일하고 마음대로 가져가라는 것이 아니라 전제되어야 할 것이 상당히 많은 원리입니다. 노동의 성격, 노동이 수행되는 사회구조, 노동 주체의 정서나 사고방식 자체가 바뀌어야 해요. 경쟁이 남아 있으면 이런 변화는 기본적으로 힘듭니다. 경쟁과 능력차가 존재하는

데도 불구하고 원하는 대로 다 가져가는 것을 분배의 원칙으로 삼는 사회가 공산주의 사회라는 것은 공산주의에 대한 잘못된 통념입니다. 이렇게 된다면 이것은 아주 풍요로운 자본주의죠. 즉 프롤레타리아트는 없고 부르주아지만 있는 자본주의 같은 사회입니다. 맑스가 보기에는 바로 이런 모델이 유토피아 사회주의자들이 꿈꿨던 사회입니다. 이것은 맑스가 생각한 공산주의와는 아주 다른 세상입니다. 소련이 성립된 이후에 사회주의와 공산주의를 분리된 역사적 단계로 설정하는 역사관이 나옵니다. 소련에서 "능력에 따라 일하고 일한 만큼 분배받는다" 그리고 "각자는 능력에 따라 각자에게는 필요에 따라"라는 이 두 원리에서 전자는 사회주의, 후자는 공산주의의 원리가 됩니다. 사회주의는 공산주의 사회가 완전히 실현되기 이전의 단계를 의미합니다.

다음으로 맑스는 **속류사회주의**를 비판합니다. "분배를 **생산방식과는 독립적으로** 간주하고 또 그렇게 다루고 있으며, 따라서 사회주의는 **주로 분배를 중심 문제로 하고 있다는 듯이** 서술하고 있다." 이것이 맑스가 본 속류사회주의의 원리인데 잘 기억해야 합니다. 제2인터내셔널 시기에 이 문제가 또 논란이 됩니다. 맑스는 생산을 본질적으로 보느냐 분배를 생산과 별개로 생각하고 그것을 핵심적으로 보느냐를 자기의 사회주의와 속류사회주의의 결정적 차이로 봅니다.

④ **'철의 임금법칙' 비판**

다음으로 볼 것은 라살레주의의 원칙 중 아주 재미있고 중요한 **철의 임금법칙**입니다. 철의 임금법칙이란 말 그대로 임금에 관해 강철처럼 깨지지 않는 법칙이란 뜻입니다. 이 법칙에 따르면 노동자계급이 투쟁을 통해 임금을 상승시키면 생활수준이 높아지므로 노동자 인구수가 늘어납니다.

인구수가 늘어나면 노동력의 공급이 늘어나니까 노동시장에서 노동력의 가격인 임금이 다시 하락합니다. 결국 임금이 일시적으로 올랐다가도 다시 떨어지게 된다는 것이 이 법칙입니다. 이런 법칙이 맞다면 노동자들은 임금 인상 투쟁을 할 필요가 없습니다. 그런데 이 논리는 맬서스(Thomas Malthus)가 『인구론』에서 말한 논리와 유사하잖아요. 그래서 맑스가 맬서스 이론이라고 비판합니다. 이 법칙의 관점에서 보면 임금 인상을 주장하는 사회주의자들의 운동방향은 결국 빈곤을 일반화시키는 결과만을 가져옵니다. 라살레는 노동조합을 중심으로 한 경제투쟁 혹은 정치투쟁으로 노동운동이 발전하는 것이 아니라 노동자계급이 빈곤을 벗어나는 것이 중요한 문제라고 봅니다. 따라서 국가의 원조를 받는 협동조합 방식으로 운동이 전환되어야 한다고 주장하는 것입니다. 결국 철의 임금법칙을 통해 라살레주의자들은 노동자의 빈곤의 문제가 중심이 되어야 한다고 주장하는 것인데, 이것은 맑스가 비판한 속류사회주의 입장입니다.

라살레는 생산과정의 모순의 결과로 나타난 분배의 왜곡과 빈곤을 본질적인 것으로 보고 착취의 문제를 빈곤의 문제로 환원시킵니다. 반면에 맑스가 보기에 빈곤은 항상 계급 간 착취의 결과로서 나타나는 것입니다. 따라서 본질은 계급 간 모순과 착취의 필연성의 문제라는 거죠. 맑스주의자들은 과격하게 혁명을 주장하고 라살레는 온건하게 협동조합, 계급협조를 주장하는 것은 표면상의 차이이고 사실은 본질적 차이가 있다는 얘기를 맑스는 하고 싶었던 거예요. 두 노선은 단순히 노동자들의 상황 개선을 위한 전술만이 아니라 자본주의를 이해하는 방식, 자본주의 모순에 대한 파악방식 그리고 모순 극복을 위한 투쟁방식까지 전면적으로 다른 별개의 노선임을 맑스는 의식하고 있었던 것입니다.

그 다음에 국가의 보조도 문제 삼는데 이건 당연합니다. 왜냐하면 맑스주의자들에게 국가는 계급지배의 수단일 뿐이니까요. 국가는 자본가계급이 노동자계급을 억압하고 착취하는 계급독재의 수단이므로 국가가 중립적이고 자유로운 위치에 있다는 것은 애초에 받아들일 수 없는 것입니다. 맑스는 공산주의 사회로 넘어가면 국가제도가 변할 수밖에 없다고 거듭 얘기해요. 공산주의 사회로 가면 국가가 지금과 같은 기능을 하지 않을 것입니다. 그런데 라살레주의자들은 국가가 항상 중립적 장치니까 사회주의 사회에서도 국가가 여전히 중요한 기능을 할 것이라고 생각했습니다. 맑스는 지금과 유사한 국가의 기능이 사회주의 사회에서도 남아 있겠느냐고 묻습니다. 대답은 당연히 아니라는 것입니다. 문제는 국가가 하루아침에 폐지되지는 않는다는 거죠. 정치적으로 이행기, 과도기가 있을 수밖에 없는데 이 텍스트에서도 그것을 프롤레타리아트 독재라고 명명합니다. 『고타강령 초안 비판』에서 다시 한 번 **이행기로서의 프롤레타리아트 독재**가 정식화되고 있는 것입니다.

우리가 앞서 봤던 『프랑스 내전』에서 맑스는 프롤레타리아트 독재를 국가권력을 장악하는 동시에 해체하고 파괴하는 과정으로 규정했습니다. 그것을 통해 사회주의로 이행한다는 거죠. 이런 입장에서는, 국가의 기능을 중립적이라고 보고 사회주의에서 국가의 역할을 강조하는 것은 국가를 행정부, 정부기관 또는 행정절차 정도로 협소하게 이해하는 것입니다. 라살레파는 국가가 중립적일 뿐 아니라, 사회주의 실현에 있어서도 아주 적극적인 역할을 한다고 봅니다. 그래서 이들을 국가사회주의 혹은 국가주의적 경향이라고 부를 수 있는 것입니다.

앞서 맑스주의 안에는 국가주의 경향과 아나키즘 경향이 갈등하고 있다고 했는데, 20세기로 넘어와서 사회주의가 현실화되었을 때는 국가주의 경향이 주로 남습니다. 20세기 이후 맑스주의의 두 가지 큰 흐름은 현실사회주의 국가로서의 공산주의(소련, 동구, 중국 등)와 자본주의 사회 내에 존재하는 사회민주주의인데 두 입장 모두에서 국가주의가 강화됩니다. 서구 사회민주주의는 기존의 부르주아 국가 내에서의 사회주의 정책의 실현할 것과 자유주의자들보다 더 국가가 적극적인 역할을 할 것을 주장합니다. 서구 사민주의는 라살레주의의 직접적 계승입니다. 또한 현실 사회주의 국가들의 문제 하면 떠올리는 것이 모든 곳에 개입하는 국가권력, 엄청나게 비대해진 관료집단 같은 것입니다. 이 노선이 실제로는 레닌의 『국가와 혁명』에서 시작했다는 점이 재미있죠. 국가주의자들을 비판하면서 국가의 폐지를 주장하던 노선이 더 강력한 국가의 설립으로 귀결되었으니 말입니다.

맑스 사상의 체계화: 『반뒤링』, 『포이어바흐와 독일 고전철학의 종말』

『고타강령 초안 비판』을 쓴 1875년 이후부터 맑스는 병을 앓게 되고, 생산적 작업을 할 수 없었다고 합니다. 맑스주의 안팎에서 격렬한 논쟁이 벌어지는데, 엥겔스가 맑스 대신 논쟁자의 역할을 하게 됩니다. 그러면서 엥겔스의 이야기들이 상당한 권위를 가지고 사회주의 진영 내에서 받아들여집니다. 예를 들어 독일 사민당 내에서 이론적 쟁점으로 논쟁을 하다가 결론이 나지 않으면 결국 최종 심판자의 역할을 엥겔스가 맡았습니다. 이것은 엥겔스 자신이 원했다기보다 독일 사민당의 지도자들이 자신들의 권위를 높이기 위해서 엥겔스에게 의존했기 때문입니다. 이렇게 엥겔스가 강력한 운동을 형성하기 시작한 독일 사민당의 이론적 지도자 또는 논쟁의 심판자 위치를 차지한 상황에서 그의 중요한 저작이 출판됩니다. 바로 『오이겐 뒤링 씨의 과학변혁』(이하 『반뒤링』)입니다.

① 최초의 맑스주의 교과서

이 책은 제목에서 알 수 있듯이 오이겐 뒤링(Eugen Dühring)의 주장을 반박하기 위해서 저술되었습니다. 1876년 9월~1878년 6월에 논문의 형태로 저널에 실은 글들을 모아서 책으로 냅니다. 그러니까 『고타강령 초안 비판』 직후에 저술된 것입니다. 『고타강령 초안 비판』은 사민당 내에 두 개의 정파가 존재했다는 것을 보여 주었죠. 독일 사민당이 설립된 초기에는 입장통일이 힘들었습니다. 다양한 분파들이 사민당이라는 틀 속에 존재하면서 자기들이 진짜 사회주의라고 주장했는데, 오이겐 뒤링도 그중의 한 사람이었습니다. 그는 독일 사민당에서 상당한 영향력을 행사했다고 합니다. 맑스주의에 충실하고자 했던 사민당 지도자인 빌헬름 리프크네히트(Wilhelm Liebknecht)나 아우구스트 베벨(August Bebel) 등은 이런 상황을 문제로 여겨서 엥겔스에게 이론적 개입을 요청합니다.

이 책 「서문」에서 엥겔스는 상당히 내키지 않아 하면서 억지로 번잡한 일을 맡게 되었다고 말해요. 그런데 이 책이 출판되고 난 뒤에는 엥겔스의 태도가 바뀝니다. 이 책이 엄청나게 많이 읽혔기 때문입니다. 사민당의 상층부를 형성하는 많은 지식인들이 이 책을 통해서 맑스주의를 학습했습니다. 맑스주의의 역사에서 이 책이 아주 중요한 지위를 차지하는 이유는 심오한 이론적 함의와 독창적 내용을 담고 있어서가 아닙니다. 이 책이 **최초로 대중적인 맑스주의 교과서의 역할을 했기 때문**입니다. 또 『공산당 선언』은 강령의 형태이지만 『반뒤링』은 이론적 저술로 기획되었기 때문에 영향을 미치는 방식이 달랐습니다. 엥겔스는 이 책에서 새로운 이야기를 하지는 않습니다. 뒤링을 비판하면서 그동안 맑스와 자기가 오랫동안 이야기해 왔던 것을 다시 한 번 정리할 뿐입니다. 또 이 책은 뒤링과의 논쟁 속에서 쓰였기 때문에, 논쟁의 특성상 자신들의 입장을 상대방의 입상과 대비시켜서 보다 선명하고 과장되게 이야기할 수밖에 없었습니다. 그리고 논점을 분명히 하기 위해 단순화할 수밖에 없었죠.

뒤링은 그 당시 독일 학문의 전통을 따라 자기의 모든 사상을 체계화하려 했습니다. 하나의 원리를 가지고 모든 영역을 일관되게 설명할 수 있는 완결된 구조물을 만들려는 시도를 했다는 것입니다. 그런데 맑스는 이런 체계화의 시도를 한 번도 안 하거든요. 그런 것이 상당히 다른 방법론적 접근법입니다. 맑스·엥겔스는 오히려 모든 영역을 포괄하는 거대한 이론적 체계라는 것을 관념론적이라고 생각하고 비웃었습니다. 이것은 『반뒤링』에도 언급되어 있습니다. 그런데 뒤링을 비판하다 보니까 엥겔스 자신이 의도하지 않게 체계적 서술을 하게 되었습니다. 그래서 「서문」에서 엥겔스가 사상의 체계화에 대해서 부정적 입장을 표명하고 있음에도 불구하고 책을 읽고 수용하는 사람들의 입장에서는 이 책이 맑스주의를 체계화한 완결된 서술이라고 받아들이게 되었습니다. 자신들이 의도하지 않았던 수용이 이뤄지게 된 것이죠.

이 책이 두껍고 내용도 번잡하니까 좀더 대중적으로 읽히기 위해서 「서설」과 3편인 「사회주의」의 일부를 따로 편집해 『유토피아에서 과학으로의 사회주의의 발전』(이하 『유토피아에서 과학으로』)이라는 별도의 단행본을 출판합니다. 이 책이 상당히 널리 팔리고 알려지게 됩니다. 많은 사람들이 맑스주의 입문서로 이 책을 읽었습니다. 이 책을 본 다음에 『공산당 선언』, 『자본』 등 맑스·엥겔스의 주요 저작을 골고루 읽으면 큰 문제가 없는데 대부분의 사람들이 이 책만 보는 거예요. 좀 많이 읽는 사람은 『반뒤링』을 보고, 쉬운 것을 원하는 사람은 『유토피아에서 과학으로』를 읽는 방식으로 맑스·엥겔스의 사상이 대중화되기 시작합니다. 맑스·엥겔스가 자신들의 사상을 체계적으로 정리하려고 낸 책이 아님에도 불구하고 『반

『뒤링』이 대중적인 책이 되고, 이 책을 통해 사람들이 맑스·엥겔스를 이해하면서 어떤 부분에서는 불가피한 오해가 발생합니다. 하지만 맑스주의가 대중화되는 성과도 있었기 때문에 엥겔스는 크게 문제 삼지 않았습니다. 또 독일을 비롯한 유럽 전역에서 사회주의가 엄청나게 세력을 키워 나가던 당시의 상황에서는 당원 교육을 해야 했습니다. 새로 가입하는 당원들에게 기초 교육을 해야 당의 통일성이 유지되겠죠. 교과서의 필요성이 절실한 시점에서 이 책이 그 역할을 해줬던 것입니다.

몇 년 뒤에 또 하나의 책이 나오는데 바로 『루트비히 포이어바흐와 독일 고전철학의 종말』(이하 『루트비히 포이어바흐』)입니다. 이 책을 쓸 때 엥겔스의 태도는 『반뒤링』 당시와는 사뭇 다르죠. 『반뒤링』을 쓸 때는 억지로 한다고 투덜대던 노인이 사회주의의 성장을 목격한 이후인 1886년에는 아주 활기차고 의기양양하게 이 책을 씁니다. 이 책도 『유토피아에서 과학으로』와 마찬가지로 교과서 역할을 합니다. 독일 사민당뿐만 아니라 유럽 사회주의운동 전체의 교과서가 됩니다. 특히 러시아 같이 후진적인 나라에서는 맑스주의의 수용이 독일 사민당을 통해서 이루어지기 때문에 러시아 사회주의자들에게도 교과서 역할을 하게 돼요. 『반뒤링』, 『유토피아에서 과학으로』, 『루트비히 포이어바흐』를 교과서로 삼았던 사람들 중에서 가장 대표적인 사람이 칼 카우츠키입니다. 본인 스스로가 『반뒤링』을 통해 『자본』을 읽게 되었다고 말해요. 그래서 이 사람들이 이해한 맑스주의는 『반뒤링』이라는 안경을 끼고 본 맑스주의라고 할 수 있습니다.

② 엥겔스의 해석 문제

엥겔스 말년의 텍스트들은 교과서의 역할을 넘어 정통과 이단을 나누는 정전(正典)의 역할을 하게 됩니다. 이런 기준으로서의 역할, 이단 심판관으로서의 역할을 맑스·엥겔스가 자임했던 것은 아닙니다. 아무도 위임한 적 없는데 그 역할을 자임했던 것은 카우츠키입니다. '일관된 정치적 강령으로서의 맑스주의'라는 말이 카우츠키에 의해 처음 사용됩니다. 이론적 테두리를 명확히 가지고 있는 하나의 강령 체계로서의 맑스주의라는 용어를 사용하면서 카우츠키는 맑스주의의 이단과 정통을 자신이 심판하기 시작합니다. 위의 책들이 카우츠키가 사용한 구분의 틀이 되었어요.

비슷한 시기에 카우츠키와 마찬가지로 이 책들의 영향을 받은 아주 중요한 인물이 '러시아 맑스주의의 아버지'라고 불리는 플레하노프(Georgii Plekhanov)입니다. 이 사람을 통해서 맑스주의가 러시아로 전파되었다고 볼 수 있습니다. 물론 다른 수용의 경로도 있는데, 이것은 러시아혁명을 다룰 때 보기로 합시다. 플레하노프에게 배운 사람은 레닌이고 레닌의 공식적인 계승자는 스탈린이죠. 그래서 '엥겔스 → 카우츠키/플레하노프 → 레닌 → 스탈린'이라는 계보가 사후적으로 구성됩니다. 이 계보와 엥겔스 말년의 저작들의 역사적 의미를 길게 얘기하는 것은 스탈린주의 때문입니다. 스탈린주의는 20세기 맑스주의에서 제일 큰 스캔들입니다. 맑스주의를 포기하지 않으면서도 스탈린주의를 부정하는 사람들은 맑스·엥겔스의 사상 중에 스탈린과 다른 사상이 있다는 것을 밝혀내야 합니다. 즉 자신들은 맑스주의자이지만 스탈린과는 다른 계보에 있다는 것을 입증해야 합니다. 이를 위해 스탈린주의의 원천을 역으로 추적합니다. 그래서 이 계보의 출발점에서 맑스와 엥겔스 사이를 단절시켜 버립니다. 그들은 맑스와 엥겔스의 사상이 초기에는 비슷했지만 말년에는 단절이 일어난다고 봅니다. 그리고 엥겔스가 맑스 사상을 단순화·체계화해서 왜곡시킨 것을 카우츠키와 플레하노프가 배우고, 그것을 레닌과 스탈린이 다시 이어받아서 스탈린주의가 형성되었다고 설명합니다. 그런 뒤 자신들은 엥겔스가 아니라 맑스의 사상만 계승했다고 주장합니다.

이런 주장은 20세기 서유럽의 좌익공산주의 그리고 '웨스턴 맑시즘'에 속한 일부에 의해 제기됩니다(웨스턴 맑시즘이라는 조류에 대해서는 10강에서 보겠습니다). 그들이 이런 얘기를 하는 다른 이유 하나는 제2인터내셔널이 제1차 세계대전을 막지 못하고 붕괴한 원인을 이론적으로는 엥겔스에게서 찾으려 하기 때문입니다. 맑스가 틀렸다고 하면 맑스주의를 포기해야 하지만, 맑스주의 내부에 뭔가 문제가 있는데 그것을 엥겔스의 책임으로 돌리면 맑스만을 계승한 자신들은 면죄부를 받게 됩니다. 그들은 엥겔스의 오류의 텍스트상의 근거가 『반뒤링』, 『루트비히 포이어바흐』 그리고 특히 『자연변증법』에 있다고 주장합니다. 그들이 보기에 이 텍스트들은 엥겔스가 맑스주의를 속류화하고 도식화한 대표적인 사례였습니다.

그런데 이런 식의 주장은 문헌학적 연구들에 따르면 크게 설득력이 없습니다. 『반뒤링』은 엥겔스 혼자 쓴 것이 아닙니다. 맑스가 원고를 다 검토했고, 정치경제학 부분에서 10장은 맑스가 직접 쓴 것입니다. 즉 『반뒤링』의 내용은 맑스가 다 알고 동의한 것입니다. 또 그들은 『자연변증법』에 대해서도 맑스는 무관하다고 주장하는데 그렇지 않습니다. 나중에 발견된 맑스의 초고들에서 『자연변증법』 원고들에 대한 코멘트가 나와요. 『자연변증법』도 다 맑스가 알고 있었고 논의를 한 것입니다. 그래서 이 책들이 문제라면 이는 맑스·엥겔스 모두의 문제입니다. 맑스와 엥겔스를 분리해서 엥겔스 책임론만 얘기하는 것은 문헌학적으로 사실과 다른 것입니다. 이 사람들, 대표적으로 루카치(György Lukács)나 코르쉬(Karl Korsch) 같은 사람들은 제2인터내셔널, 즉 사민주의를 비판하려고 한 것인데 역사적으로 보면 결국 서유럽 사민주의를 옹호하는 결과를 낳습니다. 그리고 이런 견해는 나중에 소련의 현실사회주의를 부정적으로 평가하는 근거로 반공주의자들에게 받아들여지게 됩니다.

그러면 엥겔스는 도대체 뭘 그렇게 잘못한 것일까요? 제일 큰 것은 **맑스주의의 체계화** 문제입니다. 19세기 독일 학풍에서 '시스템'(system)은 단일한 원리로 현상의 모든 영역을 설명하려는 체계를 의미했습니다. 예를 들면 한국의 교육제도에서 인문계와 자연계를 나누잖아요? 인문학에서는 인간 사회를 다루고 자연학은 자연 영역을 다루죠. 이런 구분은 인간과 자연이 별개의 영역이라는 전제를 깔고 있는 거잖아요. 그런데 '체계'라는 말은 이 두 영역을 포괄적으로 설명하는 하나의 원리가 있어야 하며 그것을 발견하는 것이 학문의 과제라는 의미를 담고 있습니다. 맑스주의가 체계화되었다는 것은 자연과 인간 사회의 역사를 동시에 지배하는 하나의 법칙을 맑스주의가 제시한다는 의미입니다. 바로 이것이 루카치가 엥겔스를 격렬하게 비난하는 지점입니다. 포괄적으로 설명하면 설득력 있고 좋은 것 같은데 이게 왜 문제인 거죠? 서구의 근대 과학에서 자연의 영역은 생명과 자유의지가 없는 필연성의 영역이라 생각했습니다. 반면에 인간 사회는 칸트(Immanuel Kant)에게서 분명히 나타나는 것처럼 자유의 영역이라 생각했죠. 맑스주의의 입장에서는 자유가 보장되어야 혁명적 실천을 주체적으로 할 수 있습니다. 그런데 필연과 자유 두 영역이 하나로 묶이면 인간 사회도 동일한 하나의 원리가 지배하는 필연의 영역이 되어 버리고 결국 인간의 주체적 실천이 불가능하게 된다는 것입니다. 루카치가 보기에 이것이 가장 큰 문제인 거죠.

인간 사회만 놓고 보더라도 하나의 보편원리로 모든 것을 설명한다면 환원주의에 빠지게 됩니다. 구체성을 상실해 버리게 되죠. 그런데 이런 생각은 앞에서 맑스가 한 변증법이나 유물론적 역사이해 얘기와 너무 다르지 않나요? 세상에 존재하는 모든 사물은 역사적 산물이며, 변증법이나

1886년의 엥겔스. 맑스 사상을 좀더 명료화하는 공로를 세웠지만, 그 때문에 맑스주의를 기계화·형이상학화했다는 비판도 받았다.

역사유물론은 불변의 것이 아닌 변화하는 것, 구체적인 것, 현실에 있는 것을 다룬다는 것이 맑스의 중요한 원칙이었습니다. 그런데 체계적이고 환원론적인 접근방식은 맑스주의의 원칙을 완전히 뒤엎는 것입니다. 그래서 루카치는 이것을 맑스주의에 대한 왜곡이라고 비판한 것입니다. 그러면 과연 엥겔스에 의해 이런 왜곡이 일어났을까요? 그렇게 볼 수 있는 구절이 『루트비히 포이어바흐』에 분명히 나옵니다. 하지만 자신들의 사상을 대중에게 쉽고 간결하게 전달하려는 의도로 이 책을 저술했다는 점을 고려해야 합니다. 또 반대되는 해석을 가능하게 하는 수많은 텍스트상의 근거들도 있습니다. 이런 점에서 엥겔스에 대한 비판이 전혀 근거 없는 것까지는 아니지만 편파적인 면이 있다고 보는 게 객관적인 평가인 것 같습니다.

정말 문제가 되는 것은 맑스와 엥겔스의 원래 의도나 숨겨진 생각이 아닙니다. 그것과 상관없이 제2인터내셔널의 맑스주의자들 다수가 체계로서의 변증법, 경제환원론, 역사적 결정론, 소박한 물질관, 기계적 필연성으로서의 과학관 그리고 이 모든 것에 근거한 자본주의 붕괴의 필연성에 대한 예언으로 맑스주의를 받아들였다는 것이 문제입니다. 독일에서 이런 식의 맑스주의의 대표자가 칼 카우츠키였다면, 러시아인으로서 같은 해석을 수용하고 러시아에 전파시킨 이는 플레하노프입니다. 플레하노프는 잘 알려진 '변증법적 유물론'이라는 용어를 만든 사람입니다. 그는 엥겔스의 『루트비히 포이어바흐』에 기초해서 자신의 맑스주의를 발전시킵니다. **변증법적 유물론**이라는 개념 자체가 법칙과 체계로서의 변증법을 의미하는 것입니다. 이 법칙이 역사라는 현실에 적용되면 **역사유물론**이 되는 것이죠. 이렇게 해서 변증법적 유물론과 역사유물론이라는 **맑스주의의 정식화**가 성립합니다. 8강에서 살펴볼 스탈린의 대표 저작이 바로 『변증법적 유물론과 역사유물론』인데, 이것은 플레하노프식의 맑스주의의 영향 아래에서 쓴 책입니다. 그래서 스탈린을 비판하는 사람들이 사상적 연원을 거슬러 올라가서 엥겔스에게 책임을 묻게 되는 것입니다.

또 하나 흥미로운 사실은 엥겔스가 말년의 『루트비히 포이어바흐』에서 청년기에 큰 영향을 받았던 포이어바흐를 다시 검토하는 작업을 한다는 점입니다. 맑스가 청년기에 쓴 『경제학-철학 초고』 역시 포이어바흐를 다루고 있는데, 이 두 저작이 상당히 대조적인 입장을 보여 주고 있습니다. 맑스·엥겔스의 계승자들 중에서 루카치의 노선은 『경제학-철학 초고』에 의존하고, 제2인터내셔널의 정통파들과 스탈린은 『루트비히 포이어바흐』를 계승합니다.

『루트비히 포이어바흐』의 내용을 조금 구체적으로 봅시다. 이 책은 **철학의 근본 문제를 유물론과 관념론의 문제로 보고 동시에 변증법과 형이상학이라는 방법론상의 대립구도를 설정**합니다. 자신들의 철학은 당연히 유물론과 변증법에 근거하는 것이겠죠. 플레하노프가 변증법적 유물론이라는 용어를 사용한 것도 이 때문입니다. 엥겔스가 이 책에서 사용하는 유물론의 개념은 지나치게 단순합니다. 물질적 실체가 유일하고 근원적인 것이며, 관념 혹은 정신은 물질에 의존하는 비실재라고 주장합니다. 엥겔스가 사용한 물질 개념이 근대 서구에 전형적인 뉴턴식의 물질관을 반복하는 데 그치게 되면서 바로 다음 세대에 가면 과학혁명의 도전에 직면하게 됩니다. 또 이런 입장은 인식론의 문제와도 직결됩니다. 물질만이 실재하는 것이라면, 인간의 인식의 근거도 물질적 실체에 있고 인간의 의식은 파생물에 지나지 않게 되죠. 또 인식의 타당성의 유일한 기준 역시 의식 밖에 있는 객관적 실재가 됩니다. 다시 말해서 우리가 하는 인식이 옳은지 그른지는 인식의 대상을 정확하게 빼닮은 상을 우리 의식 속에 가지고 있느냐 그렇지 않느냐에 달린 것입니다. 이런 생각을 '반영론'이라고 부릅니다. 이 반영론은 맑스주의 미학의 원리가 되기도 합니다. 좋은 예술이란 객관적 실재를 정확하게 흉내 내는 정도에 따라 평가된다는 생각인데 이것이 나중에 '사회주의 리얼리즘'이라는 원칙으로 규범화됩니다.

오늘날의 우리에게는 지나치게 단순해 보이는 이런 주장이 널리 받아들여지게 된 데는 과학에 대한 당시 유럽인들의 이해방식이 큰 역할을 합니다. 오늘날도 어느 정도는 그렇지만 19세기 후반에는 과학에 대한 엄청난 낙관주의가 팽배해 있었습니다. 진보를 믿는 모든 사람들에게 과학적이라는 말이 칭찬으로 여겨졌던 시절입니다. 그리고 당시 유럽인들은 과학 하면 뉴턴(Isaac Newton)의 물리학이나 다윈(Charles Darwin)의 진화론을 떠올렸습니다. 맑스·엥겔스가 자신들의 사상을 '과학적 사회주의'라고 부른 것도 이런 분위기의 반영입니다. 그렇지만 주의해야 할 것은 과학이라는 말이 정확하게 의미하는 바가 무엇이었냐는 것입니다. 맑스와 엥겔스가 자신들의 입장이 뉴턴의 물리학이나 다윈의 진화론과 정확히 같은 의미에서 과학적이라고 생각했는지에 대해서는 오늘날에는 부정적인 견해가 많습니다. 하지만 당시의 대중들이나 심지어 지도적 맑스주의자들에게도 당대의 자연과학과 맑스의 과학이 같은 것이라는 이해는 아주 일반적이었습니다. 특히 다윈의 진화론과 아주 흡사한 역사적 필연성에 대한 과학으로서 맑스주의를 해석하는 것이 주류를 차지하게 됩니다.

이런 오해에는 당대의 용어법에 대한 후대의 무지도 한몫을 합니다. 맑스의 장례식에서 엥겔스가 했던 추도사에도 자연과학에서의 다윈의 업적과 인간 역사에서의 맑스의 업적을 견주어 말하고 있습니다. 이것은 다윈이 당시에 진보적 과학의 가장 큰 성취자로 흔히 말해지던 인물이었기 때문이지, 맑스의 역사철학이 다윈의 진화론을 인간 사회에 적용시킨 것이라는 의미는 결코 아니었습니다. 그럼에도 불구하고 많은 사람들이 바로 그런 식으로 맑스를 이해하게 되는데, 대표적인 인물이 여러 번 얘기한 카우츠키입니다. 여기까지 『루트비히 포이어바흐』를 둘러싼 문제를 정리해 봤고, 이제 아주 짧은 엥겔스의 텍스트 하나만 간단하게 언급하고 다음 주제로 넘어가겠습니다.

그 텍스트는 맑스의 『프랑스에서의 계급투쟁』이라는 텍스트가 재출판된 1895년에 새롭게 단 「서문」으로, 엥겔스의 정치적 유언이라고 할 수 있습니다. 이 「서문」에서 엥겔스는 그 무렵 독일 사민주의가 이룩한 정치적 성과에 대해 열광적인 반응을 보입니다. 특히 의회전술을 통해서 얻은 높은 득표율과 많은 의석수에 고무되어서 의회장악을 통한 사회주의의 실현이라는 아이디어에 긍정적인 평가를 내립니다. 혁명의 모습은 더 이상 바리케이드 양편에서의 시가전이라는 낡은 형태는 아닐 것이라고 단언합니다. 이 텍스트를 수정주의자들이 아주 중요하게 취급하게 됩니다. 엥겔스는 분명히 의회를 통한 사회주의로의 이행이 가능하다고 말하기는 하지만, 혁명 자체를 포기하거나 자본주의와 사회주의 사이의 단절을 포기하지는 않습니다. 그러나 베른슈타인 같은 수정주의자들은 이 텍스트의 의미를 확대해석합니다. 그래서 이 「서문」이 4강에서 다룰 수정주의 논쟁에서 중요한 텍스트가 됩니다.

"입법 개량과 혁명은 따뜻한 혹은 차가운 소시지를 고르듯 역사라는 판매대에서 임의로 선택할 수 있는 역사발전의 서로 다른 방법이 아니다."

— 로자 룩셈부르크, 『사회개량이냐 혁명이냐』

클라라 체트킨과 로자 룩셈부르크

4강

제2인터내셔널의 논쟁들(1)
— 수정주의 논쟁과 총파업 논쟁

지금부터 수정주의 논쟁을 비롯해서 제2인터내셔널 시기 동안에 일어난 중요한 사건들과 논쟁들을 정리하겠습니다. 우리 강의에서는 다른 시기보다 이 시기를 좀더 강조할 텐데, 그 이유는 이때가 맑스주의의 **황금기**이고, 동시에 오늘날 존재하는 맑스주의의 여러 분파들이 갈라지기 시작하는 **분기점**이기 때문입니다. 이 당시의 이론적 경향들이 오늘날까지도 좀더 세련된 형태로 계속 재생산되어 왔다고 해도 지나치지 않습니다. 그래서 오늘날의 맑스주의를 이해하려면 제2인터내셔널에서 어떤 쟁점과 논쟁이 있었고, 논쟁의 당사자들이 어떻게 분열되었느냐를 알아야 합니다.

제2인터내셔널은 1889년에 창립되었습니다. 제1인터내셔널을 계승한다는 의미에서 '제2'라는 말을 쓴 것입니다. 제1인터내셔널에 '제1'이라는 말을 붙인 것도 이 시기부터입니다. 제1인터내셔널에서는 '제1'이라는 표현을 안 썼습니다. 그냥 '인터내셔널'이었죠. 제1인터내셔널을 계승했지만 큰 변화가 있었는데, 맑스주의에 입각한 노동운동이 유럽 대륙에서 큰 규모로 존재하게 되었다는 점입니다. 또 아나키즘이 약화됩니다. 맑스

끊임없는 논쟁의 역사

1889   제2인터내셔널 창립 대회가 프랑스혁명 100주년 기념일인 7월 14일 파리에서 개최됨.
맑스주의와 독일 사민당이 정치적 지도권을 장악함.
상비군 폐지와 인민군 창설, 8시간 노동일 요구 등
제1인터내셔널에서 제출되었던 원칙들을 채택함.
또한 매년 5월 1일을 국제 노동운동 시위일로 정함.

1891   제2차 대회가 브뤼셀에서 개최됨. 수정주의와의 분열 조짐을 보임.
독일과 영국의 일부 수정주의자들이 5월 1일의 시위를
5월 첫째 일요일로 변경하자고 주장함.

1893   제3차 대회가 취리히에서 개최됨. 아나키즘 조류를 배제하기로 결정함
(하지만 아나키스트들이 재심의를 요청해 최종 배제는 런던 대회에서 결정됨).
또한 총파업을 반전 수단으로 사용할 것인지가 토의되었지만,
명확한 결론을 내리지는 못함.

1896   제4차 대회가 런던에서 개최됨. 다수의 영국 페이비언 사회주의자들이 참석.
식민지 문제와 민족자결 문제를 토의함.

1900   제5차 대회가 파리에서 개최됨. 증대하던 전쟁 위험에 맞서 반전 시위를 벌이자는
결의안이 채택됨. 또한 식민지 문제도 논의됨.
노동자계급은 식민주의 정책에 맞서 싸워야 하며,
식민지에 사회주의 정당이 확립되어야 한다는 견해가 제출됨.
그 외에 국제 사회주의 사무국이 설립됨.

▶ 1904년 암스테르담에서 열린 제2인터내셔널 제6차 대회 참가자들의 모습

1904 제6차 대회가 암스테르담에서 개최됨.
      베른슈타인의 수정주의를 둘러싸고 치열한 토의가 벌어짐.
1905 제1차 러시아혁명 발발.
1907 제7차 대회가 슈투트가르트에서 개최됨. 식민지 문제 논의.
      일부 수정주의자들이 '사회주의적' 식민정책을 만들자고 주장.
      또한 4개의 반전 결의안이 제출됨. 레닌, 룩셈부르크, 마르토프 등이
      '제국주의 전쟁에 반격할 수 있는 것은 프롤레타리아트 혁명뿐'이라는 내용의 결의안 작성.
1910 제8차 대회가 코펜하겐에서 개최됨. 이전의 대회들과 마찬가지로 반전, 식민지 문제를 논의.
      반전의 수단으로 총파업을 활용해야 한다는 주장이 이전보다 더욱 강력하게 제기됨.
      또한 레닌은 민족 문제와 관련해 민족자결권을 주장함.
1912 전쟁 위험이 점점 가시화됨에 따라 바젤에서 임시 대회가 소집됨.
      발칸 반도에서 벌어진 전쟁의 확대를 막기 위해 「슈투트가르트 결의안」에 기초한 선언 채택.
      하지만 실제로는 수정주의자들이 인터내셔널과 각국의 사회주의 정당을 장악하고 있었음.
1914 제1차 세계대전 발발.
      제2인터내셔널에 속한 대부분의 정당이 '조국 방위'라는 명목하에 전쟁에 찬성함.

가 제1인터내셔널에서 해결해야 했던 과제가 아나키즘과의 대결이었다는 것을 앞에서 보았죠? 맑스의 후계자들도 제2인터내셔널에서 아나키스트들과 부딪치게 됩니다. 하지만 아나키즘의 세력은 이미 맑스주의적인 노동운동과 비교할 수 없는 수준이어서 쉽게 이들을 배제할 수 있었습니다. 예를 들어 1896년의 런던 대회에서 인터내셔널에 가입할 수 있는 자격을 정했습니다. 정치적 행동을 승인하는 단체만 받아들이기로 한 것입니다. 그것은 결국 아나키즘을 배제한다는 의미였어요. 논란이 있기는 했지만 이미 유럽 사회주의운동의 주도권이 맑스주의자들에게 넘어온 상황이라 그 조항은 통과되었습니다. 그래서 제2인터내셔널은 맑스주의적 노동운동이 주도하는 단체가 됩니다. 그렇다고 해서 이질적인 분파가 전혀 없었던 것은 아닙니다. 각 나라마다의 경제적·사회적 조건이 다르니까 산업발전의 속도나 방식에 따라 다른 종류의 노동운동이 더 강력한 나라도 있었겠죠. 대표적인 정치 노선이 프랑스를 중심으로 발전한 '아나코-생디칼리즘'(Anarcho-syndicalism)입니다. 그렇지만 이 노선이 제2인터내셔널 전체를 흔들 만한 세력이었던 것은 아닙니다. 오히려 제2인터내셔널 내부의 갈등은 맑스주의자들 사이의 노선차이로 발생하게 됩니다. 이 이야기는 조금 있다가 다시 하도록 하죠.

  제2인터내셔널이 제1인터내셔널과 달랐던 또 한 가지는 초기에는 중앙의 지도부가 없었다는 점입니다. 제1인터내셔널에는 '총평의회'라는 중앙기구가 처음부터 있었습니다. 제2인터내셔널은 1889년 창립부터 1900년까지는 대회만 열리고 중앙의 기구가 별도로 있지는 않았습니다. 그래서 각국의 당들이 가지는 자율성은 컸지만 운동이나 이론에서 통일성의 확보가 어렵다는 한계도 있었습니다. 1900년에 가서야 '국제 사회주의 사무국'이라는 중앙기구가 설립되었는데 규모나 사용할 수 있는 사원이 너무 작아서 큰 역할을 하기는 힘들었습니다. 사무실 임대료도 제대로 내지 못한 경우도 있었다니 그 위상을 짐작할 수가 있겠죠. 더군다나 1900년이 되면 맑스주의 내부에서의 노선차이가 이미 상당히 진행됩니다. 따라서 통일된 운동을 지도하기는 상당히 힘든 조건이었습니다.

분열의 시작

사실 제2인터내셔널은 창립 당시부터 상징적인 분열을 경험합니다. 이 사건은 사후적으로 보면 앞으로 일어날 맑스주의의 분열의 전조였다고도 할 수 있습니다. 제2인터내셔널의 창립 대회에서 국제 노동자운동의 연대를 기념하는 투쟁을 전개하자는 결의가 있었습니다. 창립 다음 해인 1890년 메이데이(May day)에 모든 국가의 사회주의 당과 단체들이 메이데이 기념 시위를 벌이기로 한 것입니다. 그러나 막상 메이데이가 다가오니까 말이 달라지기 시작합니다. 특히 독일 사민당의 태도 변화가 문제가 됩니다. 제2인터내셔널을 사실상 지도한 세력이 독일 사민당이기 때문에 더 문제가 됩니다(그 뒤로도 실천과 이론 모두에서 독일 사민당의 결정이 곧 제2인터내셔널 전체의 결정이 되는 경우가 여러 번 발생합니다). 독일 사민당은 메이데이에 예정된 시위형태의 투쟁을 5월 첫째 일요일의 집회로 변경시켜 버립니다. 그해 메이데이가 노동자들이 일해야 하는 평일이었기 때문입니다. 메이데이에 노동자들의 시위를 조직한다는 것은 한시적이지만 대규모인 파업을 조직한다는 것을 의미합니다. 독일 사민당이 이처럼 날짜와 투쟁방식을 변경한 것은, 파업을 했을 경우 정부가 가할 탄압을 피하기 위해 애초의 결의에서 후퇴해 버린 것입니다. 독일 사민당 지도부의 이 결정은 그날 이후 독일 사민당이 걸어갈 **수정주의**로의 이탈을 암시하는 사건

• 메이데이의 기원

▲ 메이데이 시위에서 경찰의 진압에 맞서 싸우는 노동자들

메이데이는 전 세계 노동자들의 연대와 단결을 상징하는 기념일이다. 1886년 5월 1일에 발발한 미국의 총파업이 기원이다. 시카고에서 8만여 명의 노동자와 그 가족들이 '하루 8시간 노동' 쟁취를 위해 총파업에 돌입했다. 경찰의 발포로 어린 소녀를 포함한 노동자 6명이 사망했고, 이에 격분한 군중 30만여 명이 헤이마켓(Haymarket) 광장에 모여 집회를 열었다. 그때 광장에서 폭발이 일어났고, 집회 주도자 8명이 폭동죄로 체포되어 사형된다(헤이마켓 사건). 그로부터 7년 후에 이 사건이 노동운동 탄압을 위해 조작된 사건이라는 사실이 밝혀졌다. 1889년 7월 파리에서 개최된 제2인터내셔널 창립 대회에서는 1890년 5월 1일을 '노동자 단결의 날'로 정해 8시간 노동 쟁취를 위한 단결 시위를 선언했으며, 그 후 120여 년 동안 메이데이의 전통이 이어져 내려오고 있다.

이었습니다. 노동운동이 힘들여 이룩한 성과를 모험적인 전술로 잃어버릴지도 모른다는 두려움이 이때부터 줄곧 독일 사민당 지도부를 지배합니다. 반면에 프랑스를 비롯한 많은 나라의 사회주의자들은 결의대로 메이데이 시위를 실행에 옮기고 정부의 엄청난 무력탄압에 맞서 싸웁니다. 프랑스의 사회주의자들은 이 사건을 계기로 독일 사민당의 태도를 격렬하게 비난하게 됩니다. 이때의 대립이 곧 이어지게 되는 제2인터내셔널의 분열을 가져온 논쟁들과 직접 연결됩니다.

이제 제2인터내셔널의 중요 논쟁들을 차례대로 따라가 봅시다. 제2인터내셔널에서 전개된 중요한 논쟁은 주제에 따라 네 가지로 나눌 수 있습니다. 하지만 내용이나 논쟁 당사자가 실제로 분명히 구분된 것은 아니고 상당 부분 중복됩니다. 그리고 네 가지 논쟁 모두가 붕괴론을 둘러싼 입장의 차이를 공통적으로 전제하고 있습니다. 그 논쟁들은 1) 수정주의 논쟁, 2) 총파업 논쟁, 3) 식민지 논쟁, 4) 반전 논쟁입니다.

수정주의 논쟁

① 수정주의와 개량주의

아까 얘기한 메이데이 투쟁 문제가 수정주의 논쟁에 직접 연결됩니다. **수정주의**(Revisionism) 논리의 출발점은 **현실적이고 합법적 틀 안의 온건한 방식으로 투쟁해 지배계급과의 충돌을 피하자는 것**입니다. 이 자체가 크게 문제가 되진 않겠죠. 상황에 따라 이런 방식의 투쟁이 더 적합할 수도 있으니까요. 문제는 이 노선을 일반화하는 것입니다. 즉 이런 방식의 투쟁만을 주장하고 혁명적 실천을 배제하는 것입니다. 이런 입장을 **개량주의**(Reformism)라고도 부릅니다. 그러면 개량주의와 수정주의는 같은 걸까요? 다르다면 어떻게 다를까요? 개념상으로는 이 둘은 당연히 구분됩니다. 개량주의는 전술적 차원의 개념입니다. 무장봉기나 총파업 같은 혁명적 전술이 아니라 일상투쟁, 경제투쟁 그리고 무엇보다 의회전술을 사용할 것을 주장하는 입장입니다. 반면에 **수정주의는 맑스주의의 기본적 원칙들 중 일부가 더 이상 현실에 적합하지 않다고 보고 원론적 입장 자체의 수정을 주장**합니다. 수정주의가 더 근본적인 의미에서 맑스주의의 변형이라고 할 수 있겠죠. 그러나 현실적으로는 수정주의자와 개량주의자가 대부분 같은 사람들이어서 두 용어가 별 구분 없이 사용됩니다. 이 논쟁에 개입한 로자 룩셈부르크(Rosa Luxemburg)의 책 제목이『사회개량이냐 혁명이냐』인 것에서도 수정주의와 개량주의를 거의 같은 의미로 사용했다는 것을 알 수 있습니다. 이 논쟁에서는 개량주의는 적합한 명칭이 아니고, 수정주의가 적합한 명칭이라고 할 수 있어요. 개량적 전술은 정통파들도 제한적으로 인정합니다. 문제는 맑스주의의 원칙을 포기하는 입장입니다.

② **수정주의의 등장**

수정주의가 등장한 역사적 상황을 먼저 알아보겠습니다. 1870년대가 되면 유럽 전역, 특히 독일에서 근대 자본주의적 산업화가 급속하게 진전됩니다. 따라서 노동자계급의 수도 급증하고 노동운동도 급성장하겠죠. 그리고 맑스주의를 중심으로 한 여러 사회주의적 이념이 이런 자생적인 노동자들의 운동과 결합됩니다. 그리고 그 결과 사회주의적 지향의 노동운동이 큰 세력을 이루게 됩니다. 다른 한편 당시 유럽에서 확장되던 의회민주주의를 통해서도 노동자계급의 세력 신장은 표현됩니다. 19세기 내내 민중들이 요구했던 보통선거제가 제한적으로나마 실시되고 노동자계급을 대표하는 의원들이 배출되기도 합니다. 신생 독일제국에서도 비스마르크(Otto von Bismarck)의 사회주의 탄압을 뚫고 비약적으로 성장한 독일 노동운동은 특히나 큰 성과를 거두게 됩니다. 이런 상황에서 독일 사민당은 노동자계급의 지지를 얻기 위해 일상생활 속으로 들어가 다양한 활동을 전개합니다. 문맹자들에게 문자를 가르치고, 당의 이론을 학습시키거나, 스포츠나 취미생활을 중심으로 조직을 만들기도 합니다. 그리고 노동조합에서는 임금 인상 투쟁이나 노동조건 향상 투쟁을 주로 전개합니다. 이런 활동이 상당한 성과를 거둠에 따라 의회주의적 전술, 일상에서의 개량주의적 실천이 유효하다는 생각들이 당연히 목소리를 높이게 됩니다. 이 입장에서는 국가를 적으로 삼기보다 지배계급에 대한 압력이나 청원이나 설득을 통해서 얻어낼 수 있는 게 더 많다고 생각합니다.

③ 정통파의 입장: 붕괴론

그러나 독일 사민당의 공식적인 입장이나 이론은 현장에서의 실천과 상당히 다른 모습을 보여 줍니다. 당 지도부는 일상투쟁이나 경제투쟁이 아니라 정치혁명을 당면 과제라고 반복해서 주장합니다. 이런 주장이 아무런 실천적 의미도 없었던 것은 아닙니다. 우선 당시에 당은 노동자계급의 힘을 하나로 묶어 주는 이데올로기적 틀, 즉 공통의 목표점이 필요했습니다. **자본주의의 임박한 붕괴와 그에 수반되는 정치혁명 그리고 뒤를 이은 사회주의의 도래**가 그런 역할을 합니다. 당시 노동자계급은 아주 열악한 노동조건과 빈곤 속에서 고통받고 있었습니다. 이런 상황에서 임박한 혁명에 대한 당의 선전은 마치 신앙처럼 노동자계급을 묶어 주었습니다. 따라서 사민당 지도부에게 혁명을 이야기하기를 포기하는 것은 대중에 대한 접근을 포기하는 것과 마찬가지였습니다.

실제로 독일 사민당의 지도자들과 이론가들은 혁명이 필연적으로 일어

날 것이라는 믿음을 가지고 있었고, 그것도 아주 임박해 있다고 판단합니다.

그 근거가 자본주의의 필연적인 붕괴에 관한 이론인 '붕괴론'입니다. 독일 사민당의 지도자들과 이론가들은 맑스의 사상을 자본주의의 필연적인 붕괴와 혁명의 시점을 과학적으로 계산하는 이론으로 해석합니다. 이들에게 자본주의의 붕괴의 필연성은 자연과학 법칙의 필연성과 동일한 의미입니다. 그 필연성에는 뉴턴 물리학의 법칙에서처럼 인간의 의지가 개입할 수 없습니다.

역사의 과정 전체가 이런 필연적 법칙으로 모두 설명될 수 있다면 미래는 예측가능한 것이 됩니다. 이 당시의 맑스주의자들이 생각한 역사는 계몽주의 이래로 서구인들이 공유하던 역사관의 반복일 뿐이었습니다. 이 역사관에서는 미리 결정된 혹은 기계적 필연성에 의해 귀결될 예측가능한 목표가 있습니다. 인류는 이 목표를 향해 단일한 경로를 따라 앞으로 나아갑니다. 역사의 목적 혹은 귀결에 가까워지는 과정을 이들은 **진보** 혹은 **진화**라고 부릅니다. 그리고 이 과정에 가치평가를 덧붙입니다. 즉 진보의 과정에서 앞에 있을수록 바람직하다는 것이죠. 이 역사관에서는 뒤따라 가는 집단이나 사회는 앞서 가는 사회가 밟아 나간 길을 순서대로 반복하는 것 외에는 다른 발전의 가능성이 없습니다. 인간의 주체적 실천은 이 과정을 수행하는 수단에 불과합니다. 이 역사관을 그림으로 그리면 하나의 목표를 향하는 직선이 있고 여러 사회 집단들이 직선 위에 배치됩니다. 목표와의 거리에 따라서 집단들 사이에 위계가 매겨지게 됩니다. 목표에 가까운 사회가 선진적이고 문명적인 사회이고, 멀어질수록 후진적이고 야만적인 사회로 평가받습니다. 그리고 그 모든 사회들은 현재의 위치만 다를 뿐이지 결국 같은 모습을 띠게 되겠죠. 후진국은 선진국의 과거이고 선진국은 후진국의 미래가 되는 것입니다.

이런 식의 사고방식은 근대 유럽인들이 전형적으로 가지고 있었던 것인데 맑스주의도 예외가 아닙니다. 특히 이런 사고방식을 아주 통속화하면 변증법이 가지는 부정성의 역동적인 측면이나 주체적 실천의 의미를 무력화시켜 버립니다. 이런 경향을 **다원주의적 맑스주의**라고 나중에 부르게 됩니다. 이 경향을 주도한 사람이 칼 카우츠키입니다. 그는 다원주의자였다가 맑스주의자가 된 사람이에요. 카우츠키의 입장이 제2인터내셔널에서 **정통파**의 지위를 차지하게 됩니다. 수정주의자라는 명칭은 카우츠키가 자신의 맑스주의와 다른 경향의 맑스주의자들을 마치 종교 재판관처럼 단죄하면서 부른 명칭입니다. 당시 카우츠키의 별명이 '맑스주의의 교황'이었습니다. 그만큼 권위 있는 이론가였다는 의미입니다. 하지만 이 별명은 중세의 종교 재판관처럼 자의적으로 정통과 이단을 심판했다는 부정적인 의미도 담고 있습니다.

카우츠키류의 정통 맑스주의에서 사회주의자나 노동자가 할 일은 자본주의 붕괴와 혁명의 날을 예측하고 그날을 기다리는 것밖에 없어요. 사회주의로의 이행의 유일한 조건은 필연적으로 일어날 객관적 토대에서의 변화뿐입니다. 생산양식이 내재적 모순에 의해서 필연적으로 붕괴될 것이니까 그 붕괴 시점을 기다리기만 하면 이행이 저절로 일어날 것이라는 거죠. 제2인터내셔널, 특히 독일 사민당의 지도자들은 그 혁명의 날이 아주 임박했다고 주장했던 것입니다.

④ 베른슈타인의 수정주의

이런 주장에 대해 정면으로 문제를 제기했던 사람이 베른슈타인입니다. 베른슈타인으로 대표되는 수정주의자들과 정통파가 이론적으로 크게 달랐던 것은 아닙니다. 수정주의자들은 정통파가 가지고 있던 역사관을 거의 그대로 공유했고, 정통파에 대립되는 이론적 틀을 제시하지도 않았습니다. 둘 간의 차이는 **수정주의자들은 정통파가 신앙처럼 믿었던 임박한 붕괴가 사실은 임박한 것이 아니라고 보았다는 것**입니다. 그들은 붕괴는 너무나 멀리 있어서 일어나지 않는 것과 다를 바 없다는 것을 현실에 근거한 실증적 자료를 통해 증명하려 했습니다. 독자적인 이론이 없었던 수정주의자들은 앞으로의 전망과 운동방식에 있어서 결국 자유주의로 거의 완전히 수렴됩니다.

임박한 붕괴의 징후이자 이행의 조건이 되는 사회적 현상들은 『공산당 선언』과 그것을 계승한 「에르푸르트 강령」(Erfurter Programm)[*]에 구체적으로 제시되었습니다. 그러나 실제 독일 사회에서는 오히려 반대되는 현상들이 나타납니다. 『공산당 선언』과 「에르푸르트 강령」에서 열거된 이행의 사회적 조건은 다음과 같습니다. 일단 자본주의가 충분히 발전해야 합니다. 즉 생산력이 고도로 발전하고 노동자계급이 인구의 압도적인 다수를 차지해야 합니다. 반면에 자본가계급은 아주 적은 수가 되며 두 계급 사이에 있던 중간계급인 소상공업자들이나 자영농들은 분해되어 버립니다. 이런 사회에 사는 노동자계급은 사회 전체의 생산력이 증대하는 것과는 반대로 점점 더 빈곤해지고, 그 결과 자본가계급과의 투쟁은 더 격화됩니다. 그리고 마침내 더 이상 생산력이 증대되지 않고 오히려 생산이 폭력적으로 중단되는 상황이 옵니다. 이때 프롤레타리아트가 혁명을 일으켜 부르주아지가 장악하고 있던 국가권력을 빼앗아 오고 사회주의적 조치들

---

[*] 1891년 에르푸르트(Erfurt)에서 개최된 독일 사회민주당 대회에서 채택된 강령. 맑스주의를 독일 사회민주당의 공식적인 사상으로 받아들였다. 두 부분으로 이루어져 있는데, 전반부는 정통 맑스주의 입장에서 자본주의의 파국과 사회혁명의 필연성을 논한 부분으로 카우츠키가 초안을 작성했고 후반부는 구체적인 실천을 어떻게 해나갈 것인가에 대한 내용으로 베른슈타인이 작성했다.

을 시행하게 됩니다. 이것이 『공산당 선언』 이래 정통파가 생각한 이행의 과정입니다.

베른슈타인은 이런 주장을 차례대로 실증적으로 반박합니다. 그의 주장은 1) 노동자계급의 실질임금이 향상되어서 생활수준이 높아졌다, 2) 중간계급인 소규모 상인이나 중소 자본가가 늘어났고 자영농도 없어지는 게 아니라 오히려 증가했다, 3) 자본가가 줄어들지 않고 엄청나게 늘어났다는 것입니다. 이때 베른슈타인은 주식 소유자를 모두 자본가로 보기 때문에 주식회사 제도가 확산되던 당시에 자본가가 수적으로 증가한다고 보았습니다. 그리고 무엇보다 자본주의가 위기를 조절할 수 있게 되었다고 주장하면서 붕괴론을 거부합니다. 따라서 **붕괴를 전제로 한 혁명적 이행 전술은 폐기되어야 하고 더 현실적인 수단으로 대체되어야 한다는 것이 수정주의자들의 주장의 핵심**입니다.

정통파들은 통계가 잘못되었거나, 일시적으로 그럴 수도 있지만 결국은 자신들의 주장대로 될 거라고 대응합니다. 원론적 입장을 되풀이할 뿐이고 제대로 된 대응을 하지 못한 것입니다. 맑스주의의 입장에서는 붕괴의 메커니즘을 과학적으로 해명함으로써만 베른슈타인의 주장을 반박할 수 있습니다. 하지만 사민당의 공식적인 이론적 대응을 자임한 카우츠키는 이 문제를 거론조차 하지 않습니다. 정통파에게 이것은 사활이 걸린 과제인데도 카우츠키는 붕괴론이라는 것 자체가 맑스주의에 원래 없었다고 말합니다. 맑스가 얘기한 적이 없는 붕괴론이 틀렸다고 맑스주의를 비판하는 것은 올바른 문제제기가 아니라는 식으로 문제를 회피해 버립니다. 카우츠키는 나중에 베른슈타인의 입장을 온전히 수용하게 되는데 이때의 이론적 무능이 변절의 이유 중의 하나입니다.

• 자본주의에 투항한 두 거물 사회주의자

▲ 에두아르트 베른슈타인과 칼 카우츠키

칼 카우츠키(오른쪽)는 젊은 시절 베른슈타인과 친교를 맺으며 맑스주의자가 되었고, 맑스 사후 엥겔스의 지지를 받아 독일 사민당의 핵심 이론가로 자리 잡았다. 1891년 베벨, 베른슈타인과 함께 「에르푸르트 강령」을 작성했으며, 1903년에 '수정주의 논쟁'이 시작되자 베른슈타인의 비판자로 정통파의 지위를 자임하게 된다. 1917년에 러시아 10월 혁명이 발발하자 볼셰비키 혁명을 비난했고, 레닌과 격렬한 논쟁을 벌인 후 '배신자 카우츠키'라는 말을 듣기에 이른다. 말년까지 볼셰비키 비판에 매달리다 망명지에서 사망했다.

에두아르트 베른슈타인(왼쪽)은 독일의 사회주의 정치인이며 이론가이다. 수정주의적 맑스주의와 그것을 계승한 20세기 사회민주주의의 기초를 마련한 인물이다. 맑스 이론의 영향력을 유지시키면서 수정하는 것이 그의 의도였지만, 사실상 그의 작업은 맑스주의의 기본 전제들 자체를 부정하는 것이었다. 폭력에 대한 불신, 이론의 경시, 혁명적 단절보다 지속적 발전을 강조하는 태도가 그의 특징이다. 이후 그의 수정주의는 로자 룩셈부르크 등에 의해 철저하게 비판받았다.

⑤ 사회개량이냐 혁명이냐: 베른슈타인과 룩셈부르크의 논쟁

베른슈타인에 대한 제대로 된 이론적 대응은 로자 룩셈부르크의 『사회개량이냐 혁명이냐』에서 나옵니다. 이 책에서 로자 룩셈부르크가 이야기한 것은 크게 두 가지로 정리할 수 있습니다. 하나는 자본주의 붕괴의 필연성을 경제학적으로 해명한 것입니다. 그녀는 베른슈타인이 '자본주의의 적응가능성'의 근거로 제시한 것들을 간단하게 논박합니다. 뒤에서 보겠지만 베른슈타인은 카르텔(Cartel)이나 트러스트(Trust)* 같은 독점자본들의 담합, 신용제도, 교통과 정보망의 발달 등이 자본주의를 붕괴하지 않게 해줄 것이라고 믿습니다. 그러나 룩셈부르크는 담합은 결국은 경쟁으로 돌아가고 신용제도는 투기를 불러올 뿐이라고 반박합니다. 그녀는 자본주의가 아닌 영역을 자본주의로 편입시키는 운동이 한계에 부딪치면 자본주의가 결국 붕괴한다고 보았습니다. 그녀의 이런 입장은 『자본의 축적』에서 본격적으로 논의됩니다.

다른 하나는 개량과 혁명 사이에서 선택을 요구하는 베른슈타인의 문제틀 자체가 잘못되었다는 것을 지적한 것입니다. 베른슈타인은 여러 번 얘기했듯이 이론적 논의를 하려는 것이 아니었습니다. 그가 진짜 말하려 한 것은 현존 체제 내에서의 합법적 수단, 즉 일상투쟁, 경제투쟁, 의회전술을 통해 충분히 사회주의를 실현할 수 있다는 것입니다. 로자 룩셈부르크는 베른슈타인의 이런 생각이 혁명에 대한 자의적이고 협소한 정의에 근거하고 있음을 밝힙니다. 베른슈타인은 사민주의의 바이블이 된 『사

---

* '카르텔'은 경쟁관계에 있는 동종 기업들이 협정을 맺어 구매, 생산, 판매에 관한 원칙을 정해 협력하는 것을 말한다. 경쟁을 피하고 초과이윤을 얻기 위해 독점자본들이 고안한 수단이다. '트러스트'는 기업 합동, 기업 합병을 의미하는 용어다. 19세기 말~20세기 초 미국에서 성행했으며, 대자본의 시장 지배력을 높이기 위해 실행되었다.

• 혁명의 독수리와 스파르타쿠스단

▲ 칼 리프크네히트와 로자 룩셈부르크

폴란드 출신의 맑스주의 혁명가이자 이론가인 로자 룩셈부르크(오른쪽)는 1898년 독일 사회민주당에 입당했고, 이후 주요 이론가로 부상했다. 정치와 이론 양쪽 모두에서 정력적으로 활동한 그녀는 러시아와 독일 정부에 의해 투옥당하기도 했으며, 이런 그녀를 레닌은 '혁명의 독수리'라고 불렀다. 수정주의의 영향을 강하게 받은 독일 사회민주당을 비판한 뒤, 빌헬름 리프크네히트의 아들인 칼 리프크네히트(왼쪽) 등과 함께 혁명 집단인 스파르타쿠스단을 조직했다.

'스파르타쿠스단'이라는 이름은 고대 로마의 노예반란을 이끈 전설적인 검투사 스파르타쿠스에서 따온 것이다. 1916년 1월부터 잡지 『스파르타쿠스브리펜』(*Spartakusbriefen*)을 발행해 대기론적 혁명관을 비판하고, 대중파업을 혁명의 수단으로 옹호했으며, 제국주의 전쟁의 종식을 주장했다. 1918년 가을부터 활발한 활동을 전개했고, 1919년 1월 1일에는 전당대회를 통해 독일 공산당을 결성했다. 같은 해 스파르타쿠스 반란을 일으켰으나 실패했고, 핵심 인물인 룩셈부르크와 리프크네히트는 1월 15일 경찰과 연계된 보수의용단체에게 살해당했다.

회주의의 전제와 사민당의 과제』에서 멋대로 혁명을 시가전과 같은 '불법적 무장봉기'로 정의해 버립니다. 또 3강에서 언급했던 엥겔스의 정치적 유언을 근거로 혁명이 더 이상 가능하지 않고, 의회를 통해서만 원하는 것을 얻을 수 있다고 주장합니다. 이에 대해 **룩셈부르크는 혁명이란 기존의 체제 자체의 전복이자 단절이며 입헌적 질서 내에서의 개량으로는 결코 현존 사회의 틀을 벗어날 수 없다**고 말합니다. 베른슈타인의 사회주의 사회는 사실은 사회주의가 아니라 자본주의 내에 사회주의적 요소가 일부 가미된 사회일 뿐이라는 것이죠. 실제로 베른슈타인은 『사회주의의 전제와 사민당의 과제』에서 혁명의 의미뿐만 아니라 사회주의의 의미까지도 자의적으로 변경시켜 버립니다. 앞에서 사회주의와 자유주의의 차이에 대해 살펴보았죠? **베른슈타인은 이런 차이를 무시해 버리고 자유주의의 온전한 계승이자 실현이 곧 사회주의라고까지 주장**합니다. 결국 맑스주의를 완전히 포기하고 자유주의를 수용한 것입니다. 그가 자유주의자냐 사회주의자냐는 문제가 아닙니다. 아무려면 어떻습니까? 각자의 선택이니까요. 중요한 것은 그의 주장들의 타당성을 검토해 보는 것입니다.

이제 좀더 구체적으로 베른슈타인과 수정주의자들의 입장을 검토해 보겠습니다. 위에서 본 혁명에 대한 베른슈타인과 룩셈부르크의 논쟁은 두 사람의 역사관의 차이를 단적으로 보여 줍니다. 베른슈타인은 개량적 전술로 사회주의를 실현할 수 있다고 봅니다. 이것은 사회가 조금씩 발전하는 것이 누적되면 그것이 곧 혁명이라는 얘기입니다. 이런 생각의 전제가 되는 것은, **역사의 발전은 과거의 지속적인 누적이고 이 누적을 위해서는 단절이 있어서는 안 된다는 것**입니다. 끊임없는 누적을 통해 역사는 정해진 목표를 향해 갑니다. 그래서 **베른슈타인식의 사고방식을 진화론적이라고 부를 수 있습니다.** 『사회주의의 전제와 사민당의 과제』의 영어판 제목이 '진화적 사회주의'(Evolutionary Socialism)인데 아주 핵심을 파악한 번역이라고 할 수 있습니다.

반면에 **룩셈부르크의 주장은 역사의 단절을 강조**합니다. 그녀 역시 역사의 진보와 단선적 경로를 믿었지만, 베른슈타인과 달리 그 **과정이 단절을 통한 비약으로 진행**된다고 생각했습니다.『사회개량이냐 혁명이냐』에 널리 알려진 구절 하나가 나옵니다. "입법 개량과 혁명은 따뜻한 혹은 차가운 소시지를 고르듯 역사라는 판매대에서 임의로 선택할 수 있는 역사 발전의 서로 다른 방법이 아니다." 왜 개량과 혁명이 선택의 문제가 아니라는 걸까요? 개량은 기존의 입헌적 질서의 틀 안에서 일어납니다. 그러나 **모든 주어진 입헌적 질서는 혁명의 산물**이라는 것이 룩셈부르크의 논리입니다. 개량은 혁명에 의해 만들어진 입헌적 질서의 틀 내에서만 가능합니다. 따라서 혁명과 개량은 다른 범주에 속하는 것이고, 비교해서 선택할 수 있는 대상이 아닌 것입니다. 개량이 아무리 누적된다 하더라도 새로운 입헌적 질서를 만들지는 못합니다. 새로운 사회가 되면 기존 사회질서 안에서의 누적은 혁명적 단절에 의해 사라지고 역사는 새롭게 다시 시작해야 하는 것입니다.

이번에는 이 역사관의 문제를 경제의 영역에 적용시켜서 생각해 봅시다. 경제적인 의미에서 개량의 누적이란 무엇을 의미할까요? 베른슈타인은 실질임금의 상승, 생활수준의 향상, 노동조건의 개선이 점점 더 증대되는 것을 사회주의의 실현과정으로 봅니다. 다르게 말하면, 자본가가 독점하던 이윤을 노동자계급에게 좀더 많이 나누어 주는 것입니다. 즉 분배의 불평등을 감소시키는 것입니다. "사회주의든 자본주의든 그게 무슨 상관이냐? 노동자 대중의 삶이 윤택해지기만 하면 되지"라고 생각할 수도 있습니다. 그런데 룩셈부르크는 이런 베른슈타인의 생각은 실현될 수 없다고 봅니다. 자본주의는 생산과정에서 필연적으로 착취를 발생시키며, 그것에 의존해서만 살아남을 수 있기 때문입니다. 앞에서 보았듯이 맑스는 **잉여가치** 개념을 통해 자본주의에서 착취가 필연적임을 밝혀냈습니다. 맑스주의가 다른 사회주의와 결정적으로 다른 점은, 착취가 분배에서 일어나는 우연적인 것이 아니라 **생산과정에서 일어나는 필연적인 것임**을 밝힌 데에 있다는 것도 살펴봤습니다. 룩셈부르크는 이런 입장에서 베른슈타인이 속류사회주의로 돌아가 분배의 평등의 문제만을 본다고 말합니다. 분배만이 문제라면 분배의 불평등을 개선하는 개량의 누적이 사회주의일 수 있겠죠. 그러나 맑스주의 전통과 룩셈부르크의 생각처럼 생산과정에서 필연적으로 착취가 발생한다면 **이 생산양식 자체를 다른 생산양식으로 바꾸지 않는 한** 문제는 사라지지 않습니다. 즉 생산양식에 있어서의 단절이 이루어져야 합니다. 이게 경제적 측면에서 누적되는 연속과 비약하는 단절이 대비되는 곳입니다.

베른슈타인은 잉여가치 개념을 부정하고, 분배에서의 우연적 불평등을 개선하는 개량의 누적으로서의 사회주의를 얘기합니다. 이건 우리에게 낯선 것이 아닙니다. 누가 이런 주장들을 했었죠? 바로 라살레입니다. 자본주의에 대한 대안으로 협동조합과 중립적 국가의 역할을 강조한 점에서도 두 사람은 일치합니다. 『라살레 전집』의 편집자가 바로 베른슈타인이었다는 점은 상징적입니다. 맑스가 『고타강령 초안 비판』에서 대결했고, 독일의 후계자들이 당에서 배제했다고 생각했던 라살레의 노선이 베른슈타인을 통해 독일 사민당에서 부활한 것입니다.

우리가 『고타강령 초안 비판』을 다루면서 보았듯이 독일 사민당은 원래 이질적인 두 흐름이 통합된 당입니다. 공식적으로는 맑스주의로 입장을 통일했지만 실질적으로 라살레의 영향은 20세기 초에도 지대했습니다

다. 독일 사민당의 회관들에는 맑스와 라살레의 초상화가 함께 걸려 있었다고 합니다.

베른슈타인이 맑스의 사상으로부터 이탈했음을 보여 주는 또 다른 근거는 계급에 관한 베른슈타인의 생각입니다. 맑스주의의 전통에서는 생산수단에 대한 소유 여부로 부르주아와 프롤레타리아를 정의합니다. **베른슈타인은 계급 개념을 소득수준의 차이로 바꿉니다.** 이것은 이미 맑스 이전의 사회주의자들이 사용했고 맑스가 극복했던 개념으로의 회귀죠. 착취의 필연성을 거부하니까 빈부격차의 문제로만 자본주의의 모순을 이해합니다. 따라서 빈부격차가 현상적으로 감소하면 그것이 사회주의로의 진보라고 생각하는 것입니다.

다음으로 베른슈타인이 자본주의 붕괴를 부정하는 논거를 간단히 볼게요. 아까 말한 것처럼 베른슈타인은 붕괴에 대해 이론적으로 논의할 필요를 거의 느끼지 못합니다. 그는 정통파 맑스주의자들이 주장한 붕괴론을 반박하면서 카르텔의 역할에 주목합니다. 당시의 맑스주의 경제학에서 자본주의의 붕괴를 설명하던 방식은 크게 '불비례설'과 '과소소비설'로 나눌 수 있습니다. 불비례설은 생산재 부문과 소비재 부문 사이의 균형이 깨어지면서 시장이 교란된다는 것이고, 과소소비설은 노동자계급의 빈곤화의 결과로 상품에 대한 수요가 감소해서 자본주의가 위기에 빠진다는 설명입니다. 베른슈타인은 당시 독일 노동자계급의 실질임금이 상승한다는 자료에 근거했으니까 과소소비설은 그에게 애초에 문제가 되지 않았습니다. 또 자본가들 사이의 경쟁의 격화로 촉발되는 시장의 불균형은 거대 자본의 담합을 통해 조절을 수행하는 카르텔의 등장으로 극복될 수 있다고 봅니다. 게다가 현대적 신용과 교통수단의 발달은 시장이 균형을 더 잘 회복할 수 있도록 한다고 주장합니다. 특히 신용이 자본주의 발달에 미치는 긍정적인 효과를 높게 평가합니다. 그러나 신용이 동시에 가져오는 불안정성의 증대와 투기의 확대는 인정하지 않습니다. 그가 생각하기에 투기는 자본주의가 미발달된 영역에서나 일시적으로 발생하고 시장이 성장하면 없어지는 것입니다. 자본주의가 고도화된 오늘날의 세계경제가 금융투기의 여파로 흔들리는 상황을 본다면 어떻게 말할지 궁금합니다.

아무튼 베른슈타인은 이런 경제적 근거에 입각해서 자본주의가 상당 기간 안정적으로 성장할 것이라고 예측합니다. 그래서 혁명이 아니라 현존 체제 안에서의 합법적인 개량에 치중해야 한다는 정치적 결론을 내립니다. 그가 애착을 보인 의회제를 통한 사회주의로의 성장·전화라는 방식은 다시 맑스주의의 중요한 정치적 문제와 연결됩니다. 정치의 측면에서 보자면 혁명의 거부는 기존의 국가기구의 존속을 의미합니다. 기존 국가의 틀, 그의 용어로는 '법적 구성체' 안에서 민주주의의 확대가 그의 정치적 노선입니다. 이 노선은 라살레의 노선과 마찬가지로 국가가 부르주아지의 계급지배의 수단이 아니라 노동자계급의 이해관계에 봉사하는 중립적인 도구가 될 수도 있다는 생각에 근거합니다. 지금까지는 지배계급의 이익에 복종했던 국가를 의회를 통해 노동자계급에게 유리하게 작동하도록 만드는 것이 바로 정치적 민주주의의 확대입니다. 그래서 **베른슈타인의 입장은 정치적 민주주의와 경제적 민주주의의 확산을 두 축으로 합니다.**

이런 노선에서는 맑스가 이야기한 정치권력의 혁명적 장악과 국가의 궁극적인 해체 그리고 그 과도기로서의 프롤레타리아트 독재는 모두 의미가 없어집니다. 맑스주의는 기존의 국가를 부르주아지 독재의 수단으로 보고 궁극적으로는 해체시켜야 한다고 봅니다. 그 과정에서 전혀 새로운 정치 체제를 만들어 나가는 과도기가 프롤레타리아트 독재입니다. 베른슈타인은 이 생각을 논리적으로 반박하기보다는 자신의 문제틀 속으로 왜곡해서 편입시키는 방식으로 대응합니다. 그는 혁명을 시가전의 의미로 협소하게 왜곡해서 사용했습니다. 또 프롤레타리아트 독재라는 개념은 모든 민주적 절차를 무시하는 물리적 폭력에 의존한 야만적 통치방식으로 정의합니다.

독재라는 말의 의미에 대해서는 1강에서 살펴보았습니다. '프롤레타리아트의 지배'라는 의미로 사용되던 프롤레타리아트 독재가 반민주적 강압정치의 의미로 변질되는 데 베른슈타인의 역할이 상당히 컸다고 할 수 있습니다. 이런 식의 자의적 용어법은 결국 '민주주의 대 독재'라는 대당구조를 정당화합니다. 맑스주의의 입장에서는 민주주의 일반과 독재 일반이란 불가능합니다. 민주주의는 부르주아 민주주의나 프롤레타리아 민주주의 같이 구체적으로만 존재합니다. 독재 역시 마찬가지입니다. 베른슈타인은 원래 부르주아지 독재의 반대개념이었던 프롤레타리아트 독재를 독재 일반과 동일하게 사용합니다. 또 부르주아 민주주의라는 제한된 민주주의가 민주주의 그 자체가 됩니다. 부르주아지의 계급적 지배로서의 부르주아 민주주의 대 부르주아지 지배의 해체과정으로서의 프롤레타리아트 독재라는 개념쌍이 민주주의 대 독재로 변질된 것입니다. 이 논리는 카우츠키에게 계승되고 냉전 시대가 되면 민주주의 대 전체주의라는 모습으로 반공이데올로기의 핵심적인 요소가 됩니다.

베른슈타인의 입장에 대해 평가하기 위해서는 어떤 역사적 상황에서 수정주의 노선이 나오게 되었는가를 같이 생각해 봐야 합니다. 특히 당시 독일에서 노동자계급의 물질적 조건이 향상된 원인을 알아야 합니다. 이 문제는 5강에서 볼 '식민지 논쟁'과 직접 관련이 됩니다. 식민지 문제에 대한 수정주의자들의 입장을 보면 베른슈타인의 동기와 수정주의가 급속하게 성장한 이유를 알 수 있을 것입니다.

지금까지의 내용을 정리하면서 다음 주제로 넘어가겠습니다. 베른슈타인을 비롯한 수정주의자들이 붕괴를 부정한 제일 중요한 논거가 자본주의 붕괴의 원인이 되는 불비례를 조절할 수 있게 되었다는 것입니다. 수정주의자들이 주목했던 경제적 현상은 19세기 말 독일에서 두드러지게 등장했던 카르텔이나 트러스트 같은 기업 연합입니다. 이것들이 경쟁을 제한하고 인위적인 조절을 가능하게 하는 수단이라고 본 것입니다. 룩셈부르크를 비롯한 정통파의 비판도 카르텔이나 트러스트가 온전히 경쟁을 제한해서 자본주의를 안정화시키느냐의 문제에 초점을 맞추게 됩니다.

다음으로 '개량이냐 혁명이냐'는 자의적으로 선택할 수 있는 차원의 문제가 아니라는 것을 보았습니다. 개량은 주어진 사회 체제 내에서 가능한 것이고 혁명은 사회 체제 자체를 바꾸는 것이기 때문에, 이 둘은 비교해서 선택할 수 있는 대상들이 아닙니다. 맑스의 관점에 따르면 주어져 있는 사회 체제라는 것은 역사적 과정의 산물이지 영원불변하고 선험적인 것이 아닙니다. 모든 사회적 질서는 특정한 역사적 상황 혹은 과정 속에서 만들어진 것입니다. 따라서 끊임없이 변화하는 것이며 항상 새로운 것으로 전화하는 것이죠. 개량을 하기 위해서 전제되어 있는 주어진 사회적 질서라는 것도 이미 그에 선행한 혁명에 의해 만들어진 것입니다. 즉 모든 개량을 위한 전제조건은 혁명입니다. 맑스가 말한 혁명은 단순한 무장봉기나 시가전, 군사쿠데타 혹은 의회전술이 아닙니다. 이런 것들은 한 사회 체제가 다른 체제로 넘어가는 과정에서 일어나는 정치적 변형의 구체적 발현형태일 뿐이지 그것 자체가 혁명은 아닙니다. 혁명은 주어진 사회 체제 전체가 완전히 다른 사회 체제로 넘어가는 것을 말합니다. 이 혁명의 과정은 물리적으로 폭력적일 수도 있고 비폭력적일 수도 있습니다. 주어진 역사적 조건에 따라 다를 수밖에 없는 것입니다. 맑스는 혁명은 반드시 폭력적 과정을 거친다고 말한 바 있습니다. 그러나 이때의 폭력은 물리적 의미의 폭력과는 완전히 다른 것입니다. 기존의 사회질서를 위배하고 전복시킨다는 의미의 폭력이지 물리적 폭력에 국한된 것은 아닙니다.

총파업 논쟁

① 총파업이란 무엇인가

무장봉기, 시가전 외에 이 당시 사람들이 생각했던 넓은 의미의 폭력적인 투쟁형태들이 또 있었습니다. 이번에는 이 문제를 다루겠습니다. 당시의 혁명가들은 의회전술과 무장봉기 외에도 총파업을 중요하게 생각했습니다. **총파업**(General Strike)이란 말 그대로 파업이 사회 전체에서 전면적으로 일어나는 것입니다. 총파업의 구체적인 양상이나 의미에 대해서는 사람들마다 이해하는 방식이 다 달랐습니다. 단순하게 모든 생산 영역에서 생산을 일시에 중지하는 행위로 이해하는 입장도 있었고, 주어진 목표달성을 위한 수단으로서의 의미를 강조하는 사람도 있었고, 철학적으로 깊은 의미를 부여해서 확대해석하는 사람도 있었습니다. 그리고 혁명적 폭력의 아주 두드러진 형태를 총파업으로 생각한 사람도 있었고, 총파업 자체가 혁명이라는 사람도 있었습니다. 또는 총파업은 혁명을 촉발하는 아주 중요한 매개수단이라고 생각하는 사람도 있었어요. 다른 편에서는 총파업 자체가 혁명은 아니지만 노동자 대중을 혁명을 위해 훈련시키는 중요한 수단이라고 생각하기도 했습니다.

    이들이 관념적으로만 총파업을 생각한 것이 아닙니다. 아주 구체적인 역사적 과정 속에서 총파업에 대한 논의가 이루어져요. 역사적으로 총파업의 선례가 있었습니다. 이 사례들을 반성하고 이론화했던 거죠. 최초의 총파업은 1830년대에 차티스트운동에서 실시됩니다. 대규모 총파업을 벌였지만 실패했고, 1867년과 1884년의 선거법 개정으로 대부분의 도시 노동자들이 선거권을 공식적으로 획득합니다. 영국의 사례가 있었기 때문에 유럽의 노동운동 진영에서는 총파업이 유용한 수단일 것이라는 생각을 하게 돼요. 또 총파업이 아니더라도 개별 작업장이나 제한된 지역 내에서의 국지적 파업은 끊임없이 일어납니다. 이런 경험을 통해 노동자들은 파업이 노동자가 행사할 수 있는 가장 강력한, 거의 유일한 무기라는 것을 알게 됩니다.

총파업에 대한 최초의 사회주의적인 문제제기는 1868년의 제1인터내셔널 대회로까지 거슬러 올라갑니다. 맑스도 참석한 그 대회에서는 전쟁의 위협에 대한 논의가 중요한 안건이었습니다. 그때가 프로이센-오스트리아 전쟁 직후고, 2년 뒤에는 프로이센-프랑스 전쟁이 발발합니다. 따라서 당시 유럽에는 전쟁에 대한 위기의식이 널리 퍼져 있었어요. 대회에서는 노동자계급이 전쟁을 종식시키고 방지하기 위해서 어떤 일을 할 수 있을까를 논의합니다. 노동자계급이 총파업이란 수단으로 부르주아들이 벌이는 전쟁을 막을 수 있다는 주장이 제기됩니다. 이런 주장에 대해 맑스는 환상적인 태도라고 비웃습니다. 그는 노동자계급이 자본주의 사회 내에서 총파업을 하려면 아주 강력한 조직을 갖춰야 하는데 지금은 노동자계급이 그 수준에 도달하지 못했다고 말합니다. 그리고 만약 총파업을 수행할 정도로 강력한 조직을 갖추게 된다면 그때는 총파업을 할 필요가 없다고 반박합니다. 전국의 노동자가 철저하게 조직되어서 통일적으로 동원될 수 있다면 곧바로 혁명을 하면 된다는 겁니다. 논리 자체로는 상당히 설득력이 있어 보이죠? 그런데 현실에서는 이 논리가 타당하지 않다는 게 밝혀집니다. 하지만 맑스가 주장했고 나중에 엥겔스가 반복하는 이 논리

프랑스의 데카체빌에서 탄광노동자들이 일으킨 1886년 1월의 파업 현장. 노동조건 개선을 외치며 2,000명 이상의 노동자가 5개월 가까이 파업을 벌였다. 엥겔스는 이 파업을 지지했지만, 총파업을 벌이는 것에는 원칙적으로 반대했다.

가 제2인터내셔널 내내 총파업을 반대하는 맑스주의자들의 제일 중요한 논리로 계승됩니다. 특히 독일 사민당의 지도자였던 아우구스트 베벨 같은 사람들이 되풀이하던 논리입니다. 이렇게 총파업에 대한 논의는 처음부터 반전투쟁과 밀접하게 연결되어 있었어요.

그 다음으로 19세기 내내 중요한 정치적 과제였던 보통선거권의 쟁취를 위해서 총파업을 사용하는 또 다른 사례가 나타납니다. 1886년에 벨기에에서 전국적 규모의 총파업이 일어납니다. 한 번만 일어난 것이 아니라 1887년, 1891년, 1893년에도 일어납니다. 10년도 안 되는 동안에 전국적 규모의 총파업이 네 번이나 벨기에에서 발생한 것이죠. 몇 년 뒤에 스웨덴과 이탈리아에서도 엄청난 규모의 총파업이 일어나요. 그리고 결정적으로 1905년에 역사상 제일 큰 규모의 총파업이 일어나는데 바로 제1차 러시아혁명입니다.

이 모든 총파업들이 맑스가 예견했던 것처럼 조직이 갖추어지고 이 조직의 대중동원에 의해서 계획적으로 일어난 것이 아닙니다. 이 총파업들은 자생적으로 일어납니다. 전혀 조직되어 있지 않은 노동자 대중, 일반 인민들이 누구의 지도나 치밀한 계획에 의해서가 아니라 자발적으로 거리로 쏟아져 나온 것입니다. 한곳에서 파업을 하면 순식간에 전국적으로 퍼져 나갔습니다. 각국의 지배계급은 아주 폭력적인 진압을 합니다. 군대와 경찰은 물론이고 자본가들이 조직한 자경단 같은 것들이 동원되어 엄청나게 폭력적으로 진압합니다. 폭력적 진압이 있는데도 그 다음 해에 또 총파업을 하기도 합니다. 이게 참 놀라운 거죠. 대중들이 조직되어 동원되어야 어떤 일을 할 수 있다는 맑스를 비롯한 맑스주의자들의 생각이 잘못이라는 것이 현실로 입증된 것입니다. 그리고 이들은 총파업을 하면 지배계급이 무력진압으로 노동운동 자체를 파괴할 것을 두려워합니다. 그러나 현실은 달랐습니다. 잔인한 무력진압 후에도 또 총파업이 일어난 것입니다. 대중들은 맑스주의자들이 관념 속에서 생각하던 것과는 너무나 다르게 행동했습니다.

② 아나코-생디칼리즘과 총파업

이렇게 되면서 총파업이나 대중의 행동방식에 대한 맑스주의자들의 생각이 오류이고 관념적인 것이라는 반박이 특히 프랑스 사회주의 진영에서 제기됩니다. 프랑스 노동운동의 독특한 전통 때문입니다. 프랑스 노동운동에는 아나키즘의 영향이 상대적으로 많이 남아 있었습니다. 아나키즘은 19세기 말에는 거의 소멸되고 농업 위주인 라틴유럽의 후발 자본주의 국가들, 즉 이탈리아나 스페인, 포르투갈, 그리고 전통적 의미에서의 소생산자들이 밀집해 있던 스위스 일부 지역에서만 명맥을 유지합니다. 프랑스에는 아나키즘의 변형된 형태가 널리 확산돼요. 아나키즘적 전통에 있으면서도 새롭게 갱신된 '아나코-생디칼리즘'이라는 조류입니다. 이 흐름에는 아나키즘의 전통 그대로 정치적 행동에 대한 환멸이 여전히 중요한 정서로 남아 있었습니다. 이때 정치적 행동은 구체적으로는 의회전술을 가리켜요. 하지만 이 사람들이 생각한 혁명의 주체는 프루동식의 협동조합이 아니라 근대화된 산업에 근거한 조직인 노동조합입니다. 프루동의 아나키즘이 전자본주의적 사회에 근거했다면, 아나코-생디칼리즘은 산업화된 시대에 부응해서 변형된 이론이라고 할 수 있습니다.

아나코-생디칼리스트들은 산업의 대규모 발전을 전제하고, 그에 조응한 노동조합 조직이 형성되리라 봅니다. 이 조직들이 직접행동을 통해서 자본주의 체제를 전복시키고 대중을 해방시킵니다. 해방된 이후의 사회는 국가가 소멸되며, 대신 조합이 사회의 기본 축이 되고 이 조합들의 연합체가 국가를 대체하는 사회입니다. 아나코-생디칼리즘이 기존의 자본주의를 전복하기 위한 유력한 수단으로 생각했던 것이 바로 총파업입니다. **이들에게 총파업은 단순히 작업 중지라는 기본적 의미를 넘어서서 기존의 지배도구로서의 국가권력의 파괴라는 확장된 의미를 가지게 됩니다.** 총파업에 대한 제2인터내셔널의 논쟁은 프랑스 노동운동의 계속된 문제제기로 시작됩니다.

얘기가 나온 김에 아나코-생디칼리즘의 전개과정을 잠깐 소개하고 넘어가죠. 아나코-생디칼리즘은 펠루티에(Fernand Pelloutier)라는 프랑스 사회주의자가 최초로 체계적으로 이론화합니다. 이 사람은 요절을 하고 펠루티에의 친구인 브리앙(Aristide Briand)이 그 뒤를 이어서 아나코-생디칼리즘의 지도자가 됩니다. 그는 제2인터내셔널 초기에 강력하게 총파업을 주장했던 급진주의자였습니다. 하지만 얼마 뒤에 변절하고 부르주아 정부인 클레망소(Georges Clemenceau) 내각에 들어가요. 과격한 주장을 해서 몸값을 올린 다음에 아나코-생디칼리즘을 배반하고, 자신이 개량주의자라고 비난하던 사람들보다 더 심하게 우경화되었습니다. 이후에 브리앙은 출세해서 수상의 자리에도 오릅니다. 그가 수상이 되었을 때 프랑스에서 총파업이 일어납니다. 한때는 총파업을 찬양했던 그가 어떻게 대응했을까요? 철도노동자들이 총파업을 일으켰는데 헌병들을 동원해 그들을 역으로 끌고 간 다음 총검으로 감시하면서 일을 시켜요.

아나코-생디칼리즘을 이론적으로 완성시킨 사람은 조르주 소렐(Georges Sorel)입니다. 그의 대표작이 『폭력에 대한 성찰』입니다. 소렐은 이 책에서 폭력에 철학적인 의미, 심지어 신학적 의미까지 부여합니다. 소렐에게 폭력은 협소한 물리적 의미를 지니는 것이 아니라 국가권력을 파괴하고 사회 체제를 새롭게 전환시키는 것, 곧 혁명입니다. 폭력의 대표적인 형태가 총파업입니다. 소렐에 대해서는 뒤에서 다시 얘기하겠습니다. 어쨌든 아나코-생디칼리스트들의 총파업관은 맑스주의자들에게도 상당한 영향을 끼칩니다.

③ 맑스주의와 총파업

이미 19세기 말~20세기 초에 총파업, 혁명, 폭력에 대해 이론적으로 깊이 있는 논의들이 전개됩니다. 이 논의들이 있었던 것과 같은 시기에 베른슈타인이나 카우츠키 같은 제2인터내셔널의 주류들이 협소하고 왜곡된 혁명이나 폭력의 개념을 사용한 것은 혁명을 거부하려는 그들의 정치적 의도 때문이었다고 의심하지 않을 수가 없습니다.

제2인터내셔널에서도 총파업은 처음에는 반전의 수단으로서 유효한가라는 관점에서 논의됩니다. 제2인터내셔널의 대회 때마다 반전의 수단으로서 총파업이 제안됩니다. 처음에는 공식적으로 상정되지 못했고, 시간이 지나면서 공식적 안건으로 상정되지만 계속 기각됩니다. 마지막에 가서야 총파업을 방어적 수단으로만 제한적으로 사용할 수 있다고 승인합니다. '방어적 수단'이란 노동자계급의 이해관계가 결정적으로 침해받는 위급한 상황에서만 그것을 지키기 위해서 사용하는 투쟁방법을 의미합니다. 예를 들어 노동자계급이 오랜 투쟁의 결과 쟁취한 선거권을 자본가계급이 박탈하려는 시도를 하는 경우에만 아주 제한적으로 쓸 수 있다는 것입니다. 이것을 '정치적 대중파업'이라고 부릅니다.

맑스주의의 주류가 총파업을 거부하는 논리는 앞서 말한 맑스의 총파업 평가에 기반한 것입니다. 총파업은 조직이 있어야 가능하다는 것이 맑스주의 주류의 주장입니다. 반면에 아나코-생디칼리스트들 같은 사람들은 조직이 없어도 총파업이 현실에서 실현가능하다고 주장합니다. 이들은 대중이 교육받아서 정치의식이 성숙하거나, 객관적 조건으로서 경제적 토대인 자본주의가 충분히 발달하지 않아도 대중이 얼마든지 혁명적 행위로 돌입할 수 있는 가능성, 잠재력을 가지고 있다고 봅니다. 결국 **한편에서는 조직된 대중의 의식적 고양이 있어야만 총파업이 가능하다고 하고 반대편에서는 그런 조건들이 갖춰지지 않아도 총파업이 가능하다고 하면서 논쟁이 벌어집니다.** 이 논쟁은 다른 논쟁으로까지 확산됩니다. 이것이 사회민주주의와 혁명적 사회민주주의(나중에 공산주의가 되는) 사이의 아주 중요한 이론적 차이가 됩니다.

다음으로는 총파업의 목표에 대한 논쟁이 벌어집니다. 맑스주의 주류에서는 총파업을 수단으로 봅니다. 총파업을 노동자계급이 달성하고자 하는 특정한 정치적 목표, 가령 보통선거권을 쟁취하기 위해 지배계급을 압박하는 강력한 수단으로 본다는 것입니다. 그렇다면 총파업은 최종적인 목표보다 하위의 것이 되죠. 총파업 그 자체가 중요한 의미를 가지는 것은 아닙니다. 또 이들은 목표가 달성되면 총파업은 철회되어야 된다고 주장합니다. 그런데 총파업이 어떤 목적을 위해 시작되고 목적이 달성된 후에는 끝나는 식으로 진행된다는 생각은 그것이 의식적으로 지도받고 통제된다는 것을 전제합니다. 총파업이 목표에 대한 명확한 의식 없이 자연발생적으로 진행된다고 하면, 끝나는 시점이나 끝내야 하는 조건이

미리 정해져 있지 않겠죠? 다른 돌발적 변수가 주어지거나 상황이 변화해야 총파업이 끝나겠죠. 총파업을 더 높은 목표를 위한 수단으로 생각하면, 총파업이 시작되고 끝나는 시점과 조건을 누군가가 의식적으로 지도해야 합니다. 하지만 반대 입장에서 보면 총파업은 대중의 자발성에 근거하기 때문에 언제 어떤 식으로 끝날지 아무도 모르는 것입니다. 그리고 총파업이 특정한 목적을 달성하기 위해 제한적으로 사용되는 것도 아닙니다. 이 입장은 총파업은 결국에는 혁명으로 이어지므로 총파업이 혁명을 위한 지렛대, 촉발점이라고 생각합니다. 이것이 총파업에 대한 두 가지 상반되는 견해입니다.

맑스주의 주류의 입장에서 총파업은 합법적 테두리 안에서 이루어집니다. 부분적으로는 불법적일 수도 있습니다. 예를 들어 노동법, 집시법 등을 위배할 수는 있습니다. 그러나 좀더 큰 틀에서 보면 총파업은 기존의 사회질서, 입헌적 질서를 유지하는 한도 내에서 사용되는 수단입니다. 반대로 아나코-생디칼리즘의 입장에서 총파업은 입헌적 질서 자체를 깨뜨리는 것입니다.

총파업은 조직이 있어야 가능하고, 목적을 수행하기 위한 수단에 불과하며, 입헌적 테두리 내에서 이뤄진다고 생각한 사람들은 후자의 입장이 생각하는 총파업은 실현불가능하다는 믿음을 가지고 있었고, 실제로 일어난 총파업에 대해서도 부정적으로 평가합니다. 예를 들어 벨기에 총파업의 경우 사민당의 지도자들은 자연발생적으로 발생한 총파업에 대해 어떤 태도를 취해야 하는가를 고민했습니다. 지배계급은 총파업을 폭력적으로 진압할 것입니다. 그에 대해 사민당이 총파업의 지속을 주장하면 결국 내전으로 발전할 수도 있습니다. 내전으로 발전하는 것이 싫으면 총파업을 중단시켜야 해요. 즉 의식적 지도로 그것을 퇴각시킬 수 있어야 합니다. 벨기에 사민당 지도자들은 내전에서도 승산이 없고 총파업을 인위적으로 중단시켜서 평화롭게 퇴각하는 것도 불가능할 것이라고 봅니다.

총파업을 근본적으로 반대하거나 아주 제한적으로 허용하자고 주장한 사람들의 기본적 입장은 같았습니다. 현 단계는 혁명으로 나아갈 수 있는 상황이 아직 아니며, 그랬다가는 반동의 탄압을 초래해서 운동 자체를 파괴할 뿐이라는 두려움이 깔려 있었습니다. 제2인터내셔널의 지도부에 근본적으로 깔려 있었던 분위기는 혁명에 대한 두려움이었습니다.

역사학자들은 이 두려움의 원인을 분석하면서 특히 독일 사민당의 경우를 많이 거론합니다. 피터 게이(Peter Gay) 같은 역사학자들은 급격한 우경화, 반동화의 원인이 독일 사민당의 급속한 성장이라고 얘기해요. 실제로 그 당시 독일 사민당은 당원이 수백만이었고 의회 의석수로도 제2당이었으며 엄청난 자산을 보유하고 있었습니다. 수십 개의 일간지와 월간지를 발행했고, 큰 출판사에다가 지역마다 회관을 가지고 있었습니다. 가진 게 너무 많으니까, 몇십 년 동안 피땀 흘려 눈부시게 성장시킨 것들을 혁명적 시도로 한방에 날려 버릴 수 있다는 두려움을 강하게 가지게 된 것입니다. 고생해서 부자가 된 사람이 수전노가 되는 심리인 것이죠.

그런데 반대편에 있는 사람들은 자생적이고 혁명적인 총파업이 얼마든지 실현가능하며, 또 실제로도 발발하고 있다고 봅니다. 현실에서는 인터내셔널 주류의 입장을 반박하는 사례가 벨기에 총파업에서 일어납니다. 벨기에에서 자연발생적으로 일어난 총파업들 중 하나에서 벨기에 사민당은 혁명으로 전화하기에는 무리라고 생각해서 퇴각 결정을 내립니다. 그런데 대중들이 짧은 시간에 평화롭고 질서정연하게 총파업에서 퇴각하고 생산을 재개합니다. 아주 놀라운 일이죠. 사민당 지도부가 불가능하다고 봤던 일들이 실제로 일어난 것입니다. 지도부는 대중들의 자발성만으로는 총파업을 일으킬 수 없다고 했는데 실제로 대중들이 총파업을 일으켰습니다. 또 통제가 안 된다고 했는데 대중들이 스스로 통제하는 모습을 보여 주었습니다. 지도부의 입장에서는 할 말이 없게 된 것입니다. 이런 사례들이 계속 나타나니까 맑스주의 진영 내에서도 총파업에 대한 긍정적 평가가 확산되었겠죠.

총파업에 대한 논쟁의 지형은 국가론을 둘러싼 맑스주의 정치론의 논쟁 구도와도 겹쳐집니다. 맑스의 정치론이 한편에선 국가주의와 대결하고 다른 한편에선 아나키즘과 대결하면서 그 중간쯤에 위치한다고 얘기했었죠. 입헌적 질서 내에서 방어적 수단으로 제한된 총파업을 하려는 입장은 기존 국가 체제를 인정하는 입장입니다. 반대편에 있는 사람들은 국가를 전복시키는, 국가권력을 파괴하고 해체시키는 총파업을 주장합니다. **그래서 아나키즘적 경향이 있는 사람들이 총파업을 주장하고, 국가주의 경향이 있는 사람들이 총파업을 반대하는 구도가 형성됩니다.**

그러다가 네덜란드의 맑스주의자인 롤란트 홀스트(Henriette Roland Holst)가 다시 한 번 총파업을 진지하게 수용하자고 주장합니다. 그녀는 총파업과 대중파업(Mass Strike)을 구분하자고 제안합니다. 맑스주의자들이 총파업을 반대하는 이유가 아나키즘에 대한 거부감 때문이므로 총파업 개념을 수용하되 용어를 바꾸자는 것입니다. 대중파업이란 말을 쓰면 아나키즘의 전술을 자신들이 맹목적으로 수용하는 것은 아니게 되니까 용어 변경을 제안한 것입니다. 그런데 실제적으로는 구분을 못 해요. 그 당시에는 대중파업과 총파업 두 용어가 뒤섞여서 쓰이고 있었습니다. 로자 룩셈부르크의 『대중파업』에서도 대중파업과 총파업을 별 의미구분 없이 사용합니다. 롤란트 홀스트의 제안은 총파업을 맑스주의 진영 내부로 받아들이고자 한 시도였다고 볼 수 있습니다.

④ 맑스주의의 총파업 수용: 1905년 혁명과 『대중파업』

이런 시도들이 결정적인 전기를 맞이하는 시점은 바로 1905년의 제1차 러시아혁명입니다. 1905년 러시아혁명은 '피의 일요일'이라는 사건에 의해 촉발되죠. 청원을 하기 위해 대중들이 벌인 평화로운 행진을 차르의 군대가 유혈진압하면서 전국적인 총파업과 시위가 2년 동안 이어집니다. 이 러시아혁명도 아무도 지도하거나 계획하지 않았는데 자연발생적으로 일어나요. 당시 러시아에서 사회민주주의자들, 즉 맑스주의자들의 세력은 아주 보잘 것 없었고 대부분의 사회주의자들은 외국에 망명해 있었습니다. 대중들은 정말 자발적으로 파업을 조직하고 확산시킴으로써 혁명을 일으켰습니다. 또 '소비에트'(Soviet)라는 아주 새로운 혁명적 정치체를 건설합니다. 이 모든 과정이 아무런 지도나 계획 없이 이루어진 것입니다.

1905년 러시아혁명은 전 유럽의 사회주의자들에게 충격을 줍니다. 인터내셔널의 역사를 기록한 문헌들을 보면 러시아혁명에 대한 당시 사람들의 열광이 생생히 묘사되어 있습니다. 1917년 혁명에 대한 서유럽 사회주의자들의 냉담하고 적대적인 반응과는 대조적이죠. 러시아혁명에 대한 평가를 통해서 총파업 논의가 다시 한 번 활성화됩니다. 주로 1900년 초부터 1910년까지 총파업에 대한 논의가 이뤄집니다. 그리고 논쟁과정을 보여 주는 중요한 텍스트가 룩셈부르크의 『대중파업』과 『이론과 실천』입니다. 이 텍스트의 주된 공격 대상은 카우츠키와 수정주의자들입니다. 우리가 살펴보는 모든 논쟁에서 수정주의자들과 혁명주의자들이 서로 반대편을 이루는데, 이상하게도 총파업 논쟁에 있어서는 수정주의자 중에서도 총파업에 찬성하는 사람이 있었습니다.

대표적인 사람이 장 조레스(Jean Jaurès)와 베른슈타인이었습니다. 베른슈타인은 합법적 테두리 내에서의 목적달성을 위한 수단으로서 총파업에 찬성했습니다. 반면 조레스는 훨씬 과격합니다. 아까 프랑스의 경우 총파업을 찬성하는 분위기가 가장 강하다고 했는데, 사실 조레스는 그 반대편에 있던 사람이에요. 그런 그가 총파업에 찬성한 이유는 사회주의의 분열을 막기 위해서였습니다. 아나코-생디칼리스트들이 총파업을 강력하게 찬성하고 있는데 여기에 계속 반대하면 사회주의운동이 분열된다는 것입니다. 조레스가 중요하게 여긴 것은 반전투쟁입니다. 개량주의자인데도 이 투쟁에서 가장 중심적인 역할을 수행합니다. 심지어 그는 전쟁에 반대하기 위해서라면 무장봉기도 가능하다는 주장도 해요. 말로만 반대하다가 상황이 급박해지자 전쟁을 찬성해 버린 다른 수정주의자들과 아주 다른 모습을 보입니다. 이처럼 열정적으로 반전투쟁을 벌이던 그는 제1차 세계대전 직전에 극우 테러리스트에게 암살당합니다. 베른슈타인이나 카우츠키처럼 이중적이고 정략적으로 행동했던 사람들과는 달랐죠.

논쟁의 과정을 모두 얘기하기는 힘들고 로자 룩셈부르크의 『대중파업』을 중심으로 정리해 보겠습니다. 그녀는 『대중파업』에서 노동자계급의 정치적 투쟁에 대해 당시의 맑스주의자들이 가지고 있었던 통념과 반대되는 주장을 합니다. 그녀의 주장의 근거가 1905년 러시아혁명이에요. 러시아혁명에서 그때까지 맑스주의 주류가 가지고 있던 혁명투쟁, 정치투쟁에 대한 통념들에 정반대되는 사례들이 등장합니다.

총파업 논쟁에서 제일 중요한 것은 조직 문제입니다. 러시아혁명의 경험은 조직이 있어야 총파업이 가능하다는 주장을 완전히 반박해 버립니다. 룩셈부르크는 대중의 자발성을 강조하는 혁명적 이론가로 알려져 있잖아요. 1905년 러시아혁명 시기에 발발한 대중파업 사례에 대한 평가에서 이런 입장들이 두드러집니다. 그녀는 러시아혁명이 일어나기 전에 재미있는 텍스트를 하나 씁니다. 1904년에 「러시아 사회민주당의 조직 문제」라는 비판적인 글을 발표하는데, 거기서 러시아 사회민주당이 너무 중앙집중적이어서 대중의 자발성을 억누르는 일종의 자코뱅주의라는 비판을 합니다. 그 글에 아주 의미심장하고 유명한 구절이 하나 나옵니다. "**역사적으로 볼 때 진실로 혁명운동이 범한 오류는 가장 현명한 중앙위원회가 절대적으로 오류를 저지르지 않는 것보다 훨씬 더 큰 성과를 가져올 것이다.**" 대중의 자발적인 혁명운동이 아무리 오류를 많이 범한다고 하더라도 중앙에서 지도하는 운동의 오류보다 훨씬 더 적다는 것입니다. 이것은 대중의 자발성이 훨씬 더 큰 역사적 성과를 가져올 거라는 믿음을 표현하는 말입니다. 그 당시 맑스주의 주류의 입장을 정면으로 반박한 것이죠.

이 문제에 대한 주류 입장의 대표자는 카우츠키라고 할 수 있습니다. 초기의 레닌도 이 문제에 있어서는 카우츠키의 입장을 전적으로 받아들입니다. 사실 맑스주의에서 '전위당'에 대한 생각은 카우츠키에게서 유래하는 것입니다. 그는 **대중은 스스로 혁명적으로 될 만큼의 의식수준에 이르지 못했기 때문에 지식인계급이 대중 바깥에서 노동자계급에게 계급의식을 주입해 줘야 한다고 생각했습니다.** 지식인들의 특권적인 지도를 당연하게 본 것입니다. 카우츠키가 특별히 엘리트주의적이었던 것이 아니라 계몽의 모델, 계몽주의자들의 생각을 그대로 이어받은 것입니다. 일찍 계몽된 지식인들이 무지몽매한 대중을 각성시켜 주어야 한다는 이념이 맑스주의에도 똑같이 수용된 것이죠. 몇백 년간 이어져 온 이 통념 아래에는 역사철학적 전제가 깔려 있습니다. 우리가 앞에서 본 근대 서구의 진보적·단선적 역사관 말입니다. 직선으로 나아가는 진보의 경로가 있다면, 선진적 지식인은 그 경로를 앞서 가고 있고 대중은 뒤처져 있다고 생각했던 것이죠. 선진국의 혁명적 지식인이 제일 앞에 있고 그 다음에 선진국의 노동자계급, 후진국의 지식인, 후진국의 노동자계급 그리고 마지막으로 후진국의 농민의 순서가 되겠죠.

19세기 후반에 일어난 총파업의 사례들과 1905년 러시아혁명은 이런 맑스주의 지식인들의 통념을 깨부수는 경험이었습니다. 룩셈부르크는 러시아혁명에 직접 참여한 경험을 바탕으로『대중파업』을 쓴 것입니다. 이 책에서 조직 대 자발성이라는 대립구도는 여러 변형된 형태로 나타납니다. 그중 하나가 **일상투쟁 대 정치투쟁의 구도**입니다. 일상에서 구체적으로 부딪히는 작은 문제들에서 출발해서 대중들의 의식을 고양시키고 지지를 확산시켜 결국 정치투쟁 그리고 혁명으로까지 이끌고 간다는 단계론적 고양의 논리가 주류의 논리입니다. 이 논리는 일상투쟁과 혁명적 정치투쟁은 아주 거리가 멀고 개념적으로 분리된 것이라는 통념에 근거한 것입니다. 룩셈부르크는 이 통념을 반박합니다. 러시아와 같은 혁명적 상황에서는 두 가지가 전혀 분리되지 않더라는 것입니다.

러시아에서 혁명은 사회주의 사회를 건설하자고 일어난 것이 아니라 빵을 달라는 아주 구체적 요구에서 시작되었습니다. 이것이 차르 체제를 전복하자는 주장으로 곧바로 전화했습니다. 그리고 대중들이 정치적이고 혁명적인 주장을 하게 되면서 일상투쟁도 강화되었습니다. **일상투쟁과 정치투쟁이 분리되지 않았던 것**입니다. 일상투쟁이 장기적으로 축적되어야 혁명적 정치투쟁이 일어난다는 생각은 환상이라는 얘기입니다. 일상투쟁과 정치투쟁은 동시에 발생하며, 일상투쟁에 매몰되면 정치투쟁을 할 수 없다거나 정치투쟁만 급진적으로 주장하면 일상투쟁이 등한시된다는 통념은 다 거짓말이더라는 것입니다. 러시아에서는 정치적 대중파업이 일상투쟁을 창출하고 일상투쟁이 정치적 대중파업을 확산시켰습니다.

이와 비슷한 문제가 **경제투쟁과 정치투쟁의 분리**입니다. 경제투쟁은 자본주의 생산양식이나 기존 정치 체제를 전복하려는 투쟁이 아니라, 말 그대로 임금 인상이나 노동조건 향상 같이 체제 안에서 노동자계급의 지위나 이해관계를 향상시키려는 투쟁입니다. 자본주의 체제를 전복하고 새로운 사회 체제로 넘어가는 정치적 혁명투쟁은 경제투쟁과 분리되어 있다는 것이 통념이었어요. 그녀가 보기에는 이렇게 경제투쟁과 정치투쟁을 분리하는 것도 잘못입니다. 러시아혁명의 사례는 이런 분리가 의미 없다는 것을 보여 주었습니다. **정치적 대중파업의 경험을 통해서 경제투쟁에 대한 요구들도 강화되고 경제투쟁의 요구들이 곧바로 정치투쟁으로 연결되었던 것입니다.**

다음으로 조직 문제에 대해서도 구체적으로 이야기합니다. 조직이 있어야 총파업이 일어나는 것이 아니라, 혁명적인 정세 속에서 자발적인 총파업이 일어나고 파업을 경험하면서 파업 참가 노동자들이 노동조합을 만들더라는 거예요. **조직을 통해서 혁명이 일어나는 것이 아니라 혁명이 조직을 만들어 내더라는 것입니다.** 혁명적 투쟁의 경험이 노동자계급에게 조직의 필요성을 일깨워 주고 조직을 건설하게끔 만드는 일들이 실제로 러시아혁명에서 일어난 것입니다. 러시아에는 1905년 이전에는 대중의 자발적인 노동조합이 거의 없었는데, 1905년 이후에 엄청나게 많은 노동조합이 생겨납니다.

결국 의식의 고양과 조직의 확대라는 것은 시간 순서대로 천천히 일어나고 이것이 누적되어서 혁명적 결과를 낳는 것이 아닙니다. 역사철학적 관점에서 본다면 시간이 지속적으로 전개되고 누적되어서 역사적 발전이 이루어지는 것이 아니라는 거죠. 혁명은 이런 시간성의 개념이 없어지는 아주 독특한 경험입니다. 일상생활에서 항상 시간이 필요하다, 마음의 준비가 안 됐다고 하다가도 번쩍하면서 눈이 맞는 남녀관계처럼 혁명도 그렇다는 거죠. 개량이 누적되어 혁명이 일어나는 것이 아니고, 혁명적 정세가 오면 시간이 필요하다고 말했던 운동의 성과들은 일시적으로 얻을 수 있다는 것입니다.

그렇다면 사회주의자들의 역할은 뭘까요? 대중의 혁명운동이 자발적이라면 맑스주의자들, 즉 선진적 지식인 혁명가들은 뭘 해야 하는 거죠? 그녀는 기술적 지도가 아니라 정치적 지도를 해야 한다고 말합니다. 대중의 혁명운동은 계산가능한 것이 아닙니다. 언제, 어디서, 누구를 몇 명이나 동원하는가 등의 기술적 지도는 불가능하고 정치적 지도만이 가능하며 필요합니다. 그녀에 따르면 정치적 지도라는 것은 "투쟁의 실마리와 방향을 제시하는 것, 투쟁의 모든 국면과 모든 순간에 이미 풀려나 있는 노동자계급의 모든 힘이 발휘되고 있는데, 이것이 당의 투쟁대오 속에 실현되도록 정치투쟁 전술을 계획하는 것, 사회민주당의 전술이 단호함과 예리함을 바탕으로 결정되고 그 단호함과 예리함이 실제 세력관계 수준 밑으로 내려가지 않으며 오히려 그 세력관계에 앞서도록 하는 것"입니다. 이것이 대중파업 시기 지도부의 가장 중요한 임무라는 것이죠.

그런데 이 주장은 너무 추상적입니다. 그녀는 정치적 지도와 기술적 지도가 어떻게 구분되는지, 이것과 대중의 자발성이 어떻게 일관되게 연결될 수 있는지 설명을 잘 못합니다. 또 맑스주의의 오랜 방법론적 전통이자 룩셈부르크가 계속 강조하는 방법론인 변증법적 접근에 의거해도 이 두 가지 지도는 엄밀하게 구분되는 것이 아닙니다. 정치적 지도와 기술적 지도 그리고 대중의 자발성과 당의 지도는 완전히 별개의 것이 아니라 서로 상호작용하는 것입니다. 대중의 자발성이 발휘되고, 그것에 대해 지도자들이 개입하고, 그런 개입에 대해 대중은 반작용하는 과정을 통해서 혁명적 정세가 상승되는 것입니다. 따라서 구체적으로 그 시기에 뭘 해야 하느냐는 정세에 따라 다를 수밖에 없습니다. 그래서 그녀는 이런 일반론적

이야기를 할 수밖에 없었던 것 같아요.

중요한 것은 이런 일반원리의 실현가능성 여부입니다. 이것이 고민스러운 지점이죠. 실제로 룩셈부르크는 어떻게 됐죠? 봉기를 일으켰지만 결국 실패해서 살해당합니다. 대중의 자발성을 믿고 봉기를 시도했는데, 호응을 얻지 못했던 것입니다. 물론 자본가계급의 억압과 사민당의 배반이 실패의 중요한 원인이었습니다. 그녀를 살해한 것은 자본가계급이 아니라 사회민주당 정권이잖아요. 어쨌든 혁명은 실패했고 실패한 실천은 이론의 한계를 입증합니다. 룩셈부르크 자신이 이 이론의 한계의 값비싼 대가를 치른 것이죠. 노동자계급의 자발성에 대한 생각은 룩셈부르크 이후에 '좌익공산주의'의 전통으로 계승되어서 현재에도 소수이긴 하지만 남아 있습니다.

룩셈부르크가 제1차 러시아혁명의 사례를 통해 자신의 주장을 정당화하는 데 반해서 독일 사민주의자 대다수는 러시아에 대해 기본적으로 부정적인 태도를 취합니다. 1905년 혁명 당시에는 열광하지만 이들이 기본적으로 가지고 있던 러시아에 대한 부정적인 인식은 아주 뿌리 깊은 것이었습니다. 독일의 사민주의자들은 러시아 인민들은 미성숙한 상태라는 얘기를 끊임없이 해댑니다. 나중에 식민지 문제를 다룰 때 또 언급하겠지만, 베른슈타인은 러시아에 대해 아주 모욕적인 이야기를 여러 번 공식적으로 합니다. 이것은 베른슈타인뿐만 아니라 그 당시의 서유럽의 사회주의자들 대부분이 가지고 있었던 생각이에요. 러시아는 야만적인 반면에 독일은 의식적이고 선진적이라는 것입니다. 이에 대해 룩셈부르크는 "가장 구태의연한 독일 노동조합이 스스로를 합리화하는 것처럼 러시아에서는 노동자가 아직 미숙한 상태라고 얕잡아 보는 경향은 전혀 발견할 수 없다"라고 얘기하죠.

총파업이란 것은 평상시의 성숙과 미성숙에 대한 구분 자체를 무의미하게 만들어 버리는 지점입니다. 평상시에는 누가 더 많이 배웠고, 누가 더 혁명적이고, 어디에서 더 개량적인 전술들이 더 많이 시행되고 있는지와 관련해 양적 격차가 있는 것처럼 보입니다. 그러나 총파업이 일어나는 혁명적 정세에 가면 그 모든 구분이 완전히 의미 없어져 버립니다. 이런 아이디어는 룩셈부르크만 가졌던 것이 아닙니다.

아나코-생디칼리스트 조르주 소렐도 이런 생각을 했습니다. 소렐이 총파업 논쟁에 대해서 철학적으로 연구한 결과물이 『폭력에 대한 성찰』입니다. 그리고 이것을 다시 철학적으로 논의했던 대표적인 사람이 발터 벤야민(Walter Benjamin)입니다. 그가 쓴 「폭력비판을 위하여」라는 텍스트는 소렐의 책에 대한 일종의 서평입니다. 요즘은 벤야민에 대해서도 많이 공부하는데, 제2인터내셔널의 총파업 논쟁이나 개량이냐 혁명이냐 논쟁, 폭력에 대한 논쟁 등의 배경을 모르면 발터 벤야민이 뜬구름 잡는 소리를 하는 것처럼 들릴 수가 있습니다. 벤야민의 「역사의 개념에 대하여」도 마찬가지의 맥락을 고려하며 읽어야 합니다.

마지막으로 아주 중요한 문제는 총파업이 일어나는 조건은 무엇이냐는 것입니다. 룩셈부르크는 대중의 자발성을 강조하기는 했지만, 총파업이 대중이 마음만 먹으면 언제나 일어나는 것은 아니라고 봅니다. 그것은 의지주의(Voluntarism)에 빠져 있는 생각이죠. 그녀가 보기에 아나코-생디칼리스트들의 오류가 바로 의지주의에 빠져 있다는 것입니다. 물론 소렐도 전적으로 주관적 측면만을 총파업이 가능한 조건으로 제시하지는 않습니다. 그도 산업과 기술의 고도의 발전이라는 객관적 조건을 이야기합니다. 하지만 의지가 더 결정적인 조건입니다. 이와는 반대로 룩셈부르크는 객관적 조건이 총파업에서 더 결정적인 조건이라고 생각합니다.

소렐은 처음에는 보수주의자였지만, 맑스, 프루동, 베르그손, 니체 등의 영향을 받아 급진주의자가 되었다. 역사적 필연에 따라 혁명이 온다고 믿은 맑스주의자들에 반대했고, 의지의 중요성을 강조하면서 직접행동을 주장했다. 의회주의를 비판하고 폭력의 윤리성을 강조한 그는 '총파업'을 폭력의 대표적인 사례로 들었다. 이런 그의 사상은 파시즘에 영향을 주기도 했다.

그녀가 말하는 객관적 조건은 의식의 고양이나 개량의 확산이 아니라 자본주의의 붕괴입니다. 자본주의가 붕괴되는 시기가 바로 총파업과 혁명의 시기입니다. 대중이 혁명적 자발성을 가지게 되는 것은 자본주의의 붕괴라는 객관적 조건이 주어졌기 때문입니다. 객관적으로 주어진 조건에 대한 주체적 측면에서의 대응이 바로 대중의 자발성에 의한 총파업입니다. **객관적 조건과 주관적 조건이 변증법적으로 상호작용하면서 혁명이 성공**하게 되는 것입니다. 이런 식으로 혁명을 생각하지 못하고 붕괴의 날을 기다리기만 하는 '대기론'에 빠진 정통 맑스주의자들은 룩셈부르크가 보기에 객관주의자가 되겠죠. 객관적 조건의 성숙만 자꾸 얘기하지 거기에 대응하는 주체적 실천을 얘기하지 않기 때문입니다. 로자 룩셈부르크가 이 두 측면이 상호작용한다고 얘기함에도 불구하고 더 근본적인 것은 자본주의의 붕괴라는 객관적 조건입니다. 『자본의 축적』이라는 그녀의 주저는 붕괴의 필연성에 대한 경제학적 설명을 하고 있는 텍스트입니다.

룩셈부르크 사후에 그녀의 입장은 두 방향으로 수용됩니다. 『자본의 축적』을 중심으로 자본주의 붕괴의 필연성을 얘기했던 이론가, 즉 자동붕괴론의 이론가로 그녀를 해석하는 사람이 있습니다. 반면에 서유럽 좌익 공산주의 흐름 속에서는 그녀를 객관적 조건보다 혁명에서의 대중의 자발성과 주체적 실천을 강조했던 사람으로 이해하는 사람들도 나타나죠. 후자의 관점에서 그녀를 해석하려고 했던 대표적인 사람이 바로 웨스턴 맑시즘의 시조인 죄르지 루카치입니다. 로자 룩셈부르크가 자본주의의 붕괴와 생산양식의 혁명적 전환의 필연성을 얘기했다면 루카치는 상부구조에서의 혁명의 가능성, 주체적 실천의 측면에서의 혁명을 얘기하려고 했습니다. 그래서 '웨스턴 맑시즘' 전통은 객관적 토대보다는 상부구조에서의 혁명적·주체적 실천을 강조하는 경향으로 나아가게 됩니다.

" (식민지의) 획득 자체를 처음부터 기피해야 할 것으로 간주할 이유는 없을 것이다."

– 에두아르트 베른슈타인, 『사회주의의 전제와 사민당의 과제』

1893년의 제2인터내셔널 취리히 대회에 참석한 독일의 사회주의 지도자들

5강

제2인터내셔널의 논쟁들(2)
—반전 논쟁과 식민지 논쟁

반전 논쟁

그 다음에 이어지는 논쟁이 바로 말도 많고 탈도 많은 반전 논쟁입니다. 반전 논쟁은 식민지 논쟁과 아주 직접적으로 연결되어 있어서 구분하기가 힘듭니다. 실제로 같은 논쟁에 두 가지 주제가 겹쳐 있기도 하고, 동일한 역사적 사건에 의해 두 측면의 논쟁이 촉발되기도 합니다. 그렇지만 개념적으로 구분해서 설명하도록 하겠습니다.

① **반전 논쟁의 역사적 배경**

반전 논쟁의 출발은 1860년대까지 거슬러 올라갑니다. 프로이센-오스트리아 전쟁과 프로이센-프랑스 전쟁을 계기로 노동자계급이 전쟁에 어떻게 대응할 것인가라는 문제가 제기됩니다. 전쟁이 맑스주의자들에게는 왜 문제가 되는 걸까요? 근대 세계의 전쟁은 국가들 사이에서 벌어지는 것인데, 국가는 맑스주의자들이 보기에 자본가계급의 지배수단이잖아요. 그래서 전쟁은 자본가계급이 자신들의 이익을 위해서 노동자계급의 생명을 빼앗아 가는 행위입니다. 기본적으로 노동자계급은 전쟁에 찬성할 수가 없습니다. 맑스주의적 전제에서는 전쟁은 항상 부정적이고 반대해야 하는 것입니다.

그런데 1870년에 일어난 프로이센-프랑스 전쟁에서부터 문제가 복잡해집니다. 이 전쟁은 프랑스의 나폴레옹 3세가 먼저 선전포고를 해서 시작됩니다. 그러나 나중에 밝혀진 사실에 따르면, 실제로는 비스마르크가 전쟁을 유도하기 위해 음모를 꾸몄던 것입니다. 당시 프로이센의 재상이었던 비스마르크가 유럽에서 프로이센의 부상을 위해 전쟁준비를 다 해놓고 전쟁을 촉발시킵니다. 나폴레옹 3세는 팽창욕에 눈이 어두워 비스마르크의 계략에 넘어가서 전쟁을 했다가 바로 대패하죠. 그 과정에서 '파리코뮨' 봉기가 일어나게 된 것입니다. 그런데 문제는 형식적으로는 프랑스가 먼저 선전포고를 했다는 점입니다.

이 상황에서 두 나라의 노동자계급이 전쟁에 대해 어떤 입장을 취해야 하는지가 문제가 됩니다. 프랑스 노동자들은 당연히 반대해야 됩니다. 지배계급이 자기들의 이해관계를 위해서 노동자들을 동원해 일으킨 전쟁이니까요. 독일 노동자들은 어떻게 대응해야 할까요? 독일 노동자들이 총파업 같은 것으로 전쟁에 반대하면 어떻게 될까요? 만약 독일 노동자들의 총파업이 성공해 독일 정부가 망하거나 아주 약화된다면 프랑스가 전쟁에서 이기겠죠. 먼저 침략한 전제군주 나폴레옹 3세가 전쟁에 이겨 독일을 점령해 버리면 문제가 됩니다. 왜냐하면 맑스·엥겔스는 당시 나폴레옹 3세의 전제정치를 가장 반동적인 정치 체제라고 봤기 때문입니다. 보나파르티즘(Bonapartisme)이라 불리는 반동적인 프랑스의 정치 체제가 독일 노동운동의 성과를 모두 없애 버릴지도 모른다고 두려워했습니다. 그래서 맑스·엥겔스는 독일 노동자계급은 이런 반동적 정치 체제가 촉발한 공

의회에서 독일 사민당의 지도자인 아우구스트 베벨이 독일의 비스마르크와 프랑스의 나폴레옹 3세의 외교정책을 비판하는 모습.

격 전쟁에 대응하는 자국 정부의 방어 전쟁을 지지할 의무가 있다는 논리를 폅니다.

만약 독일이 먼저 침공할 경우에는 독일의 노동자계급이 전쟁반대 투쟁을 해야 합니다. 이처럼 각국의 노동자계급은 원칙적으로 자국 정부의 지배계급의 전쟁 시도에 반대하는 투쟁을 해야 합니다. 그러나 공격 전쟁일 때와 방어 전쟁일 때는 다릅니다. 맑스·엥겔스 이후로 사회주의자들은 공격 전쟁과 방어 전쟁을 개념적으로 구분합니다. 그리고 공격 전쟁은 원칙적으로 반대하고 방어 전쟁은 지지합니다. 이 **방어 전쟁의 논리**가 제2인터내셔널 내내 골칫거리가 되다가 결국은 제1차 세계대전에서 자기 나라의 참전을 옹호하는 논리로까지 나아갑니다.

프로이센-프랑스 전쟁 이후 유럽은 예외적으로 전쟁이 없는 조용한 시절을 보냅니다. 그러나 19세기 말이 되면서 전쟁의 위험이 높아지고 국지적인 전쟁이 일어납니다. 자본주의의 성격이 독점자본주의* 시대로 진입하고 이것이 국가독점자본주의로 전화되면서, 소위 자본주의의 최신 단계인 '제국주의' 시대가 됩니다. 흔히 1870년대 혹은 1880년대를 기점으로 유럽의 선진 자본주의 국가들이 전통적 의미의 산업자본주의에서 제국주의 단계로 진입했다고 얘기하죠. 제국주의 시대에는 식민지 쟁탈을 위해서 제국주의 국가들이 경쟁을 벌입니다. 이런 경쟁은 군사적 대결의 형태로 비화될 수 있습니다. 실제로 파쇼다 사건, 보어 전쟁, 중국 침략에서 일어난 아편 전쟁 등과 같은 몇 번의 위기들이 발생합니다. 아시아와 아프리카에 대한 침략이 노골화되고 본격화되면서, 식민지 쟁탈전이 전쟁으로 발전할지도 모른다는 두려움이 일상화됩니다. 전쟁의 성격 자체도 중세나 근대 초의 왕위계승 전쟁 같은 정치적 성격의 전쟁, 종교를 빌미로 한 전쟁, 약탈을 목표로 한 전쟁에서 제국주의 전쟁의 형태로 전화합니다. 전쟁의 규모도 커지고 그 범위가 전 세계로 확산될 것이라는 위협이 대두됩니다. 제2인터내셔널에서 제일 중요한 문제는 이런 큰 규모의 전쟁이 터지면 노동자계급이 어떻게 대응해야 하느냐였습니다. 4강에서 노동자계급의 반전수단으로서 총파업 논의가 이루어졌다고 얘기했죠.

이런 상황에서 맑스 당시의 방어 전쟁 논리가 또다시 나타납니다. 이것은 단순하게 자국만을 옹호하는 나쁜 논리라고 보기 힘든 맥락이 있어요. 맑스가 보기에 인류 역사의 발전이라는 관점에서 경제적으로 자본주의가 성립하면 정치적으로는 근대 민족국가가 성립하게 됩니다. 따라서 유럽의 민족국가들이 구제국과 투쟁하면서 독립하는 현상은 진보적 운동

---

* 19세기 말~20세기 초에 카르텔, 트러스트를 통한 자본의 집적과 집중이 두드러지는데, 이런 역사적 현상에 대해 자본주의의 성격이 '경쟁자본주의'에서 '독점자본주의'로 변화했다고 본다. 독점자본주의 단계에서는 소수의 거대 기업이 경제적인 지배력을 가지게 되었을 뿐 아니라 정치, 사회, 문화 등 모든 분야에서 강한 영향력을 행사했다.

으로 평가합니다. 예를 들면 합스부르크나 오스만투르크 같은 낡은 제국들이 해체되고, 제국을 구성하고 있던 민족들이 독자적인 국가를 형성하는 것을 아주 진보적인 현상이라고 본 것입니다. 그래서 맑스 당시에도 민족의 자기결정권을 중요한 정치적 과제로 생각합니다. 그리고 노동자계급의 성장은 처음에는 이 새롭게 형성된 근대 민족국가의 틀 내에서 이루어질 거라고 봐요. 『공산당 선언』에서도 노동자계급의 성장은 처음에는 한 근대 국가 안에서 이루어지고 나중에는 세계적이 될 것이라고 하잖아요. 새롭게 형성된 민족국가 내의 노동자계급이 정치적으로나 의식적으로 성숙하게 되고 그것이 더 확장되면 프롤레타리아트의 국제주의로 완성된다는 것이죠.

맑스는 각 민족의 자결이라는 것이 사회주의로 가는 역사적 과정에서 자본주의의 충분한 성숙을 위해 반드시 거쳐야 하는 단계이기 때문에 지지하게 됩니다. 역사철학적 관점에서 중요한 정치적 과제인 것이죠. 한 국가가 다른 국가를 침략하는 것은 민족자결권을 침해하는 것입니다. 이렇게 보면 개별 민족국가의 자결권에 대한 직접적인 침해가 바로 공격 전쟁입니다. 그리고 이에 대한 방어 전쟁은 단순히 한 국가의 이해관계를 지키기 위해서가 아니라, 그 사회가 역사발전의 정상적인 과정을 밟아 나가기 위해서 필수적으로 요구되는 것이 됩니다. 그의 역사관 때문에 민족자결권과 그것을 지키기 위한 방어 전쟁의 논리가 맑스에게는 상당히 중요한 지위를 차지할 수밖에 없었던 거죠.

② 방어 전쟁의 논리

19세기 말~20세기 초가 되면 선진적인 서유럽에서의 민족국가 형성이 완성되고 제국주의 단계로 넘어갑니다. 이때에는 공격 전쟁과 방어 전쟁이라는 개념을 19세기 중반과 동일하게 사용하기가 힘들어집니다. 그러나 맑스주의의 주류는 여전히 방어 전쟁의 논리를 버리지 않습니다. 변화된 역사적 상황에 어울리지 않는 그 논리는 이 시기가 되면 제국주의 국가들이 자신의 제국주의적 이해관계를 다른 제국주의 열강으로부터 지켜야 한다는 논리로 변질됩니다. 이런 이유로 네덜란드 사회주의자 니우엔하위스(Ferdinand Nieuwenhuis)는 방어 전쟁과 공격 전쟁이라는 개념 자체가 쇼비니즘적이라고 비판합니다. 두 개념의 구분은 자국 이기주의, 자민족 중심주의에서 기원한다는 것입니다. 반면에 빌헬름 리프크네히트 등의 독일 사민당의 주류는 이 방어 전쟁 논리를 아주 충실하게 받아들여요. 자신들이 반전에 대해서 모호하고 유보적인 태도를 보이는 것을 정당화하고 식민주의적 정책을 옹호하기 위해서 이 논리를 사용합니다.

이렇게 해서 **반전에 대한 논쟁은 크게 독일 사민당처럼 전통적인 방어 전쟁의 논리를 얘기하면서 수동적으로 대응하는 측과 총파업 등의 수단을 사용해서 공세적으로 전쟁 시도 자체를 막아야 한다고 주장하는 사람들로 나닙니다.** 전자의 세력들은 역시 국가주의적 경향이 강합니다. 왜냐하면 근대 민족국가의 틀과 그것의 자율성, 자결권 등을 주장하는 사람들이니까요. 반면에 후자는 대부분 아나코-생디칼리즘의 경향에 가까운 사람들입니다. 이 사람들은 모든 국가 체제의 파괴를 주장했는데, 국가가 수행하는 가장 억압적 행위가 전쟁이니까 반전을 강력하게 주장한 것입니다. 그리고 이 사람들은 국가에 관련된 모든 이데올로기를 거부했는데, 이들이 제일 공격한 이데올로기가 애국주의입니다. 국가의 파괴와 반애국주의 정서를 자신들의 출발점으로 삼고 있었기 때문에 반전투쟁도 상당히 강하게 했죠. 이 입장에서는 노동자계급이 어떤 나라의 국민이냐, 일어난 전쟁의 성격이 공격이냐 방어냐 등의 구별이 의미가 없습니다.

반전투쟁에서 상대적으로 소극적이던 맑스주의 진영의 일부에서는 아주 분파적인 주장도 나옵니다. 프랑스 맑스주의자 게드(Jules Guesde)는 반전을 위한 선전을 하다 보면 계급투쟁을 약화시킨다는 분파주의적 주장을 해요. 그가 이런 주장을 한 것은 한 개인의 견해라기보다 제2인터내셔널의 주류들이 말로는, 원칙적으로는 반전을 주장하지만 열성적으로 반전운동에 참여하지는 않았던 당시의 분위기를 반영한 것이라고 볼 수 있습니다.

프랑스의 사회주의자 쥘 게드. 맑스의 도움을 받아 1880년에 프랑스 노동당을 창설했으며, 급진적 정치가로 활동하면서 개량주의와 대립했다. 그러나 점차 국수주의적 성향을 띠게 되었고, 제1차 세계대전이 발발한 뒤에는 반(反)독일을 부르짖으며 전시 내각에 합류했다.

반전 논쟁에서 아주 중요한 배경이 또 한 가지 있습니다. 특히 독일이 반전 문제에 있어서 방어 전쟁 논리를 계속해서 고수한 중요한 핑계는 러시아 문제였습니다. 러시아 문제도 방어 전쟁 논리와 마찬가지로 맑스·엥겔스에게서 기원을 찾을 수 있습니다. 맑스·엥겔스가 한창 활동하던 시기에 러시아는 유럽 사회에서 반동의 최후 보루였습니다. 프랑스혁명 이후로 유럽에서 일어났던 혁명운동들이 반동의 반격에 의해 붕괴되는 과정에서 러시아가 결정적인 역할을 합니다. 러시아의 군대가 와서 혁명을 진압하고 다른 나라에서의 반동을 지원했으니까요. 메테르니히(Klemens Metternich)가 주도한 '신성동맹'(Heilige Allianz)도 러시아의 후견을 등에 업고 있었습니다. 그래서 독일 자유주의자들이나 맑스주의자들은 러시아에 대한 반감이 아주 강했죠.

19세기 말 독일에서는 노동운동이 급속하게 성장하고 있었는데, 이런 상황에서 러시아와 독일이 전쟁을 하면 어떻게 될까요? 반전에 적극적인 맑스주의자들이나 아나코-생디칼리스트들의 주장처럼 독일의 노동자계급이 총파업으로 자국 정부를 약화시키면 러시아의 노동운동도 같은 정도로 자국 정부에 압박을 가할 수 있어야겠죠. 그런데 러시아에는 노동운동이 거의 없었으니까 러시아에는 별 영향이 없고 독일 정부만이 약화될 것입니다. 그로 인해 러시아가 전쟁에서 승리하면 결국은 러시아의 전제정이 독일 노동운동까지 휩쓸어 버릴 것이라는 예상을 할 수 있었겠죠. 독일 사회주의 진영 안에서 이런 논리가 아주 널리 퍼집니다. 어떻게 보면 상당히 설득력 있어 보이죠. 이 논리는 이 무렵부터 러시아혁명과 양차 세계대전에 이르기까지 계속 반복됩니다.

　이런 논리는 얼핏 보면 현실적 판단에서 나온 것 같지만 사실은 상당 부분 편견에 근거한 것입니다. 전형적인 유럽중심주의적 편견의 한 사례이기도 하고요. 18~19세기 내내 유럽이 러시아에 대해 가지고 있던 두려움과 반감은 서유럽 사회를 문화적으로 묶어 주는 큰 힘이었습니다. 특히 19세기에 러시아의 위협에 대한 서유럽 사람들의 두려움은 거의 신앙처럼 퍼져 있었는데, 이 두려움이 한편으로는 러시아가 아주 후진적이고 야만적이라는 경멸감으로 나타났죠. 이런 두려움과 경멸감을 이론적으로 정당화해 주는 것은 유럽중심주의의 핵심이라고 할 수 있는 단선적인 진화주의적 역사관입니다. 유럽은 앞서 있고 러시아는 뒤처져 있다는 생각이죠. 그런데 뒤처져 있는 러시아가 야만적 힘으로 앞서 있는 유럽을 장악해서 역사를 퇴보시킬 것이라는 두려움이 맑스 이래 맑스주의자들의 러시아관에도 스며들어 있었습니다.

　독일의 사회주의자들은 1905년 러시아혁명은 부르주아 민주주의 혁명이라고 생각해서 지지합니다. 그러나 1917년 볼셰비키 혁명이 일어났을 때 독일을 비롯한 서유럽 맑스주의자들 중 다수가 혁명을 아주 격렬하게 비난했고, 실제로 볼셰비키 혁명을 전복시키려는 음모에 가담하기도 합니다. 심지어 카우츠키는 러시아혁명 이후에 내전이 일어나자 백군을 지원합니다. 그때도 이 사람들은 러시아의 야만성을 이유로 꼽습니다. 19세기 말부터 양차 세계대전에 이르기까지 독일과 러시아가 적대 진영에 속해 있었으므로, 독일에는 전쟁에 대한 반대가 곧 러시아를 이롭게 하는 반애국적 행위라는 생각이 널리 퍼져 있었습니다. 사회주의자들도 예외가 아니었습니다. 결국 **서유럽의 맑스주의자들이 반전 논쟁을 효과적으로 전개하거나 실천적 힘을 발휘하지 못하게 되는 중요한 원인 중의 하나는 이데올로기적으로 보았을 때 유럽중심주의에서 기인한 러시아에 대한 반감**이라고 할 수 있습니다.

③ "전쟁에는 전쟁으로": 「슈투트가르트 결의안」

반전 문제가 제2인터내셔널에서 마지막으로 공식적으로 논의되었던 것이 1907년인데 이때가 반전 논쟁의 하이라이트라고 할 수 있습니다. 슈투트가르트에서 대회가 열리는데, 여기에서 중요한 결의안 두 개가 채택됩니다. 하나는 군사주의와 국제 분쟁에 대한 것이고, 다른 하나는 식민지 문제에 대한 것입니다. 이 점에서 이 대회가 역사적으로 중요한 대회입니다. 군사주의와 국제 분쟁에 대한 결의안의 초안으로 프랑스 안 2개와 독일 안 1개가 제출됩니다. 독일 안은 아우구스트 베벨이 독일 사민당의 입장을 대변해 작성합니다. 프랑스에는 쥘 게드의 결의안이 하나 있었고, 다른 하나는 장 조레스와 에두아르 바양(Édouard Vaillant, 파리코뮌에서부터 활동한 노전사)의 결의안이었습니다.

게드의 초안은 베벨과 공통점이 있었고 조레스 등의 초안과는 달랐습니다. 게드와 베벨의 결의안은 전쟁을 자본주의 모순의 표현이라고 봅니다. 이것은 기본적인 맑스주의의 입장이죠. 이에 따르면 전쟁을 하기 위한 군비경쟁은 자본주의의 모순을 심화시킬 것이고, 이에 대한 대중의 분노가 촉발됩니다. 이 분노가 자본주의를 폐기시키는 데까지 나아갈 것입니다. 이것은 우리가 앞에서 봤던 '대기론'적 사고의 한 가지입니다. 전쟁이 일어나는 것도 자본주의가 망하는 징조 중의 하나라고 보기 때문에 능동적으로 개입할 필요가 없다는 것입니다. 그래서 반전투쟁을 따로 할 필요가 없다는 논리로까지 나아가게 됩니다. 반면에 조레스와 바양의 경우에는 전쟁은 너무나 비참한 것이기 때문에 어떤 수단을 써서라도 막아야 한다고 봅니다. 총파업으로 안 되면 무장봉기라도 해서 막아야 한다고 해요. 이런 두 입장이 슈투트가르트 대회에서 대립했습니다.

이 대립은 독일 사민당과 프랑스 사회주의 사이의 갈등으로 비화됩니다. 이렇게 된 이유는 그 당시 유럽의 대립구도가 기본적으로는 독일과 프랑스의 대립을 축으로 하고 있었기 때문입니다. 이런 대립구도를 사회주의자들이 능동적으로 해결하려면 두 나라의 사회주의자들이 통일된 운동을 전개해야 하는데 현실에서는 입장이 어긋나 버린 것입니다. 그래서 전쟁 위협에 대해 효과적으로 대응할 수 없었습니다.

프랑스의 장 조레스가 이런 이야기를 합니다. 무장봉기를 하면 군사적 충돌로 상당히 많은 사람들이 죽겠죠. 그런데 무장봉기를 통해 성공적으로 전쟁을 막았을 경우와 무장봉기를 안 해서 전쟁을 막지 못했을 경우 중 어느 경우에 많은 사람들이 죽을지를 생각해 보라고 합니다. 당연히 전쟁으로 죽는 사람이 훨씬 더 많겠죠. 너무나 상식적인 논리죠. 여러분들에게도 선택하라고 하면 어떻게 하시겠어요? 당연히 전쟁을 막는 것이 합리적이겠죠. 그런데 실제로는 반대의 선택을 했습니다. 왜 그랬을까요?

그와 반대편에 있던 사람들, 즉 반전투쟁을 열심히 안 하던 사람들도 비슷한 방식의 논리를 전개했습니다. 반전투쟁을 안 해도 되는 이유는 이렇습니다. 전쟁은 평상시의 무역거래나 상업거래를 중단 또는 파괴함으로써 자본가계급에게 엄청난 피해를 일으킬 것인데, 자신의 이윤동기에 따라 움직이는 자본가계급이 기본적으로 손해를 볼 전쟁을 할 리가 없다는 것입니다. 카우츠키도 제1차 세계대

프랑스의 사회주의 정치인이자 학자인 조레스. 제1차 세계대전 발발 전에 전쟁반대를 호소하다 국수주의자에게 암살당했다.

전이 일어나기 불과 몇 주 전에 비슷한 주장을 했어요. 그런데 전쟁이 일어났습니다. 이 주장이나 조레스의 주장이나 합리적인 기준에서 보면 다 맞는 얘기죠. 이 사람들의 얘기대로라면 노동자계급의 입장에서도, 자본가계급의 입장에서도 합리적으로는 전쟁을 할 이유가 없었습니다. 그런데 제1차 세계대전 같은 엄청난 규모의 전쟁이 일어나요. 전쟁이 비합리적인 동기에서 일어났거나 아니면 이 사람들이 알지 못한 다른 합리적인 이유로 발발한 것이겠죠. 그래서 전쟁의 진짜 원인을 설명하기 위한 이론적 갱신이 필요해졌고, 레닌의 『제국주의, 자본주의의 최고 단계』가 그 역할을 자임하고 나옵니다.

다시 우리의 논의로 돌아갑시다. 이 결의안들에 대한 논쟁이 해결되지 않으니까 대회가 아니라 소위원회를 구성해서 몇 명한테 결의안 작성

을 위임하게 됩니다. 그 결의안을 가지고 대회에서 표결을 하기로 합의가 이루어져요. 대회의 전체적인 분위기를 보면, 반전투쟁에 대해 소극적인 입장이 훨씬 더 많은 세력을 가지고 있었습니다. 그러나 이 소위원회에는 과격한 사람들이 모였어요. 소위원회에서 결의안을 주도한 대표적인 세 사람이 레닌, 룩셈부르크, 후에 멘셰비키 지도자가 된 마르토프(Yulii Martov)였습니다. 이 사람들은 당시에 제일 과격한 혁명주의자들이었어요. 소위원회에서 아주 의미심장한 내용을 담은 결의안이 나오는데, 그것이 바로 「슈투트가르트 결의안」입니다. 이 결의안은 대회 마지막 날 제출됩니다. 제대로 검토할 시간도 없었고 다른 처리사항들도 있었기 때문에 대부분의 대표자들이 읽어 보지도 않고 만장일치로 통과시켰어요.

이 결의안의 마지막 구절이 아주 의미심장합니다. "만약에 전쟁이 어떻게든 발발하게 된다면, 그것의 신속한 종결을 위해서 개입하는 것이 노동자계급의 의무이다. 그리고 개입을 할 때는 **전쟁이 야기한 모든 경제적이고 정치적인 위기를 온 힘을 다해서 활용해야 한다**. 그리고 그것은 대중들을 촉발시키고 그것을 통해서 자본가들의 계급지배를 붕괴시키는 것을 촉진하기 위해서이다." 결국 전쟁이 일어나면 노동자계급은 혁명을 일으켜서 자국 정부를 전복시켜야 한다는 것입니다. 피켓 시위, 청원, 전술로서의 무장봉기 같은 것에 그치는 것이 아니라 혁명을 일으켜야 한다는 것이죠. '**전쟁에는 전쟁으로**'라는 구호가 그래서 나온 것입니다. 각국의 자본가계급들 간에, 즉 국가들 간에 전쟁이 일어나면 국가 내에서 노동자계급은 자본가계급에 대한 내전으로 대응해야 한다는 이 당시에 나올 수 있었던 가장 혁명적인 주장이 결의안에 담긴 것입니다.

이런 주장에 대해서 소극적 반전운동의 입장을 가지고 있던 사람들은 역시 방어 전쟁의 논리를 폈습니다. 그런데 방어 전쟁 옹호자들이 생각했던 것과는 반대의 현상이 일어납니다. 제1차 세계대전에 대한 대응으로 러시아에서는 혁명이 일어나지만 정작 독일에서는 혁명이 일어나지 않습니다. 독일 사민당은 혁명을 거부하고 전쟁에 기꺼이 찬성합니다. 이들은 후진국인 러시아에서는 혁명이 일어나지 않을 것이라고 예상했습니다. 그래서 독일에서만 혁명을 하면 러시아의 침입으로 독일 노동운동이 붕괴하리라는 걱정을 했던 것입니다. 하지만 현실에서는 반대로 러시아 인민들이 혁명을 일으켰습니다. 그렇다면 독일에서는 혁명은 못하더라도 최소한 후진국인 러시아에서 성공한 혁명이 유지되고 지속되도록 도와주어야 했습니다. 그러나 독일 사민당은 오히려 독일이 소련을 침공하는 것에 찬성합니다.

이 결의안이 통과되고 나서 맑스주의 진영은 이 결의안을 받아들이는 편과 받아들이지 않는 편으로 완전히 분리됩니다. 그리고 제1차 세계대전을 계기로 맑스주의자들은 완전히 둘로 분열됩니다. 반전 논쟁에 대한 입장차이에 의해 맑스주의가 두 진영, 즉 서유럽 중심의 사회민주주의 진영과 소련을 중심으로 한 공산주의 진영으로 나뉜 것입니다. 결의안을 받아들여서 혁명을 주장한 세력들은 공산주의 혹은 현실사회주의 진영으로 계승되고, 이 결의안을 거부하고 전쟁을 찬성했던 사람들은 사회민주주의자가 됩니다. 그래서 서유럽 사민주의 기원은 제국주의 전쟁을 찬성했거나 적어도 승인·방관했던 세력들입니다. 전쟁의 참혹함을 감안한다면 두 흐름 사이의 적대감이 왜 그렇게 강렬한지를 어느 정도는 이해할 수 있겠죠. 이 문제는 다음에 다시 거론하겠습니다. 정리하자면 **반전 논쟁이 역사적으로 가지는 의미는 이 논쟁을 통해 공산주의와 사민주의라는 맑스주의의 두 흐름이 나누어지게 되었다는 것입니다.** 그 계기가 된 것이 「슈투트가르트 결의안」입니다.

식민지 논쟁

① 자본주의의 발전과 식민지 점령

다음 주제는 식민주의, 제국주의에 대한 논쟁입니다. 식민주의와 제국주의라는 말은 개념적으로는 구분되지만 19세기 말 이후부터는 거의 동의어로 사용되고 있습니다. 제국주의란 말이 식민주의보다 먼저 사용됩니다. 이때 제국주의는 전통적 의미의 제국의 통치방식을 가리키는 말입니다. 현대적 의미의 제국주의와 그 이전의 제국주의는 다릅니다. 맑스주의자들, 특히 레닌이 얘기한 제국주의는 **1870년대 이후의 자본주의의 특정한 단계**를 지칭하는 것입니다. 그리고 19세기 중엽까지 사람들이 '제국주의적인', '제국적인', '제국의'라고 말할 때는 전근대적인 정치형태로서의 제국을 일컬었던 것이었습니다. 로마 제국, 오스만투르크 제국, 차르 러시아, 합스부르크 왕가, 독일 제국 같은 것들을 말하는 것입니다. 이 나라들은 약소 국가나 소수 민족을 침략하고 억압적으로 통제하면서 자신의 정치적 영향력을 유지해 가는 전제적 정치형태를 띠고 있었습니다. 이때의 '제국주의'는 이 제국들이 다른 국가나 지역들에 대해 취하는 정책들이나, 군사적 점령과 약탈에 근거한 패권적인 지배형태를 지칭하는 것이죠.

식민지도 자본주의가 성립되기 이전부터 있었습니다. 고대 그리스도 식민지를 가지고 있었잖아요. 그런데 여기서 말하는 근대적 의미의 식민지는 주로 스페인의 아메리카 침략 이후의 식민지 시대를 대상으로 삼습니다. 19세기 말부터 선진 자본주의 국가의 경제가 독점자본주의 단계로 접어들게 됩니다. 선진 자본주의 국가들은 원료 공급, 값싼 노동력의 제공, 상품수출의 시장을 위해서 군사력을 동원해 비유럽 지역들을 점령하기 시작합니다. 아메리카, 아시아, 아프리카 그리고 오세아니아에 대한 선진

유럽 국가들의 침략의 문제 그리고 이에 대한 사회주의자들의 대응방식의 문제들을 둘러싼 논쟁을 '식민지 논쟁'이라고 부릅니다. 오늘날의 기준에서는 제국주의 논쟁이라고 하는 것이 더 맞겠지만, 당대에는 식민지(식민주의) 문제라고 주로 불렀어요.

잘 알다시피 스페인과 포르투갈이 아메리카를 발견한 이후로 유럽에 신시대가 열리죠. 그 전에 유럽은 중국이나 아랍문명권과 비교했을 때 완전히 야만적인 지역이었습니다. 그러다가 아메리카로부터 금·은이 엄청나게 유입되면서 유럽의 경제적 지위가 크게 달라집니다. 그후 네덜란드를 거쳐 영국으로 패권이 넘어가면서 영국이 근대적 산업자본주의를 발전시킵니다. 그리고 그것을 경제적 토대로 삼아 외국에 대한 군사적 침탈을 통해서 경제적 이익을 실현시키는 시스템을 만듭니다. 영국을 뒤따르던 후발 자본주의 국가들도 같은 방식의 자본주의적 팽창정책을 채택합니다. 영국 자본주의가 세계에서 가장 많은 식민지를 획득하게 되고, 프랑스가 영국과 대결하게 됩니다. 아까 언급한 파쇼다 사건이 아프리카에서 프랑스 제국주의와 영국 제국주의가 충돌했던 사건입니다. 후발 자본주의 국가들 중에서 영국과 프랑스 다음으로 강력한 제국주의 정책을 펼친 나라가 독일입니다. 그리고 낡은 제국이지만 여전히 넓은 지역에서 자신의 이해관계에 대한 통제권을 가지고 있던 러시아가 있었습니다. 이들 네 개의 제국들이 충돌하기 시작하면서 19세기 후반의 유럽 정세는 아주 급박하게 흘러갑니다.

이 당시의 동맹관계를 보면 한편에서는 독일을 중심으로 독일과 민족적 연원이 같은 오스트리아가 동맹을 맺고 거기에 이탈리아가 가담합니다. 그리고 반대편에서는 프랑스가 러시아와 동맹을 맺고 영국이 가담해요. 이게 기본적인 두 개의 축입니다. 이 구도는 제1차 세계대전에서 제2

볼리비아의 포토시 은광 그림. 스페인 식민 지배자들은 1545년 발견된 포토시 은광에서 엄청난 양의 은을 유럽으로 가져갔다. 그 양이 유럽 전역의 가격혁명을 초래할 정도로 엄청나서 유럽 경제는 비약적인 변화를 겪게 되었다. 그러나 은광의 노동조건은 상상을 초월할 정도로 가혹했다. 식민지 시대 포토시 은광 한 곳에서 사망한 원주민 노동자 수가 800만이 넘는다고 추산하고 있다. 하지만 유럽은 재화의 약탈과 인명살상에 대해 지금까지 제대로 된 보상을 하지 않고 있다.

차 세계대전까지 조금씩 변형되기는 하지만 계속 유지됩니다. 이 두 세력이 발칸 반도에서 충돌하게 됩니다. 발칸 반도는 원래 오스만투르크 제국의 영역이었습니다. 오스만투르크 제국의 세력이 약화되면서 그 영토를 둘러싸고 네 제국 사이에서 쟁탈전이 벌어졌습니다. 그때부터 발칸 반도가 소위 유럽의 화약고가 된 것입니다. 발칸 반도의 여러 민족들은 열강들과 각각 동맹관계를 맺기 시작합니다. 세르비아는 같은 슬라브족인 러시아와 동맹을 맺지만, 오스트리아가 발칸 반도에 대한 지배권을 주장합니다. 세르비아를 둘러싸고 오스트리아와 러시아 사이의 갈등이 고조되고, 동맹관계에 있던 독일, 영국, 프랑스가 모두 긴장관계에 빠지게 됩니다.

영국은 독일과 직접적인 긴장관계를 형성하게 됩니다. 19세기 중후반부터 급속하게 성장한 독일은 해외 식민지 개척을 위해 해군력 증강을 추진합니다. 이것을 자신에 대한 침략 위협으로 받아들인 영국은 그에 맞서 추가적으로 전함을 건설합니다. 이런 식으로 두 나라 사이에 군비경쟁이 일어납니다. 이런 상황에서 상대적으로 약소국이었던 이탈리아도 북아프리카의 에티오피아를 점령해요. 그리고 모로코를 놓고 독일과 영국이 다시 갈등을 빚는데, 그것이 바로 '모로코 위기'입니다. 이런 복잡하고 위태로운 국제 문제들이 제국주의의 팽창정책 때문에 일어난 것입니다.

② 수정주의자들의 식민지관

이렇게 현실이 급박하게 돌아가니까 사회주의자들이 제국주의를 어떻게 봐야 하는지를 논의하지 않을 수 없었겠죠. 사회주의의 원칙적인 입장은 한 민족에 대한 다른 민족의 지배를 철폐해야 한다는 『공산당 선언』의 주장처럼 제국주의에 반대하는 것이었습니다. 처음에는 문제를 심각하게 생각하지 못하고 원칙적으로 비난만 합니다. 그러나 시간이 지나면서 이 문제에 자신들의 이해관계가 직접적으로 연결되어 있다는 것이 드러납니다. 식민지를 침략하게 되면 제국주의 모국이 경제적 이익을 얻게 되고 그 이익을 자본가계급이 먼저 차지합니다. 자본가계급의 이익은 일부이지만 노동자계급까지 내려가게 됩니다. 또 당시는 사회주의운동의 세력이 급신장하고 자본가계급과 노동자계급 간의 모순이 격화된 시기입니다. 지배계급은 처음에는 노동자계급을 폭력적으로 진압했습니다. 그러나 저항이 끊이지 않자 나중에는 유화정책을 씁니다. 계급갈등을 완화시키기 위한 지배계급의 시도 중 제일 대표적인 것이 비스마르크의 복지정책입니다. 노동자계급이 투쟁을 통해 자본가계급의 양보를 쟁취해 낸 것입니다.

복지정책을 실시하려면 재원이 필요하겠죠? 19세기 말~20세기 초에 선진국 노동자계급의 실질임금과 생활수준이 향상됩니다. 식민지 수탈의 결과로 얻은 막대한 이익의 일부가 여기에 필요한 재원이 됩니다. 그렇게 되면서 노동자계급은 의회주의, 개량주의 전술을 써도 얻어 낼 수 있는 게 많은데 왜 굳이 혁명을 하느냐라는 생각을 하게 됩니다. **식민지에서 수탈한 이윤의 일부가 노동자계급을 온순하게 만드는 수단이 된 것입니다.**

정통파는 제국주의가 자본주의의 필연적인 결과물이고 전쟁처럼 자본주의가 필연적으로 붕괴하기 직전에 나타나는 현상이라고 주장합니다. 자본주의가 붕괴할 때 나타나는 현상이 프롤레타리아트의 빈곤화와 다수화 그리고 계급갈등의 격화라고 했죠. 정통파는 제국주의 정책이 이런 현상을 야기할 것이라고 봤습니다. 제국주의 정책이 실현되려면 먼저 군사력에 의존해야 하니까 군비경쟁을 하겠죠. 이런 군비경쟁에는 돈이 필요하니까 하층계급의 조세부담이 강화됩니다. 따라서 하층 부르주아지와 노동자계급의 생활수준이 저하될 것입니다. 결국 대중의 빈곤화가 제국주의 정책을 통해 훨씬 더 심화될 것입니다. 이렇게 지배계급과 하층계급 간의 모순이 격화되면 결국은 자본주의 붕괴와 혁명으로 나아가게 되리라는 것이 정통파의 논리입니다. 그래서 정통파는 제국주의를 단순히 부정하고 비난하기만 하면 된다고 생각해요.

그런데 제국주의의 결과 노동자계급의 경제적 지위가 향상됩니다. 거기다가 민족주의 이데올로기가 급속하게 퍼져 나가 아주 강력한 힘을 얻게 돼요. 제국주의 정책은 민족주의 이데올로기와 결합합니다. 이제 제국주의에 반대하는 것은 비애국주의적 처사로 비난받습니다. 따라서 의회진출을 위해 대중의 지지를 얻고자 하는 사민당의 수정주의 입장에서는 제국주의 반대정책은 인기 없는 정책이 됩니다.

제국주의에 대한 독일 사민당의 태도를 변화시킨 결정적인 사건은 바로 1906년에 있었던 호텐토트(Hottentot) 선거입니다. 후발 제국주의 국가 독일은 서부아프리카를 점령하고 잔악한 점령정책을 폅니다. 이 점령 지역에 헤레로족(Herero)이라는 원주민들이 거주하고 있었습니다. 이들이 독일 점령자들에게 저항하자 독일 정부는 무력진압을 합니다. 헤레로 원주민들의 총 인구가 약 8만 명이었는데 진압작전으로 6만 명이 죽었다고 합니다. 죽이는 방식을 보면, 총으로 사살하기도 하지만 사막으로 몰아넣고 포위해서 그냥 굶어 죽게 만들기도 해요. 허기진 사람들이 뛰쳐나오면 총으로 죽이거나 잡아서 다시 돌려보내는 등의 잔악한 방법을 씁니다. 이 사실이 알려지면서 독일 내의 사회주의자들이 원론적으로 반대하는 시위도 하고 비난성명도 발표합니다. 이 시점에 의회선거가 있었는데 사민당은 거기서 참패해 의석수가 거의 절반으로 줄어들게 돼요. 제국주의 반대 입장이 당시 독일에 팽배하던 민족주의 정서와 충돌하면서 비애국적이라는 비난을 받은 결과였습니다.

제국주의를 속으로는 지지하고 싶어 하던 사민주의자들이 이때부터 공개적으로 제국주의 찬성의 목소리를 내기 시작합니다. 베른슈타인 같은 사람들은 노골적으로 제국주의를 지지합니다. 수정주의자들과 제국주의 옹호자들이 (실제로는 거의 겹치지만) 세력을 결집하고 확장하면서, 이들이 공식적으로는 아니지만 실질적으로는 독일 사민당의 주류를 차지합니다. 곧이어 독일뿐만 아니라 제2인터내셔널 전체에서도 이런 현상이 나타나게 됩니다. 결국 **수정주의가 결정적으로 세력을 얻게 되는 것은 식민지 논쟁에서 그것을 찬성하면서입니다.**

그런데 이 사람들은 제국주의를 전면 찬성한다고 하면 폼이 안 나니까 말장난을 합니다. 이들은 논쟁의 초기에 제국주의에 대해 원론적 반대에 그친 정통파의 입장을 부정적 식민정책(Negative Colonial Policy)이라고 불렀어요. 그리고 부정적으로만 접근하면 문제를 해결할 수 없으니까 제국주의 문제에 대해서 사회주의만의 정책을 개발해야 한다고 주장합니다. 그래서 긍정적 식민정책(Positive Colonial Policy) 또는 사회주의적 식민정책(Socialist Colonial Policy)을 내세웁니다. 상당히 놀라운 주장이죠. 사회주의는 인류의 해방을 목표로 하고 제국주의는 한 나라에 대한 다른 나라의 억압을 의미하므로, 사회주의적 식민정책은 다시 말하자면 해방적인 억압정책이 됩니다.

수정주의자들은 용어상의 모순에도 불구하고 이런 주장을 하는 근거로 네 가지를 제시합니다.

첫번째는 자본주의는 사회주의로의 진보의 단계에서 불가피한 단계라는 것입니다. 진화론적·단선적 역사관에 의하면 사회주의 실현이라는 목표를 달성하기 위해서는 그 전에 자본주의를 먼저 실현해야 합니다. 식민지는 대체로 전자본주의적인 농업 지역이었습니다. 그래서 곧바로 사회주의로 갈 수는 없고 먼저 자본주의를 이식시켜야 합니다. 그리고 수정주의자들의 논리는 자본주의를 이식시키는 역할에 국한된 제국주의 정책은 가능하다는 것입니다. 단선적 역사관을 다시 한 번 정리해 봅시다. 모든 사회가 동일한 최종 목표를 가지고 있고 그것에 이르는 경로는 하나밖에 없습니다. 모든 사회는 순서대로 그 경로를 가야 합니다. 따라서 사회주의로 가기 위해서는 자본주의를 거쳐야 합니다. 전자본주의 단계에 있는 식민지 지역에 선진 자본주의 국가가 가서 자본주의를 이식시키는 것은 역사를 발전시키는 진보적인 행위가 됩니다. 이것이 우리나라에서도 많이 들어 본 '식민지 근대화론'의 원형입니다.

두번째 근거는 위의 주장에 연결된 것인데, 사회주의가 성공하기 위해서는 계급투쟁이 전 세계로 확산되어야 한다는 것입니다. 즉 세계혁명이 일어나려면 전 세계의 노동자들이 혁명을 일으켜야 합니다. 노동자들이 혁명의 주체가 되려면 그 전에 자본주의가 충분히 발전해야 합니다. 그리고 선진국의 사회주의자들이 식민지의 노동자들에게 사회주의를 확산시켜야 합니다.

세번째는 자본주의적 식민화는 너무 야만적이니까 그것을 완화시키기 위해서라도 사회주의가 개입해야 한다는 논리입니다. 말이 안 되는 논리 같지만 당시에는 상당히 설득력이 있었어요.

대표적인 사례로 지금의 콩고를 둘러싼 아주 큰 논란이 있었습니다. 지금의 콩고 지역은 벨기에의 레오폴드 왕가가 개인 영지로 소유하고 있던 식민지였습니다. 레오폴드 왕가는 그 지역을 관리하는 '국제콩고협회'(International Congo Society)를 만들어서 아주 잔혹하게 식민지 통치를 합니다. 모든 제국주의 통치가 상당히 끔찍하게 행해졌는데, 그중에서도 가장 악명 높은 잔학행위를 했습니다. 지금도 벨기에에 왕실이 있는데 바로 이 자들의 후손입니다. 벨기에와 식민지 쟁탈경쟁을 하던 영국의 한 저널리스트가 그곳에 들어가서 실상을 취재한 뒤 신문에 연재를 했습니다. 다른 제국주의 국가를 견제하려는 의도였습니다. 공개된 실상이 너무 끔찍해서 유럽의 여론이 엄청나게 들끓었어요. 레오폴드 왕가가 비난을 견디지 못해 콩고를 포기해야 하는 상황이 됩니다. 그냥 포기하기는 아까우니까 벨기에 정부에 공짜로 주겠다고 선언합니다. 그래서 벨기에 정부가 콩고를 받을지에 대해 논의를 하게 됩니다. 당시 벨기에 의회에는 상당히 많은 사회주의자들이 진출해 있었습니다. 우파들은 당연히 받는다고 했는데 좌파들은 고민에 빠집니다. 그들의 입장에서는 식민지 점령을 비판해 왔는데 식민지를 갖자고 할 수는 없었죠.

탐험대와 전투를 벌이고 있는 아프리카인들의 모습. 탐험대, 선교사, 상인 등으로 구성된 유럽 식민주의자들은 아프리카 대륙에 문명을 가져다주러 왔다고 말했지만, 실제로 그들의 모험은 자원수탈, 노예사냥의 성격을 더 강하게 지니고 있었다.

그때 벨기에 사회당의 지도적 인물인 반데르벨데(Emile Vandervelde)라는 사람이 벨기에 정부가 콩고를 관리하는 데 찬성합니다. 콩고가 주인 없는 땅이 되면 다른 제국주의 국가들이 점령할 것이고, 그러면 훨씬 잔혹한 통치가 이루어질 것이므로 오히려 사회주의자들이 의회를 통해 잔혹한 일이 일어나지 않게끔 통제해야 한다는 것이 그의 논리입니다. 즉 자본주의적인 식민정책이 잔혹하니까 그것을 완화하기 위해 사회주의적인 식민정책이 필요하다는 논리입니다. 이 논리는 이후에 문명국의 개입이 없으면 식민지는 야만으로 전락할 것이라는 논리로 발전되어서 지금까지도 서구인들에게 유포되어 있습니다. 후진국에 대한 쥐꼬리만큼의 인도적 지원에 서구인들이 꼭 갖다 붙이는 이야기가 이때부터 나온 것입니다.

네번째 근거가 제일 핵심적인 것입니다. 산업문명이 존속하기 위해서는 열대지방만이 생산할 수 있는 자원이 필요하다는 것입니다. 자본주의를 발전시키려면 어딘가에서 원료를 공급받아야 합니다. 열대지방에 원료가 많으니까 이것을 값싸게 사가지고 와야 산업발전이 계속될 수 있다는 것이죠. 그런데 사회주의자들이 이 주장에 왜 찬성할까요? 베른슈타인은 물론이고 그 이전부터 유럽인들이 공히 가지고 있던 논리가 있습니다. 제국주의 정책은 얼핏 보면 열대지방의 자원을 빼앗기 때문에 식민지에 손해 같지만, 인류 전체의 차원에서 보면 문명의 진보를 이끌고 인류 전체의 생산력을 증대시킨다는 것입니다. 즉 인류의 보편적 이해에 부합한다는 논리입니다. 인류 보편의 이해를 위해서, 인류를 발전시키기 위해서 식민지 점령을 한다는 얘기죠. 인류 보편의 이해를 위해서는 지구의 자원을 충분히 활용해야 합니다. 그런데 활용할 수 있는 기술이 없는, 즉 문명이 없는 사람들이 자원을 가지고 있는 것은 인류에게 피해를 주는 것입니다. 너희 열대지방의 사람들이 자원 이용을 못하니까 인류 전체의 이익을 위해 할 수 없이 우리 유럽인들이 가서 대신 개발해 주겠다는 것이죠. 이것이 바로 '**문명화의 사명**'(Civilizing Mission)이라는 논리입니다.

제국주의자들은 다른 지역을 침략할 때 항상 문명을 주기 위해 왔다고 합니다. 조선에 철도 깔아 주려고, 학교 만들어 주려고 왔다는 일본처럼 말이죠. 이것은 아주 오래된 논리인데, 로크(John Locke)가 아메리카 식민지 침탈을 정당화하는 논리로서 최초로 체계화합니다. 페이비언 사회주의자이자 유명한 극작가인 조지 버나드 쇼(George Bernard Shaw)도 이런 논리의 주창자이죠. 페이비언 사회주의*는 영국 사회주의의 유력한

---

*지구전 전략가로 유명한 고대 로마의 장군 퀸투스 파비우스 막시무스(Quintus Fabius Maximus)의 이름을 딴 '페이비언 협회'(Fabian Society)가 주도한 개량주의적 성향의 사회주의. 사회복지를 위한 국가의 적극적 역할을 긍정하고, 프롤레타리아트 독재와 계급혁명을 부정하며, 의회민주주의 같은 평화적이고 점진적인 방법을 추구했다.

'사회계약론'으로 유명한 존 로크. 하지만 그는 아메리카 원주민을 '자연인'으로 간주함으로써, 그들이 원시적 인간이며 정치적·경제적 권리를 지니고 있지 않다고 주장했다.

경향들 중 하나입니다. 이들이 공식적으로 식민주의를 옹호하는 근거가 바로 이 논리입니다. 인류 보편의 이익을 위해 더 많은 자원을 개발해야 하는데 식민지 원주민들은 그럴 수 있는 문명 단계에 도달해 있지 못하므로, 유럽인들이 가서 그들을 계몽시켜 주고 자원도 개발해야 한다는 것입니다. 정말 그렇다면 개발된 자원을 모두에게 골고루 나누어 주어야지 왜 자기들이 가져가죠? 참 희한한 논리입니다. 이 네번째 논리는 오늘날까지도 끊임없이 반복되고 있습니다.

베른슈타인은 이 논리들의 연장선상에서 사회주의자들이 식민 지배를 찬성하는 또 다른 근거를 제시합니다. 베른슈타인은 사회주의혁명이 우선은 전 세계가 아니라 몇몇 선진국에서만 성공할 것이라고 봅니다. 그리고 그렇게 되면 자본주의 국가들이 이들 국가들과의 무역을 단절하고 원료를 공급해 주지 않을 것이라는 우려를 합니다. 그런 이유로 사회주의 국가들도 원료를 얻을 수 있는 식민지가 있어야 살아남지 않겠느냐고 반문합니다. 사회주의적 식민정책은 이 목적을 위해 정당화됩니다.

이런 근거에서 식민지를 옹호하는 사회주의자들과 그에 반대하는 정통파 사이에 논쟁이 벌어집니다. 공식적으로는 1904년 암스테르담 대회에서 논의됩니다. 그 논쟁을 주도했던 사람이 네덜란드 출신의 헨리 반 콜(Henri Van Kol)입니다. 이 사람은 특이한 경력을 가지고 있었어요. 기술자로 네덜란드 식민지였던 동인도제도(지금의 인도네시아 지역)에서 오랫동안 생활한 사람입니다. 그래서 식민지의 실상을 잘 알고 있었어요. 이 당시 다른 사회주의자들은 사실 유럽 밖의 일에 대해 거의 몰랐고 관심도 없었습니다. 이런 경력을 가진 반 콜이 식민지 전문가로 등장하고 그를 중심으로 다비드와 베른슈타인(독일의 대표적 수정주의자 2인)이 세력을 규합해 암스테르담 대회에서 식민주의를 옹호하는 주장을 합니다. 그래도 정통파들의 목소리가 명목상으로는 강했기 때문에 인터내셔널의 공식 입장이 되지는 못합니다. 결국 다음 대회 때 다시 얘기하자고 결론이 납니다.

그 다음 대회인 1907년 슈투트가르트 대회에서 반전 문제와 마찬가지로 식민지 문제를 다루는 소위원회를 구성합니다. 반 콜이 이 소위원회를 주도합니다. 이 소위원회에서 사회주의적 식민정책을 찬성하는 듯한 뉘앙스의 결의안이 채택됩니다. 이 결의안은 대회에서는 아주 근소한 차이로 부결됩니다. 하지만 이 근소한 표 차이는 이미 제2인터내셔널 내부에 제국주의를 옹호하는 세력이 상당히 많이 확산되어 있었다는 것을 보여 주는 것입니다. 반전 문제와 식민지 문제가 똑같이 1907년에 논의되었다는 것은 상징적입니다. 이 슈투트가르트 대회를 분기점으로 해서 수정주의자들의 주도로 친제국주의적인 경향이 사회주의를 장악하기 시작합니다. 이 무렵에 제국주의적인 침략이 격화되었고, 사회주의자들마저 그것에 동화된 것이죠.

식민지 문제와 반전 문제가 연결되는 지점으로서 중요한 사건이 열강들의 중국 분할입니다. 중국 분할 문제는 베른슈타인이 쓴 수정주의의 교과서 『사회주의의 전제와 사민당의 과제』에서도 다뤄집니다. 그는 여기서 사회주의적 식민주의의 전형적인 논리를 전개합니다. 그는 **더 높은 문명이 더 많은 권리를 가진다는 원칙을** 제시합니다. 그가 보기에 더 높은 문명은 당연히 서유럽입니다. 서유럽이 더 큰 권리를 가지게 되니까 더 낮은 문명인 식민지에 대한 침략은 당연한 것이 되죠. 이 외에도 앞서 얘기했던 식민주의의 논리가 노골적으로 계속 되풀이됩니다.

이 책에 특히 흥미로운 사례가 나옵니다. 의화단의 난을 계기로 여러 나라가 중국을 점령합니다. 독일은 자오저우만(膠州灣)을 조차하고 산둥반도에 대한 지배권을 행사합니다. 독일 내에서 이 식민적인 침략의 정당성에 대한 논쟁이 벌어졌는데, 베른슈타인은 침략을 적극적으로 옹호합니다. 그는 옹호의 논리로 방어 전쟁의 논리를 되풀이합니다. 그의 논리의 전제는 '세력균형론'입니다. 즉 유럽에서 전쟁이 일어나지 않기 위해서는 세력균형이 계속해서 유지되어야 한다는 것이죠. 세력균형이라는 것은 유럽 내부의 정치지형의 문제인데, 이걸 식민지 문제에도 적용한 것입니다. 러시아는 중국 땅 일부를 점령했는데 독일이 중국 땅 일부를 점령하지 못하면, 독일이 중국에 대해 가지고 있는 권리를 러시아에게 침해당하는 결과를 가져와서 세력균형이 깨진다는 것입니다. 그래서 독일의 권리를 러시아의 공격으로부터 방어하기 위한 중국 점령은 정당하다는 주장을 펴죠. 이 주장에는 독일이 중국 점령을 통해 얻는 이익은 당연한 것이라는 전제가 깔려 있습니다. 더 높은 문명은 더 낮은 문명을 지배할 수 있으니까 제국주의 열강들은 모두 중국에 대해 똑같은 권리를 가지고 있다는 것입니다. 러시아는 중국에 더 큰 영향력을 행사하는데 독일은 그러지 못한다면, 결국 독일은 당연한 권리를 침해당하게 되는 것이죠. 따라서 독일의 자오저우만 점령은 방어적인 의미의 점령이라는 것입니다. 이것이 바로 사회주의적 식민주의의 출발점이 된 주장입니다.

정통파는 수정주의와 제국주의의 결합에 제대로 대응하지 못합니다. 그 이유는 결정적으로 제국주의가 어떤 결과를 가져올 것인지 제대로 인식하지 못했기 때문입니다. 실제로 제국주의의 결과 서유럽 노동자계급의 경제적 지위가 향상되고 그것을 토대로 수정주의가 확산되어 가는데 정통파들은 끊임없이 붕괴론을 얘기하고 있었어요. 제국주의가 노동자계급과 프티부르주아 하층을 파탄에 빠뜨려 결국은 자본주의가 붕괴하고 혁명이 일어나게 될 것이라는 얘기만 계속 반복한 것입니다. 그런데 현실은 그렇게 안 되니까 할 말이 없어진 거죠. 정통파들은 제국주의 옹호 논리에 대응하는 논리들을 만들어 내지 못한 채 붕괴론에 갇혀 있었습니다.

③ 혁명적 사회주의자들의 수정주의 식민지관 비판

이런 이론적 결함을 극복하고, 제국주의 시대 선진국 노동자계급의 경제적 상황의 향상을 인정하면서 제국주의를 본격적으로 재해명하려는 시도가 레닌의 『제국주의, 자본주의의 최고 단계』(이하 『제국주의』)입니다. 『제국주의』는 제국주의의 결과 제국주의 모국에서 노동자계급의 생활수준이 향상되었다는 것을 인정합니다. 이것을 물적 토대로 해서 수정주의가 성장한 것입니다. 그래서 수정주의는 제국주의의 물질적 수혜를 받는 계층인 노동귀족의 이해관계를 대변하는 이데올로기인 것입니다. 『제국주의』에 대해서는 7강에서 좀더 자세히 살펴보도록 하겠습니다.

　『제국주의』의 의미를 이해하기 위해서 눈여겨봐야 할 것이 '식민정책'이라는 용어입니다. 여기서 정책이라는 말이 중요해요. '정책'은 생산양식의 본질적 특징도 아니고 국가의 핵심적인 목표도 아닙니다. 정책은 더 근본적이고 중요한 목적을 실행하기 위해 국가가 사용하는 수단이잖아요. 그래서 정책은 여러 가능한 것들 중에서 선택할 수 있는 것입니다. 식민주의의 문제를 '식민정책'으로 이해하면 식민지 문제가 어떤 제국주의 국가가 선택할 수 있는 수많은 정책들 중의 한 가지에 불과하다고 보게 됩니다. 이 말은 식민지 점령은 아주 억압적일 수도 있지만 유화적으로도 할 수 있다는 얘기입니다. 이런 말을 쓰는 이유는 이렇습니다. 자본주의적인 식민정책과 사회주의적인 식민정책은 아주 다르며, 사회주의자들이 선의를 가지고 사회주의 정신에 입각해서 식민정책을 유화적으로 펼치면 식민지 문제가 해결될 수 있다는 것입니다. 그러면 식민지라는 것은 우연히 일어나는 현상이고, 식민지에 대해 역사적으로 존재했던 억압적 현상도 우연에 불과한 것이 됩니다. 문제가 있었던 것은 단지 아주 부도덕한 식민주의자들이 식민지에 들어갔기 때문입니다.

이에 대립하는 정통파들의 관점은 제국주의를 자본주의의 필연적인 표현이라고 보는 것입니다. 이 입장이 레닌에게도 계승됩니다. 하지만 레닌은 이것을 붕괴론의 테두리 안에서 반복하지 않습니다. 정통파들에게 제국주의는 전통적 산업자본주의의 붕괴가 임박할 때 나타나는 병적인 현상입니다. 반면 **레닌에게 제국주의는 자본주의의 모순이 심화하면서 자본가계급이 그 모순을 극복하기 위해 자본주의의 성격을 변화시킨 새로운 단계**입니다. 즉 지금까지 경쟁이 주도하던 산업자본주의 시대와는 다른, 변화된 자본주의 단계로 보는 것입니다. 그렇게 되면 제국주의는 자본주의가 지금까지의 모순을 극복하고 지속하기 위한 필연적인 대응책이 됩니다. 제국주의는 수정주의자들의 생각처럼 우연적인 정책이 아니라 현대의 자본주의에 필연적이고 본질적인 것입니다. 식민지 점령과 약탈과 같은 가혹한 점령정책들은 제국주의화된 자본주의에서 반드시 나타날 수밖에 없는 결과가 됩니다. 식민지 확산과 억압은 필연적으로 나타나는 것입니다. 따라서 식민지 점령 지역에서 나타나는 제국주의에 대한 인민들의 저항도 필연적인 것이 됩니다. 식민주의의 모든 현상들이 우연히 나타나는 것이 아니라 필연적으로 나타나는 자본주의 모순의 표현입니다. **자본주의의 모순은 선진국 내에서는 노동자계급과 자본가계급 사이의 투쟁으로 발현**

됩니다. 그리고 그와 동시에 제국주의와 제국주의에 대항하는 식민지 피억압 민중들 사이의 투쟁의 형태로도 나타납니다. 이것이 레닌이 수행한 이론적 작업의 의미입니다.

반면에 제국주의를 옹호하는 사회주의자들은 유럽 바깥의 식민지 저항운동에 아무런 의미도 부여하지 않습니다. 기껏해야 아주 잔혹한 통치를 완화시키자는 정도로만 대응한 것이죠. 이들은 유럽 바깥에서의 식민지 저항운동들이 자본주의와 필연적 연관을 가지고 있고 아주 중요한 의미를 지닌다는 것을 전혀 인식하지 못했습니다. 철저하게 유럽중심주의적 관심 영역에만 매몰되어 있었다고 볼 수 있죠. 이것이 바로 식민지 논쟁의 중요한 함의입니다.

우리가 앞서 보았듯이 슈투트가르트 대회의 반전 결의안을 두고 두 세력이 나누어졌습니다. 반전 논쟁과 제국주의 논쟁이 밀접하게 연관되어 있기 때문에, 이 두 세력은 제국주의에 대해서도 당연히 다른 입장을 가지고 있었습니다. 사민주의자들은 식민주의를 수용했고, 사회주의운동에 있어서는 유럽 내부의 문제에만 집중했으며, 식민지 민족해방운동을 관심 대상으로 삼지 않았습니다. 반면에 제2인터내셔널을 극복하려고 형성된 코민테른, 즉 제3인터내셔널은 당면한 가장 중요한 과제를 선진국의 사회주의혁명과 식민지 민족해방운동으로 설정합니다. 결국 사민주의는 사회주의 진영이 제국주의 진영에 투항하면서 형성된 것으로서 제국주의 논리의 사회주의적 변형이고, 공산주의는 제국주의에 대한 반발로서 나타난 운동이라고 말할 수 있겠죠. 이렇게 맑스주의의 역사에서 반전 논쟁과 식민지(제국주의) 논쟁은 맑스주의의 두 큰 흐름이 갈라지는 중요한 분기점이 된다고 볼 수 있습니다.

"사회주의적 의식은 외부로부터 프롤레타리아트의
계급투쟁에 도입된 것이지 그 투쟁으로부터
자생적으로 나온 것이 아니다."

- 블라디미르 레닌, 『무엇을 할 것인가?』

1905년 제1차 러시아혁명을 묘사한 벽화

6강

러시아혁명과 레닌(1)
―1917년 이전의 러시아와 레닌

러시아혁명의 배경

6~7강에서는 러시아혁명과 레닌의 사상에 대해 이야기를 하겠습니다. 세 가지 측면에서 이 주제에 접근하려 합니다. 첫번째 측면은 러시아혁명 전의 러시아에서부터 러시아혁명을 거쳐 현실사회주의 국가가 건설되는 전 과정입니다. 그리고 두번째 측면은 역사가 전개되는 과정 속에 이론적·실천적으로 개입하는 레닌의 역할과 사상입니다. 마지막으로 소련 바깥에서의 문제, 주로 1919년에 창립된 코민테른이라는 조직의 차원에서 접근할 것입니다. 이 마지막 측면은 8강에서 주로 다루겠습니다. 레닌은 1924년에 죽습니다. 따라서 실질적으로 레닌은 코민테른 초기에만 관여했고, 코민테른을 지배하는 이념적·정치적 방향은 스탈린이 주도하게 됩니다. 레닌이 영향을 미치게 되는 것은 레닌이 참석한 1922년 제4차 대회까지입니다. 그리고 이때는 레닌의 건강상태가 이미 좋지 않을 때입니다. 레닌이 1924년 1월에 죽고 제5차 대회는 1924년 6월에 열립니다. 그래서 6~7강에서는 코민테른에 대해서는 제4차 대회까지만 이야기를 하겠습니다.

① 러시아혁명의 전사(前史)

우선 러시아혁명사라는 틀을 가지고 이야기를 해야 할 것 같습니다. 혁명 이전의 러시아의 상황에 대해 먼저 살펴봅시다. 러시아는 서유럽에 비해서 자본주의 발전이 늦고, 전제정치가 지배적이고, 농민이 인구의 다수였던 나라입니다. 러시아 근현대사에서는 1861년이 중요합니다. 1861년은 러시아의 차르 알렉산드르 2세가 사회 신분으로서의 농노를 공식적으로 해방시킨 해입니다. 이것은 봉건제적 국가에서 근대적 국가로 전환했음을 공식적으로 선언했다는 의미입니다. 러시아는 농노를 자유인으로 해방시키면서 근대적인 국가로 탈바꿈할 생각을 가지고 있었습니다.

하지만 이 농노해방이 러시아를 곧바로 서유럽의 근대 국가들처럼 만들 수는 없었습니다. 농노들은 봉건 영주에게 예속되어 영지를 경작하고 수확량의 일부를 받음으로써 생계를 꾸려 가고 있었습니다. 이런 농노들에게 해방은 일면 좋은 것처럼 보이지만 실질적으로 상당한 재앙이 될 수 있었습니다. 왜냐하면 농노들은 정치적으로 억압당하고 겨우 기아를 면하는 수준으로 살아가고 있었지만, 영주가 토지라는 생계수단을 보장해 주고 있었기 때문입니다. 물질적 토대를 마련하지 않은 상태에서의 농노해방은 농노들에게 토지만 빼앗는 재앙이 됩니다.

차르도 이러한 상황을 고려해서 농노해방과 동시에 토지개혁을 시행합니다. 러시아의 경우에는 유상분배를 하는 방식으로 토지개혁을 합니다. 농노들을 해방시키고 농노들에게 농지를 나눠 주는데, 그 대금을 지주에게 갚게끔 합니다. 그런데 농노들이 부담할 수 없을 만큼의 토지가격을 매겨 버립니다. 이렇게 되면 농노들이 자영농으로 성장할 수 없기 때문에 농노해방은 의미가 없게 되는 것이죠. 지주계급의 힘이 워낙 강했기 때문에 지주계급에게서 토지를 무상으로 빼앗아 농민에게 무상으로 분배한다는 것은 상상할 수도 없었습니다. 유상으로 분배하더라도 지주들의 이익을 제한하고 그 대신 농노들에게 토지를 싸게 분배할 수는 없었습니다. 토지개혁은 농노들을 자유로운 농민계층으로 성장하게 한 것이 아니었습니다. 토지를 농노들에게 높은 가격으로 팔고, 지불할 능력이 없을 경우 이를 49년에 걸쳐서 상환하게 하는 의무를 지웁니다. 이는 농노들이 영주로부터 신분적으로는 해방되지만 경제적으로는 더욱 종속되는 결과를 낳습니다. 이렇게 농노해방과 그에 따른 토지분배는 이전의 영지예속보다 더 혹독한 생활조건을 농민들에게 강요하게 됩니다. 러시아의 농업 문제는 더욱 악화되고, 농민을 중심으로 저항이 일어나게 됩니다.

② 인민주의자들의 등장

러시아는 예전이나 지금이나 러시아 정교회의 영향력이 강한 나라입니다. 당시 러시아 인민들은 러시아 정교회의 종교적 사상과 긴밀하게 연결된 차르 체제의 이데올로기에 의해 세뇌되어 있었습니다. 러시아 인민들은 아버지 차르가 인민을 돌봐 준다는 믿음을 가지고 있었기 때문에, 저항이 바로 차르에 대한 정치적 저항으로 발전되지는 않았습니다. 그럼에도 불구하고 농민들이 기아상태에 빠지면서 저항이 발생하고, 농민의 궁핍한 상황을 동정하고 개선하려 한 상층 출신의 운동가들도 나타나게 됩니다. 이들은 어떻게 하면 농민의 처지를 획기적으로 개선시킬 수 있을까에 대해 여러 가지 의견을 제시합니다. 그때 발생한 의미 있는 사회개혁사상이 '인민주의'입니다. '나로드니키'(Narodnik)라고 불리는 인민주의자들이 나타나게 됩니다. 인민주의는 게르첸(Aleksandr Gertsen)이라는 귀족 출신의 지식인이 처음으로 제창했던 정치사상입니다.

러시아의 전통 농민 사회에서는 부정적인 의미에서든 긍정적인 의미에서든 공동체적 전통이 상당히 강했습니다. 농노해방 이후에는 미르(Mir)라고 불린 농촌공동체가 더욱 큰 역할을 할 수밖에 없었습니다. 농노해방 이후 농민들은 독자영농을 통해서는 생계를 보장받지 못하게 됩니다. 상호부조를 통해 사회안전망 같은 것을 구축하려는 자생적 시도를 하게 되고, 그에 따라 공동체가 훨씬 강화됩니다. 이 농촌공동체는 보수적인 색채와 예속적 성격이 강했습니다. 농노해방 이후에 공동체가 한 중요한 일은 각 농가가 소유하고 있는 농지를 공동체 차원에서 몇 년 주기로 재분배하는 것이었습니다. 어떤 농지는 비옥하고 어떤 농지는 척박했기 때문에 농지분배 과정에서 필연적으로 불평등의 문제가 생기게 됩니다. 이런 불평등의 문제는 개인의 노력으로 극복할 수 없으므로, 공동체 내에서 최소한의 평등을 보장하면서 기아와 생존 문제를 해결하려 했습니다.

어떤 사람들은 이 공동체를 자생적이고 평화로운 것으로 보지만, 사실은 상당히 강압적이었고 또 보수적이었습니다. 상당히 남성중심적이었으며 장로들이 큰 권한을 가지고 있었습니다. 그 안에서 개인의 자유라든지 인습에서 벗어난 행위, 공동체로부터 벗어난 경제적·사회적 생활은 불가능했습니다. 인민주의자들은 이 공동체를 긍정적 방향으로 전환시키면 평등을 지향하는 농민들의 바람을 실현하는 토대로 삼을 수 있을 거라 생각합니다. 그래서 게르첸을 필두로 인민주의자들은 **농촌공동체에 기반을 둔 러시아가 자본주의 발전을 경유하지 않고 곧바로 사회주의로 진입할 수 있을 거라고 주장**합니다. 이것이 인민주의의 핵심입니다. 자본주의를 경유하기 위해서는 농민층이 분해되어야 합니다. 말은 쉽지만 농민계급에게는 재앙적인 과정입니다. 농민 분해는 농민계급이 자발적으로 산업노동자로 전환되는 것이 아닙니다. 경제적 붕괴를 거치면서 타율적으로 산업노동자로 전환되는 과정에서 농민들이 겪게 될 고통이 엄청나겠죠.

러시아에서는 이미 19세기에 국가 주도로 서유럽 열강에게서 자본을 투자받아 대도시 중심의 집중적인 산업화가 이루어집니다. 산업이 러시아 경제 전체에서 차지하는 비율은 상당히 낮았음에도 불구하고 개별 기업 자체의 규모는 컸습니다. 그리고 노동자들의 열악한 생활조건과 노동조건이 러시아 사회에 잘 알려져 있었습니다. 이런 상황에서 자본주의를 부정적으로 인식하고 전통적인 농촌공동체의 가능성을 긍정적으로 본 사람들이 인민주의자가 되었습니다. 이들은 러시아 자본주의의 처참한 상황을 비판했고, 농민층이 자본주의 발전에 따른 분해를 경험하지 않으면서 빈곤과 억압적 상황에서 벗어날 가능성을 인민주의에서 찾게 됩니다.

초기의 인민주의자들은 대중의 계몽을 중요한 수단으로 삼았습니다. 이것이 '브나로드운동'입니다. 우리가 잘 알고 있고 교과서에도 나오는 심훈의 『상록수』가 바로 브나로드운동에서 영감을 받아 쓴 소설입니다. 『상록수』에서는 농민들은 편견이 있기는 하지만 금방 계몽될 수 있는 존재로 그려집니다. 하지만 러시아의 실상은 그렇지 않았습니다. 청년 지식인들이 사회개량의 열정을 가지고 농촌으로 들어갑니다. 농민들을 계몽하고 지도하려고 하는데, 이에 대해서 농민들은 거부감과 무관심으로 대응합니다. 심지어는 경찰에 신고해서 많은 인민주의자들이 검거되는 일도 생깁니다. 그래서 브나로드운동은 실제로 농민계급에 뿌리를 내리지 못하고 지식인만의 운동이 되어 버렸습니다. 이 상황에서 원래의 운동방식을 고수하려고 한 사람도 있었지만, 테러리즘으로 급선회한 사람도 있었습니다. 많은 테러리스트 단체가 만들어져 알렉산드르 2세를 암살합니다. 19세기 말~20세기 초에 3,000명 정도의 러시아 고위 관료가 이들에게 암살당합니다. 그리고 차르 체제는 테러리즘을 빌미로 저항운동을 강력하게 탄압합니다.

1881년 차르 알렉산드르 2세를 암살한 죄로 사형당하는 '인민의 의지' 그룹을 그린 그림.

이들과는 다른 운동가들 또는 다른 사회개량 사상도 나타납니다. 당시 서유럽에서처럼 부르주아적 근대화를 주장하는 자유주의자들이 형성됩니다. 이들은 러시아가 자유주의 노선에 따라 서구화되어야 한다고 생각했습니다. 하지만 이 사람들은 그렇게 큰 목소리를 내지는 못합니다. 차르 체제가 너무 강력했고 구귀족의 영향력도 상당히 강했기 때문에 자유주의적 개혁들이 거의 받아들여지지 않았습니다. 그래서 역사학자들 중에는 만약에 자유주의적 개혁들이 순조롭게 러시아에서 진행되었다면 러시아혁명이 일어나지 않았을 것이라는 평가를 내리는 사람도 있습니다. 그 정도로 자유주의자들의 영향력은 제한적이었습니다.

③ 초기의 러시아 맑스주의: 2단계 혁명론

그리고 또 하나의 조류가 나타나는데 그것이 바로 맑스주의입니다. 러시아에서 맑스주의의 수용은 두 가지 형태로 나타납니다. 하나는 이론의 수용인데 이것이 먼저 일어납니다. 『자본』이 최초로 번역된 나라가 러시아입니다. 당시 러시아는 차르 체제의 엄격한 검열제도 아래에 있었습니다. 그런데 『자본』 같은 책이 합법적으로 출판됩니다. 검열관들이 보기에 너무 어려운 이론적 체계라서 이것이 사회운동에 영향력을 미치리라고 생각하지 못했기 때문입니다. 그리고 실제로도 그랬습니다. 대중들보다 대학에 있는 지식인들이 이론적인 관심에서 맑스주의를 받아들입니다. 이 지식인들은 실질적인 정치적 지향은 자유주의에 점차 가까워지는데 이론적으로만 맑스주의를 공부하게 된 것이죠. 나중에 레닌은 이 사람들을 가리켜 '합법적 맑스주의자'라고 부릅니다. 말 그대로 합법적으로 용인된 한계 내에서 개량적 정치지향을 가지면서 이론적으로만 맑스를 공부하는 사람들이라는 의미입니다. 대표적인 인물로 레닌과 논쟁했던 스트루베(Pyotr Struve)라는 사람이 있습니다. 이 사람은 나중에 결국 자유주의로 선회하게 됩니다.

다른 방식의 맑스주의 수용은, 역시 지식인 중심이긴 하지만 맑스주의를 혁명적 실천과 직접 연결시키려는 의도를 가진 소수의 사람들에 의한 것입니다. 당시에는 상트페테르부르크*가 산업의 중심지였습니다. 여기서 형성된 신흥 산업노동자계급을 중심으로 맑스주의를 전파하고 조직을 만들어 나가는 세력들이 19세기 말에 조금씩 생겨납니다. 이 사람들은 당시 서유럽에서처럼 사회민주주의자라는 명칭으로 불리고 있었습니다. 그런데 차르 체제의 탄압이 워낙 심하니까 러시아 내에서 활동하기가 상당히 힘들게 되었습니다. 작은 조직이라도 만들면 검거되거나 비밀경찰들이 일거수일투족을 다 알 정도로 감시하고 있었습니다. 그래서 레닌을 비롯한 지도적 인물들은 대부분 검거와 유배를 당한 뒤 합법적으로 풀려나거나 도망쳐 스위스나 독일 같은 서유럽으로 망명하게 됩니다.

이러한 러시아 사회민주주의운동의 지도자 역할을 했던 사람이 플레

---

* 차르 표트르 대제가 자신의 이름을 따서 1703년 건설한 도시. 1914년에 독일식 명칭 대신 러시아식 이름인 '페트로그라드'로 개칭되었고, 1924년에 레닌이 사망하자 그를 기리기 위해 '레닌그라드'로 개칭되었다. 1991년 소련이 해체한 뒤에는 다시 본래 이름인 상트페테르부르크로 불리게 되었다. 이 책에서도 이 배경을 따라 1914년 이전의 상황에서는 '상트페테르부르크'로, 1914년 이후에는 '페트로그라드'로 표기했다.

'러시아 맑스주의의 아버지' 플레하노프. 1882년 『공산당 선언』을 번역했고, 1898년에는 러시아 사회민주당의 조직을 주도했다. 또 1900년에는 레닌 등과 함께 혁명적 맑스주의 신문 『이스크라』를 창간하고 정치선동을 펼쳤다. 1917년 혁명 이후 러시아에 돌아왔지만 10월 혁명에 부정적인 입장을 취했고, 볼셰비키와 대립하던 중 1918년 사망했다.

하노프입니다. 플레하노프는 3강에서 잠깐 등장했던 인물이죠. 플레하노프는 '러시아 맑스주의의 아버지'라고 불리는 사람입니다. 그는 원래는 인민주의자였다가 맑스주의로 전향하면서 맑스주의를 러시아에 전파합니다. 특히 러시아 맑스주의의 초기 단계에서는 플레하노프의 영향력이 강했습니다. 이 사람이 이해한 맑스주의는 카우츠키류의 정통파에 가까웠습니다. 러시아의 상황에 대한 플레하노프의 입장은 경제결정론적이고 진화론적인 특징을 가지고 있었습니다. 그는 러시아 사회의 발전 전망에 대해 **2단계 혁명론**을 제시합니다. 2단계 혁명론이라는 것은 러시아 사회가 아직은 전자본주의적 사회, 즉 봉건적 요소가 우세한 사회이기 때문에 **사회주의혁명을 통해서 완전한 사회주의 사회가 되기까지는 예비 단계가 필요하다는 것**입니다. 첫번째 단계는 부르주아혁명을 통해서 자본주의를 도입하고 충분히 성숙하는 단계입니다. 그 단계가 지나게 되면 다시 사회주의혁명을 통해 사회주의로 이행해야 합니다. 이것이 러시아 맑스주의의 가장 큰 특징이었습니다.

맑스주의자들과 인민주의자들의 논쟁도 이 문제에 관한 것입니다. 인민주의자들은 농업 사회에서 자본주의를 경유하지 않고 바로 사회주의로 갈 수 있다는 입장이었습니다. 반면에 맑스주의자들은 반드시 자본주의적 단계를 경유해야 한다고 봅니다. 1890년대부터 1905년 제1차 러시아혁명 이전까지 주로 레닌이 주도했던 인민주의자들과의 논쟁들도 바로 이 점을 둘러싸고 벌어집니다.

이 논쟁에는 전사가 있었습니다. 『공산당 선언』의 1882년 러시아어 제2판 「서문」에서 맑스·엥겔스는 이 문제를 이야기했습니다. "러시아의 오브쉬치나(Obschina, 러시아의 촌락공동체)는, 비록 태고의 토지 공동보유의 심하게 붕괴된 형태이기는 하지만, 공산주의적 공동보유라는 더 높은 형태로 직접 이행할 수 있는가? 아니면 반대로 서양의 역사발전을 이루고 있는 동일한 해체과정을 먼저 겪어야만 하는가?" 러시아가 농업 사회에서 곧바로 사회주의로 이행할 가능성이 있느냐를 물어본 것입니다. 맑스·엥겔스는 이것이 가능하다고 말합니다. 그런데 전제조건을 달아요. 러시아에서 혁명이 먼저 일어나더라도 선진 자본주의 국가에서 사회주의혁명이 일어나 양자가 서로를 보완해야만 성공적으로 이행할 수 있다는 것입니다. **러시아만으로 봉건적 사회에서 사회주의로 바로 이행하는 것은 불가능하지만, 서유럽 사회주의혁명의 도움이 있으면 가능할 수도 있다는 것입니다.** 사실 맑스·엥겔스는 이런 언급을 여러 번에 걸쳐서 했습니다.

하지만 논쟁 당시에 러시아 맑스주의자들은 맑스의 주장보다 더 엄격한 역사관을 가지고 있었습니다. 자본주의 단계의 경유가 반드시 필요하다고 봤던 것입니다. 레닌이 이론적으로 맑스주의에서 두각을 나타낸 것도 바로 이 논쟁에서입니다. 레닌이 초기에 발표한 중요한 이론적 저작이 『러시아에서 자본주의의 발전』이라는 책입니다. 러시아가 자본주의를 경유하지 못하는 객관적 조건이 무엇이냐는 물음에 인민주의자들은 러시아는 아직 시장이 협소하다고 대답합니다. 자본주의가 발전하려면 산업 생산물들을 흡수할 만한 시장이 있어야 한다는 것입니다. 러시아 산업의 시장은 러시아 산업의 내부에도 있어야 하고 러시아 바깥의 다른 나라에도 존재해야 합니다. 인민주의자들은 일단 러시아 내부의 시장이 상당히 협소하기 때문에 자본주의 발전이 불가능하고, 지금 현재도 러시아는 자본주의 단계가 아니라고 말합니다. 반면에 **레닌은 실증적 자료들을 바탕으로, 러시아에는 전자본주의적인 요소가 많이 있음에도 불구하고 시장이 충분히 존재한다고 주장합니다.** 러시아 자본주의가 이미 충분히 발전했다는 것이죠. 러시아가 완전한 자본주의 단계는 아니지만 자본주의 발전의 단계로 들어섰고 이를 역전시킬 수는 없다는 게 그의 주장입니다. 이런 레닌의 주장은 러시아에서 자본주의가 발전해야 사회주의로의 이행을 추구할 수 있다는 생각에서 나온 것입니다. 이는 당시의 레닌이 플레하노프의 영향 하에 2단계 혁명론의 틀에서 사고하고 있었음을 보여 주는 것입니다.

러시아혁명의 새로운 흐름

① 러시아 사회민주당의 창립

맑스주의자들은 러시아 정부의 탄압으로 인해 거의 러시아 바깥에서 활동하게 됩니다. 자신들의 정치적 주장을 담아서 러시아 내부로 침투시켜 러시아 사람들을 교육하고 혁명의 길로 나아가게끔 하는 것이 중요한 과제였습니다. 당시 스위스에 망명하고 있던 플레하노프 밑에 몇 명이 모여 신문을 냈는데, 그게 유명한 『이스크라』*입니다. 이스크라는 러시아 말로 '불꽃'이라는 뜻입니다. 플레하노프가 주도를 하고 레닌과 파벨 악셀로트

---

* 맑스주의에 대한 탄압으로 망명한 플레하노프, 레닌, 마르토프 등이 펴낸 신문. 1900년 12월 21일 독일 뮌헨에서 창간되었다. 1901년의 제4호에는 레닌의 『무엇을 할 것인가?』의 기초가 된 논문인 「시작해야 할 지점」이 실렸으며, 그 외에도 러시아 공산주의의 이론적 기초를 이루는 근들이 수록되었다. 1903년 사회민주당 제2차 당 대회에서 당원 자격 논쟁으로 레닌과 마르토프가 충돌해 분열되었다. 결국 레닌은 제53호부터 퇴진하고, 이후 『이스크라』는 멘셰비키의 기관지가 된다.

(Pavel Akselrod), 베라 자술리치(Vera Zasulich)라는 여성이 함께 일해요. 나중에 마르토프 등이 합류해서 '이스크라파'로 불린 그룹을 형성합니다. 그리고 이 사람들을 중심으로 최초의 맑스주의 정당인 **러시아 사회민주당**이 창립됩니다. 처음에는 자기들끼리 소모임 수준에서 만든 것입니다. 정당으로서의 틀을 갖춘 것은 제2차 당 대회에서입니다.

    1903년에 러시아 사회민주당 제2차 당 대회가 열립니다. 이때 아주 중요한 논쟁이 벌어집니다. 논쟁의 당사자는 레닌과 레닌의 친구였던 마르토프입니다. 이 논쟁에서 두 파가 나누어지는데, 그게 바로 볼셰비키(Bolshevik)와 멘셰비키(Menshevik)의 기원입니다. 하지만 1903년에 두 사람이 논쟁을 했다고 해서 아주 적대적인 관계로 돌아서거나 당이 깨지거나 하지는 않습니다. 마르토프는 나중에 제2인터내셔널 슈투트가르트 대회에서 반전 결의안을 레닌과 함께 작성하죠. 1907년에도 레닌과 같은 노선을 걷고 있었던 것입니다. 흔히 볼셰비키와 멘셰비키가 처음부터 원수처럼 싸웠다고 생각하는데 그렇지 않습니다. 큰 틀에서 보면 아주 유사한 노선을 걷고 있던 사람들이었습니다. 실제로 이 사람들이 부분적으로 정치적 적대관계에 들어서는 것은 1905년 제1차 러시아혁명 이후이고, 1912년이 되어서야 볼셰비키와 멘셰비키가 별도의 당으로 분리됩니다.

    1903년의 논쟁의 주제는 당원 자격에 대한 규정이었습니다. 마르토프의 안에서 당원은 "당의 강령을 받아들이고 당 조직의 통제와 지도 아래 당의 과제를 실현하기 위해 적극적으로 활동하는 사람"이에요. 레닌의 안에서는 "당의 강령을 받아들이고 물질적 측면에서 당을 후원하고 당 조직 가운데 하나에 직접 참여하는 사람"입니다. 차이는 당에 직접 참여하는 사람만 당원으로 하느냐, 그냥 동의하고 후원만 하는 사람까지 폭넓게 당원으로 받아들이느냐 하는 것입니다. 말만 놓고 보면 큰 차이가 없는

러시아혁명의 지도자 레닌

1870 블라디미르 일리치 울리야노프(Vladimir Ilyich Ulyanov)가 교사인 아버지와
      교육 수준이 높았던 어머니 사이의 6남매 중 셋째로 출생.
1887 인민주의 운동에 가담했던 맏형이 차르 알렉산드르 3세 암살 음모에 연루되어 처형됨.
      같은 해 레닌은 카잔 대학 법학과에 입학했지만, 12월 불법집회 참가로 퇴학당함.
1889 퇴학 후 몇 년간 맑스의 『자본』 등을 읽고 맑스주의자가 됨.
1891 법학학위를 취득하고 사마라에서 변호사로 일함.
1895 러시아 망명자들과 활동하기 위해 서유럽으로 감.
      돌아와 율리 마르토프와 함께 상트페테르부르크에서 '노동계급해방 투쟁동맹' 결성.
      12월에 체포되어 감옥에 갇혀 있다가 시베리아에서 3년간 유형생활을 함.
      유형기간 중에 나데즈다 크루프스카야와 결혼.
1899 『러시아에서 자본주의의 발전』 발표.
1900 뮌헨에서 플레하노프와 함께 『이스크라』 창간.
1902 『무엇을 할 것인가?』 출판.
1905 제1차 러시아혁명 발발.
1908 『유물론과 경험비판론』을 발표해 마흐주의적 경향을 비판하고 변증법적 유물론을 옹호함.
1912 볼셰비키만의 당 대회가 소집됨. 멘셰비키와 결별함.

▶ 1920년 5월 5일 적군(赤軍)을 향해 연설하고 있는 레닌

1917	『제국주의, 자본주의의 최고 단계』 출판. 2월 혁명 발발. 4월에 페트로그라드로 오면서 「4월 테제」 작성. 모든 권력을 소비에트에 집중시킬 것을 주장함. 10월 혁명으로 임시정부가 전복된 후에는 소비에트 인민위원회 의장으로 선출됨.
1918~1920	러시아 내전 발발.
1919	제3인터내셔널(코민테른) 창립. 반제국주의 민족해방투쟁의 기반을 확립.
1924	고리키에서 사망.

것 같습니다. 그러나 레닌이 원했던 것은 당 활동에 직접 참여하는 사람들을 중심으로 한 당을 만드는 것이었습니다. 당시에 당 활동은 비합법적이었습니다. 아주 열악하고 위험한 상황 속에서 이 비합법적인 활동을 할 수 있으려면 군대적 위계에 의해서 훈련되고, 정치의식도 매우 성숙해 있고, 입장도 분명한 사람이어야 한다는 것입니다. 요즘과 같이 당 활동이 당 대회 참석하고 투표하고 캠페인 같은 것 몇 번 가면 되는 정도가 아니었던 것이죠. 결국 두 사람이 생각한 당 활동의 성격이 달랐기 때문에 문제가 되었던 것이라고 할 수 있습니다.

러시아어로 볼셰비키는 '다수파', 멘셰비키는 '소수파'를 뜻합니다. 역사학자들은 레닌을 정치적 감각이 있는 사람이었다고 평가합니다. 좋은 사례들 중의 하나가 볼셰비키와 멘셰비키라는 명칭을 자기와 상대 그룹을 부르는 공식적인 명칭으로 채택했다는 것입니다. 사실 레닌은 1917년 10월 혁명 이전까지는 항상 소수파였습니다. 러시아 전체에서는 물론이고 러시아 맑스주의 내에서도 소수파였습니다. 급진적인 노선을 밟거나 극단적인 주장을 해서 소수파였지만 분파의 명칭은 다수파를 지칭하는 볼셰비키였습니다. 다른 사람이 볼 땐 훨씬 세력이 큰 것 같았겠죠.

② 레닌의 전위당 이론: 『무엇을 할 것인가?』

아무튼 볼셰비키와 멘셰비키라는 명칭이 1903년 제2차 당 대회에서 생겨나는데, 사실 레닌의 입장은 이 논쟁 이전에 이미 형성되어 있었습니다. 당의 규약, 당의 형태 그리고 당의 활동방향에 대한 레닌의 생각들을 가장 잘 보여 주는 것이 제2차 당 대회 한 해 전인 1902년에 나온 『무엇을 할 것인가?』라는 유명한 책입니다. 『무엇을 할 것인가?』는 오늘날 '전위당'이라고 불리는, 레닌이 주장했던 당의 형태를 체계적으로 설명하는 텍스트입니다. 『무엇을 할 것인가?』는 이론적인 텍스트가 아닙니다. 아주 구체적인 문제에 대해서 논쟁하는 텍스트입니다. 따라서 누군가 대상이 있었겠죠. 그 당시에 러시아 노동운동의 다수를 점하고 있던 집단을 비판하기 위해서 쓴 책입니다. 책을 보면 '노동자의 대의'라는 집단과 마르티노프라는 사람이 계속 언급됩니다. 이들로 대변되는 입장을 비판하면서 자신의 입장을 표명한 것입니다.

레닌의 공격 대상은 크게 보면 '대중의 자생성'을 주장하는 입장입니다. 대중의 자생성은 요즘 흔히 말하는 대중의 자발성 같은 것이 아니라, 자생적인 노동운동을 지칭하는 표현입니다. 그 당시 러시아에서 자생적으로 형성되었던 노동운동 말이죠. 맥락을 모르고 읽으면 오해할 수 있어요. 레닌은 당시 러시아에서 자연발생적으로 성장한 노동운동이 경제주의에 빠져 있다고 비판합니다. 경제주의는 임금 인상이나 노동조건 향상 같은 지엽적인 경제적 조건들의 개선만을 운동의 목표로 삼는 입장입니다. **당시 노동운동이 경제투쟁에만 매몰되어 있었기 때문에 레닌은 여기에 반대해 노동운동이 정치투쟁으로 전화해야 한다고 촉구합니다.** 즉 차르 체제를 전복하는 투쟁으로 발전해야 한다는 것입니다.

레닌은 경제주의를 극복하기 위한 대안을 이야기합니다. 대중의 자생성에 대해서 지도자의 의식성을 대안으로 제시합니다. 그는 훨씬 선진적인 정치의식을 지닌 혁명가들이 경제투쟁에 매몰되어 있는 대중들을 지도해서 경제투쟁뿐만 아니라 정치투쟁까지 할 수 있도록 성장시키는 역할을 해야 한다고 주장합니다. 이를 위해서는 그 당시 조야한 단계에 머물러 있었던 자생적 노동운동의 방식 자체가 개조되어야 한다고 봐요. 그것을 레닌은 '운동의 수공업성'이라고 표현합니다. 말 그대로 수공업적인 단계에 머물러 있어서 근대 자본주의 사회에 맞는 발전되고 체계적이고 규율 잡힌

• 멘셰비키의 지도자 마르토프

▲ 1897년 '노동계급해방 투쟁동맹' 시절의 레닌과 마르토프

마르토프(아랫줄 왼쪽에서 두번째)는 상트페테르부르크 대학 재학 시절 맑스주의자가 되어 레닌(아랫줄 왼쪽에서 세번째)과 함께 '노동계급해방 투쟁동맹'을 창설해 활동한다. 이 활동으로 1895년 말 레닌과 함께 검거되어 시베리아로 유형을 떠나고, 유형이 끝난 뒤에는 해외로 망명해 1900년 『이스크라』의 창간과 편집에 참여한다. 이렇게 레닌과 행보를 함께하다가, 1903년 러시아 사회민주당 제2차 당 대회에서 레닌과 대립하게 된다.

당원 자격의 엄격성에 대해 논쟁을 벌이던 와중 레닌 세력이 일시적으로 두 표를 더 확보하게 되는데, 그때 레닌이 자신의 세력을 볼셰비키(다수파)라 부르고 마르토프의 세력을 멘셰비키(소수파)라 부르기 시작하면서 두 단어가 특정한 정치 세력들을 구분하는 용어가 되었다.

이후 마르토프는 멘셰비키의 지도자가 되며, 1917년 러시아혁명이 발발하자 사회민주당 내 좌파를 이끌고 볼셰비키에 협력한다. 하지만 내전 시기에 다시 한 번 볼셰비키와 결별하고, 1920년에 추방당해 독일에서 사망한다.

형태의 운동으로 나아가지 못하고 있다는 것입니다. 따라서 **혁명운동에만 종사하는 직업적인 혁명가들의 지도하에 운동의 수공업성을 탈피하고 규율 잡힌 운동을 발전시켜야 한다는 것**입니다. 이러한 과제를 수행하는 조직이 바로 **전위당**입니다.

전위당을 대안으로 제시하는 역사적 맥락은 어떻게 보면 쉽게 납득할 수 있습니다. 그 당시 차르 체제의 압제가 너무 강했기 때문에 공개적이고 느슨한 형태의 대중운동으로는 맞서 싸우기가 사실상 불가능했습니다. 역사책을 조금만 읽어 보면 그 당시 러시아의 상황에서 레닌의 전술이 상식 수준의 이야기였음을 알 수 있습니다. 레닌은 대중운동이 필요 없다고 말한 것이 아닙니다. 대중운동을 더욱 높은 단계로 고양하기 위해서는 이런 전위당이 필요하고, 전위당에서는 군대적 규율이 매우 중요하다는 것입니다. 군대적 규율이 필요하다고 말한 것은 레닌이 군사적인 취향을 가지고 있는 사람이라서가 아니라 보안의 문제 때문입니다. 보안 유지가 안 되니까 운동이 차르 체제로부터 공격받고 침탈당하게 됩니다. 운동을 유지하는 것조차 힘든 상황이었습니다. 운동을 지켜내기 위해서는 보안과 군대적 규율이 필요했습니다. 느슨한 마음을 가지고 편안하게 운동을 한 것이 아니라 말 그대로 목숨을 걸고 운동을 해야 했습니다.

요즘처럼 결사투쟁이라는 말만 하는 것이 아니라 그때는 진짜로 사회주의자들이 많이 죽습니다. 스톨리핀(Pyotr Stolypin)이라는 사람 이야기를 조금 후에 할 텐데, 1906년 무렵에 교수대를 부르는 별명이 '스톨리핀의 넥타이'였습니다. 사회주의 혁명가들이 교수형을 하도 많이 당해서 그렇게 불렸어요. 그 정도로 아주 억압적인 상황이었죠. 그런 현실적 조건에 대한 대응으로서 전위당을 이야기한 것입니다. 1902년이라는 상황 속에서 전위당은 상당히 설득력이 있는 모델이었다고 할 수 있어요. 다른 방법이 별로 없었기 때문이죠.

그런데 문제는 러시아혁명이 성공한 이후에 이게 일반적인 모델이 되었다는 것입니다. 물론 아주 일반적으로 받아들여진 것은 아니고 다른 대안도 모색됩니다. 그러나 결과적으로 보면 전위당 모델이 소련 공산당의 형태를 결정합니다. 스탈린의 독재에 대해서는 잘 알려져 있습니다. 사람들은 스탈린의 끔찍한 독재가 어디서 유래한 것인지를 고민했습니다. 앞서 본 것처럼 이론적으로는 엥겔스까지 거슬러 올라가는 계보도 있습니다. 또 정치적인 측면에서는 바로 레닌의 전위당이 계속 영향력을 발휘하면서 러시아의 민주주의를 질식시킨 원인이 되었다고 이야기하는 사람도 있습니다. 저는 그런 주장들이 상당히 설득력이 있다고 봅니다. 전위당 모델이 일반화되고 확대되면서 문제가 발생했다고 볼 수 있습니다.

그런데 이건 사후적인 문제고, 이 단계에서 레닌의 사상 문제로 다시 돌아가 봅시다. 멘셰비키와 볼셰비키는 단순히 당원 자격만 가지고 갈라진 게 아닙니다. 운동 전체에 대한 전망도 조금은 달랐습니다. 1902~1903년에는 농민 문제에 대한 관점이 달랐습니다. 레닌은 이 당시 플레하노프를 비롯한 러시아 맑스주의자들의 주류와는 조금 달리 농민 문제를 상대적으로 중요하게 생각했습니다. 레닌은 1902년에 이미 『러시아 사회민주주의의 농업강령』이라는 텍스트를 씁니다. 그는 러시아혁명에서 농민 문제가 상당히 중요하고, 농민층의 지지를 확보하는 것이 러시아 사회주의 혁명의 중요한 과제라는 것을 이 당시부터 인식하고 있었습니다.

그렇다고 해서 레닌이 인민주의자들의 방향을 받아들인 것은 아닙니다. 그와 인민주의자들이 결정적으로 다른 점이 있습니다. **레닌은 러시아 농업의 자본주의적 발전을 촉진시켜, 러시아 농민층 내의 계급분화를 유도하고 계급투쟁을 고양시키는 것이 중요하다고 생각했습니다.** 레닌은 농업을 자본주의적으로 빨리 발전시키는 것이 사회주의로의 이행에서 중요하다는 차원에서 농업 문제에 주목하고 있었어요. 그런데 인민주의자들은 레닌과 달리 농민에게 토지를 제공하는 것을 중요하게 생각합니다. 그들은 농민에게 토지를 제공해서 중소 자영농을 육성하고, 이 중소 자영농들의 연합체로서의 농민사회주의를 건설하기를 꿈꿉니다. 멘셰비키는 농민은 곧 분해될 것이라는 제2인터내셔널의 정통파와 플레하노프의 입장을 고수합니다. 이때부터 시작해서 소련이 망할 때까지 농민 문제는 맑스주의자들에게 골칫거리가 됩니다. 이 복잡한 문제를 맑스주의적 입장에서 해결하고자 했지만 사후적으로 봤을 때 완전히 해결하지는 못합니다.

③ 1905년 혁명과 소비에트

1905년에 발발한 제1차 러시아혁명은 레닌의 이론과 실천에서 결정적인 계기가 됩니다. 1905년 혁명이 러시아뿐만 아니라 서유럽 전체에도 엄청난 파급을 미쳤다는 것은 특히 총파업 논쟁을 하면서 이야기했습니다. 1905년 혁명이라고 부르는 것은 편의적으로 부르는 것입니다. 평온한 시기가 지속되다가 1905년에 갑자기 혁명이 발발한 것이 아닙니다. 그런 일은 있을 수가 없죠. 사실 1905년 혁명은 이미 1904년부터 아주 격렬한 저항의 형태로 출발하고 있었습니다. 앞서 봤듯이 1861년 농노해방 이후로 러시아 사회의 모순이 점점 곪아 가죠. 이게 참을 수 없는 지경이 되자 폭발한 것입니다. 1905년 혁명의 대외적 조건은 1904년 러일 전쟁에서 러시아가 일본에 패배한 것입니다. 차르 체제가 덩어리만 세계에서 가장 큰 제국이지 내적으로는 상당히 쇠퇴하고 있다는 것은 누구나 알고 있는 사실이었습니다. 그런데 러일 전쟁의 패배로 인해서 러시아의 실력이 이 정도밖에 안 되고 러시아가 정말로 종이호랑이에 불과하다는 것이 전 세계에 공표된 것입니다. 러시아 국내적으로도 차르의 정치적 영향력이 축소되고 구체제의 안정성이 의심받게 됩니다. 러일 전쟁은 상층계급부터 최하층계급까지 모든 사람들이 차르 체제의 지속성에 대해서 의심을 품는 계기가 됩니다. 그렇게 되면서 모순들이 겉으로 드러나게 되죠.

농민저항이나 자생적인 노동자 파업들이 산발적으로 일어나다가 1905년에 결정적인 사건이 발생합니다. '피의 일요일' 사건입니다. 이 당시에 상트페테르부르크를 중심으로 한 대도시의 노동운동에는 자생적인 노동운동도 있었고 자생적 노동운동을 견제하기 위한 어용 노동운동도 있었습니다. 어느 나라에든 어용 노동운동이 있죠. 정부에서 노동조합을 만들어 주는 것입니다. 한국노총 같은 경우에는 이승만 정부 때 공산주의에 대항하기 위해서 정부가 만든 겁니다. 그래서 지금도 노동운동의 발목을 잡는 친정부 성향을 보이고 있죠. 러시아에서는 경찰총감이 비밀경찰조직을 동원해서 노동조합을 만들었습니다. 비밀경찰 프락치들이 노동운동을 하는 척하면서 노동조합을 건설했는데 영향력이 상당히 컸습니다. 경찰에서 실질적으로 관리하는 노동운동이 존재했던 것입니다. 그 운동의 지도자가 가폰(Georgii Gapon)이라는 러시아 정교회 신부였습니다. 그래도 명색이 노동운동이니까 노동자들의 열악한 처지를 대변하는 역할을 어느 정도는 했겠죠.

어느 일요일 민중들이 가폰 신부의 인솔하에 행진을 합니다. 일요일은 교회에 가는 날이잖아요. 사람들이 교회 가는 것처럼 생각하고 행진에 참가합니다. 제일 좋은 옷을 차려입고 남녀노소가 손잡고 평화롭게 걸어갑니다. 가폰 신부는 앞에서 십자가를 들고 행진해요. 가폰을 포함해 피의 일요일 행진에 참여했던 사람들은 아버지 차르라는 생각을 아직 완전히 버리지 못했습니다. 아버지는 아주 자애로운데 중간에 있는 귀족들이나 부패한 관료들이 나쁜 놈들이라서 우리가 배고프고 고통스럽다고 생각했어요. 그러니까 차르한테 가서 나쁜 놈들을 처단해 살기 좋게 해달라는 청원을 하려고 했던 거죠. 그때 차르는 사냥을 하러 가 궁전에 없었습니다. 사람들이 행진을 하니까 궁전수비대가 억압적인 관행대로 발포를 했고, 이 때문에 엄청나게 많은 사람들이 죽습니다. 가폰 신부는 운 좋게 살아남아요. 크게 충격을 받은 가폰 신부는

'피의 일요일' 사건을 재현한 대중잡지의 그림. 카자크(Kazak) 기병들이 시위대를 공격하는 광경이다.

그때 이런 말을 했다고 합니다. "러시아에 더 이상 신은 없다." 종교의 힘을 빌려 유지되던 아버지 차르 체제가 더 이상 지속될 수 없음을 가폰 신부 스스로가 그날 느낀 것입니다. 그뿐 아니라 러시아의 모든 인민이 그 사건을 알게 됩니다. 이제 차르 체제 자체가 문제라는 인식이 급속하게 퍼져 나가면서 엄청난 규모의 자생적 파업이나 농민반란이 1907년까지 계속됩니다. 그러니까 3~4년에 걸쳐 지속적으로 진행된 자발적인 혁명운동이 1905년 혁명이라고 할 수 있습니다.

    이 당시 차르는 니콜라이 2세입니다. 러시아혁명을 반대하는 우파들이 쓴 역사책을 보면 니콜라이 2세를 우호적인 입장에서 가정적인 인물로 묘사하기도 하는데 사실은 아주 잔학무도한 사람입니다. 차르는 기본적으로 잔인하지 않을 수가 없죠. 그렇게 교육받기 때문에 일반인과는 사고방식이 다릅니다. 인민들이 자기 재산이라고 생각하는 사람이니까 이렇

차르의 1905년 혁명 진압을 풍자한 그림. 차르의 잔혹함을 잘 드러내 주는 그림이다.

게 엄청난 일이 일어나도 모른 척합니다. 자기의 권리를 포기하려는 의사가 없었던 거죠. 오히려 신하들 사이에서 이러다간 나라가 망하니까 조금씩 민중의 요구를 수용해야 한다는 자유주의적 분위기가 어느 정도 형성됩니다. 이들이 압력을 넣자 못마땅해하면서 몇 가지 양보안을 담은 '10월 선언'*을 발표합니다. 그러나 대부분은 1907년에 혁명의 열기가 사그라지자 번복하고 시행하지 않습니다. 그 중에서 중요한 것이 두마(Duma)라는 제도입니다.

두마는 완전한 의회는 아니고 반(半)의회라고 할 수 있습니다. 반의회라고 하는 이유는, 의회의 역할은 입법권을 행사함으로써 군주의 전제권력을 제한하는 것인데 두마에는 입법권이 없기 때문입니다. 그렇다고 해서 의결권이나 황제의 행정권력을 제한할 수 있는 힘이 있었던 것도 아닙니다. 단지 황제에게 자문할 수 있는 권리만 있었습니다. 이것도 권리라고 할 수 있는지는 모르겠지만 말이죠. 애초에 차르 체제의 이데올로기에서는 자문이라는 것도 필요 없죠. 왜냐하면 차르는 하늘에서 내린 전능한

---

* 1905년 10월 17일에 니콜라이 2세가 발포한 칙령. 크게 세 부분으로 구성되어 있다. 1) 개인의 불가침성, 양심의 자유, 언론의 자유, 집회의 자유, 결사의 자유 등의 원칙에 기반한 시민적 자유를 인민들에게 부여. 2) 보통·평등·직접·비밀 선거권을 부여하는 새 입법 실시 및 이 입법 아래 두마를 선출해 소집. 3) 두마의 동의 없이는 법을 발효하지 못하며, 인민의 대표들은 차르가 임명한 당국자들의 행동의 합법성을 감독하는 데 참가할 기회를 갖는다는 원칙 제정. 전면적이 자유주의 개혁을 의미한 이 선언은 획기적인 정치적 진보로 주목받았다. 하지만 실제로는 차르 체제를 유지하기 위한 불가피한 조치에 불과했으며, 제1차 두마가 강제로 해산되면서 의미를 상실하게 된다.

사람이기 때문입니다. 차르는 두마의 존재 자체가 자신의 권능에 대한 침해라고 생각합니다. 그래도 자기가 너그러운 사람이니까 두마에서 충고하는 것 정도는 들어주겠다는 식으로 두마를 만들어 준 것이죠. 문제는 이 두마도 제대로 운영되지 않고 두 번에 걸쳐 해산되었다는 것입니다. 두마 선거를 하면 차르의 마음에 안 드는 사람들만 들어왔기 때문입니다. 차르 체제에 반대하는 자유주의자들이나 맑스주의자들이 들어와 차르 체제에 반대하고 입법권을 달라고 하니까 해산시켜 버립니다. 재선거를 했다가 마음에 안 들면 다시 해산시킵니다.

1905년 혁명이 잦아드는 과정에서 표트르 스톨리핀이라는 사람이 등장합니다. 이 사람이 주도한 소위 '스톨리핀 개혁'에서 몇 가지 중요한 개혁조치들을 볼 수 있습니다. 그의 개혁의 핵심은 체제의 안정을 위해 대지주의 토지소유를 일부 제한하고 중소 규모의 자영농을 육성해서 이들을 러시아의 중추 세력으로 삼으려는 것이었습니다. 러시아 역사에서 스톨리핀은 그 전에는 주로 러시아 맑스주의자들을 잔혹하게 탄압했던 사람으로 짧게 언급되던 인물입니다. 그런데 소련이 붕괴한 뒤 서방에서 스톨리핀을 재조명하는 역사적 연구들이 많이 이루어졌습니다. 혁명이 일어난 것을 아주 못마땅하게 생각하는 사람들이 주로 이 작업을 했습니다. 스톨리핀 개혁이 성공했더라면 혁명은 없었을 것이라는 가정을 하는 것입니다. 지금도 논란이 있기 때문에 스톨리핀 개혁을 어느 정도로 평가할 수 있을지는 잘 모르겠습니다. 그는 사회주의나 자유주의를 주장했던 사람도 아니고 사실 어정쩡한 입장에 있었습니다. 자유주의적인 성향도 있었지만, 차르의 체제라는 것을 무조건 전제하고 개혁을 했습니다. 그래서 그런 노선이 성공할 수 있었겠느냐에 대해서 회의적인 사람도 많습니다.

아무튼 스톨리핀은 개혁의 실행과정에서 차르의 신임도 잃습니다.

차르 밑에 궁정 세력으로 불리는 구귀족들이 있었는데, 황후가 우두머리였습니다. 황후는 보수파를 대변하는 상당히 정치적인 사람이었어요. 니콜라이 2세는 잔혹한 사람이었지만 다른 한편으로는 유약하기도 해서 주위 사람들에 의해 많이 흔들렸다고 합니다. 스톨리핀이 낮에 개혁을 설득하면, 밤에 황후가 옆에서 그 개혁을 번복하도록 종용했던 것이죠. 역사책을 읽어 보면 황후의 질책을 받고 니콜라이 2세가 우는 재미난 장면도 있습니다. 그리고 스톨리핀에게 짜증을 냅니다. 이러한 갈등 상황 속에서 스톨리핀은 정치적으로 고립되고, 결국 보수파에 의해서 암살당합니다. 이 암살이 단순한 개인적 불행이 아니라 스톨리핀 개혁의 몰락을 상징하는 것이라고 보는 역사학자가 많습니다. 아무튼 스톨리핀은 개혁을 통해서 차르 체제를 조금은 안정시켜 나갑니다.

1905년 혁명은 결과적으로 실패로 끝나게 되지만 아무런 성과도 없었던 것은 아닙니다. 사실 많은 성과를 혁명 세력에게 가져다줍니다. 그중에서 제일 중요한 것은 혁명을 한 번 해본 경험입니다. 만약 1905년 혁명이 없었다면 1917년 혁명도 없었을 것입니다. 또 아주 중요한 정치적 모델이 이때 자생적으로 생겨나는데, 그게 바로 '소비에트'(Soviet)*라는 정치 조직입니다. 소비에트는 대중들이 자발적으로 만든, 직접민주주의적 성격이 강한 대의제 정치제도입니다. 주로 상트페테르부르크를 중심으로 생성되었다가 전국적으로 확산됩니다. 대중들이 공장이면 공장, 마을이면 마을마다 자생적으로 모여서 자기들의 영역을 대표하는 사람들을 뽑

---

* 1905년 혁명 과정에서 노동자, 농민, 병사 등에 의해 탄생한 직접민주주의적 대의조직. 러시아어로 '평의회'를 뜻한다. 소비에트는 부르주아 민주주의 의회에 대비되는 개념으로, 인민이 자발적으로 조직·운영하는 조직이라는 의미를 함축하고 있다. 러시아혁명이 전개되면서 작게는 개별 마을이나 공장 소비에트에서 크게는 국가권력의 최고 의결기관인 모스크바 연방 소비에트에 이르기까지 소련의 정치적 기반을 이루는 권력기관이 되었다.

습니다. 이 선출된 사람들을 파견해서 대의기관을 형성하는 방식으로 소비에트가 발전해 갔습니다. 이것은 아주 자발적으로 진행된 과정입니다. 소비에트의 경험이 1917년에도 되살아나면서 러시아혁명의 아주 중요한 주체가 됩니다. 이것을 레닌이 아주 중요하게 받아들이고 계승하면서 1917년 혁명의 정치적 노선을 결정하게 됩니다.

④ 1905년 혁명에 대한 맑스주의자들의 평가

이제 1905년 제1차 러시아혁명에 대한 맑스주의 진영 내부의 입장이 어떻게 달라지는지를 봅시다. 1905년에 혁명이 자생적으로 발발했을 때, **맑스주의자들은 2단계 혁명론의 틀에서 이 혁명을 부르주아 민주주의 혁명이라고 생각**했습니다. 2단계 혁명론의 입장에서는 부르주아혁명이 선행되어야 하니까 당연히 1905년 혁명을 부르주아혁명이라고 생각한 것이죠. 맑스주의자들 사이의 논쟁은 두 가지 문제를 놓고 벌어집니다. 먼저 부르주아 민주주의 혁명 단계에서 혁명의 주체인 노동자계급이 어떤 계급과 동맹을 맺고 혁명과정을 주도해야 하는가? 또 사회주의혁명과의 관계를 어떻게 설정해야 하는가?

이때 상대적으로 다수를 점하고 있던 정파는 멘셰비키였습니다. 이들은 플레하노프의 2단계 혁명론을 아주 철저하게 받아들입니다. 1905년 혁명을 부르주아 민주주의 혁명으로 간주하고, 부르주아혁명과 사회주의혁명 사이에는 아주 긴 시간이 존재할 것이라고 생각합니다. 부르주아혁명이 발발하고, 그 다음 자본주의가 본격화되어 상당한 기간에 걸쳐 충분히 성숙한 다음에야 사회주의혁명으로 넘어갈 수 있다는 것입니다. 그래서 이들은 부르주아 민주주의 혁명으로 수립된 혁명 정부에서 프롤레타리아트가 주도적 역할을 해서는 안 된다고 주장합니다. 부르주아 민주주의 혁명을 완성하는 것은 자본가계급의 과제니까요. 그래서 부르주아 민주주의자들이 중심이 되어 자본주의 발전을 충분히 전개하도록 하고 자기들은 이것에 대한 강력한 반대자 역할을 해야 한다는 입장을 보여요.

이것과 아주 두드러지게 반대되는 주장을 하는 세력이 소수이지만 등장하죠. 대표적인 사람이 바로 레프 트로츠키(Lev Trotskii)입니다. 그는 1905년의 경험을 가지고 『러시아 혁명사』도 씁니다. 1905년 혁명에 대한 평가를 하면서 트로츠키의 아주 중요한 이론이 등장합니다. 바로 '영구혁명론' 또는 '연속혁명론'입니다. 연속혁명론이라는 번역이 좀더 정확한데, 2단계 혁명론에 대한 비판이기 때문입니다. 멘셰비키는 2단계 혁명의 중간에 아주 긴 자본주의 발전의 단계를 거쳐야 할 것이라고 주장했습니다. 이에 비해서 **트로츠키는 부르주아혁명이 곧바로 사회주의혁명으로 이어진다고 주장**합니다. 즉 1905년의 혁명이 부르주아혁명이긴 하지만, 이 혁명이 곧바로 사회주의혁명으로 전화되리라는 것이 연속혁명론의 주장입니다. 그런데 여기에도 전제조건이 있습니다. **러시아혁명이 부르주아혁명에서 사회주의혁명으로 성장하고 전화하기 위해서는 러시아혁명의 영향으로 서유럽 선진 자본주의 국가에서 사회주의혁명이 일어나야 한다는 것입니다.** 이것이 **세계혁명**입니다. 이 세계혁명의 주체는 선진 자본주의 국가에서나 러시아에서나 노동자계급이어야 합니다.

레닌의 입장은 트로츠키와 멘셰비키의 중간이라고 할 수 있습니다. 이때 레닌은 이론적으로도 플레하노프의 영향에서 상당히 벗어나 있었고 정치적으로는 이미 원수가 되어 있었습니다. 플레하노프는 상당히 권위적인 사람이라서 자신에게 반론을 제기하거나 말대꾸를 하면 크게 화를 냈다고 합니다. 레닌이 만만한 사람이 아니니까 플레하노프와 갈등관계에 놓이게 됩니다. 그리고 멘셰비키와 플레하노프가 한편이 됩니다. 레닌도 기본적으로 2단계 혁명론을 전제합니다. 그런데 레닌이 생각한 2단계 혁명은 멘셰비키가 주장하듯이 긴 간격을 두고 별도로 일어나는 게 아닙니다. 오히려 트로츠키의 주장에 가깝게 부르주아 민주주의 혁명이 사회주의혁명으로 성장할 수도 있다는 생각을 어느 정도는 합니다. 그렇지만 혁명의 성격이 곧바로 사회주의적으로 될 것이라고 생각하지는 않습니다. 나중에 1917년 2월 혁명이 일어난 이후에는 트로츠키의 입장에 가까워지지만 이 단계에서는 아직 2단계 혁명론을 고수합니다.

레닌은 1905년 러시아혁명에서 필요한 것은 **노동자와 농민의 혁명적 민주주의 독재**라고 말합니다. 이 단계에서의 레닌 사상의 특징은 농민의 역할을 아주 중요하게 생각했다는 점입니다. 멘셰비키가 자본가계급의 역할을, 트로츠키가 노동자계급의 역할을 상대적으로 강조했다면 레닌은 노동자와 농민 모두가 중요하다는 입장을 취합니다. 레닌은 러시아혁명의 성격은 부르주아 민주주의 혁명이지만 러시아 사회에서는 자본가계급이 주도해서 이 혁명을 수행할 수는 없다고 봅니다. 러시아의 자본가계급은 반동적이고 자생적이지 못하며 오히려 구귀족 세력에 기생해서 존재하고 있었습니다. 그래서 **레닌은 부르주아 민주주의 단계의 과제들을 자본가계급이 아니라 연대한 노동자들과 농민들이 실현해야 한다고 주장**합니다. 그리고 그 단계가 지나면 사회주의로의 투쟁이 전개된다고 생각했습니다. 이때는 노동자계급이 주도적인 역할을 하게 된다는 것이죠. 이게 노동자·농민의 혁명적 민주주의 독재입니다. 이것을 주장하는 텍스트가 1905년에 나온 『민주주의 혁명에서 사회민주주의의 두 가지 전술』입니다. 이 텍스트가 담고 있는 것은 1905년 혁명에 대한 레닌의 평가와 전망이라고 할 수 있습니다.

" 자본주의는 한줌의 선진국이 지구상 인구의 압도적 다수를 식민지적으로 억압하고 금융적으로 교살하는 하나의 세계체제로 성장했다."

― 블라디미르 레닌, 『제국주의』

1918년 맑스·엥겔스 동상 앞에서 연설하고 있는 레닌

7강

러시아혁명과 레닌(2)
―1917년 혁명과 소련의 성립

2월 혁명에서 10월 혁명으로: 사회주의혁명으로의 발전

1907년이 되면 혁명의 열기가 잦아들고 레닌도 다시 망명을 하게 됩니다. 레닌은 유럽에서 제2인터내셔널에 참여해 유럽의 맑스주의자들과 같이 투쟁을 합니다. 하지만 러시아 내에서는 두드러진 활동을 전개하지 못합니다. 그동안 러시아의 상황은 큰 변화를 맞이합니다. 1905년에서 제1차 세계대전이 발발한 1914년까지 가장 큰 변화는 농촌공동체가 급격히 해체된 것입니다. 전체적으로 보면 당시 러시아에서 농민 인구가 전체 인구의 3/4 정도였습니다. 이 많은 인구의 삶을 지탱하던 틀이 붕괴된 것입니다. 많은 농민들이 도시로 영구적으로 이주해서 노동자가 되거나 도시 빈민으로 전락합니다. 더 많은 농민들은 농한기에만 도시에 와서 일을 하는 계절노동자가 됩니다. 그러나 도시와 농촌 어느 곳에서도 안정적인 삶을 살기 힘든 상황이었습니다.

　대외적으로도 차르 체제는 어렵게 획득한 일시적 안정이 다시 흔들릴 수밖에 없는 상황에 직면하게 됩니다. 바로 제1차 세계대전입니다. 러일 전쟁으로 국력이 바닥났던 러시아가 1차대전에 참여하는 것은 무리한 결정이었습니다. 지배계급 내에서도 전쟁에 반대하는 목소리가 상당히 높았습니다. 이런 상황에서 차르 니콜라이 2세의 무능한 오판 외에 외적 상황도 참전을 강요했습니다. 1905년 이후에 정부 주도의 급속한 산업화가 이루어집니다. 그 당시 세계에서 가장 큰 공장이 상트페테르부르크에 있었어요. 이런 산업화를 위해서 필요한 많은 자본을 해외 차관으로 조달합니다. 특히 프랑스로부터 큰 액수의 차관을 도입했는데, 바로 이 차관 때문에 정치적 자율성을 상실하게 된 것입니다. 그래서 전쟁이 터지자 러시아는 전쟁에 개입할 수밖에 없었습니다.

차르는 무슨 근거에서인지 모르지만 전쟁에서 이긴다는 환상을 가지고 있었습니다. 그런데 막상 전쟁이 터지자 패전을 거듭합니다. 당시 전쟁에서 러시아는 무기도 없고 군수물자도 없고 전술도 없고 기강도 없고 오직 사람만 가지고 있었습니다. 사상자가 엄청나게 발생합니다. 병력은 대부분 농민들로부터 충원됐어요. 강제로 징집된 농민 출신 병사들은 사기도 낮았고 탈영자도 늘어납니다. 전쟁에서 계속 질 수밖에 없었겠죠. 전투에서 계속 지니까 차르가 직접 사령관으로 전장에 나갑니다. 그러나 그는 무모한 작전을 일삼는데 한 전투에서 30만 명이 죽기도 합니다. 전쟁으로 인해 많은 사람들이 죽고 물자가 소모되면서 안 그래도 어려운 러시아의 경제가 파탄 지경에 이르게 됩니다.

러시아 민중들의 삶이 더 이상 견딜 수 없는 지경에 빠지게 되면서 또다시 혁명이 일어납니다. 그게 1917년 2월 혁명입니다. 의식적인 지도에 의해서 발발한 것이 아니라 1905년처럼 자생적으로 발발한 혁명입니다. 혁명의 원인은 여러 가지가 있지만 '국제 여성의 날'이 중요한 계기가 됩니다. 그 당시 여성들은 어려운 상황 속에서 가정을 꾸려 가고 있었습니

1917년 2월 페트로그라드에서 차르의 군대와 대치하고 있는 여성들과 노동자들. 2월 혁명은 여성들의 행진으로 시작되었고, 곧이어 노동자·농민계급에까지 확대되었다. 2월 혁명에서 이들은 차르가 더 이상 '인민의 아버지'가 아니라 자신들을 착취하는 지배계급의 수장이라는 것을 분명하게 깨달았다.

다. 당장 먹고살 것이 없었어요. 그래서 거리로 나옵니다. 이 사람들의 저항은 아주 원초적이었어요. 시위 구호도 "빵을 달라"였습니다. 이 시위는 사람들의 공감을 얻을 수 있었고, 혁명이 대중들에게 번져 나가게 됩니다. 또한 제1차 러시아혁명과는 다른 양상도 있었습니다. 1905년까지만 해도 차르의 통제 아래에 있었던 군대가 2월 혁명에서는 혁명에 가담하게 됩니다. 2월 혁명에서 중요한 사건은 페트로그라드에 주둔하고 있던 군대가 차르 정부의 발포 명령을 거부하고, 병사들이 결의해서 지휘관을 죽이고 시위에 참여한 사건입니다. 이 사건을 시발로 병사들의 반란이 급속하게 확산됩니다. 전쟁이 중요한 이유였습니다. 전선에서 돌아온 사람들과 수도에 주둔하면서 곧 전선으로 파견될 예정이던 많은 수의 군인들이 전쟁에 나가지 않기 위해서 반란을 일으킨 것입니다.

혁명의 첫번째 이유가 빵이라면 두번째 이유는 전쟁입니다. 세번째 이유는 농민의 불만입니다. 농촌의 생산력이 급속하게 감소하고 농민들의 생활수준이 하락합니다. 이에 더해 전쟁에 징집되어야 했던 농민들의 불만이 매우 고조됩니다. 농민들의 근본적인 문제는 경작할 만한 충분한 토지가 없었다는 것입니다. 토지를 불하받은 사람들도 상환금 때문에 빚더미에 올라 있었어요. 그리고 인구가 급속하게 늘어나면서 분배될 수 있는 토지 자체가 상대적으로 줄어듭니다. 그 결과 대다수 농민이 영세한 농민으로 전락하게 됩니다. 이 세 가지 문제가 2월 혁명의 가장 중요한 원인이라고 할 수 있습니다. 2월 혁명에 볼셰비키가 개입하면서 "빵, 평화, 토지"라는 효과적인 구호를 제시합니다. 당시 러시아 인민들의 불만과 요구를 구체적인 구호로 만든 것이죠. 당시의 러시아 상황에서 가장 설득력 있는 구호를 제시하면서 볼셰비키가 세력을 얻게 됩니다. 결국 이러한 모순들을 촉발시킨 가장 큰 원인은 차르의 1차대전 참전이라고 할 수 있습니다.

　2월 혁명을 차르 체제가 통제할 수 없게 되면서 니콜라이 2세가 왕위를 아들에게 양위합니다. 그런데 차르 황실은 혈통순수성을 강조했기 때문에 친척끼리 근친혼을 했습니다. 그래서 왕족들이 유전적 질병을 많이 앓았어요. 니콜라이 2세의 아들도 혈우병에 걸려 있었기 때문에 황실의 큰 우환이었습니다. 황태자가 어느 날 출혈을 했는데 러시아 정교회의 라스푸틴(Grigorii Rasputin)이라는 수도사가 기도를 해서 출혈을 막습니다. 어떻게 막았는지는 아무도 몰라요. 아무튼 기적적으로 몇 번의 출혈을 막으면서 황후의 신임을 얻고 절대권력을 휘두르게 됩니다. 보다 못한 황실의 개혁적인 사람들이 라스푸틴을 암살합니다. 그 정도로 황실이 부패한 거죠. 어찌되었든 그 아들에게 차르의 지위를 물려 주려고 하니까 많은 반대가 있었습니다. 그래서 차르는 자신의 동생에게 왕위를 물려주려고 합니다. 하지만 동생도 이미 대세가 기울었다고 판단해서 거부합니다. 그러면서 로마노프 왕조, 차르 체제가 막을 내립니다.

차르 퇴위 후에 국가에 정부가 없는 혼란스런 상황에서 두마(이때의 두마는 제4차 두마입니다) 내의 개혁적인 성향의 사람들이 임시정부를 세우고 국가 행정권을 장악합니다. 그런데 이 임시정부가 러시아 전역의 인민들에 대한 통제권이나 권위를 가지지는 못합니다. 정통성이 없는 임시정부였던 것이죠. 다른 한편에는 대중들로부터 훨씬 더 큰 지지를 받는 정치조직이 있었는데 이것이 소비에트입니다. 대중들의 자발적인 조직인 소비에트들이 '소비에트 총연합'을 건설하고 혁명에서 주도적인 역할을 합니다. 그리고 수도인 페트로그라드의 소비에트가 대변자 역할을 하게 됩니다. 물론 소비에트 내에서도 정치적 지향이 통일되었던 것은 아니었습니다. 도시마다 그리고 농촌마다 제각기 다른 정치적 지향을 가지고 있었습니다. 그리고 소비에트 총연합과 페트로그라드 소비에트 그리고 그것들의 하부 단위들 사이에도 의견대립이 많았습니다. 그래도 **소비에트 권력은 임시정부에 대립해서 인민들 자신의 권력으로** 존재하고 있었습니다. 이 소비에트의 동의 없이는 임시정부가 중요한 행정조치를 취할 수 없을 정도로 소비에트의 권한이 강했습니다. 이런 정치상황을 지칭하는 말이 바로 **이중 권력**입니다. 주권은 개념상 분리불가능한 하나인데, 권력이 두 개로 나누어져 있는 상당히 불안정한 상태가 일정 기간 지속됩니다.

소비에트의 주축은 노동자들과 병사들, 농민들이었습니다. 그런데 문제는 소비에트마다 서로 입장이 달라서, 소비에트의 권력이 강했음에도 불구하고 러시아 전체의 권력을 장악하지 못했다는 것입니다. 소비에트는 전체적으로 보면 대중들의 자발적인 정치조직이었고, 인민들의 의지를 표현하고 있었습니다. 그러나 구체적으로 보면, 특히 페트로그라드 소비에트 같은 경우에는 멘셰비키의 입장이 지배적이었습니다. 멘셰비키는 1917년 2월 혁명도 부르주아혁명으로 간주했기 때문에 소비에트는 권

성공한 최초의 사회주의혁명

1917년 이전의 러시아

1825	혁명적 운동의 시작인 데카브리스트단 반란이 발발.
1861	차르 알렉산드르 2세가 농노해방 실시.
1870	레닌 출생.
1878	스탈린 출생.
1879	트로츠키 출생.
1881	'인민의 의지' 그룹이 알렉산드르 2세 암살.
1898	러시아 사회민주당 제1차 대회가 민스크에서 개최됨.
1901	사회주의혁명가당 결성.
1903	7월에 러시아 사회민주당 제2차 대회가 브뤼셀과 런던에서 개최됨. 이 회의에서 당이 볼셰비키와 멘셰비키로 갈라짐.
1904	러일 전쟁 발발.
1905	'피의 일요일' 사건이 일어남. 입헌민주당과 페테르부르크 소비에트 총파업 조직. 제1차 러시아혁명 발발. '10월 선언'으로 두마가 준비됨.
1914	제1차 세계대전 발발.

▶ 보리스 쿠스토디예프, 〈볼셰비키〉, 1920

1917년 러시아혁명의 전개

2월 23일	2월 혁명 발발. '국제 여성의 날'에 페트로그라드의 여성들이 식량부족에 항의하는 시위를 시작. 이 시위가 확산되어 2월 혁명으로 발전.
2월 27~28일	일부 군대가 혁명에 가담. '페트로그라드 노동자·병사 소비에트' 성립. 두마 임시위원회 구성.
3월 2~3일	차르 니콜라이 2세 퇴위. 임시정부 발족.
4월 3일	레닌이 귀국하면서 「4월 테제」 발표. 레닌은 러시아 혁명이 부르주아 민주주의 혁명에서 사회주의혁명으로 이행하고 있다고 주장.
5월	제1차 '전 러시아 농민 대의원 소비에트 대회' 개최.
6월 3일	제1차 '전 러시아 노동자·병사 대의원 소비에트 대회' 개최.
7월 3~4일	7월 봉기 발발. 페트로그라드에서 급진적인 노동자와 병사들이 '모든 권력을 소비에트로!'를 구호로 무장봉기를 일으킴. 임시정부는 이를 빌미로 볼셰비키 주요 지도자들을 체포. 레닌은 핀란드로 탈출.
7월 7일	케렌스키가 새로운 총리로 임명됨.
7월 21~22일	자유주의자들과 사회주의자들로 제2차 연립 내각 구성.
7월 26일 ~8월 3일	러시아 사회민주당 제6차 대회 개최. '반혁명 부르주아지 독재의 완전 청산'을 구호로 채택하며 온건 노선으로 선회.
8월 24~29일	러시아군 최고 사령관 코르닐로프가 모든 권력의 이양을 주장하며 페트로그라드로 군대를 이동시킴. 소비에트와 볼셰비키의 활약으로 쿠데타를 막음.
9월 25일	제3차 연립 내각 구성. 볼셰비키가 페트로그라드 소비에트에서 다수파 차지.
10월 10일	'볼셰비키 당 중앙위원회'가 무장봉기를 처음으로 의사 일정으로 채택.
10월 16~21일	'군사혁명위원회' 설립.
10월 25일	'10월 혁명' 발발.
10월 26일	'군사혁명위원회'가 겨울궁전을 점령. 소비에트 대회에서 레닌의 선언문 「노동자, 병사, 농민에게」가 표결에서 압도적 차이로 통과되면서 혁명 정부 수립을 합법화.
10월 27일	새 혁명 정부인 '인민위원회의' 수립.
11월 12~14일	제헌의회 선거 실시.

력장악을 해서는 안 된다는 주장을 견지합니다. 반면에 기층 단위의 소비에트 중에서는 더 혁명적인 입장을 가진 곳들이 많았습니다. 그래서 상층의 소비에트와 기층의 소비에트의 대립이 상당히 심했습니다. 알렉산더 라비노비치(Alexander Rabinowitch)의 『혁명의 시간』이라는 책을 보면 이런 상황이 잘 묘사되어 있습니다.

당시에 부르주아들이나 사회주의자들 모두 2월 혁명을 부르주아혁명으로 간주했습니다. 따라서 부르주아 민주주의의 토대가 되는 제헌의회를 건설하는 것이 거의 모든 정치 세력들이 동의한 정치적 과제였습니다. 하지만 임시정부는 이 제헌의회 선거를 빨리 치르지 않고 미루고 있었습니다. 그러면서 정치적 혼란이 증대됩니다. 무엇보다도 혁명이 일어나게 된 중요한 계기가 제1차 세계대전이었기 때문에 전쟁 문제를 해결해야 했습니다. 인민들은 전쟁으로 인해 파급된 요인 때문에 혁명을 일으켰지만, 혁명을 주도하는 사람들 중에서 전쟁의 중단을 요구하는 이는 오히려 소수였습니다.

제헌의회와 전쟁중단, 이 두 가지 문제가 멘셰비키와 볼셰비키 사이의 노선투쟁이 격화된 중요한 현실적 계기라고 볼 수 있습니다. 원래 가지고 있던 이론적 차이가 현실에서 구체적 사안을 두고 불거진 것입니다. 멘셰비키는 부르주아 민주주의를 건설해야 한다고 주장했고, 자유주의자들이 만든 입헌민주당(Constitutional Democratic Party, 카데트)*도 제헌의회

---

* 자유주의적 개혁과 입헌군주제를 추구했던 정당. 1905년 제1차 러시아혁명 과정에서 자유주의자 파벨 밀류코프(Pavel Milyukov)의 지도로 결성되었고, 자본가, 지주, 지식인들로 구성되었다. 1906년 최초의 민간 선거에서 국회 제1당이 되어 자유주의적 개혁을 추진했지만 차르 정부의 압력으로 거의 실현시키지 못했고 이후 보수화되었다. 1917년 2월 혁명 후에 설립된 임시정부에서 주도권을 얻지만, 전쟁을 종결하지 않고 토지개혁에 과감히 나서지 못하는 등의 실책으로 민중의 지지를 잃고 볼셰비키에게 권력을 넘겨주게 된다.

선거에 찬성하고 있었습니다. 인민주의를 계승한, 사회주의 진영에서는 제일 큰 세력을 차지하고 있던 사회주의혁명가당(Socialist-Revolutionary Party)**도 제헌의회에 찬성하고 있었습니다. 볼셰비키도 원칙적으로는 제헌의회에 찬성하고 있었어요. 혁명 초기에는 입장차이가 크게 두드러지지 않았습니다. 그러나 러시아의 정세가 급변하면서 레닌의 급진적인 주장이 제기됩니다. 그 이후 볼셰비키는 독자적인 길을 가게 됩니다.

레닌은 스위스에 망명해 있다가 2월 혁명 후에 러시아로 돌아옵니다. 이에 관련된 것이 '밀봉열차' 일화입니다. 그때는 제1차 세계대전 중이어서 러시아와 독일은 적대적인 관계에 있었습니다. 레닌은 사회주의자인 데다가 적대국의 국민이었기 때문에 기차를 타고 독일을 통과하면 체포될 수밖에 없었습니다. 그래서 귀국이 지체되고 있다가 독일 정부와 협상을 합니다. 적국인 러시아의 혼란스러운 상황을 더욱 심화시키기를 원했던 독일은 거물 사회주의자인 레닌을 러시아로 보내 줍니다. 하지만 레닌이 독일에서 사회주의를 선동하는 것은 원하지 않았기 때문에 독일을 통과하는 동안에 독일 땅에 내리지 않는 조건으로 제안을 받아들입니다. 그래서 볼셰비키들이 '밀봉열차'를 타고 러시아에 귀국합니다. 그걸 보고 나중에 반대파들이 레닌은 독일의 스파이라고 비판했는데, 역사적으로 별 근거는 없습니다. 실제로 독일 정보국의 돈이 볼셰비키에 흘러들어 갔다는 증거가 있다고 합니다. 하지만 레닌이 직접적으로 독일의 이해관계를

** '인민의 의지' 그룹을 이어 1901년 말~1902년 초에 결성된 집단. 인민의 의지 그룹과 마찬가지로 개별적인 테러가 유효한 실천이라 생각했으며, 산업노동자가 아닌 농민을 혁명의 주체로 보았다. 인민주의운동의 계승자로 간주되어 1917년까지도 사회민주당보다 더 많은 지지를 받았다. 1917년 2월에는 입헌민주당과 임시정부를 구성했지만 10월 혁명 이후 볼셰비키에게 권력을 넘겨주었다. 당내 좌파들은 '사회주의혁명가당 좌파'를 결성하고 볼셰비키와 연합정부를 구성했지만, 1918년에 체결된 브레스트-리토프스크 조약에 반대하면서 이 연합은 종결된다.

대변했다는 증거는 없습니다. 그리고 멘셰비키인 마르토프도 레닌과 똑같은 방법으로 귀국합니다.

아무튼 레닌은 4월에 페트로그라드의 핀란드역에 도착합니다. 레닌은 러시아로 오는 열차 안에서 2페이지 정도의 노트를 작성합니다. 「4월 테제」라는 텍스트입니다. 「4월 테제」의 핵심은 **부르주아 임시정부를 축출하고 모든 권력을 소비에트로 집중하자는** 것이었습니다. 그것은 러시아의 현 단계에서 부르주아혁명이 아니라 곧바로 사회주의혁명을 해야 한다는 의미였습니다. 「4월 테제」의 또 다른 중요한 주장은 전쟁을 종식시켜야 한다는 것이었습니다. 당시에 혁명을 주도하던 사람들 대부분이 혁명적 조국방위를 위해서 전쟁을 계속해야 한다고 주장했습니다. 레닌은 그것을 거부하고 평화를 달성해야 한다고 말합니다. 그리고 프롤레타리아트와 빈농이 혁명을 통해서 권력을 장악해야 하고, 토지도 국유화해야 한다고 주장합니다. 마지막으로 수정주의자들이 쓰는 사회민주주의라는 명칭 대신 공산주의라는 명칭을 써야 한다고 말합니다. 이러한 주장들은 부르주아 민주주의 혁명이 곧바로 사회주의혁명으로 전화해야 한다는 '연속혁명론'의 입장을 받아들였음을 의미합니다. 레닌의 주장은 볼셰비키의 기존의 공식 입장과 달랐습니다. 어떤 사람은 레닌이 망명 기간 동안 고생을 해서 미쳤다고 말했을 정도로 급격하게 노선을 전환한 것입니다. 그래서 볼셰비키들 사이에서 그날부터 논쟁이 벌어집니다.

앞서 말한 볼셰비키의 전위당 개념을 보면 볼셰비키가 군사적인 규율에 의해 의견일치가 잘 되는 집단이었을 것 같습니다. 그러나 적어도 10월 혁명이 안정화되기 이전까지는 볼셰비키는 격렬한 논쟁이 벌어지는 열린 집단이었습니다. 게다가 그때까지만 해도 레닌이 그렇게 절대적인 지위를 차지한 사람도 아니었습니다. 레닌이 논쟁에서 이겨서 노선이 관철된 것이지 레닌이 한 말을 다 따르는 것은 아니었습니다. 흥미로운 사례가 하나 있습니다. 10월 혁명 때 무장봉기를 준비하는 과정에서 카메네프(Lev Kamenev)와 지노비예프(Grigorii Zinovyev)라는 두 사람이 끝까지 무장봉기를 반대합니다. 그리고 이 무장봉기를 반대하는 글을 신문에 발표합니다. 봉기 계획을 누설한 반역행위이지만 그저 욕먹고 사건이 마무리됩니다. 그 정도로 볼셰비키는 민주적인 당이었습니다.

2월 혁명 이후에도 삶이 나아지지 않았기 때문에 민중들의 불만이 고조되었습니다. 이것을 포착한 볼셰비키는 7월에 봉기를 시도합니다. 이것이 '7월의 날들'이라고 부르는 혁명적 봉기입니다. 볼셰비키의 영향력이 완전하지 못했던 상황에서 벌인 이 봉기를 임시정부는 무력으로 탄압하고, 볼셰비키 지도자들에 관한 체포명령을 내립니다. 레닌은 페트로그라드에서 멀지 않은 핀란드로 피신합니다. 레닌이 가발을 쓰고 모자를 쓴 사진이 있는데, 이 사진이 핀란드로 넘어가려고 했을 때 변장한 모습을 찍은 것입니다. 레닌은 핀란드의 한 오두막에 숨어 있으면서 중요한 저작을 하나 쓰는데, 그것이 바로 『국가와 혁명』입니다.

맑스주의 국가론을 다시 생각하다: 『국가와 혁명』

『국가와 혁명』은 기본적으로 「4월 테제」와 일관된 입장을 가지고 있기는 합니다. 그러나 다른 점도 있습니다. 그 차이를 이야기하지 않고 「4월 테제」에 대한 해설서가 『국가와 혁명』이라고 하는 사람들이 있습니다. 이것은 러시아혁명의 전개과정, 즉 2월 혁명에서 10월 혁명 사이에 발생했던 역사적 사건의 맥락을 몰라서 하는 이야기입니다. 『국가와 혁명』에는 「4월 테제」에 없던 내용이 들어갑니다. 레닌은 여기서 무장봉기를 강조합니

1917년 7월 봉기에서 평화롭게 행진하던 노동자·병사 시위대를 향해 임시정부 군대가 발포하는 모습.

다. 뿐만 아니라 당시 상황에서 당면 과제는 소비에트로의 권력집중이 아니라고 봅니다. 무장봉기로 권력을 장악한 이후에 소비에트를 장악해야 한다고 이야기합니다. 그래서 이 책이 10월 혁명의 토대가 된 것입니다. 『국가와 혁명』은 국가론에 대한 이론적 저작이기도 하지만, 당시 러시아의 상황에 대응하는 전술을 담고 있기도 합니다. 무장봉기를 통한 권력장악의 전술과 프롤레타리아트 독재에 대한 레닌의 생각은 10월 혁명과 이후의 볼셰비키 노선에 상당한 영향을 주게 됩니다.

『국가와 혁명』은 맑스주의 역사의 전체 흐름에서도 큰 의미를 지닙니다. 맑스가 『공산당 선언』에서 표명했던 것과는 다른 국가관과 정치론이 『프랑스 내전』에서 제시되었습니다. 이 구절들이 별로 영향력을 발휘하지 못하고 잊혀져 있다가 수정주의자인 베른슈타인에 의해 인용된 것을 앞서 보았습니다. 기존의 국가권력을 단순히 장악하는 것만으로는 혁명을 이룰 수 없다는 『프랑스 내전』의 유명한 구절을 베른슈타인은 국가권력을 장악하지 말아야 한다는 의미로 해석합니다. 반면 레닌은 똑같은 구절을 프롤레타리아트가 무장봉기를 통해서 국가권력을 장악해 프롤레타리아트 독재를 실현하고, 기존의 국가를 파괴해 프롤레타리아트 국가를 건설해야 한다는 주장의 근거로 삼습니다. 그래서 『국가와 혁명』은 『프랑스 내전』의 의미를 재해석한 중요한 텍스트라고 할 수 있습니다. 수정주의는 기존의 부르주아지의 국가권력이라는 것을 개량화해서 사회주의로 이행하려 했습니다. 다시 말해 국가주의적 성향을 띠었던 것이죠. 반면 기존의 국가

7월 봉기가 실패한 뒤 독일간첩 혐의를 받은 레닌은 이처럼 턱수염을 깎고 가발을 쓴 뒤 핀란드로 도피했다. 그리고 그곳에서 10월 혁명의 방향을 제시한 『국가와 혁명』을 작성했다.

기구를 파괴하고 새로운 국가기구를 만들어 내지 않는다면 사회주의혁명은 실현불가능하다는 레닌의 입장은 일면 아나키즘에 더욱 가까운 것으로 볼 수 있습니다. 『국가와 혁명』은 기존의 국가 파괴를 중요한 과제로 설정합니다. 그리고 『프랑스 내전』의 파리코뮨과 유사한 정치체, 즉 러시아혁명에서 나타난 소비에트를 새로운 정치체로 제시합니다. 이런 점에서 맑스주의 정치철학에서 상당히 중요한 지위를 차지하는 텍스트라 할 수 있습니다.

『국가와 혁명』에서 레닌은 맑스·엥겔스의 주요 저작들을 자기 방식으로 해석합니다. 맑스의 『프랑스 내전』, 『고타강령 초안 비판』, 「정치 문제에 대한 무관심」, 엥겔스의 『주택 문제에 대하여』, 「권위에 대하여」, 서한 같은 것을 중요한 근거로 삼고 있습니다. 특히 마지막 부분인 6장은 레닌의 정치적 관점이 맑스주의 진영에서 어떤 위상에 있었는가를 아주 잘 보여 줍니다. 6장의 제목은 「기회주의자들에 의한 맑스주의의 속류화」입니다. 레닌은 여기서 두 노선을 비교합니다. 한편에는 플레하노프와 카우

츠키의 노선이 있고 다른 한편에는 판네쿡(Anton Pannekoek)의 노선이 있습니다. 카우츠키 노선은 국가주의 노선을 대변하고 반대편에는 아나키즘 입장이 있는데, 자기는 이 둘 사이에 있다고 생각한 것이죠. 그리고 국가주의에 대립하는 입장으로 판네쿡의 노선을 높이 평가합니다.

카우츠키가 문제가 되는 것은 나중에 수정주의에 빠져 베른슈타인과 같은 주장을 할 때만이 아닙니다. 레닌이 보기엔 정치적으로 급진적인 입장을 취하고 있었을 때도 국가주의적으로 생각했기 때문에 문제입니다. 카우츠키는 기존의 부르주아 국가를 이용한다는 베른슈타인의 주장을 받아들이면서 이미 수정주의화되어 있었습니다. 이렇게 우경화되었다가 갑자기 왼쪽으로 선회해 『권력의 길』이라는 책에서 급진적인 주장을 합니다. 주된 내용은 프롤레타리아트에 의한 국가권력의 장악을 주장한 것입니다. 그런데 카우츠키는 이때도 국가권력의 장악만 이야기하지, 국가권력의 파괴라는 주장은 아나키즘이라고 비난합니다. 『프랑스 내전』에서 제시된 국가권력의 파괴에 관한 맑스의 관점을 수용하지 않기 때문입니다.

레닌은 판네쿡이 많은 오류에도 불구하고 국가권력의 장악과 국가기구의 파괴라는 것을 잘 구별해서 카우츠키를 극복했다고 평가합니다. 결국 **국가권력의 장악도 중요하지만 더 나아가서 기존의 국가권력의 파괴라는 것이 아주 핵심적인 것입니다. 그리고 국가권력을 파괴하는 동시에 기존의 국가와는 다른 프롤레타리아트의 새로운 정치 체제(레닌은 준국가[semi-state]라고도 불러요)를 만드는 과정이 프롤레타리아트 독재입니다.** 이런 레닌의 정치적 입장 오른편에 카우츠키가, 더 오른편에는 수정주의자와 같은 국가주의자들이 위치합니다. 레닌의 왼편에 있던 아나키스트들은 단 한 번에 국가권력이 폐지된다고 봤기 때문에 그들에겐 프롤레타리아트 독재가 없습니다. 레닌 생각에는 기존의 국가기구를 파괴하는 동시에 새로운 국가를 만들어 나가는 과도기가 존재해야 합니다. 아나키스트들은 이 과도기가 필요 없다고 순진하게 생각하고 있다는 것입니다.

아나키즘이 이런 식의 순진한 생각을 가지는 근본적인 이유가 있습니다. 그것은 국가기구를 계급지배의 결과물로 보는 것이 아니라 국가 그 자체를 계급지배와 억압의 원인으로 보기 때문입니다. 맑스주의 입장에서는 정치적 지배는 토대에 있어서의 계급지배가 정치적으로 표현된 결과물일 뿐입니다. 아나키스트들은 원인을 보지 못하고 결과를 원인으로 봅니다. 즉 국가기구가 생산수단을 소유한 지배계급이 생산수단을 소유하지 못한 피지배계급을 쉽게 착취하고 억압하기 위해 만든 것임을 인식하지 못한 것입니다. 그래서 국가의 폐지, 모든 권위의 폐지, 모든 지배형태의 폐지와 같은 주장만 하게 된다는 것이죠.

레닌은 아나키즘과 관련해서 다른 문제도 언급합니다. 3강에서 베른슈타인이 『프랑스 내전』의 구절 두 가지를 왜곡해서 인용했다는 것을 언급했습니다. 첫번째가 국가권력 장악의 불필요성을 이야기한 것이고, 두번째는 연방제에 관한 부분입니다. 『프랑스 내전』에서 맑스는 파리코뮌은 봉건적 코뮌, 즉 프랑스혁명기의 연방주의자들이 주장한 것과는 근본적으로 다르다고 말했습니다. 그러나 베른슈타인은 맑스가 연방제 형태의 코뮌을 주장했고 따라서 연방제를 주장한 프루동주의자와 같은 입장이라고 해석합니다. 프루동주의가 아나키즘이니 결국은 맑스도 아나키스트라고 주장하는 것입니다. 레닌은 이에 대해서도 비판합니다. 그는 맑스가 『프랑스 내전』에서 이해했던 코뮌은 연방제와 근본적으로 다르다고 봅니다. 또 자기가 정치적 전망으로 생각하는 소비에트 국가라는 것도 연방제와는 질적으로 다른 것이라고 주장해요. 프랑스혁명에서 연방제 주장은 중앙집중적 국가권력을 반대하는 입장이었습니다. 코뮌이나 소비에트를 연방제와 같은 것으로 보면 중앙집중적 국가권력의 존재를 부정하게 됩니다. 그러나 레닌은 소비에트로 권력을 집중하는 것이 중앙집중적 권력을 부정하는 것은 아니라고 봅니다. 그래서 『프랑스 내전』에서 맑스가 옹호한 코뮨이 연방제적인 것이라는 베른슈타인의 해석을 비판한 것입니다. **레닌의 전망은 중앙집중화된 소비에트 공화국**이었습니다. 레닌은 혁명 후 러시아의 미래에 대한 아나키스트들의 전망과 자신의 소비에트 사회의 전망이 다르다는 것을 분명히 합니다. 중앙집중적인 공화국이 연방제 공화국보다 훨씬 더 민주적이고 자유로운 공화국이라고 주장합니다.

레닌은 기존의 국가기구 안에서 민주주의가 확대된다고 해서 자유나 민주주의가 신장되는 것은 결코 아니라고 주장합니다. 베른슈타인이 기존의 국가기구를 유지하더라도 그 안에서 민주주의를 계속 확장하고 충분히 발전시키면 그것이 온전한 사회주의라고 말했던 것을 비판합니다. 레닌은 베른슈타인의 생각에 반대해서 민주주의의 지속적인 발전은 기존의 국가기구 안에서는 불가능하고, 새로운 형식의 정치제도가 필요하다고 주장하는 것이죠. 그런 의미에서 기존의 국가기구의 폐지와 새로운 정치제도인 소비에트 국가의 창설을 이야기합니다. 말 그대로 진정한 민주주의나 자유가 실현되기 위해서는 거기에 조응하는 새로운 정치체의 설립이 반드시 전제되어야 한다고 레닌은 생각합니다.

이런 새로운 소비에트 국가가 건설되려면 중요한 전제가 필요합니다. 일체의 계급지배가 없어져야 하고 계급지배적인 기존의 국가가 없어져야 합니다. 레닌은 『고타강령 초안 비판』에 나오는 낮은 단계의 공산주의에서는 실질적 평등을 보장하기 위한 국가의 통제가 필요하다고 말합니다. 그리고 높은 단계의 공산주의가 되면 일체의 통제와 지배가 없어집니다. 즉 인간에 대한 인간의 지배가 아니라 사물에 대한 인간의 관리만 남게 된다고 봅니다. 그런데 사물에 대한 인간의 관리에서 다시 위계가 발생하지 않고, 국가기구의 힘을 빌리지 않아도 관리가 가능하려면 관리업무가 단순해야 합니다. 관리업무가 전문적이고 어려운 것이어서 특별한 누군가만 할 수 있다면, 사람들 사이에 다시 위계가 발생하고 특수한 국가기구가 생겨날 것입니다. 업무가 아주 단순해서 인민들이 초보적인 교육만으로도 할 수 있어야 관리업무를 위한 국가기구가 필요 없게 될 것입니다. **지배가 관리로 전환되려면 관리업무 자체가 아주 단순화되어야 한다는 것**이 진정한 소비에트 민주주의를 위한 중요한 전제입니다.

민주주의 이야기가 나왔으니, 레닌이 부르주아 민주주의의 원칙인 다수결 원칙을 어떻게 생각했는지도 살펴봅시다. 사회주의적인 전망을 상상한 많은 사람들이 이 문제에 대해 이야기해 왔습니다. 레닌은 다수결이 다수에 의한 소수의 지배로 귀결될 수밖에 없는 것이 문제라고 봅니다. 다수가 되었든 소수가 되었든 어떤 집단이 다른 집단에 대해 복종을 강요하는 사회형태가 되어서는 안 된다는 것이죠. 그렇다면 강요와 복종 없이도 사회제도가 유지되려면 어떻게 해야 하는지에 대답해야 합니다. 사회를 유지하기 위해서는 공통된 의견에 근거한 보편적 질서를 세워야 합니다. 부르주아 민주주의는 문제를 해결하고 사회질서를 세우기 위해서 다수결이 그나마 합리적이라고 보는 것입니다. 반면에 레닌은 다수결이 다수에 의한 소수의 지배가 되면 곤란하니까 **다수결도 필요 없는 사회가 공산주의 사회**라는 이야기를 해요.

다른 사람에게 질서를 강요받지 않아도 스스로 질서를 준수하게 된다면 다수결이라는 제도 자체가 필요 없을 것입니다. 나는 동의하지 않지만 전체를 위해서 내 의사를 접고 희생하지 않아도 되는, 내가 하고 싶은 대로 다 해도 전체의 이익과 모순되지 않는 사회가 공산주의라는 것입니다. 어떻게 보면 마음 내키는 대로 해도 의리에 어긋나지 않더라는 공자님 말씀과 비슷하죠. 낮은 단계의 공산주의에서는 그나마 어느 정도의 규율이 필요한데, 레닌은 그것을 회계와 통제라고 말합니다. 그런데 **높은 단계의 공산주의가 되면 이것도 필요 없고 습성에 의해서 규율을 내면화할 것**이라고 봐요. 이 이야기는 앞서 『공산당 선언』을 다루면서 보았던 "각자의 자유로운 발전이 모두의 자유로운 발전의 조건이 되는 연합체"라는 원리와 일맥상통하는 것입니다. 이런 식의 이상적인 사회가 실현되기 위해서는 기존의 국가권력이 파괴되고 완전히 새로운 정치체가 설립되어야 합니다. 그리고 그것을 위한 첫번째 단계는 무장봉기를 통한 국가권력의 장악이라는 이야기를 『국가와 혁명』에서 하고 있는 것입니다.

10월 혁명의 과제들

역사적 상황에 대한 이야기로 다시 돌아가겠습니다. 레닌은 핀란드에서 돌아와 1917년 10월에 다시 무장봉기를 주장합니다. 이때도 볼셰비키의 다수는 반대합니다. 레닌은 그 당시 대중들의 의지가 볼셰비키에 의한 사회주의로의 이행을 지지할 것이라고 판단하고 있었어요. 실제로 10월 혁명은 거의 힘도 들이지 않고 아주 순조롭게 진행됩니다. 수백 명의 사상자밖에 나지 않아요. 그 이유는 인민들이 이미 사회주의적 조치의 실행이나 더욱 급진적인 혁명의 진전을 바라고 있었기 때문입니다. 볼셰비키 혁명을 부정적으로 보는 사람들은 인민의 의지에 반한 소수의 쿠데타이고 테러라고까지 주장합니다. 그러나 알렉산더 라비노비치와 같은 역사학자들의 주장은 그렇지 않습니다. 인민의 의지는 이미 일정한 단계까지 성숙했고 레닌이 그것을 인지해서 실행에 옮겼다고 보는 것이죠.

① **혁명이 직면한 문제들**

볼셰비키는 10월 혁명에 성공하고 권력을 장악합니다. 그후에 일정이 잡혀 있었던 제헌의회 선거를 실시합니다. 선거 결과 사회주의혁명가당이 다수당이 되고 볼셰비키는 다수가 아니게 되는 문제가 생깁니다. 레닌은 고민 끝에 제헌의회를 해산시켜 버립니다. 그래서 제헌의회 문제를 둘러싸고 맑스주의 진영 안에서도 민주주의 논쟁이 아주 격렬하게 벌어집니다. 이게 10월 혁명을 둘러싼 첫번째 중요한 논쟁입니다. 특히 로자 룩셈부르크는 『러시아혁명』이라는 글에서 제헌의회 해산을 비판합니다. 제헌의회 자체가 민주주의적인 것은 아니지만 제헌의회의 해산은 인민들이 자유롭게 정치에 참여하는 것을 차단하게 될 것이라고 생각했기 때문입니다. 제헌의회 해산은 또 유럽의 반볼셰비키 세력이 볼셰비키를 독재집단이라고 공격할 빌미를 주기도 합니다.

두번째 논쟁은 10월 혁명의 '토지령'을 두고 벌어졌습니다. 여기서 볼셰비키는 토지는 국가가 소유하지만 농민들과 농촌공동체가 토지를 사용할 권리가 있다는 것을 인정합니다. 또한 농민들이 자발적으로 지주의 토지를 몰수해 사용할 수 있도록 허용합니다. 이것은 볼셰비키의 기존의 주장과 달라요. 이것은 사실상 토지재분배 조치입니다. 볼셰비키가 토지재분배를 시행한 것은 사회주의혁명가당, 즉 인민주의자들의 주장을 받아들인 것입니다. 이 조치 역시 룩셈부르크를 비롯한 많은 맑스주의자들에게 비판받게 됩니다. 이것을 긍정적으로 보면 레닌의 현실주의적인 판단으로 볼 수도 있습니다. 혁명이 성공하기 위해서는 농민계급의 지지가 절대적으로 필요했습니다. 농민계급의 지지는 토지와 관련된 농민들의 이해관계를 충족시켜야 얻을 수 있습니다. 그래서 내린 결정이라는 것이죠. 하지만 이 문제는 혁명의 진행과정 내내 볼셰비키의 발목을 잡게 됩니다.

10월 혁명을 가능하게 했고 또 볼셰비키가 혁명 직후에 제일 급하게 해결해야 할 문제이기도 했던 것이 전쟁 문제입니다. 전쟁에서 러시아 군대는 계속해서 불리한 상황에 있었어요. 만약에 전쟁에 이기고 있었다면 레닌은 전쟁을 계속했을 수도 있습니다. 독일이 망할 것 같다면 전쟁을 급히 중단시켜야 할 이유가 없었겠죠. 하지만 러시아 군대의 전력이 너무나 약했기 때문에 전선이 계속 무너졌습니다. 전선에서 전투가 아니라 학살이 벌어지고 있었습니다. 이 문제를 해결하기 위해서 레닌은 고민 끝에 독단적인 결정을 내립니다.

　오랜 줄다리기 끝에 1918년 3월 독일과 종전 협상을 맺습니다. 그게 '브레스트-리토프스크 조약'입니다. 아주 굴욕적인 내용을 담고 있었습니다. 우크라이나의 대부분을 포함해서 러시아 영토의 1/3 이상을 독일에 내줍니다. 이곳에서 독립적인 국가들의 설립을 인정하는 것인데, 이 국가들은 사실상 독일의 영향하에 있었습니다. 러시아 지도를 보면 알래스카나 중앙아시아처럼 못쓰는 땅이 많은데, 대부분의 생산기반은 유럽 쪽 러시아에 있었어요. 그것을 대부분 독일한테 양보한 것입니다. 레닌은 곧 다시 찾을 거라는 이야기를 하지만 대부분의 사람들이 조약 체결에 반대합니다. 애국적인 이유에서 반대하는 사람들도 있었고, 현실적으로 반대하는 사람들도 있었습니다. 중요한 반대자들 중에 문제가 됐던 사람들은 사회주의혁명가당 좌파입니다.

　볼셰비키는 입헌민주당과는 처음부터 대립했고, 멘셰비키와는 10월 혁명 이후에 갈라섰습니다. 아직 세력이 약했기 때문에 볼셰비키는 자체적으로 집권할 수 없었습니다. 그래서 지원 세력을 사회주의혁명가당의 좌파에서 찾았습니다. 10월 혁명 후의 볼셰비키 정권은 일당독재라기보다는 연합정부의 형태를 띠고 있었어요. 그런데 사회주의혁명가당 좌파가 브레스트-리토프스크 조약에 반대하고 연합정부에서 탈퇴합니다. 이렇게 되면서 의도치 않게 볼셰비키가 일당독재를 하게 됩니다. 볼셰비키가 나중에 가서 일당독재를 할 생각은 있었던 것 같지만, 이 당시에는 일당독재를 할 수 있는 능력이 없었습니다.

게다가 이 조약에 대해서 차르 러시아의 동맹국이었던 영국과 프랑스가 반발합니다. 독일이 동부와 서부의 두 전선을 가졌기 때문에 영국과 프랑스가 버틸 수 있었던 것인데, 갑자기 러시아가 종전을 하니까 독일군을 온전히 상대해야 했던 두 나라는 배신당했다고 생각한 것입니다. 그래서 러시아를 계속 전쟁에 참여시키기 위해서 이미 2월 혁명 이후 임시정부 시절부터 공작을 펼쳐요. 당시 동맹의 주력이었던 영국은 러시아에 군수지원과 재정지원을 했고, 영국 정보부도 엄청난 노력을 기울입니다. 노벨문학상 수상자인 영국 소설가 서머싯 몸(William Somerset Maugham)이 이 공작에 연루되기도 했습니다. 하지만 결국 러시아가 전쟁에서 빠져버리니까 영국과 프랑스는 혁명을 뒤엎기 위해서 러시아를 침공합니다. 이런 엄청난 상황이 발생한 데다가 경제는 파탄상태가 됩니다. 노동자들과 농민들이 징발되어서 농업과 대도시의 산업이 안 돌아가는 말할 수 없이 어려운 상황에 처하게 됩니다.

② 서유럽 혁명의 불발

볼셰비키가 이러한 상황을 어느 정도 예상하고서도 혁명을 한 것은 믿는 구석이 있었기 때문입니다. **볼셰비키는 자기들이 혁명을 하면 선진 제국주의 국가들의 혁명이 곧 뒤따를 거라고 생각했어요.** 이것은 아주 오래된 맑스주의의 전제입니다. 선진국의 사회주의혁명에 대한 믿음이 있었기 때문에 혁명을 일으킨 것입니다. 이것이 러시아혁명의 전개와 스탈린주의의 등장을 이해하는 데 있어서 아주 중요합니다. 이 전제 없이는 러시아혁명이 설명이 안 돼요. 설명을 못하니까 스탈린이 괴물처럼 묘사되는 것입니다. 스탈린이 좋은 사람이라는 것이 아니라 **스탈린 체제를 뒷받침하는 객관적 조건이 있었다는 것입니다. 그 결정적 조건이 소련의 고립입니다.** 만약 서유럽에서 혁명이 일어났다면 소련이 고립되지 않았겠죠. 그러면 러시아혁명은 아주 다른 방향으로 나아갔을 것입니다. 문제는 서유럽에서 혁명이 일어나지 않았다는 것입니다.

이 당시 유럽에서는 자본가들과 사회주의자들 모두 러시아가 아니라 독일에서 혁명이 일어날 것이라고 생각하고 있었습니다. 제1차 세계대전 이전에 유럽의 많은 자본가계급의 정치 지도자들이나 사상가들이 자본주의 시대는 끝날 것이라 예언했고, 혁명이 임박했다는 두려움 속에 살았습니다. 이런 배경에서 T.S. 엘리엇(Thomas Stearns Eliot) 같은 염세주의자들이 등장하고, 역사와 문명의 종말 이야기가 나온 것입니다. 이들은 서구 자본주의 문명이 더 이상 지속될 수 없다는 생각을 가지고 있었어요.

그런데 독일에서 사회주의혁명이 일어나지 않습니다. 1918년에 전쟁에 염증을 느낀 독일 인민들이 혁명을 일으켜서 황제를 쫓아냅니다. 그러나 독일의 혁명은 사회주의혁명으로 발전하지 않습니다. 독일 사민당이 보수 세력과 연합해서 '바이마르 공화국'을 성립시킵니다. 바이마르 공화국은 혁명 노선을 철저하게 무력으로 탄압합니다. 한편 로자 룩셈부르크를 비롯한 공산주의자들은 곳곳에서 무장봉기를 일으킵니다. 하지만 사민당이 무력을 동원해서 아주 잔인하게 진압하고, 로자 룩셈부르크 등을 암살합니다. 그녀 외에도 엄청나게 많은 공산주의자들이 그 과정에서 학살당합니다. 이 사건을 계기로 공산주의자들과 사민주의자들 사이에 건널 수 없는 피의 강이 흐르게 됩니다. 사민주의와 공산주의의 관계가 단

독일 화가 케테 콜비츠(Käthe Kollwitz)의 〈칼 리프크네히트에 대한 추모〉(목판화). 스파르타쿠스단 봉기 실패 후 로자 룩셈부르크와 함께 살해당한 칼 리프크네히트를 애도하며 그린 그림이다.

순하게 사회주의로 가는 방식의 차이로 인한 대립관계 정도가 아니게 된 것이죠. 사민주의자들의 배반 때문에 도저히 공존할 수 없는, 목숨을 걸고 싸워야 하는 적대적인 관계로 변해 버려요.

바이마르 공화국에서 형식적인 국가 원수는 대통령이고 실질적인 국가 수반은 수상입니다. 공화국의 대통령은 제1차 세계대전의 전쟁 영웅이자 보수 세력을 대표하던 파울 폰 힌덴부르크(Paul von Hindenburg)였습니다. 그가 수상 임명권을 가지고 있었습니다. 수상 임명을 위해 독일 사민당의 지도자인 프리드리히 에베르트(Friedrich Ebert)가 힌덴부르크를 찾아가 밀담을 합니다. 그때 에베르트가 "우리는 혁명을 전염병처럼 두려워한다"라는 유명한 말을 해요. 그 뒤 구스타프 노스케(Gustav Noske)라는 사민주의자가 바이마르 공화국의 국방장관에 취임합니다. 그는 공식적인 군대 이외에도 전쟁에서 돌아와 실업자가 된 퇴역 군인들을 모아서 우익 테러집단을 조직합니다. 이 사람들이 '자유군단'(Freikorps)이라는 백색테러단이 되어서 공산주의자들을 진압하게 돼요. 결국 사민주의자들이 앞장서서 공산주의자들과 혁명가들을 진압한 것입니다. 객관적으로 그 당시 독일에서 사회주의혁명이 가능했는가라는 판단은 유보하겠습니다. 그러나 **사민주의자들이 무장력을 동원해서 대학살을 함으로써 혁명의 씨앗을 없애 버렸다는 것은 분명한 사실입니다.**

독일은 물론이고 프랑스와 영국에서도 혁명은 일어나지 않습니다. 러시아에서는 혁명이 일어났고, 볼셰비키는 서유럽 사회주의의 도움 없이 혁명을 유지해야 하는 짐을 떠안은 것입니다. 서유럽 사회주의자들이 어려운 문제들을 해결해 줄 것이라고 생각했는데 아무것도 해결이 안 된 것이죠. 어려운 상황을 자체적으로 해결하기 위해서 레닌과 볼셰비키가 취한 조치들이 러시아혁명의 성격을 근본적으로 규정하게 됩니다. 이론적 입장이나 개인적 성향이 아니라 역사의 객관적 조건이 러시아혁명의 성격을 규정했다는 것이 많은 역사학자들의 견해 같습니다. 역사적 사실을 모르는 사람들이 『무엇을 할 것인가?』와 같은 이론적 저작만을 가지고 볼셰비키 독재는 예정되어 있었다고 말합니다. 또 스탈린이 정신병자여서 끔찍한 독재를 했다는 말도 합니다. 이런 설명은 냉전 시대의 산물이고, 그런 접근법으로는 러시아의 상황을 이해할 수 없습니다.

10월 혁명 후에 벌어진 또 다른 문제는 내전입니다. 혁명이 페트로그라드를 중심으로 성공했지만 러시아 전역을 볼셰비키가 장악한 것은 아니었습니다. 구체제의 저항 세력도 있었고, 볼셰비키에 반대하는 멘셰비키, 아나키즘, 인민주의도 있었어요. 이들 중 일부가 볼셰비키 혁명에 반대해서 무력저항을 합니다. 내전은 1918년부터 거의 1921년 정도까지 지속

돼요. 정확한 통계는 없지만 내전 시기 동안의 인명피해가 700~800만 명이라고 추산합니다. 전투에서 사망한 사람들에, 굶어 죽고 학살당한 사람까지 포함해서 몇 년 사이에 엄청난 인구가 죽은 것입니다.

③ 전시공산주의

이런 상황에서는 일단 먹고사는 게 시급한 과제가 됩니다. 경제정책이 중요해지겠죠. 레닌은 '전시공산주의'라고 불리는 경제정책을 시행합

내전으로 인해 파괴된 수송수단. 내전이 강제한 전시공산주의에서는 '노동의 군사화'가 이루어졌다. 당 지도부는 전시공산주의를 통해 사회주의로의 발전에 기여할 수 있을 것이라 예상했다. 하지만 전시공산주의는 근본적인 해결책은 되지 못했고, 곧바로 여러 저항에 부딪혔다.

니다. 이것은 갑자기 생긴 것이 아닙니다. 10월 혁명 직후에 볼셰비키의 경제 노선은 '국가자본주의'였습니다. 주요 산업에 관해서는 국가가 느슨하게 통제하고 소유하는 수준에 머물러 있었는데, 내전 시기에 접어들면서 국유화 경향이 급속하게 강화됩니다. 전쟁이라는 비상 시국을 맞아 국가가 보유하고 있는 모든 자원을 아주 효율적으로 그리고 중앙집중적으로 통제해서 사용할 수밖에 없었습니다. 전면전의 형태로 전쟁이 수행되는 20세기에는 모든 국가에서 유사한 방식의 전시경제 체제가 작동합니다. 레닌의 전시공산주의 모델은 자신이 전적으로 새롭게 고안한 것이 아니라 제1차 세계대전 당시 독일과 영국의 전시경제 모델을 거의 차용한 것입니다. 그렇다고 해서 레닌이 내전상황에서의 현실적인 필요에 의해서만 전시경제를 시행한 것은 아닙니다. 그는 이러한 조치들이 사회주의로의 이행을 촉진시킬 것이라고 보았습니다. 이런 **국가자본주의의 강화된**

형태들이 사회주의로의 이행의 전단계에 해당한다는 것입니다.

전시공산주의는 1918년 6월 정도부터 '신경제정책'으로 전환이 이루어지는 1921년 중반 전까지 3년 정도에 걸쳐 시행됩니다. **중앙정부에 의한 계획경제, 사유재산의 급속한 폐지, 주요 물자에 대한 배급제, 작업장에서의 노동규율의 강화** 등이 그 구체적인 내용입니다. 특히 식량배급제의 시행이 문제가 됩니다. 기아자가 속출하는 상황에서 국가가 붕괴되는 것을 방지하기 위해서는 배급제를 유지할 정도의 충분한 식량을 확보해야 했습니다. 하지만 식량을 가지고 있던 농민들은 여간해서는 식량을 내놓지 않으려고 합니다. 도시 지역의 인민들이나 농촌에서도 먹고살기 힘들었던 빈농들은 정부의 식량징발과 배급제를 찬성합니다. 반면에 식량을 내놓아야 했던 중농이나 부농이 이에 반대하면서 갈등이 커집니다. 식량을 징발당해야 하는 농민 입장에서는 차르 체제나 볼셰비키나 똑같은 것으로 보였습니다. 그래서 농민들이 저항이 거세졌고, 심지어 식량징발에 저항하는 무장투쟁까지 많이 일어납니다. 다시 농민 문제가 불거진 것입니다. 10월 혁명의 토지령 때문에 사실상의 자경지를 소유한 농민계급 안에서 계급분화가 진행되어 농민들 사이의 계급갈등이 격화됩니다. 또 농민과 도시 노동자의 대립이 심화됩니다.

작업장에서 노동규율의 강화도 문제가 됩니다. 10월 혁명에서 볼셰비키가 노동자계급의 지지를 얻는 데 아주 큰 역할을 했던 구호가 바로 '노동자 통제'였습니다. 작업장을 노동자의 자율적 통제에 맡긴다는 것이었어요. 노동자들의 입장에서는 자본가들과 작업반장들의 억압적인 통제 없이 작업하고, 나아가 경영까지 자기들이 한다는 것이니 실질적으로 와 닿는 주장이었겠죠. 이것은 노동자계급의 사회적 지위를 획기적으로 신장시키는 조치였습니다. 그러나 레닌은 이 조치를 1918년 1월에 바로 번복해서 1인경영 체제로 전환시켜 버립니다. 1인경영 혹은 단독경영은 한 명의 전문가가 책임을 지고 경영하는 체제입니다. 이 전문가들은 주로 자본가 출신이었습니다. 전시경제 체제에서 효율적인 생산이 중요해지면서 작업장에 자본가들이 다시 복귀합니다. 동시에 노동규율의 강화가 요구됩니다. 노동자들 입장에서는 우두머리만 볼셰비키로 바뀐 거지 힘든 일을 강제로 하는 것은 예전과 마찬가지였습니다. 옛날에는 통제가 단순하고 폭력적으로 이루어졌는데, 이런 통제는 한편으로는 치밀하지 못해 빈틈도 있었습니다. 볼셰비키 집권 이후에는 통제가 점점 세련되게 바뀝니다. 대표적으로 테일러주의*라는 아주 최신의 자본주의적 생산방식이 도입되었습니다.

    노동규율의 문제는 숙련된 노동자들이 아니라 농촌에서 갓 올라온 농민 출신의 노동자들이 압도적인 다수를 차지하는 상황에서 삶의 방식의 문제이기도 했습니다. 전통 사회에서 농민의 삶의 방식과 근대적인 도시의 삶의 방식은 근본적으로 달랐습니다. 당시의 농업은 일출과 일몰, 계절의 순환 같은 자연의 주기에 매여 있었고 날씨와 같은 우연적인 조건에 좌우되었습니다. 작업은 주로 소규모 집단 내에서만 이루어졌습니다. 또 당시 러시아의 농민들은 일상적으로 폭음을 했다고 합니다. 이런 생활을 하다가 공장에 온 농민들은 완전히 다른 세상에서 노동자로 살아가게 된 것이죠. 생전 처음 해보는 일을 해야 했고, 특히 기계는 교육받지 못한 사람들이 다루기 힘들었습니다. 또 많은 인원이 일관된 공정 속에서 동시에

---

* 미국의 기술자이자 공학자인 프레더릭 테일러(Frederick Taylor)가 『과학적 관리의 원리』에서 제시한 원칙에 입각한 생산방식. 테일러는 근로자의 창의성에 의존하던 작업 관리를 '경영자의 과학적 과업 설정'이라는 계획적 관리로 전환시켜 효율적인 관리 체제를 도입할 것을 주장했다. 레닌은 테일러주의를 두고 "인간을 기계의 노예로 만드는 짓"이라고 비판하기도 했으나, 1918년 이후 전시공산주의 국면에서 이를 장려하기도 했다.

노동해야 했으므로 표준화된 작업방식이 필수적이었는데, 이것에도 익숙하지 않았습니다. 무엇보다도 농민들에게는 근대적인 시간관념이 없었죠. 농민들이 시계에 맞춰 자기 삶을 재조직한다는 것은 결코 쉬운 일이 아니었습니다. 작업방식과 삶의 방식이 완전히 달라진 농민들은 적응이 힘들었습니다. 따라서 볼셰비키의 노동규율 강화에 대한 노동자들의 반감은 클 수밖에 없었습니다.

새로운 시대의 맑스주의: 『제국주의』

역사적 배경을 길게 이야기했는데 다시 레닌의 이론을 살펴보겠습니다. 10월 혁명을 하게 되기까지 러시아 사회를 바라보는 중요한 틀의 역할을 했던 이론이 레닌의 『제국주의』입니다. 러시아의 상황이 볼셰비키혁명의 성격을 규정한 일차적 조건이라면, 객관적 조건에 대한 주체적 대응에 있어서는 『제국주의』가 중요한 지침의 역할을 했습니다.

『제국주의』의 주된 내용은 레닌 당대의 자본주의가 전통적인 의미의 산업자본주의가 아니라 새로운 자본주의의 단계로 진입했다는 것입니다. 그 단계가 '제국주의 단계'입니다. 제국주의 단계는 전통적인 산업자본주의와 다른 다섯 개의 특징을 가집니다. 이것이 소위 **5표지설**이라는 이론입니다. 5표지설을 간략하게 정리해 봅시다. 첫번째로 생산과 자본의 집중이 고도의 단계에 달해 경제에서 결정적 역할을 수행하는 독점체를 형성하게 됩니다. 경제가 경쟁자본주의에서 독점자본주의 단계로 변화했다는 의미입니다. 두번째로 은행자본이 산업자본과 융합하여 금융자본*을 이루고 이를 기초로 금융과두제가 형성됩니다. 자본주의 경제에서 제일 큰 힘을 가진 주체가 이전에는 산업자본이었습니다. 이 산업자본이 독점자본으로 변하는 과정에서 은행이 주도권을 가지게 되고 은행들의 독점체가 형성됩니다. 이 독점체를 금융과두제라 부릅니다. 금융자본의 주도하에 금융자본과 산업자본이 집단적인 독점체를 형성하게 되는 것이죠. 이 금융과두제가 제국주의 단계의 지배자입니다. 세번째는 상품수출이 아닌 자본수출이 주가 되는 현상입니다. 과거에는 한 자본주의가 다른 자본주의나 농업 지역과 관계를 맺는 방법이 상품수출이었습니다. 하지만 제국주의 단계에서는 과잉자본이 형성되어 자본주의가 공황에 빠지고 과잉자본을 해소하기 위해서 자본을 수출하게 됩니다. 네번째로 국제적인 독점자본가 단체가 형성되어 세계를 분할하게 됩니다. 제국주의 열강들이 형성되고, 이들이 비자본주의 영역이든 자본주의적인 영역이든 간에 세계를 분할해서 나누어 가집니다. 레닌이 보기에 20세기 초는 이러한 국제적 분할이 완료된 시점이었습니다. 다섯번째는 자본주의 거대 열강에 의한 전 세계의 영토분할이 이미 완료된 상태이므로, 남은 것은 재분할밖에 없다는 것입니다. 자본주의 열강은 더 많은 이윤을 위해서 끊임없이 경쟁할 수밖에 없기 때문에 재분할을 위해서 투쟁하게 되겠죠. 이게 정치적인 영역에서 나타나는 방식이 바로 전쟁입니다. 따라서 레닌은 제국주의 전쟁의 필연성을 이야기합니다.

『제국주의』를 쓰기 이전에 나온 1907년의 「슈투트가르트 결의안」에도 이런 생각이 내포되어 있었어요. 레닌은 임박한 전쟁을 제국주의 전쟁으로 규정하고 이 전쟁의 필연성을 인정한다는 점에서는 여전히 맑스주

---

* 싼 곳에서 물건을 사 비싼 곳에서 판매하는 상업자본이나 노동자의 노동력을 구매해 상품을 생산하고 판매하는 산업자본과 달리, 금융자본은 다른 영역에서 축적된 자본을 이용, 대출·투자·투기 등 금융업을 통해 자본을 증식시킨다. 어느 정도 자본주의가 발전해 기초자본이 축적되어 있는 지역의 은행이나 주식시장이 대표적인 예이다.

의 정통파의 입장을 계승합니다. 하지만 구체적으로 들어가면 정통파의 입장하고 상당히 달라요. 정통파의 입장을 대변하는 사람이 카우츠키입니다. 『제국주의』는 카우츠키의 입장을 비판하는 것을 중요한 과제로 삼고 있습니다. 카우츠키의 '제국주의론'은 정통파의 붕괴론의 입장을 계승했고, 말년에는 수정주의의 입장을 일정 부분 수용합니다. 카우츠키가 정통파의 입장을 가지고 있다고 말할 수 있는 것은 **제국주의가 금융자본주의의 산물이 아니라 산업자본주의의 산물이라고 보기 때문입니다. 자본주의가 새로운 단계로 들어선 것이 아니라 전통적인 자본주의가 지속되고 있다고 본 것이죠**. 그는 제국주의를 별도의 새로운 자본주의의 단계로 보지 않고 기존의 자본주의 사회의 경쟁이 격화된 상태로 보았습니다. 레닌과 카우츠키의 **두번째 차이는 자본수출이라는 현상을 포착하지 못한 것입니다**. 카우츠키는 여전히 제국주의가 식민지를 대상으로 행하는 경제적 행위는 상품수출이라고 봅니다. 발달한 자본주의가 산업이 발달하지 않은 농업 지역을 대상으로 하는 것이 상품수출의 전형적인 형태였죠. 그래서 카우츠키는 제국주의 문제를 발달한 자본주의와 농업 지역의 관계로 봤어요.

제일 중요한 차이는 카우츠키가 제국주의를 자본주의가 발전하는 과정 속에서 필연적으로 나타나긴 하지만 자본주의가 선택할 수 있는 정책의 일부라고 생각했다는 것입니다. 레닌은 제국주의를 자본주의의 필연적 단계라고 보았죠. 카우츠키는 자본들 간에 경쟁이 벌어지고, 경쟁이 해외로의 팽창을 추동한다는 것은 인정합니다. 그러나 제국주의가 구체적으로 시행되는 현상은 자의적으로 선택한 정책이라고 말합니다. 정책이라는 것은 한 사회의 본질이 구체적으로 실현되기 위한 가능한 여러 방법들 중의 하나에 불과합니다. **자본주의의 본질적인 성격 변화에 의해 필연적으로 제국주의가 나타날 수밖에 없다고 본 것이 레닌이라면, 카우츠키는 자**

본주의 성격 변화를 부정했으며 다른 형태의 제국주의, 좀더 온건한 형태의 제국주의도 가능하다고 생각했습니다. 이것은 수정주의자들의 제국주의관을 수용한 것입니다.

　제국주의라는 현상은 20세기 초가 되면 아주 두드러진 현상이 되기 때문에 제국주의 자체를 부정하기는 힘들어집니다. 카우츠키도 1914년 정도에 가면 변화된 입장을 가지고 제국주의를 본격적인 문제로 다룹니다. 이때 카우츠키는 루돌프 힐퍼딩(Rudolf Hilferding)의 이론을 받아들여요. 레닌의 제국주의론도 『금융자본』이라는 힐퍼딩의 저서로부터 상당한 영향을 받았습니다. 레닌은 자신의 『제국주의』의 두 가지 주요한 원천으로 『금융자본』과 존 홉슨(John Hobson)의 『제국주의』를 꼽습니다.

　힐퍼딩은 후기에 가면 '조직자본주의론'을 주장합니다. 이 개념을 간단히 설명하겠습니다. 제2인터내셔널의 붕괴론에서 자본주의 붕괴의 필연적 원인을 자본주의의 교란, 불비례에서 찾는 입장이 있다는 것을 4강에서 보았습니다. 자본주의가 자유경쟁의 단계에 있으면 이 불비례가 필연적으로 발생할 수밖에 없습니다. 하지만 자본주의에서 금융과두제에 의한 독점이 이루어지면 이 독점체들 간에 조절이 가능하기 때문에 불비례를 해소할 수 있게 됩니다. 따라서 자본주의가 붕괴하지 않고 지속될 수 있다는 생각을 주로 수정주의자들이 하게 됩니다. 베른슈타인도 카르텔이나 트러스트 같은 독점적 기업 연합이 자본주의의 불안정성을 해소시켜 주리라고 기대했습니다. 이렇게 자유방임의 방식이 아니라 조직하는 방식으로 자본주의를 규제하면 굳이 사회주의혁명을 거치지 않아도 자본주의의 문제를 상당 부분 해소할 수 있을 것이라는 생각을 경제학적으로 체계화한 것이 힐퍼딩의 조직자본주의론입니다.

　카우츠키는 조직자본주의론을 받아들여서 한 나라 안의 경제 문제뿐만이 아니라 제국주의 국가들 간의 국제적인 문제로까지 확장시켜 적용합니다. 한 나라의 자본주의 경제에서 경쟁이 격렬한 양상을 띠게 되면 결국은 경쟁하는 자본가들과 자본주의 경제 전체에 파국을 가져오기 때문에 조절을 통해 위험을 피해 갑니다. 이런 식으로 제국주의 국가들도 전쟁을 피하고 상호합의를 통해서 자기들의 이익을 계속해서 유지시켜 나갈 수 있을 것이라고 카우츠키는 주장합니다. 그에 따르면 이것이 제국주의가 더 발달한 '초제국주의' 단계에서 일어나는 현상입니다. **카우츠키는 1914년에 쓴 「초제국주의」라는 글에서 제국주의 열강들이 자본의 이익을 유지하기 위해서 상호합의를 통해 경쟁을 조절함으로써 전쟁이나 파국에 이르지 않고 자본주의를 계속 지속시킬 수 있다고 설명합니다.** 카우츠키는 「초제국주의」에 근거해서 제1차 세계대전이 발발하기 몇 주 전까지도 전쟁의 가능성을 부정합니다.

반면에 레닌은 전쟁의 필연성을 주장합니다. 결국은 전쟁이 발발하죠. 그리고 러시아혁명은 전쟁의 산물로 일어납니다. 제국주의에 대한 당시 사회주의자들의 이해방식이 '혁명이냐 개량이냐'라는 갈림길에서 상당히 중요한 역할을 한 것입니다. 수정주의자들은 자본주의가 평화적인 방식으로 유지될 수 있을 거라는 믿음에서 전쟁이 발생하지 않을 것이라고 생각했습니다. 카우츠키도 결국 그 입장으로 수렴되었던 것입니다. 반면 자본주의가 붕괴할 수밖에 없고 그 붕괴의 양상이 전쟁으로 나타날 것이라고 보았던 레닌은 혁명을 주장했습니다. 카우츠키는 초제국주의 단계가 이미 생산의 사회화를 거의 완벽하게 이룬 단계이기 때문에 곧바로 사회주의로 이행할 수 있다고 봅니다. 여기서 부르주아 민주주의가 중요한 역할을 하죠. 이미 생산은 사회화된 상태이기 때문에 노동자계급이 의회전술을 통해 정치적으로 승리하면 곧바로 사회주의가 된다는 것입니다. 이것이 카우츠키와 수정주의자들이 공통으로 가지고 있었던 입장이에요. 반면에 레닌은 『제국주의』를 통해 초제국주의론을 비판하면서 자본주의의 제국주의로의 성격 전화는 필연적으로 제국주의 열강들 간의 경쟁과 전쟁을 야기할 수밖에 없고, 이로 인해 반드시 혁명이 일어난다는 주장을 한 것입니다.

전쟁 문제와 관련해서 『제국주의』는 제2인터내셔널에 만연해 있던 방어 전쟁의 논리를 극복할 수 있게 해줍니다. 앞서 보았던 「슈투트가르트 결의안」은 전쟁에는 내전으로 대응하라고 요청했습니다. 5강의 '반전 논쟁'에서 봤듯이, 이에 대해 방어 전쟁의 논리는 선진 자본주의 국가에서는 혁명이 가능하지만 후진 자본주의 국가에서는 불가능하므로 결국 선진국의 노동운동을 말살하게 된다며 혁명을 거부합니다. 『제국주의』에 따르면 후진 자본주의 국가에서도 혁명이 일어날 수 있습니다. 『제국주의』는 후진 자본주의 국가의 혁명과 선진 자본주의 국가의 혁명이 서로 조응해서 세계혁명으로 연결될 수 있다는 이론적 근거를 제시한 것입니다. 이를 통해 방어 전쟁의 논리를 논박할 수 있게 됩니다.

카우츠키를 비판하는 『제국주의』의 성과가 하나 더 있습니다. 카우츠키는 생산의 사회화가 사회주의의 핵심이므로 여기에 노동자계급의 의회 장악만 더해지면 사회주의가 완성될 것이라고 믿었습니다. 반면에 레닌은 생산의 사회화가 그 자체로 사회주의적이지는 않다고 주장합니다. 그에 의하면 제국주의 단계에서 생산의 사회화는 훨씬 더 반동적인 성격을 가집니다. 물론 레닌도 생산의 사회화라는 것이 사회주의로 이행하기 위한 아주 중요한 전제라고 인정합니다. 하지만 그것 자체로는 결정적이지 않다고 생각했다는 점에서 카우츠키와 달라요. 러시아혁명 직후에 볼셰비키가 국가자본주의 경제정책을 펼쳤다고 했잖아요. 이 국가자본주의에 대한 레닌의 이론이 『제국주의』에서 앞서 제시되었습니다. 레닌은 제국주의의 주체로서 독점자본을 이야기합니다. 그리고 이것과 같은 형태의 독점자본이 10월 혁명 이후에 러시아에서 나타나야 한다고 보는 거예요. 이것을 자본가계급이 지배하는 것이 아니라 프롤레타리아트 독재에 의해서 통제하는 것이 결정적인 차이입니다. **레닌은 정치에서의 프롤레타리아트 독재와 경제에서의 국가독점자본주의가 결합해서 사회주의로 이행할 수 있다고 믿었습니다.**

제국주의는 제국주의 국가 안에 존재하던 노동자계급과 자본가계급 사이의 모순을 제국주의 정책을 통해서 다른 곳으로 이전시킬 수 있는 가능성을 열어 놓습니다. 구체적으로 말하면, 제국주의 국가 안에서 노동자계급이 열악한 상황에 놓이게 되니까 계급투쟁이 격화됩니다. 그러면 자본가계급은 식민지에 대한 제국주의적 착취로 획득한 초과이윤의 일부를 자국의 노동자계급에게 분배해 줍니다. 이로 인해 노동자계급의 임금과 생활수준이 향상되고 국내에서는 노동자계급과 자본가계급 사이의 모순이 완화됩니다. 하지만 식민지에 대한 제국주의의 수탈은 더욱 강화되어야 합니다. 모순이 완화된 것이 아니라, 제국주의 모국 내에 있던 모순이 제국주의 국가와 식민지 간의 모순으로 떠넘겨진 것이죠. 이렇게 떠넘겨질 수 있는 가능성을 제국주의가 열어 놓은 것입니다.

이것이 의미하는 바가 아주 중요합니다. 제2인터내셔널의 정통파가 가지고 있던 붕괴론은 항상 붕괴는 선진 자본주의 국가에서 일어난다는 것입니다. 그러나 실제로는 선진 자본주의 국가들에서 혁명이 일어나지 않으면서 수정주의한테 패배하게 되죠. 레닌은 혁명이 선진 자본주의 국가들에서 일어나지 않고 후발 자본주의 국가인 러시아에서 일어날 수 있는 이유를 설명한 것입니다. 그것을 체계적으로 설명했기 때문에 제2인터내셔널의 정통파가 가지고 있었던 붕괴론의 한계를 돌파할 수 있었습니다. 붕괴론의 한계 때문에 제2인터내셔널이 실패했다면, 이 실패를 이론적으로 극복한 것이 레닌의 『제국주의』입니다. 여기서 레닌은 선진 자본주의 국가에서 붕괴가 일어나지 않은 이유를 제국주의라는 자본주의의 새로운 단계로 설명합니다. 동시에 제국주의 국가로부터 이전된 모순이 다른 곳에서 폭발할 것이라고 주장하면서 러시아혁명이라는 현상에 부합하는 설명을 할 수 있었습니다. 그래서 『제국주의』의 가장 결정적인 성과는 러시아와 같은 후발 자본주의 국가에서도 혁명이 일어날 수 있다는 것을 맑스주의의 이론틀 내에서 설명했다는 것입니다.

러시아혁명이 일부 무장한 테러리스트들의 군사쿠데타, 미성숙한 농민들의 야만적인 봉기가 아니라 자본주의의 필연적인 귀결이라고 설명함으로써 러시아혁명이 세계혁명의 큰 틀에서 가지는 지위를 설명할 수 있게 된 것입니다. 이게 제2인터내셔널과 제3인터내셔널을 이론적으로 구분할 수 있는 가장 중요한 지점입니다. 이 지점이 선진국에서의 혁명만을 기다리다 변절하느냐 서유럽 밖에서 혁명의 가능성을 찾느냐의 분기점이었던 것입니다. 『제국주의』가 맑스주의의 역사에서 결정적인 기여를 한 것은 레닌의 이론이 과학적·경제학적으로 다 옳은 이야기여서가 아닙니다. 『제국주의』는 레닌 이전에는 설명할 수 없었던 현상을 맑스주의의 틀 내에서 설명하려고 했던 중요한 시도고, 그 당시에는 상당한 설득력을 가졌기 때문입니다. 『제국주의』는 후진국 러시아의 혁명의 가능성뿐만 아니라 더 후진적이라 여겨졌던 식민지에서의 해방운동의 가능성 또한 이론적으로 정당화해 주었습니다. 그래서 러시아혁명과 레닌의 노선이 맑스주의의 중요한 세력으로 등장할 수 있었던 것입니다.

신경제정책(NEP) : 이보전진을 위한 일보후퇴

이제 전시공산주의의 종결과 신경제정책으로의 이행과정 그리고 이를 둘러싼 논쟁을 보도록 합시다. 전시공산주의 시기의 말미에 '크론시타트(Kronshtadt) 수병반란'이 일어납니다. 심하게 말하는 사람들은 이 사건을 계기로 볼셰비키 통치의 성격이 바뀌었다거나 볼셰비키가 러시아혁명의 이상을 완전히 포기했다고 이야기합니다. 크론시타트 수병반란은 1918년 정도부터 본격화된 전시공산주의 체제의 모순이 폭발한 사건입니다. 전시공산주의가 해결해야 했던 첫번째 과제는 식량과 농민 문제였습니다. 앞서도 말한 것처럼 생산력이 상당히 낮고 생산기반이 파괴된 데다가 전쟁 중이라는 아주 급박한 상황 속에서 제일 핵심적인 과제가 바로 식량조달이었습니다.

또 하나의 문제는 국가 역할의 강화입니다. 전시공산주의에서는 생산 전반에 대한 국가의 통제가 급속하게 강화되었습니다. 노동규율의 강화도 이런 맥락에서 나타납니다. 역사학자들은 러시아혁명이 여러 이상들을 품고 시작했음에도 불구하고 전시공산주의에서 나타났던 문제점들이 계속해서 체제의 문제점들로 연장되었다고 얘기합니다. 특히 『국가와 혁명』에서의 레닌은 사민주의자들을 비판하면서 자기의 정치적 입장의 가장 중요한 특징으로 기존 국가기구의 파괴와 새로운 정치 체제의 건설을 주장했습니다. 그럼에도 불구하고 전시공산주의 시기 동안 국가가 공산주의 건설과정을 주도하면서 국가의 역할에 대한 믿음이 고착화되고 강화됩니다. 그 결과 공산주의 건설의 주체가 되어야 할 노동자계급이 더 강력해진 통제에 얽매이고 수동적으로 되는 문제가 발생합니다. 그에 따라 농민뿐만 아니라 노동자계급의 볼셰비키에 대한 지지도 약화됩니다.

레닌은 제2인터내셔널의 사민주의자들이 정치적 입장에서 국가주의에 빠졌기 때문에 실패했다고 비판했습니다. 제3인터내셔널 또는 러시아의 맑스주의는 이것을 극복하기 위해서 국가기구의 파괴와 프롤레타리아트 독재를 강조했습니다. 그럼에도 불구하고 또 다른 형태의 강력한 국가기구가 등장했고 이것이 스탈린 시대 이후로 소련 전체를 지배합니다. 우리는 현실사회주의라고 하면 비대한 관료제, 강력한 중앙통제, 경찰기구의 감시와 억압 같은 국가기구의 부정적인 모습이 극대화된 정치 체제를 떠올립니다. 이런 통념에는 어느 정도의 과장이 있는 것도 사실입니다. 그러나 그들이 혁명의 도입부에서 파괴하고자 했던 국가기구가 정치적으로 아주 강력한 통제 역할을 했다는 것을 전면적으로 부정하기는 힘듭니다. 물론 그들은 그게 기존의 부르주아 국가기구와 전혀 다른 형태의 국가기구라고 얘기하지만 말입니다. 국가 문제를 둘러싸고 갈라졌던 맑스주의의 두 가지 큰 흐름이 결국은 각기 다른 형태의 국가주의로 발전해 버린 것입니다. 이게 맑스주의의 아이러니라고 말할 수 있겠죠.

전시공산주의는 어떤 면에서는 긍정적인 측면도 지니고 있었습니다. 효율적으로 내전을 수행했고 한정된 자원을 효율적으로 분배할 수 있었습니다. 또한 짧은 시간 내에 필요한 부문에서의 생산력을 증대시키기도 했습니다. 그러나 결국은 사회 내의 모순들을 심화시켰고, 크론시타트 수병기지에서의 반란도 초래합니다.

이 반란이 그 당시에 더욱 충격적으로 받아들여진 이유는 크론시타트의 수병들이 1917년 혁명에서 가장 급진적인 정치적 입장을 표명하고 볼셰비키를 지지했던 세력이었기 때문입니다. 원래 볼셰비키를 반대했던 세력들이 반란을 일으켰으면 그렇게 충격적이지는 않겠죠. 이 사람들이 어떤 주장을 했느냐에 대해서는 지금도 의견이 갈립니다. 볼셰비키와

크론시타트 수병들이 소비에트의 자유를 외치며 행진하는 모습. 1921년, 크론시타트 수병들은 볼셰비키 정권에 대항해 자유 선거의 보장, 언론·출판의 자유, 정치범의 석방, 개인의 재산의 소유권 확립 등을 요구했다.

현실사회주의를 바라보는 각자의 정치적 입장에 따라서 해석이 달라집니다. 현실사회주의 체제를 긍정적으로 보는 사람은 크론시타트 반란을 부정적으로 보고 싶어 합니다. 반대의 정치적 입장을 가진 사람들은 크론시타트 반란을 긍정적으로 보고 싶어 하겠죠. 또 스탈린 체제에 대해 반대하지만 크론시타트 반란을 평가하는 문제에 대해서는 유보적인 입장을 보이는 트로츠키주의자들도 있습니다. 왜냐하면 진압 책임자가 트로츠키였기 때문입니다. 역사적 사실로 봤을 때, 이 사람들이 어떤 일관된 통일적인 강령을 갖고 봉기를 일으켰다고 보기는 힘들어요. 반란 수병들의 구호에는 아주 다양한 여러 주장들이 뒤섞여 있었습니다. 그럼에도 불구하고 볼셰비키의 이상, 그들이 1917년 10월 혁명 당시에 주장했던 이상과 크게 다르지 않은 주장들이 제기되었어요. 이것은 이 당시 볼셰비키가 혁명 초기의 지지집단의 의사를 제대로 반영하지 못하는 측면들이 분명히 있었음을 보여 주는 것입니다.

볼셰비키가 무력진압을 결정한 것은 봉기의 성격과는 별개의 이유 때문입니다. 크론시타트가 페트로그라드와 가까운 거리에 있었고 당시 페트로그라드의 분위기도 매우 좋지 않았기 때문에 이곳의 봉기를 용인하기가 힘들었습니다. 이곳의 봉기가 페트로그라드의 반볼셰비키 봉기와 시위를 격화시킬지도 모른다는 두려움이 작용해서 강경진압을 한 것입니다. 이 사건에 대한 해석의 여지가 상당히 있지만, 이 사건 자체가 이후의 소련 역사를 규정한 중요한 사건이었다는 것은 좀 과장일 것 같습니다. 오히려 상징적인 의미가 있다고 말할 수 있겠죠.

크론시타트 반란을 비롯해서 전시공산주의의 여러 가지 모순들이 표면화되면서 전시공산주의를 후퇴시키는 정책들이 나오게 됩니다. 인민들의 불만이 컸기 때문에 전시공산주의를 더 이상 지속하기는 힘들었어요. 거기다가 혁명 직후부터 전 러시아를 휩쓸었던 내전이 볼셰비키의 승리로 끝나가고 있었기 때문에 전시 체제를 완화할 객관적 조건이 마련됩니다. 이제 신경제정책(Novaya Ekonomicheskaya Politika, 네프)으로의 전환이 본격화되기 시작합니다.

레닌은 네프의 핵심을 **농민과의 브레스트-리토프스크 조약**이라고 비유적으로 표현합니다. 브레스트-리토프스크 조약에서 굴욕이나 불이익을 감수하면서도 더 큰 목적을 위해 협정을 맺은 것처럼 네프도 이보전진을 위한 일보후퇴라는 뜻입니다. 농민들의 불만이 워낙 컸기 때문에 농민들과 일정한 선에서 타협하지 않고서는 혁명을 지킬 수 없다는 것이 분명했습니다. 네프는 사회경제 전반에 여러 가지 혁신들을 가져옵니다. 하지만 네프 정책의 핵심은 농민 정책 또는 농업 정책에서의 변화입니다. 그리고 그 변화는 사회주의로의 이행의 속도를 늦추는 방향으로 진행됩니다.

네프를 예고하는 현물세 제도가 먼저 시행됩니다. 현물세는 세금을

시장에서 잉여농산물을 사고 파는 농민들의 모습. 네프는 혁명의 이상과 사회주의 원칙에서 벗어난 정책이었지만, 다른 한편으로는 경제난을 완화시켜 식량과 생필품 부족을 어느 정도 해결할 수 있었다. 레닌은 네프가 장기간 지속되어야 하는 정책임을 명시했지만, '장기간'이 정확히 어느 정도 기간인지는 밝히지 못한 채 사망했다.

현물로 내고, 남은 곡물의 처분권을 농민들에게 되돌려 주는 것이 핵심입니다. 네프가 본격화되면서 농민들의 잉여농산물 판매를 공식적으로 허용합니다. 농민들은 이 잉여농산물을 급할 때 식량으로 쓰거나 시장에 내다 팔 수 있게 됩니다. 잉여농산물을 처분할 권한을 농민들에게 주면, 농민들이 잉여농산물을 늘리기 위해서 경작에 더 애를 쓰겠죠. 실제로 네프가 시행되고 나서 농업생산량이 크게 늘어납니다.

농민들 중 농사기술이 뛰어나거나 특별히 근면하거나 운 좋게 비옥한 토지를 차지한 농민들은 일차적인 수요를 충족시키고 남은 돈을 저축하기도 합니다. 이 사람들은 생산량을 더 늘려서 더 많은 잉여농산물을 내다 팔고 싶어 했겠죠. 그러려면 일단 토지가 더 많이 필요하고, 토지가 넓어지면 더 많은 일손이 필요합니다. 네프 이전에는 농업에서 농업노동자의 고용이 금지되어 있었습니다. 네프 이후에는 노동력에 대한 필요를 충족시켜 주기 위해 농업에서의 노동자 고용을 허용합니다. 그러면서 아주 초보적인 단계이긴 하지만 농업자본가와 농업노동자가 생겨납니다.

이렇게 생산된 농업생산물이 도시로 팔려나가겠죠. 그 결과 도시에 자생적인 대규모 시장들이 들어섭니다. 농민들은 농산물을 공산품, 특히 소비재와 교환합니다. 도시에서는 상업이 활발해짐에 따라 상인계급이 등장합니다. 소비재 상품에 대한 수요가 늘어나니까 소비재를 생산하는 공업도 활성화됩니다. 네프는 이런 식으로 사회 전반에서 생산력을 증대시키고 아주 열악했던 소비재 공급을 일시적으로 완화시키는 효과를 가져옵니다. 그래서 네프에 대한 긍정적인 반응들이 나옵니다. 물론 부정적으로 보는 사람들은 혁명의 후퇴라고 주장했습니다.

실제로 네프는 부분적으로는 자본주의적인 요소를 가지고 있었습니다. 사적인 이익을 위해서 더 많이 생산하게 만들고 그걸 처분할 수 있게 허용해 주는 일종의 혼합적인 경제입니다. 그래서 전시공산주의의 아주 엄격한 사회주의적 조치에 자본주의적 요소를 도입함으로써 일정 정도 후퇴했다고 볼 수 있습니다. 레닌 말년에서부터 레닌 사후에 스탈린이 집권하기까지의 과정에서 네프를 어떻게 볼 것인가, 네프 이후에 어떻게 경제발전을 할 것인가 등의 문제를 둘러싸고 논쟁이 벌어집니다. 이 논쟁은 레닌의 후계자 자리를 둘러싼 권력투쟁과 겹쳐지면서 소련의 진로를 결정하는 아주 중요한 논쟁이 됩니다.

네프는 공식적으로는 1921년부터 1928년까지 지속됩니다. 이 기간 동안에 사람들의 생활수준이 높아집니다. 사회적으로도 강압적이고 통제적인 분위기 대신 유화적인 분위기가 퍼져 나갑니다. 그러나 시작된 지 3~4년이 지나면서 조금씩 삐걱거리기 시작합니다. 사회적 측면에서는 농민계급 내에 계급분화가 발생하는 것이 문제가 됩니다. 이재에 밝은 농민들은 재산을 축적하고 토지를 넓히고 노동자를 고용해 더 많은 이익을 올립니다. 또 남는 돈을 가지고 빈농들을 상대로 고리대금업을 하기도 합니다. 소위 말하는 쿨락(Kulak)*이 일부 등장한 것입니다. 반면에 부농들과의 경쟁에서 밀려난 빈농들도 늘어납니다. 그 사이에 중농들도 존재하게 되면서 부농, 중농, 빈농 식으로 농민계급 내의 계급분화가 심화됩니다. 또 하나의 문제점은 당시 노동자들은 상대적으로 저임금에 머물러 있었다는 것입니다. 이 때문에 노동자들의 불만이 고조되기 시작해요. 전시공산주의에서 문제가 되었던 작업장에서의 노동자에 대한 통제는 완화되지 않습니다. 오히려 복귀한 전문 경영자의 권한만 강화된 것도 불만의 중요한 원인이었습니다.

또한 산업의 측면에서 네프는 주로 소비재 산업만을 발전시킵니다. 소비재 산업의 발전이 자연스럽게 대규모의 중공업화로 이어지기까지는 상당히 오랜 시간이 필요하리라는 생각들이 나타납니다. 맑스주의자들은 자본주의의 충분한 발전을 사회주의로의 이행의 중요한 조건으로 보잖아요. 그런 관점에서 소련이 사회주의를 완전히 실현하기 위해서는 대규모의 공업화가 필수적이었습니다. 그 당시에 러시아의 산업발전이 유럽에 비해서 너무 더디니까 급속하게 산업발전을 해야 한다는 것에는 누구나 동의했어요. 거기다가 제국주의 열강들이 언제 다시 침략해서 고립되어 있는 사회주의 국가를 붕괴시킬지 모른다는 두려움이 널리 퍼져 있었습니다. 사회주의혁명을 수호할 군비를 증강시키기 위해서도 중공업 위주의 산업발전이 필수적이었습니다. 그런데 이런 중공업 위주의 급속한 산

---

* 부농계층을 가리키는 러시아 말. 제국 말기 스톨리핀의 토지개혁에 의해 처음 탄생했다. 볼셰비키가 집권하면서 점차 줄어들었지만, 신경제정책이 진행됨에 따라 농민들 간의 계급분화가 심화되면서 다시 늘어났다.

업화를 할 수 있는 직접적인 토대를 네프로는 마련하기 힘들다는 평가가 나옵니다. 장기적으로 가면 가능하다고 주장하는 사람도 있었고 장기적으로도 가능하지 않다고 주장하는 사람도 있었습니다. 그러나 네프가 짧은 시간 안에 중공업 위주의 급속한 산업발전을 가져오지 못한다는 것은 거의 모든 사람에게 분명해 보였어요.

이런 상황 속에서 농업과 공업, 농민과 노동자 간의 모순이 점점 첨예해집니다. 네프 시기에는 공산품의 가격이 농산물의 가격에 비해서 상대적으로 높았습니다. 이 격차가 점점 벌어지게 됩니다. 이로 인해 그래프로 그리면 가위 모양이 되는 격차(이른바 협상가격차)가 심해지는 경제적 문제가 발생합니다.

이런저런 문제들이 발생하면서 볼셰비키 내부에서 네프를 지속해야 하느냐, 아니면 다시 사회주의 정책으로 돌아가야 하느냐, 그것도 아니면 다른 길이 있느냐는 논쟁을 하기 시작합니다. 레닌은 이런 논쟁이 본격화하기 전에 사망합니다. 네프를 시작해 놓고 네프가 어느 정도 진행된 시점에 사망한 것이죠. 그래서 레닌이 네프를 사회주의적 성격을 크게 벗어나지 않는, 20~30년간 지속되어야 할 장기적인 단계로 봤는지 혹은 사회주의의 후퇴이고 빨리 극복되어야 할 단계로 봤는지에 대해서는 지금도 논란이 많습니다.

"제국주의 세계 전선에 대항하는 통일된
　세계혁명 전선에서 유럽의 프롤레타리아트혁명과
　동방의 식민지혁명 사이의 결합은 필연적이다."
　　　　　　　　　　　－ 이오시프 스탈린, 『레닌주의의 기초』

레닌의 후계자들을 찍은 1925년 사진. 왼쪽부터 스탈린, 리코프, 카메네프, 지노비예프

8강
코민테른과 스탈린 체제

코민테른의 성립

지금부터는 레닌이 사망하기 전까지의 국제적인 문제, 특히 코민테른을 중심으로 어떤 일이 있었는지를 간략하게 살펴봅시다. 코민테른은 제2인터내셔널에 대항한 반대파들이 모여서 1919년 3월에 발족한 조직입니다.

앞서 보았듯이 1907년의 제2인터내셔널 슈투트가르트 대회에서 반전 문제를 둘러싼 입장차이가 코민테른의 모태를 형성합니다. 1914년에 제1차 세계대전이 발발하고 제2인터내셔널이 실질적으로 붕괴합니다. 이후에 사회주의자들은 다시 한 번 전쟁에 대해 통일적으로 대응하려는 여러 가지 시도들을 합니다. 스위스의 치머발트(Zimmerwald)라는 곳에서 전쟁에 반대하는 일군의 사회주의자들이 모여 회의를 엽니다. 그중에서도 좌파적인 입장을 견지하는 사람들은 「슈투트가르트 결의안」을 계승할 것을 주장합니다. 이 사람들을 '치머발트 좌파'라고 부릅니다. 이들이 중심이 되어 러시아혁명 이후에 제3인터내셔널 혹은 공산주의 인터내셔널(Communist International), 줄여서 코민테른(Comintern)이라고 불리는 새로운 국제적 노동운동 조직이 결성됩니다.

현실사회주의 국가가 주도한 인터내셔널, **코민테른**

1889	파리 대회에서 제2인터내셔널 창립.
1914	제1차 세계대전 발발. 독일 사회민주당, 오스트리아 사회민주당, 프랑스 사회당, 영국 노동당, 벨기에 노동당이 모두 전쟁에서 자국 정부를 지지하기로 결정함.
1915	9월에 치머발트에서 국제 사회주의 반전 회의가 열림.
1917	10월에 러시아에서 볼셰비키 혁명이 일어남.
1918	독일에서 킬 수병반란과 혁명이 일어나 전쟁이 끝나고, 인민위원협의회가 정부를 구성함.
1919	베를린에서 스파르타쿠스단 봉기가 일어나지만 실패하고 로자 룩셈부르크가 살해당함. 모스크바에서 공산주의 인터내셔널(코민테른) 제1차 대회 소집 공고 발표. 3월에는 모스크바에서 코민테른 창립 대회가 열림. 9월에는 이탈리아 사회당이 코민테른 가입을 결정함.

▶ 코민테른 지도부의 모습

1920	코민테른 제2차 대회가 개최됨. 「식민지와 민족 문제에 대한 테제」 채택. 식민지 민족해방운동에 대한 지지와 지원을 코민테른의 과제로 공식화함. 또한 사민주의와 중도파를 배제하기 위해 「코민테른 가입 조건 21개조」를 채택. 12월에는 프랑스 사회당이 코민테른 가입 결정.
1921	3월부터 러시아에 신경제정책 도입. 6~7월에는 코민테른 제3차 대회가 열림.
1922	11~12월에 코민테른 제4차 대회가 개최됨. 자본가계급의 공세에 대응해 수정주의자 및 중도파와의 제휴를 인정하는 '통일전선'을 중요한 방침으로 채택.
1924	1월에 레닌 사망. 5월에는 소련 공산당 제13차 대회에서 지노비예프, 카메네프, 스탈린으로 구성된 트로이카의 권력 장악을 인정. 6~7월에 열린 코민테른 제5차 대회에서는 1923년 독일 봉기의 실패 이후 자본주의의 부분적 안정화를 인정함. '맑스-레닌주의'라는 용어를 사용하기 시작함.
1925	12월에 소련 공산당 제14차 대회가 개최됨. 스탈린과의 권력투쟁에서 지노비예프와 카메네프가 패배함. 코민테른에 대한 지노비예프의 지배도 끝남.
1927	트로츠키가 소련 공산당에서 축출당함.
1928	7~8월에 코민테른 제6차 대회가 개최됨. 코민테른 강령 채택. 당시의 정세를 제국주의 모순 심화 시기로 규정하고 반파시즘 강경 노선으로 선회. 사민주의와 결별함.
1929	소련에서 제1차 5개년 계획 시작.
1933	독일에서 히틀러 권력 장악.
1934	1월에 소련 공산당 제17차 대회가 개최됨. 소련에서 '사회주의의 승리' 선포.
1935	7~8월에 코민테른 제7차 대회 개최. 프랑스 인민전선의 집권을 계기로 파시즘에 맞서는 '인민전선'이라는 온건 노선으로 선회.
1939	8월에 독-소 불가침 조약을 체결함.
1941	독일이 소련을 침공함.
1943	5월에 코민테른 해산.

같은 해인 1919년에 붕괴되었던 제2인터내셔널이 서유럽의 사민주의자들을 중심으로 다시 부활합니다. 제2인터내셔널의 주된 활동은 볼셰비키혁명과 볼셰비키가 실시했던 프롤레타리아트 독재를 비판하는 것이었습니다. 그들은 또한 부르주아 국가들이 주도했던 '국제 연맹'(League of Nations)을 지지합니다. 제1차 세계대전 종전 후의 유럽질서를 규정한 '베르사유 조약'도 승인하고 받아들여요. 이 조약은 승전국들이 패전국들을 아주 가혹하게 착취하는 불공정한 내용을 담고 있어서 부르주아 자유주의자 일부와 사회주의자들 양쪽 모두 비판했습니다. 그러니까 **부활한 제2인터내셔널은 제1차 세계대전 이후의 제국주의 국제질서를 승인하고, 그 한계 안에서 자신의 위상을 정립한 것입니다**. 이게 코민테른과의 결정적인 차이점입니다. **코민테른은 베르사유 체제를 부정**하거든요. 이때 혁명 이후의 러시아 체제가 민주주의냐 독재냐를 둘러싸고 카우츠키와 레닌 사이에 아주 격렬한 논쟁이 벌어집니다. 카우츠키는 『프롤레타리아트 독재』라는 책에서 '민주주의냐 독재냐'라는 대당구조를 본격적으로 체계화시키면서 냉전 논리의 서막을 열게 돼요. 그는 그 논리에 근거해서 러시아혁명을 테러리즘으로 규정합니다.

이런 배경에서 결성된 **코민테른은 정치적으로는 독일의 스파르타쿠스단과 볼셰비키 강령에, 이론적으로는 레닌의 『제국주의』와 『국가와 혁명』 노선에 근거하고 있다고** 명시적으로 밝힙니다. 7강에서 『제국주의』의 의미는 1) 자본주의가 제국주의 단계로 새롭게 진입하면서, 2) 자본주의 모순이 세계적으로 확산되고, 3) 선진 제국주의 국가 내부의 부르주아지와 프롤레타리아트 사이의 모순이 제국주의 국가들과 다른 국가들 사이의 모순으로 전화된다는 것을 과학적으로 밝혀냈다는 데 있다고 했죠. 따라서 『제국주의』의 노선에 근거한다는 것은 1919년을 제국주의의 침략과 억압을 받는 식민지의 민족해방운동이 본격화되는 시기로 규정했다는 의미입니다. 다시 말해 사회주의혁명을 선진 자본주의 국가 내에 국한된 일로 보던 정통 맑스주의 관점을 벗어나, 후진국에서도 혁명이 일어날 수 있다는 것을 인정한 것입니다. 그래서 식민지 민족해방운동을 코민테른의 아주 중요한 과제로 설정하게 됩니다.

제2인터내셔널은 철저하게 유럽 내부의 문제, 선진 자본주의 국가들 간의 문제와 이 안에서 벌어지는 노동운동을 중심으로 전개되었습니다. 반면에 코민테른은 의식적으로 자기들의 혁명 전략과 전망을 전 세계로, 특히 식민지로 확대하고자 했습니다. 코민테른을 부정적으로 보는 사람들은 명목상으로만 식민지를 지원했다고 말합니다. 실제로는 소련을 방어하기 위해서 다른 국가들을 이용한 것에 지나지 않는다고 평가하기도 합니다. 반대의 평가도 물론 있죠. 둘 다 어느 정도는 진실입니다. 코민테른이 식민지 혁명에 실질적으로 기여했는지에 대한 평가는 역사학자들의 몫입니다. 제가 여기서 강조하는 것은 **코민테른이 식민지 민족해방운동을 앞으로의 혁명의 전망에서 중요한 과제로 설정했다는 것 그리고 이 점에서 제2인터내셔널과 결정적으로 다르다는 것**입니다.

1919년 3월에 코민테른 제1차 대회가 개최되었고, 1920년 7월에는 제2차 대회가 열립니다. 제1인터내셔널이나 제2인터내셔널에서는 대회 명을 개최지의 지명으로 불렀는데 코민테른에서는 제1차 대회, 제2차 대회로 부릅니다. 대회가 모스크바에서만 열려서 지명으로 부를 수 없게 된 거예요. 이것은 소련이 코민테른의 핵심이었음을 보여 주는 것입니다. '인터내셔널'이니까 모든 국가의 공산주의운동들이 대등한 관계로 모인 연합체인 것 같지만 실제로는 소련이 결정적인 역할을 했습니다.

제2차 대회 때 코민테른의 가입조건을 명문화한「코민테른 가입조건

21개조」(이하 「21개조」)를 발표합니다. 그 내용은 러시아혁명의 사례가 다른 나라에도 적용가능하며 서유럽 사민주의와 코민테른이 표방하는 공산주의는 다른 정치 노선이고 적대적인 관계에 있다는 것을 인정하는 세력만 코민테른에 받아들이겠다는 것입니다. 이 「21개조」를 통해 사민주의와 공산주의라는 20세기 맑스주의의 두 흐름이 공식적으로 분리됩니다.

또 이 대회에서 중요한 문건이 하나 발표됩니다. 레닌의 「식민지와 민족 문제에 대한 테제」입니다. 이 테제에서 레닌은 먼저 소련을 구성한 여러 소수 민족들의 자결권의 문제에 대해서 말합니다. 다음으로는 국제적인 차원에서 식민지 민족해방운동을 공식적으로 중요한 과제로 설정합니다. 이 테제에 근거해서 식민지 민족해방운동을 지원하기 위한 실질적인 노력들이 상당한 규모로 이뤄져요. 그 노력의 하나로 1920년 9월에 아제르바이잔의 수도인 바쿠(Baku)에서 '동방민족대회'가 개최됩니다. 이때 '동방'이라는 것은 선진 자본주의 국가들을 통칭하는 '서방'에 반대되는 의미입니다. 식민지 처지에 있었던 나라들의 민족해방운동이나 공산주의운동의 대표자들이 이 대회에 참석합니다. 그리고 공산당의 주도하에 식민지 민족해방운동을 지도하고 지원하기 위해 '동방 대학'이라는 교육기관을 설립합니다. 동방 대학은 식민지 민족해방운동의 정치적 지도자를 양성하는 데 큰 역할을 합니다. 조선 공산주의운동을 이끌었던 공산주의자 박헌영, 그의 부인이었던 주세죽, 또 박헌영의 친구 김단야 세 사람도 여기서 공부했습니다.

이 당시에 '국제노동기구'(International Labor Organization, ILO)가 창설됩니다. 국제노동기구는 노동운동을 자본주의 진영 내에 체제 내화하기 위해 만들어진 국제적인 조직입니다. 즉 부르주아 지배질서 내에서 노동자들의 이해관계를 대변하고, 노동운동이 공산주의로 넘어가지 않게 하기 위한 조직이에요. 소련의 입장에서는 당연히 거기에 대항하는 국제적인 노동조합 조직을 만들어야 했습니다. 그래서 1921년에 '프로핀테른' (Profintern)이 건설됩니다. 지금은 자본주의가 기승을 떨치고 대안이 없으니까 심지어 국제노동기구마저도 상대적으로 진보적인 단체가 되어 버린 상황입니다.

1922년 11월 7일~12월 3일에 레닌이 마지막으로 참석한 제4차 대회가 열립니다. 이 대회의 중심 문제는 '통일전선'의 형성입니다. 레닌은 혁명이 단기간에 서구로 전파되기 힘들다고 판단해 자본가계급의 반격에 노동자계급이 통일적으로 대응할 필요가 있다고 생각합니다. 그래서 코민테른에 가입한 개별 단위들이 사민주의자들과 제휴하는 것을 허용합니다. 문제는 이런 입장이 불과 2년 전에 자기들이 내세웠던 「21개조」와 모순된다는 것입니다. 이 「21개조」를 2년 만에 후퇴시키면서까지 통일전선이라고 불리는 연합적인 대응책을 모색했습니다.

스탈린과 소련의 발전방향을 둘러싼 논쟁들

① 스탈린의 부상

이제 시기적으로는 그 뒤를 잇는 스탈린 체제가 열립니다. 그러나 스탈린이 곧바로 1인자 자리에 오른 것은 아닙니다. 수년간의 정치적·이론적 투쟁을 거친 뒤에야 소련 내에서 지배적인 지위를 차지하게 됩니다. 스탈린 체제를 이야기하기 전에 스탈린이 부각되는 과정을 알아야겠죠. 스탈린이라는 사람은 전기도 많이 나와 있지만 사실 신비에 싸여 있는 사람입니다. 나쁜 의미에서 20세기의 제일 흥미로운 인물 중 하나죠. 이 사람은 레닌이나 트로츠키에 비하면 교육 수준이 상대적으로 낮았습니다. 그래서

강철 인간, 스탈린

1878	본명은 이오시프 비사리오노비치 주가시빌리. 그루지야 트빌리시(Tbilisi)의 가난한 구두 장인의 아들로 출생.
1894	정교회 신학교에 입학. 맑스와 레닌의 저서를 읽음.
1899	러시아 사회민주당의 트빌리시 위원회에서 활동함.
1902	파업 주도 혐의로 바투미(Batumi) 감옥에 수감됨. 시베리아로 이감된 후에 탈출하여 트빌리시로 돌아옴.
1903	볼셰비키와 멘셰비키 분열 후 스스로 볼셰비키라고 주장함.
1905	핀란드에서 열린 볼셰비키 회의에서 레닌과 처음으로 만남.
1906	스톡홀름에서 열린 러시아 사회민주당 제4차 대회에서 그루지야 대표로 참석하여 두각을 나타냄. 첫 부인 케테반 스바니제와 결혼하지만 혁명활동으로 가족을 돌보지 못하고 부인은 다음 해에 결핵으로 사망.
1908	혁명활동으로 다시 수감됨.
1913	『민족 문제와 사회민주주의』를 발표해 당내의 민족 문제 전문가로 부상함. 3월에 다시 체포되어 시베리아에서 4년간 유형생활을 함.
1917	2월 혁명 이후 페트로그라드로 와서 『프라우다』 편집에 참여. 10월 혁명 시도를 둘러싼 논쟁에서 레닌의 편에 섬. 10월 혁명 성공 후에 민족문제인민위원이 됨.
1918	브레스트-리토프스크 조약 체결. 다른 중앙위원회 위원들이 조약에 반대한 것과는 달리 레닌의 조약 체결 주장을 적극 지지함.
1922	레닌의 적극적인 지원으로 당 서기장이 됨.
1923	좌익반대파들의 신경제정책 비판에 맞서 좌익반대파를 공격함.
1925	레닌 사후에 지노비예프, 카메네프와 함께 트로이카 체제 구성.
1926	『레닌주의의 제문제』 출판. 이 무렵에 일국사회주의론을 본격화함.
1926~1927	트로츠키, 지노비예프, 카메네프의 연합반대파에 맞서 부하린이 이끄는 우익반대파와 연합함. 결국 연합반대파 축출에 성공함.
1928	제1차 5개년 계획 시작. 우익반대파를 공격하기 시작함.
1934	'반파시즘 인민전선'을 형성함. 12월에 키로프 암살사건이 발생하고, 이를 빌미로 '대테러' 시작.

▶ 1927년경의 스탈린

1936 　'스탈린 헌법' 도입. 사회주의가 소련에서 실현되었다고 선언함.
　　　 모든 소련 시민이 임금, 식량, 교육, 주거, 고용을 보장받음.
1939 　독-소 불가침 조약 체결.
1946 　소련의 대기근으로 수백만 명 사망. 미국과 영국이 소련에 대한
　　　 봉쇄정책을 취하기로 결정함. 처칠이 소련이 '철의 장막'을 치고 있다고 비난함.
1947 　냉전 시작. 미국은 공산주의의 확산을 막고 서유럽의 자본주의를
　　　 부흥시키기 위해 마셜 플랜을 실행함.
1953 　스탈린 사망.
1956 　흐루쇼프가 제20차 당 대회에서 스탈린 비판 연설을 한 후
　　　 스탈린 격하운동이 시작됨.

초기에는 두각을 드러내지 못했습니다. 러시아혁명의 초기에는 주로 망명지에서 이론적 논의들을 중심으로 운동이 전개되었기 때문에 거기에는 개입하지 못합니다. 개입하더라도 눈에 띄는 사람은 아니었다고 합니다. 그러나 레닌이나 트로츠키나 부하린이 해외에서 활동한 반면, 스탈린은 엄혹한 시절에 체포와 유배와 탈출을 반복하면서도 러시아를 떠나지 않습니다. 러시아 내에서 말 그대로 목숨을 걸고 혁명운동을 한 사람이에요. 이게 스탈린이 출세하는 데 아주 큰 역할을 했다고 합니다. 왜냐하면 볼셰비키의 초기 당원들의 입장에서는 자기와 생사고락을 같이한 동지잖아요. 그런 점에 대한 신뢰가 상당히 높았습니다.

10월 혁명이 발발하기 얼마 전부터 스탈린이 상당히 중요한 인물로 부각됩니다. 레닌이 해결하기 힘든 일이 있을 때 찾는 사람이 스탈린이었다고 합니다. 실무적인 능력이 아주 뛰어났기 때문입니다. 실제로 스탈린도 자기를 이론가라고 규정하지 않고 실천가라고 했습니다. 실천가가 기층 대중들이나 기층 당원들에게는 호소력이 있죠. 말만 하고 지도만 하는 사람이 아니라 실제로 자기들과 함께 최전선에서 싸우는 사람이잖아요. 그리고 실무를 하다 보니까 관계하는 사람들의 폭이 넓어지고 당내에서의 영향력도 커집니다.

스탈린은 특히 볼셰비키의 민족 문제 전문가로 인정받습니다. 볼셰비키나 정통 맑스주의자들에게는 민족 문제에 대한 이론이 거의 없었어요. 그래서 맑스주의적 관점에 근거하면서도 러시아의 복잡한 민족 문제를 현명하게 헤쳐나갈 수 있는 해결책이 무엇일지 고민했습니다. 민족 문제에 대한 전문가로서 스탈린이 볼셰비키당 내에서 입지를 굳히게 되죠. 레닌은 민족 문제에 있어서 상당한 권한을 스탈린에게 위임합니다. 그러나 이 문제를 둘러싸고 레닌 말년에 스탈린과 레닌이 갈등을 빚게 됩니다.

이 문제는 소비에트 연방을 어떻게 건설하느냐의 문제와도 관련된 것이었습니다. 잠시 뒤에 좀더 자세히 살펴보겠습니다.

　스탈린을 부정적으로 보지만 레닌은 긍정적으로 보는 트로츠키주의자 같은 좌파들은 스탈린과 레닌의 차이를 과도하게 부각시키려는 경향이 있습니다. 반면에 스탈린주의의 모든 씨앗은 레닌주의 안에 있었다는 시각도 존재합니다. 두 가지 견해 중 어느 것이 옳은지는 제가 판단할 수 있는 문제가 아닙니다. 하지만 레닌이 말년에 스탈린을 계속 제거하려고 했지만 못했다는 식의 이야기가 있는데, 이것은 역사적 사실과 다릅니다. 레닌은 죽기 직전까지도 스탈린에게 큰 권한을 맡겼어요. 레닌의 의사를 당내의 반대파들에 맞서 관철시키는 대리인의 역할을 스탈린이 했습니다. '서기장'이라는 직위는 당의 중앙위원회를 자신의 의지대로 움직이기 위해서 레닌이 스탈린에게 맡긴 자리입니다. 물론 염려를 하긴 했지만, 이 정도의 걱정은 스탈린뿐 아니라 거의 모든 볼셰비키 지도자들에게 했던 것입니다. 레닌이 점쟁이처럼 유독 스탈린만 특별히 큰 위협이 될 거라고 예언했다는 주장은 과장된 극화 같아요. 개인적으로 코드가 안 맞았던 것 같기는 합니다.

　두 사람의 관계에 대한 상징적인 일화가 하나 있습니다. 레닌은 담배를 안 피웠어요. 스탈린은 골초였죠. 스탈린의 흡연에 대해 레닌이 면박을 주고 스탈린이 화를 낸 적이 있었어요. 레닌이 파이프 담배를 피우고 있는 스탈린에 대고 "저 아시아놈 같은 자를 보라. 그가 할 수 있는 것은 기껏해야 담배를 뻑뻑 대는 것뿐이야"라고 말합니다. 스탈린은 화가 나서 파이프를 바닥에 세게 집어던졌다고 해요. 이때 '아시아놈'이라는 표현이 욕이었다는 것이 중요합니다. 그 당시에 러시아 농민들이 술과 담배를 많이 했고, 스탈린은 농민이나 노동자들의 거친 하층 문화를 지니고 있었습니다.

반면에 레닌은 상당히 서구화된 사람이었죠. 레닌은 혈통의 1/4이 유대인인데 이것을 자랑스러워합니다. 왜냐하면 유대인이 상당히 근대화된 민족이라고 생각했기 때문입니다. 레닌은 러시아의 장래를 서구적 근대화의 길로 끌고나가려는 분명한 지향을 가지고 있었습니다. 그래서 러시아 사회가 가지고 있는 아시아적 후진성을 못마땅하게 생각했어요. 이 성향은 농민 문제에 대한 레닌의 접근방식과도 연결됩니다. 레닌은 농민들의 문화나 습속, 기존의 러시아 농촌공동체에서의 삶의 방식 자체에 대해 아주 부정적이었습니다. 혁명 이후에 그가 노동의 규율화를 한시적으로 어쩔 수 없이 도입한 게 아닙니다. 근대적 노동규율을 긍정적으로 평가하기 때문에 도입합니다. "러시아 노동자는 일하는 법을 배워야 한다"라는 레닌의 말은 전근대적 문화나 삶의 방식에 대한 레닌의 거부를 보여 주는 것입니다. 물론 스탈린도 고유한 아시아적 사회주의를 생각한 건 절대로 아닙니다. 레닌과 같이 서구적 근대화의 길을 철저하게 좇았지만, 몸에 밴 정서와 스타일이 '아시아적'이었던 것이죠.

그럼에도 불구하고 레닌이 스탈린에게 큰 권한을 부여한 것은 상당히 신뢰하고 있었기 때문이겠죠. 또 스탈린은 거의 언제나 충실한 레닌주의자를 자임했습니다. 의견충돌이 있더라도 결국은 레닌의 의견을 따릅니다. 레닌 말년에 두 사람이 충돌한 일이 있었습니다. 소비에트 연방을 어떤 방식으로 구성할 것인지에 관해 두 사람이 심각한 의견차이를 보입니다. 스탈린은 중앙의 통제를 좀더 강화하기를 원했습니다. 민족 문제에 있어서도 형식적으로는 민족자결권을 주장했지만, 언어, 종교, 문화, 행정의 자치권 정도에 머뭅니다. 결정적인 문제에 있어서는 중앙 통제를 선호하는 경향을 보입니다. 반면에 레닌은 초기의 입장 그대로 철저한 민족자결권을 주장합니다. 레닌은 차르 제국주의를 겪으면서 이 전제적 제국주의에 맞서기 위한 민족자결권을 매우 중요하게 생각했습니다. 그는 연방을 구성하는 국가들에 완전한 정치적 독립도 허용해야 하고, 심지어 연방에서 탈퇴할 권리까지도 주어야 한다고 주장합니다. 결국은 스탈린이 레닌의 안을 일부 수용해 우리가 아는 초기의 소비에트 연방이 탄생합니다. 물론 스탈린은 이후에 훨씬 중앙집중적 형태로 체제를 바꿔요.

레닌과 스탈린이 함께 있는 모습. 의견충돌이 있기는 했지만 스탈린은 언제나 레닌의 충실한 동조자였다. 사망 직전의 레닌이 스탈린의 권력을 제한하고자 했다는 소문이 있지만, 그가 스탈린만을 견제하고자 했다는 것은 신빙성이 별로 없는 주장이다.

② 스탈린의 권력장악

레닌이 1924년에 죽고 처음에는 과두적인 통치형태가 나타났습니다. 스탈린, 카메네프, 지노비예프 세 사람이 삼두 체제, 즉 트로이카를 형성합니다. 그리고 그 반대편에서 그들과 정치적으로 대립했던 정치인이 트로츠키였어요. 이 네 사람이 레닌 사망 직후에 제일 유력한 정치 지도자였습니다. 그런데 초기에는 모든 사람이 트로츠키가 레닌의 후계자로 제일 유력하다고 봤어요. 대중의 인지도가 높았고 개인적 역량도 상당히 큰 사람이었으니까요. 그리고 적군(赤軍)을 창설한 사람이었기 때문에 군대에 대한 영향력도 상당히 컸는데, 반대파들은 트로츠키가 군대를 동원해서 권력을 장악하지 않을까 두려워했습니다. 트로이카는 서로 힘을 합쳐서 트로츠키를 집중적으로 견제합니다. 결국 트로츠키의 중요한 정치적 권력들을 다 빼앗고 일차적으로 실각시킵니다. 이때 감옥에 가두거나 망명시키

• 비운의 혁명가 혹은 기회주의자?

▲ 1919년의 내전기에 병사들에게 연설하고 있는 트로츠키

대학 시절 맑스주의자가 된 트로츠키는 1897년 '남부러시아 노동자동맹'을 결성해 활동하던 중 체포되어 시베리아로 유형을 떠난다. 시베리아에서 레닌의 저술들을 읽었고, 1902년 유형지를 탈출해『이스크라』의 편집에 참여하게 된다. 하지만 같은 해 열린 러시아 사회민주당 제2차 당 대회 이후로는 레닌의 독단적인 주장에 반발해 멘셰비키를 옹호한다. 1905년 제1차 러시아혁명이 발발하자 러시아로 귀국해 상트페테르부르크 소비에트 의장을 역임했고, 사회민주당의 2단계 혁명론을 비판하며 장기간의 자본주의 발전 없이도 사회주의혁명이 가능하다는 '연속혁명론'을 제시했다. 1914년 미국으로 망명을 떠나지만, 1917년 5월 귀국해 볼셰비키와 함께 투쟁을 벌였으며, 10월 무장봉기에서 주도적인 역할을 맡았다. 1918년 초 외무인민위원으로서 브레스트-리토프스크 조약을 체결했으며 공산당 군대인 적군을 조직했다. 레닌 사후 당의 노선에 대한 논쟁에서 스탈린에게 패배해 1929년에는 국외로 추방되었다. 이후 세계 각국을 전전하며 저술과 스탈린 비판 선동을 지속했지만, 1940년 멕시코에서 소련 내무인민위원회의 첩자에게 암살당한다.

는 상태까지 갔던 건 아니고, 중요한 당직들을 다 내놓게 하는 정도로 일단락됩니다.

일단 트로츠키를 제거한 뒤에는 트로이카의 세 사람 사이에 갈등이 생깁니다. 지노비예프와 카메네프가 보기에 스탈린이 만만한 사람이 아니거든요. 가만있다가는 자기들이 다 당할 것 같다는 생각에서 갑자기 입장을 바꿔 트로츠키와 동맹을 맺습니다. 트로츠키, 지노비예프, 카메네프가 연합한 세력을 '연합반대파'라고 불러요. 연합반대파는 좌익반대파의 입장과 상당히 가까운 입장을 보였지만, 완전히 좌익반대파라고 말하기는 힘듭니다.

스탈린은 연합반대파를 공격하기 위해서 당시에 우익반대파를 형성하고 있던 부하린(Nikolai Bukharin)과 손을 잡습니다. 스탈린-부하린 동맹 세력은 먼저 연합반대파를 몰아냅니다. 그러고 나서 스탈린은 이번에는 연합반대파의 잔당들과 손을 잡고 부하린을 숙청해요. 그 과정에서 스탈린은 자신의 지위를 공고히 하기 위한 중요한 이론적 작업을 하게 됩니다. 그게 바로 1924년에 나온 『레닌주의의 기초』라는 책입니다. 이 책은 독창적인 학술서는 아니고 제목 그대로 레닌의 사상을 아주 잘 정리한 요약서예요. 이 책을 쓴 이유는 명백합니다. **자기가 레닌의 합법적이고 정통적인 계승자임을 주장하기 위해서입니다.** 이렇게 해서 맑스·엥겔스-레닌-스탈린으로 이어지는 노선이 성립되는 것입니다. 그리고 이 계보가 맑스-레닌주의의 토대가 됩니다. 나중에 나온 저술들에서도 스탈린은 자신을 이론적으로나 정치적으로나 레닌주의자로 규정합니다.

③ 정치투쟁 과정에서의 논쟁들

1928년 정도가 되면 마침내 스탈린이 확고한 1인자의 자리에 올라서게 됩니다. 이 과정이 자기들끼리 뒤에서 음모와 모략을 꾸미는 과정만으로 이루어진 것은 아닙니다. 공식적으로는 **네프를 계승할 것이냐 폐기할 것이냐의 문제, 다시 말하자면 혁명 후 소련의 경제를 어떻게 발전시켜 나갈 것이냐에 대한 전망을 놓고 싸웠습니다.** 크게 좌익, 중도, 우익의 세 가지 입장으로 나뉩니다. 아까 이야기한 좌익반대파와 우익반대파는 바로 이런 맥락에서 형성된 것입니다. 좌익반대파의 대표적 이론가는 프레오브라젠스키(Evgenii Preobrazhenskii)라는 경제학자입니다. 그리고 중도 입장에 스탈린이, 우익반대파에 부하린이 있었죠. 부하린은 불과 10년 전만 해도 좌익반대파의 대표적인 이론가였지만, 입장을 바꿔서 우익반대파를 형성하게 됩니다. 이 세 사람의 입장은 바로 네프에 대한 평가를 놓고 나뉩니다.

우익반대파는 네프를 아주 긍정적으로 보는 입장입니다. 그들은 네프를 통해 소련의 생산력을 증대시키고 물적 토대를 안정화시키는 과정이 사회주의로의 이행에 있어 중요한 단계라고 봅니다. 따라서 네프는 상당 기간 지속되어야 한다고 주장합니다. 농민들이 부를 축적해서 이 부가 사회주의 경제발전의 토대가 되게 하고, 정치적·사회적 통제를 완화시키자고 말해요. 부하린이 한 아주 유명한 말이 있죠. 그는 농민들에게 "부자가 되시오"라고 말합니다. 이게 우익의 노선을 단적으로 보여 주는 말입니다. 부하린도 이것이 사회주의 원칙으로부터 후퇴하는 것이라고 생각합니다. 그러나 농민들이 자본주의적 요소를 일정 정도 받아들이고 부를 축적하는 것이 사회주의로 나아가기 위한 물적 토대를 마련하는 중요한 조치라고 판단합니다. **부하린은 농업의 발전, 농업에 기반한 소비재 산업의 발전, 그리고 중화학공업 발전이라는 단계적이고 점진적인 공업화의 길을 주장**했습니다. 이런 부하린의 주장은 그 전에는 별 주목을 받지 못하다가 소련 붕괴를 전후해서 재조명됩니다. 스톨리핀이 재평가를 받았던 것과 같은 맥락입니다. 만약에 러시아혁명 이후에 부하린 노선이 승리했다면 소련은 훨씬 더 민주적이고 인간적이고 풍요로운 사회가 되었을 것이며, 스탈린 체제와 같은 비극은 없었을 것이라는 가정에서 부하린 노선을 재평가하는 것입니다. 고르바초프(Mikhail Gorbachyov)가 특히 부하린을 좋게 평가했습니다. 자신의 노선이 부하린의 노선과 상당히 공통점이 많다는 생각을 했다고 합니다.

좌익반대파의 프레오브라젠스키는 **사회주의적 시초축적**이라는 개념을 제시합니다. 그는 사회주의로 가기 위해서는 급속한 공업화가 아주 핵심적이고, 특히 후발 자본주의 국가였던 러시아의 경우에는 이것이 절대적으로 필요하다고 봅니다. 그래서 이 산업화를 위한 자본을 어떻게 축적하느냐를 해명하려 했습니다. 그는 농민에 대한 수탈에 사회주의로 가기 위한 사회주의적 시초축적의 길이 있다고 봤습니다. 좌익반대파는 농민은 반동적인 계급이라고 규정하고 농민에 대한 전쟁을 주장합니다. 레닌의 노선과는 상당히 다르죠. 좌익반대파가 보기에 농민은 일시적으로는 프롤레타리아트의 정치적 동맹자 역할을 했지만, 혁명 이후에는 반동적인 계급이 됩니다. 농민은 토지에 대한 소유욕이 너무나 강한 계급이고 생산수단의 사적 소유를 결코 포기하지 않는다, 러시아에서 소규모 자영농들이 다시 부활해 끊임없이 사회주의로 가는 길에 발목을 잡는다, 그래서 **프롤레타리아트가 농민계급을 공격하고 착취해서 그 물질적 토대에 근거해 중공업 위주의 급속한 산업화를 해야 한다**, 농업도 산업화해야 하는데 그 방식은 집단농장이다. 이런 것이 좌익반대파의 입장이었습니다.

집단농장에 대해 우리는 아주 안 좋은 이미지를 가지고 있죠. 농업의 대규모 산업화를 지향한 정책의 결과가 소련의 집단농장입니다. 그러나 농업의 집단화는 공산주의자들만 얘기한 게 아닙니다. 자본주의 국가 중에서도 소규모 자영농을 육성하는 곳은 한 군데도 없습니다. 다 농업의 산업화를 지향합니다. 좌익반대파의 생각도 이와 똑같은 거예요. 농업의 발전에 대해서 공산주의자들은 그들만의 독특한 전망을 가지고 있지 못했습니다. 19세기 이래로 자본주의자들이나 사회주의자들이나 똑같이 농업은 망해 가는 산업이고, 자본주의적 산업이 그 뒤를 이어 새로운 시대의 경제를 담당하게 될 거라고 생각했어요. 농업 부문이 없어지는 건 아니지만 농업을 산업화해야 효율성을 높인다는 것입니다. 효율성을 높이기 위해서는 대규모화 외에는 길이 없다고 생각해요.

농업을 대규모화하려면 토지와 가축을 비롯한 생산수단을 다 모아야 되죠. 빌려 오든 보상금을 주고 매입하든 무상으로 빼앗든 간에 집단화를 해야 합니다. 자본주의에서 농업기업 같은 것은 자본을 투입해서 다 사들이는 방식입니다. 사회주의에서는 보상을 하기도 하고, 징발을 하기도 하고, 출자 방식의 협동조합 같은 것을 시도하기도 합니다. 그런데 이게 농민들의 입장에서는 자기들의 사유재산권에 대한 위협으로 느껴졌던 거죠. 자기의 토지와 가축이 자기 것이 아니게 된다고 생각한 농민들은 격렬하게 저항합니다. 이런 저항을 예상했음에도 불구하고 좌익반대파들은 저항하는 농민들을 탄압해야 한다고 주장해요. 부하린의 노선과는 아주 대조적이죠.

처음에 스탈린은 좌익과 우익 사이에서 절충적인 입장을 취했습니다. 그런데 트로츠키를 제거하고 부하린도 제거한 뒤 1928년에는 '제1차 5개년 계획'을 발표합니다. 이 계획에서 스탈린은 좌익반대파들이 주장했던 것을 전면적으로 수용해서 급격한 산업화를 추진합니다. 스탈린의 급속한 산업화와 농업집단화 그리고 그 과정에서의 농민탄압에 대해 비판하는 사람들 중에 좌익반대파를 계승하는 사람들도 있습니다. 역사적으로 보면 이것은 난센스입니다. 좌익반대파들이 스탈린과 통합했던 이유는 스탈린이 자기들의 주장을 다 수용해 반대할 필요가 없어졌기 때문이었습니다. 이것은 트로츠키주의자들의 주장처럼 '정치적 양심'을 저버린 것이 아니고 당연한 귀결이었습니다.

이 논쟁에서 세 노선이 아무리 달랐다 하더라도, 결국은 **생산력의 급속한 발전을 사회주의의 아주 중요한 과제로 설정했다는 것**은 너무나 분명합니다. 생산력발전이 얼마나 빨리 달성되어야 하느냐에 대한 입장차이는 있었습니다. 그러나 **생산력발전을 위해 중화학공업 위주의 경제개발을 해야 한다는 전망은 공통적으로 가지고 있었습니다.**

스탈린 시기의 소련과 스탈린주의

① 일국사회주의론

스탈린주의의 또 다른 중요한 요소가 있습니다. 바로 '일국사회주의론'입니다. 일국사회주의론은 스탈린 사상의 핵심이라고 할 수 있으며, 트로츠키주의자들도 이것이 자기들과의 결정적인 차이라고 말합니다. 스탈린은 1924~1925년경에 본격적으로 일국사회주의론을 주장하기 시작합니다.

일국사회주의론이 나오게 된 배경을 먼저 보겠습니다. 러시아에서의 사회주의 실현에 대한 맑스·엥겔스의 전망 얘기를 했었죠. 맑스는 러시아가 농업 사회에서 사회주의로 갈 수도 있지만, 선진 자본주의 국가에서의 사회주의혁명을 전제해야만 가능하다고 했습니다. 제2인터내셔널에서는 선진국에서의 자본주의의 급속한 발전이 사회주의로의 이행의 토대라고 주장합니다. 충분히 성장한 자본주의의 붕괴가 사회주의로의 이행의 계기가 되므로, 결국 선진 자본주의 국가에서 먼저 사회주의혁명이 일어난다는 거예요. 그래서 이 무렵까지의 맑스주의자들은 선진 자본주의 국가가 아닌 러시아나 그보다 더 후진적인 식민지에서의 혁명에 대해 생각도 못했고 아예 관심도 없었습니다. 그런데 레닌은 『제국주의』에서 후발 자본주의 국가인 러시아에서도 사회주의혁명이 가능하다는 주장을 합니다. 그리고 실제로 볼셰비키들이 10월 혁명을 과감하게 시도해서 성공시키죠. 그러나 이때 볼셰비키들은 러시아혁명이 방아쇠 역할을 해서 선진 자본주의 국가, 특히 독일의 사회주의혁명을 촉발시키리라 믿었습니다. 선진국의 사회주의혁명이 자기들을 지원할 거라는 깊은 믿음에 근거해서 혁명을 일으킨 것입니다.

소련 공산당은 이 믿음을 현실적으로 실현하기 위해서 파산 직전의 경제사정에도 불구하고 엄청난 돈을 독일 공산당에 지원합니다. 독일에서의 봉기를 물질적으로 지원한 것입니다. 독일에서는 1919년에 노동자 봉기의 실패로 로자 룩셈부르크가 살해된 사건을 비롯해서 여러 번의 혁명 시도들이 모두 실패로 돌아갑니다. 1923년에도 코민테른이 지원한 대규모 봉기가 독일 공산당의 주도하에 일어나지만, 보수파와 손을 잡은 사민당 정권은 무력으로 철저하고 잔인하게 진압해 버립니다. 그 무렵에는 다른 유럽 국가들에서도 혁명적 분위기가 잦아들기 시작합니다. 1923년을 계기로 유럽에서는 사회주의혁명이 일어나지 않을 거라는 분위기가 팽배해집니다. 볼셰비키들에게 이건 정말 심각한 문제였어요. 소련은 제국주의 열강들의 노골적인 적대 분위기 속에 고립됩니다. **선진국의 사회주의혁명 없이 소련이 살아남을 수 있는지를 정말 심각하게 고민해야 하는 시점이 온 것입니다.**

이 단계에서 볼셰비키의 첫번째 과제는 혁명의 생존이었습니다. 자기들이 고생해서 세계 최초로 이룬 혁명을 유지시키는 것이 우선 과제가 됩니다. 이를 위한 어떤 후퇴나 타협도 할 용의가 있다는 것이 많은 볼셰비키들의 정서였습니다. 그럼에도 불구하고 공식적으로는 세계혁명을 포기하지 못합니다. 그것이 맑스 이래 그들의 공식적인 교리였기 때문입니다. 이것을 포기하는 순간에 그들의 근본 원리가 변화하는 거라고 말할 수 있습니다. 노선 자체의 변경을 선포하는 것이 쉬운 게 아니죠. 이런 노선 변경을 공식적으로 선언한 사람이 스탈린입니다.

일국사회주의론의 핵심은, 선진 자본주의 국가에서 세계혁명이 일어나지 않아도 소련 혼자 힘으로 충분히 사회주의로 이행할 수 있다는 것입니다. 그리고 그것을 위해서는 산업화가 일국 내에서 물질적으로 가능해야 하고, 혁명을 외국의 침략으로부터 군사적으로 지킬 수 있어야 하며, 국내 정치적으로는 볼셰비키 권력을 유지할 수 있어야 합니다. 이 혁신적인 주장은 이론적 숙고의 소산이라기보다 현실주의 노선을 따른 것이라고 봐야 합니다. 소련이 처한 현실을 솔직히 인정하고 우리끼리 사회주의 건설하자는 주장이죠. 여기에 대한 격렬한 반대자가 연속혁명과 세계혁명을 주장했던 트로츠키입니다. 좌익반대파의 주장과 트로츠키의 세계혁명론은 이론적으로 연결되어 있습니다. 둘 다 단순히 일국 안에서 농민계급을 수탈하는 것만 가지고는 사회주의를 위한 충분한 재원을 마련할 수 없다고 봅니다. 유럽의 선진 자본주의 국가에서 혁명이 일어나고, 그로부터 경제적 원조를 받는 게 중요한 전제조건입니다. 그들의 주장은 세계혁명을 전제하는 것입니다. 그런데 스탈린은 그게 현실적으로 불가능해지는 상황이 왔다고 판단하고 일국사회주의론을 주장한 것입니다.

실제로 볼셰비키 내에서 큰 흐름은 일국사회주의론을 수긍하는 분위기였다고 해요. 스탈린이 트로츠키와의 정치투쟁에서 승리한 이유가 조금 더 현실적인 노선을 걸었기 때문이었다고 할 수 있습니다. 그는 세계혁명론을 원론적으로 주장하기보다, 어떻게 혁명 러시아를 제국주의 열강으로부터 지켜내고 볼셰비키 권력을 유지할 것인지, 이 안에서 사회주의 건설을 어떻게 실현할 것인지를 고민했습니다. 그런 스탈린의 노선이 당내에서 상당히 설득력 있게 받아들여졌기 때문에 결국 승리했다고 할 수 있습니다. 반공주의자들이나 트로츠키주의자들의 주장처럼 이 큰 나라에서 그리고 볼셰비키 혁명가들이 여전히 살아 있는 상황에서 단순히 음모만으로 스탈린이 집권할 수 있었다는 것은 설득력이 없어요. 오히려 볼셰비키 당원들이나 인민들이 원하는 것을 스탈린이 제시해 주었기 때문에 권력을 잡았다고 하는 게 설득력 있는 것 같아요.

스탈린의 권력이 공고해지기 시작하는 시점인 1928~1929년은 소위 말하는 '대전환의 해'입니다. 이때 제1차 5개년 계획이 나오게 됩니다. 이 **5개년 계획의 핵심적 내용은 전시공산주의와 일맥상통합니다. 경제 전반을 중앙에서 아주 철저하게 계획하는 것입니다.** 수요·공급이나 경제 메커니즘 전체를 세세하게 계획해서 통제할 수 있다고 보고, 중앙집중적인 통제기능을 강화시킵니다. 또 **전면적인 공업화를 우선적으로 실시하고, 이를 위해서 농업의 급속한 집단화를 추진합니다.**

집단농장이 유일한 길이라는 것에는 모든 볼셰비키가 동의했습니다. 그러나 어떤 방법으로 하느냐를 가지고는 입장이 갈라졌습니다. 레닌은 모범적인 집단농장을 만들자고 했습니다. 이게 훨씬 효율적이고 농민들이 더 잘 살게 될 것임이 명백하므로, 성과를 몇 년만 보면 농민들이 시키지 않아도 자발적으로 집단농장을 만들 거라는 낙관적인 전망을 합니다. 하지만 실제로는 성공하지 못했습니다. 토지에 대한 농민들의 소유욕이 쉽게 없어지지 않았던 거예요. 그리고 실제로 집단농장들이 아주 급속하게 놀라운 성과를 내기도 힘들었어요. 대규모의 영농이 효율적으로 성과물을 내놓기 위해서는 당연히 영농기계화가 선행되어야 합니다. 영농기계화가 핵심인데 토대가 아직 마련되지 않은 상태였습니다. 예를 들어 트랙터 공장이 없는데 땅만 모아 놓으면 할 수 있는 게 별로 없죠. 그래서 별로 효과가 없었어요. 농업집단화를 하면서 동시에 영농기계화도 진행합니다. 스탈린은 아주 강압적으로 집단농장화를 추진했습니다. 농민들이 저항하면 다른 곳으로 이주시켜 버리거나 수용소로 보내 버립니다. 정치적 계몽도 하고 교육도 하지만, 아주 강압적인 수단을 많이 사용했어요. 그 과정에서 저항도 발생하고 인명살상도 늘어났습니다. 개인 영농은 법적으로 금지하고 잉여농산물을 시장에 내다 파는 것도 당연히 금지합니다. 결국 농민을 농업노동자화하는 정책을 편 것입니다.

빅토르 데니(Viktor Deni)의 〈스탈린의 파이프〉(1930). 골초였던 스탈린의 파이프를 이용해 반대 세력을 조롱하고 있다. 담배연기에 휩싸여 날아가는 세 사람은 제1차 5개년 계획 반대자들, 네프 시기에 자본을 축적한 이들, 그리고 쿨락을 의미한다.

    역사학자들은 저항이 있을 걸 뻔히 알면서 왜 이렇게 서둘러 경제개발 계획과 농업집단화를 추진했는지를 궁금해합니다. 당시의 역사적 상황을 알아봅시다. 1927년에 소련과 영국·프랑스의 갈등이 고조됩니다. 그 결과 러시아 인민들 사이에 영국·프랑스와 다시 전쟁을 하는 게 아니냐는 두려움이 널리 퍼져요. 전쟁에 대응하려면 군비 증강을 해야 합니다. 군비를 마련하려면 중화학공업 위주로 산업을 발전시켜야 합니다. 또 영국·프랑스와의 외교가 단절되면서 소액이긴 했지만 영국·프랑스에서 들어오

집단농장 '레닌 콜호스'의 모습. 공산당 지도부는 제1차 5개년 계획을 통해 자본주의의 잔재를 없애는 동시에 후진적인 경제도 발전시킬 수 있을 것이라 기대했다. 또한 수많은 소련 인민들도 자신들이 사회주의 건설에 참여한다는 마음가짐하에 열정적으로 이 혁명에 가담했다.

던 차관이나 원조도 끊어져 버립니다. 그렇게 되니까 자력갱생의 길밖에 없게 돼요. 이게 강박적인 조건으로 작동했다고 합니다.

5개년 계획에 대해서는 평가가 분분합니다. 객관적으로 봐서 급속한 생산력증대는 이뤄집니다. 총량을 놓고 보면 엄청난 증대입니다. 문제는 이게 중공업 위주로 이뤄지니까 인민이 필요로 하는 소비재의 공급이 부족해진다는 것입니다. 이때부터 소비재를 사기 위한 '긴 줄'로 표상되는 소련 사회의 삶의 모습이 나타나기 시작합니다. 역사적 관점에서 볼 때는 아주 뚜렷한 긍정적인 성과도 있었습니다. 제2차 세계대전에서 독일의 침략을 막을 수 있는 토대를 그때 마련한 것입니다.

리처드 오버리(Richard Overy)의 『스탈린과 히틀러의 전쟁』 같은 책에서는 이 급속한 공업화의 이유를 나치 독일의 위협에서 찾고자 하고 증거도 상당히 충실하게 제시합니다. 독일이 소련을 침공하리라는 것은 공공연한 사실이었거든요. 스탈린도 이를 잘 알고 있었습니다. 실제로 스탈린은 히틀러가 중요한 정치적 인물이 되기 이전에 히틀러의 『나의 투쟁』을 읽었습니다. 『나의 투쟁』에 독일 민족의 삶의 공간을 확장하기 위해서 소련을 침략해야 한다는 이야기가 나와 있거든요. 스탈린이 히틀러의 위협을 상당히 의식하고 있었다는 것은 분명한 사실입니다. 1933년에 히틀러가 집권을 합니다. 이때 스탈린은 영국·프랑스에게 히틀러를 견제하기 위해서 통일된 조치를 취해야 한다는 주장을 계속 합니다. 소련은 독일의 침략을 막기 위해서 영국·프랑스와 공조하려고 상당히 노력해요. 그런데 영국·프랑스는 오히려 히틀러를 방관하고, 또 일정 정도 부추기기도 합니다. 그리고 소련을 적대시하는 입장을 보입니다. 그래서 **스탈린은 더 이상 영국과 프랑스에게 기대할 수 없다는 판단을 합니다. 이게 '독-소 불가침 조약***의 배경이 됩니다.** 아무튼 경제개발 계획이 없었다면 제2차 세계대전에서 히틀러가 유럽 전체를 점령했을 가능성이 상당히 크다고 봐도 무리는 없을 듯합니다.

② 스탈린 테러

이제 스탈린 테러에 대해 이야기해 봅시다. 1934년 12월에 키로프(Sergei Kirov)라는 사람이 암살됩니다. 키로프는 그 당시에 떠오르던 정치적 샛별이자 스탈린의 심복 중의 심복이었어요. 권력이 커지고 대중의 인기도 높

---

* 1939년 8월 23일 모스크바에서 독일과 소련이 조인한 상호불가침 조약. 조약의 내용은 1) 상대방을 침공하지 않고, 2) 한 나라가 제3국의 공격을 받을 경우 다른 나라는 그 제3국을 원조하지 않으며, 3) 상호 간에 정보 교환·협의를 위해 접촉하고, 4) 두 나라 중 한 나라를 직·간접적 적으로 삼는 국가들의 집단에는 참가하지 않으며, 5) 상호 간의 분쟁은 평화적으로 처리한다는 것이었다. 그러나 이 조약은 독일이 1941년 6월 1일에 소련을 침공함으로써 2년도 안 되어 파기되었다.

아지는 와중에 갑자기 암살되어 버린 것입니다. 이 사건이 러시아 현대사에서 아주 지울 수 없는 상처인 '대테러'(Great Terror)의 전주곡이 됩니다. 스탈린이 암살범을 직접 심문할 정도로 정권 차원에서 키로프 암살의 배후를 파헤칩니다. 키로프를 누가 암살했느냐에 대해서는 지금도 음모설이 횡행합니다. 스탈린이 키로프의 인기를 시기했기 때문에 혹은 키로프의 권력을 견제하기 위해서 암살했다는 이야기도 있고, 키로프를 암살함으로써 반대자들에 대한 탄압의 빌미를 만들려고 했다는 이야기도 있습니다. 확실한 증거는 어디에서도 발견되지 않았고, 거기에 대해서 많은 역사학자들은 부정적입니다. 그럼에도 불구하고 키로프 암살 사건의 처리 과정에서 스탈린이 이 사건을 정치적으로 이용한 것은 사실입니다. 스탈린은 키로프 암살을 빌미로 자신의 잠재적인 반대자들을 엄청나게 탄압하기 시작합니다.

소련 현대사의 가장 큰 미스터리라고 불리는 것이 이 부분입니다. 1928~1929년이 되면 중요한 정치적 적대자는 이미 다 실각한 상태입니다. 1930년대 중반은 스탈린의 권력이 안정화된 시기인데 왜 갑자기 테러를 했을까요? 그리고 정치적 숙청의 방식이 갑자기 바뀝니다. 이때까지도 카메네프, 지노비예프, 트로츠키, 부하린 같은 사람들이 다 살아 있었습니다. 이전에는 이론이나 정치 노선을 가지고 싸우다 숙청되었다고 해서 처형당하지는 않았어요. 기껏해야 당의 중요한 직책을 박탈당하거나 한직으로 좌천되는 정도였습니다. 아주 극단적인 경우에만 당원 자격을 박탈당했습니다. 대부분은 당 지도자의 특권을 유지하되 핵심적인 권력 지위에서 밀려나는 정도였어요. 트로츠키가 제일 심하게 박해받은 경우인데, 중앙아시아로 유배된 정도였잖아요. 이에 비해서 키로프 사건 이후의 숙청과정에서는 엄청나게 살인이 일어납니다. 스탈린과의 권력투쟁 과정에서 숙청당했다가 이 무렵에는 복권되어서 어느 정도 정상적 생활을 하던 카메네프와 지노비예프가 갑자기 암살 사건의 배후로 몰려서 처형당합니다. 그들의 지지자들도 다 죽여 버립니다. 그러고 나서 잠잠해지다가 1936년에 가면 또 대테러가 재개돼요. 36년, 37년, 38년 이 세 해가 가장 극심하게 테러가 있었던 해입니다. 엄청나게 많은 사람들을 합법적 재판도 하고, 즉결처분도 하고, 강제수용소에 보내서 자연스럽게 죽게 만들기도 하는 대학살이 일어납니다.

1926년의 스탈린(왼쪽)과 키로프(오른쪽). 키로프의 암살은 독일에 대한 불안감, 아내의 자살, 권력에 대한 위협 등과 맞물려 스탈린을 '대테러'로 내몰았다.

냉전 시대에는 테러의 희생자 수에 대해 논쟁이 많았습니다. 사실 끔찍한 논쟁이죠. 한 사람이라도 정치적인 이유로 살해했다는 것 자체가 공산주의 이념으로 봤을 때 너무나 끔찍한 사건입니다. 하물며 몇 명을 죽였느냐를 놓고서 논쟁했다니, 얼마나 비극적이었겠어요? 2,000만 명 이상 죽었다는 주장부터 기껏해야 얼마 안 된다는 주장까지 의견이 다양합니다. 나중에 소련이 붕괴하고 그 문서고가 개방됩니다. 현재는 문서고의 공식 자료에 근거해 대체로 80만 명 정도라고 봅니다. 냉전이 아주 치열할 때 우파 쪽의 저널들에서 스탈린을 비판하기 위해 2,000만 명 이상이라는 말들을 했습니다. 그런데 죽은 사람들 통계를 보면 뚜렷한 현상이 하나 있어요. 일반 인민들은 거의 죽지 않았습니다. 군대나 행정 조직이나 당 조직에서 고위직이나 중요한 자리에 있던 사람들이 대부분 살해당해요. 그래서 어떤 사람들은 숙청은 상층부에서의 문제이지, 인민들은 대테러에 대해서 공포를 그렇게 크게 느끼지 않았고 잘 알지도 못했다고 주장하기도 합니다. 아무리 그렇다고 해도 80만 명이 죽을 정도면 몇 다리만 건너면 죽은 사람이 있다는 건데, 공포를 느끼지 않을 사람이 어디 있겠어요. 이게 아무리 인민들을 대상으로 한 테러가 아니었다고 해도 인민들이 대테러에 대해서 공포를 느끼고 통제에 순응하게끔 강제되지 않았다는 것은 납득이 안 되는 주장인 것 같습니다.

역사적 관점에서 사망자의 수보다 더 중요한 의문이 있습니다. 왜 대테러가 뜬금없이 이때 일어났느냐는 것입니다. 역시 제일 유력한 설명은 나치의 위협입니다. 이때가 나치의 위협이 두드러지기 시작한 시기였기 때문에 스탈린은 전쟁이 임박했다는 생각을 합니다. 스탈린은 소련이 아직 준비가 안 되어 있다고 봤습니다. 독일과 전쟁이 일어났을 경우에 내부에서 저항이나 반란이 일어나면 독일의 침략을 막을 수 없다는 두려움이 아주 강했습니다. 그래서 독일의 침략 이전에 잠재적인 반란자들을 없앨 필요를 스탈린이 아주 강박적으로 느끼고 있었다는 것이 많이 하는 설명입니다. 거기에다 독일만이 문제가 아니었습니다. 동쪽 끝의 일본 역시 군국주의화되어 가고 있었습니다. 일본이 독일과 동맹관계를 맺고 있었고 러일 전쟁의 경험도 있었기 때문에 일본의 침략을 두려워할 수밖에 없었습니다. 실제로 당시는 만주에서 일본의 영향력이 급속히 확대되고 있었던 시점입니다. 따라서 양쪽으로부터 침략을 받게 되는 경우에 어떻게 대응을 할지가 큰 고민이었던 것입니다. 고려인을 강제 이주시킨 제일 큰 이유도 일본의 간첩 때문이었어요. 일본이 그 지역에 거주하는 고려인이나 중국인들 틈에 간첩을 침투시켜서 공작을 펼 거라는 걱정을 했습니다. 물론 실제로도 있었던 일이고요. 이 두려움 때문에 극동 지역에 살고 있던 동양인들 전체에 대한 불신이 생겨 이들을 격리시킨 것입니다.

역사적으로 보자면 1917년 러시아가 처해 있었던 상황도 제1차 세계대전과 내전이라는 전쟁이 규정하고 있었습니다. 체제가 어느 정도 안정화되고 자리를 잡아가던 시점에 또다시 직면하게 된 가장 큰 위협도 제국주의 전쟁이었습니다. **전쟁의 위협에 대비해 국력을 쏟을 수밖에 없는 외적인 강제가 주어졌다는 것이 역사적으로 볼 때 소련 공산주의의 비극**이라고 할 수 있습니다. 이러한 결정적인 조건들을 배제하고 단순히 이론의 수준에서 '스탈린주의'만을 현실사회주의의 모순의 원인이라고 얘기하는 것은 설득력도 없고 의미도 없는 것입니다. 소련과 스탈린 체제를 이해하기 위해서는 역사적 조건들이 정말 중요합니다. 스탈린은 이론을 가지고 사회를 조직하고 이끌어 나가야 한다는 생각을 한 사람이 아니거든요. 그는 레닌보다도 더 현실주의자였습니다.

③ 스탈린주의를 어떻게 볼 것인가?

앞에서 다른 사람들이나 다른 시기를 설명할 때는 주로 사상이나 입장을 중심으로 얘기했습니다. 반면 스탈린 체제에 대해서는 역사적 배경을 주로 얘기했습니다. 스탈린에게는 이전의 맑스주의자들이 발전시킨 것과 같은 체계적인 이론이 거의 없다고 할 수 있기 때문입니다. 또 레닌과 스탈린 이전에는 사회주의 국가가 그들의 이상 속에만 있고 현실화되지 않았잖아요. 그러니까 이론이 더 중요했습니다. 현실의 사회주의 국가가 없으니까 자본주의에 대한 반대와 투쟁의 논리만을 이론화합니다. 현실에서 사회주의를 어떻게 건설할 것인가에 대한 문제는 사실 절박한 문제가 아니었어요. 그러나 1917년 이후에는 사회주의혁명이 현실이 되었습니다. 이 당면한 현실에 어떻게 대응할 것인가가 중요한 과제가 되고, 이론은 상대적으로 부차적인 것이 되기 시작합니다. 이론가 중심의 볼셰비키 당이 실천가 중심의 당으로 변해 간 것은 단순히 권력투쟁의 문제가 아닙니다. 주어진 과제가 달라졌기 때문에, 과제에 대한 대응방식이나 그 과제를 수행하는 주체들의 전환이 이루어진 것이라고 봐야 합니다.

　서방의 일부 반스탈린주의적 이론가들의 설명, 즉 스탈린주의의 아주 천박한 철학과 깊이 없는 이론이 소련을 지옥 같은 곳으로 만들었다는 설명은 정말로 설득력이 없습니다. 그 사람들은 "『변증법적 유물론과 역사유물론』을 한번 봐라, 얼마나 유치하냐? 그걸 교조적으로 강요해서 한 나라를 꾸려 갔으니까 그 나라가 엉망으로 될 수밖에 없지 않았느냐"라고 말합니다. 반공주의자들의 주된 논리 중 하나입니다. 하지만 거의 설득력 없는 얘기에요. 스탈린의 『변증법적 유물론과 역사유물론』은 처음부터 대중교재로 나온 책입니다. 혁명 후에 당원 수가 갑자기 늘어나자 당원용 교재로 『볼셰비키당 약사』라는 책을 만들어요. 당 역사도 들어가고 이론도 들어간 종합 교과서입니다. 당시 러시아 인민의 교육 수준을 생각하면 어려운 책을 쓸 수가 없었겠죠. 제2인터내셔널의 교재 역할을 했던 『포이어바흐와 독일 고전철학의 종말』보다도 더 쉽게 써야 했습니다. 그런 목적으로 만들어진 책의 철학 부분이 스탈린이 저술한 『변증법적 유물론과 역사유물론』입니다. 이런 책에서는 맑스주의를 도식화하고 단순화시킬 수밖에 없었습니다.

　스탈린주의가 스탈린 체제의 소련을 낳았다는 식의 주장이 타당하려면 소련에서 시행되었던 모든 정책들이 스탈린의 조야한 이론에서 연역된 결과라는 것을 입증해야 해요. 이론이 잘못되어서 소련 사회가 엉망이 되었다면, 소련에서 일어났던 일들이 어떻게 이론의 영향을 받았는지 밝혀야 하잖아요. 무턱대고 이론이 조야해서 현실이 엉망이 되었다는 주장은 전형적인 이론주의적 발상입니다. 제대로 된 이론이 있어야만 올바른 사회가 실현된다는 것은 이론가들의 오만에서 나온 편견입니다.

그럼에도 불구하고 이 책의 부정적인 영향이 전혀 없었느냐 하면 그건 또 절대 아닙니다. 이 책은 인민에 대한 교육을 빙자한 사상통제와 정치적 억압의 중요한 수단으로 기능했습니다. 그런 측면에서 부정적이었다고 말하면 받아들이기 쉬운 얘기죠. 수십 년간 소련의 공식적인 철학 교과서가 이 짧은 책을 재해석했어요. 그리고 그걸 사람들에게 주입적으로 교육시켜서 사상적·정치적 통제를 용이하게 했습니다.

『변증법적 유물론과 역사유물론』의 입장은 『포이어바흐와 독일 고전철학의 종말』에서의 엥겔스의 사상을 계승한 것으로 널리 해석됩니다. 여기서 중요한 문제가 된 것이 변증법의 생명력 또는 부정이라는 계기와 변증법의 체계화 사이의 모순이었습니다. 변증법이 하나의 보편적이고 초월적인 법칙처럼 이해되면 변증법이 가지고 있는 생명력, 끊임없이 새로운 것을 만들어 내고 부정함으로써 고양시켜 나가는 힘, 역사를 발전시켜 나가는 힘을 잃어버리게 됩니다. 변증법이 또 다른 하나의 관념론적 도식으로 자리 잡게 됩니다. 이런 경향이 『변증법적 유물론과 역사유물론』에서 아주 두드러집니다. 변증법의 규칙들을 교조화하고, 이 규칙들로 사회 전반뿐만 아니라 자연 전반까지 포괄적으로 설명하려고 합니다. 엥겔스에게도 그런 측면이 있다고 했죠. 사회와 자연을 통일적으로 설명하는 엄격한 규칙으로서의 변증법, 그게 바로 '변증법적 유물론'이죠. 이게 역사에 적용되면 '역사유물론'이고 자연에 적용되면 '자연변증법'입니다. 이런 식으로 모든 현상을 변증법적 방법론을 가지고 설명하는 거예요. 변증법을 체계나 초월적인 법칙성으로 이해하는 방식이 우리가 10강에서 볼 웨스턴 맑시즘과의 중요한 논점을 형성합니다.

경제학적 관점에서 스탈린주의의 중요한 이론은 '자본주의의 일반적 위기론'입니다. 일종의 새로운 형태의 붕괴론이라고 할 수 있습니다. 이 입장은 일단 레닌의 『제국주의』에서 출발합니다. 레닌의 『제국주의』가 가지는 큰 장점이 선진 자본주의 국가가 붕괴하지 않는 이유를 제국주의라는 현상을 가지고 설명했다는 것입니다. 사회주의로의 이행이 결국은 일어나겠지만 제국주의 단계에서는 독점체의 등장으로 붕괴가 일시적으로 지연될 수 있다는 가능성을 이야기하잖아요. 스탈린은 이 내용을 받아들이기는 하지만 제국주의 단계의 자본주의도 전면적인 위기에 봉착해 있고 곧 그 위기가 현실화될 거라는 점을 강조해요. 물론 구체적인 정세 속에서 어떤 때는 자본주의의 모순이 심화되고 어떤 때는 일시적으로 자본주의가 안정화되기도 한다고 판단합니다. 그러나 전반적인 틀에서 스탈린 경제사상의 핵심은 자본주의의 일반적 위기론입니다.

말년에 가면 스탈린은 소련에서 일국사회주의가 완성되고 성공했다고 생각합니다. 특히 제2차 세계대전 승리 이후에 상당히 고무됩니다. 제2차 세계대전은 사실 유럽 전선에서는 스탈린과 히틀러 둘이 싸운 거죠. 영국과 프랑스는 거의 아무 역할도 못합니다. 미국은 2차대전 끝에 가서야 겨우 참전하고요. 사망자 수나 전투가 일어났던 지역의 넓이를 비교하면 유럽 전선의 대부분은 독일과 소련의 싸움이었습니다. 우리가 할리우드 영화에 익숙해서 중요한 건 미군이 다 한 걸로 아는데 그것은 과장입니다. 우리가 잘 아는 노르망디 상륙작전은 전쟁의 거의 끝 무렵에 있었잖아요. 미·영 연합군은 프랑스에서 독일까지 간 거고, 소련군은 모스크바에서 베를린까지 진군합니다. 두 거리를 비교해 보세요.

유럽에서의 제2차 세계대전은 소련 때문에 이긴 건데 정작 소련은 엄청난 희생을 겪습니다. 소련 사람들의 심성 같은 것은 이 잔혹한 전쟁의

제2차 세계대전 승전 기념 퍼레이드를 그린 그림. 엄청난 희생을 치렀지만, 전쟁에서 승리한 소련은 미국과 세계 양대 초강대국이 되고, 이후 전 세계는 미국과 소련을 두 축으로 하는 냉전적 세계질서로 재편된다.

체험을 고려하지 않으면 이해할 수 없어요. 2차대전으로 인해 소련 국토 거의 전부가 폐허가 됐고, 인명손실이 너무 많아서 남녀 성비가 수십 년 동안 안 맞아요. 이런 피해를 겪고도 전쟁 직후에 모든 것이 정상으로 돌아가서 평화로운 사회가 될 수 있었을 거라고 생각하기는 힘들죠. 이것을 고려하고 소련 사회를 이해해야 합니다. 소련에서 실제로 있었던 일을 우리는 너무 모릅니다. 특히 스탈린 사후의 소련에 대해서는 정말 정보가 없죠. 그래서 현실사회주의를 평가하기가 힘들어요. 인민들이 어떻게 살았는지 알아야 이 사회가 좋았는지 나빴는지 얘기할 텐데 객관적인 정보가 너무 없습니다. 지금 단계에서는 평가하는 것이 제 입장에서는 불가능하다고 생각합니다.

아무튼 스탈린은 자기가 세계를 구한 사람이라 생각합니다. 미국에

스탈린 이후의 소련의 지도자들. 인도의 네루 총리와 그의 딸 인디라와 함께 있는 흐루쇼프(왼쪽). 바르샤바에서 열린 코민포름 회의에 참석한 브레즈네프(오른쪽).

서도 스탈린이 전쟁 영웅으로 취급받을 정도였으니 아주 득의양양했겠죠. 그러나 종전 이후에 곧바로 냉전이 시작됩니다. 냉전을 통해서 서방과 동방이 완전히 분리됩니다. 서방은 1950~1960년대에 20년 이상의 장기 호황을 누리는 자본주의 황금기를 맞이합니다. 소련은 동구 블록을 형성해서 나름의 길을 걸어요. 냉전은 동서 양 진영의 맑스주의의 발전에 아주 부정적인 영향을 끼칩니다. 소련에서는 상당히 폐쇄적이고 통제적인 방식으로만 맑스주의가 전개되었습니다. 서방에서도 냉전의 그림자가 상당히 짙게 드리워졌습니다. 오늘날 존재하는 서구의 수많은 좌파들이 맑스주의를 계승함에도 불구하고 스탈린에 대한 반감과 비판을 중요한 모티브로 가지는 것은 냉전의 유산입니다. 이런 냉전 시대의 세계 정세를 스탈린은 **진영 테제**로 표현합니다. **세계는 제국주의 진영과 사회주의 진영 둘로 나뉘어 있고, 현 단계에서 중요한 모순은 진영 간의 모순이라는 것입니다.** 여기까지가 스탈린 체제의 역사적 배경과 중요한 이론적 내용입니다.

1953년에 스탈린이 죽고 흐루쇼프가 집권하면서 우리가 잘 아는 데탕트(Detent), 동서 화해 무드를 가져오죠. 소련의 맑스주의에서도 어느 정도의 변화가 발생하지만, 흐루쇼프가 실각하고 브레즈네프(Leonid

Brezhnev) 시대가 오면서 완고한 스탈린주의자들이 다시 복귀합니다. 브레즈네프 시대가 스탈린 체제의 전성기입니다. 스탈린 체제가 가장 안정적이고 완성된 형태로 실현된 시기이면서 동시에 소련 사회가 정체되고 붕괴되어 가는 시기라는 역사적 평가가 많아요. 사실 브레즈네프 시대가 물질적으로는 소련이 가장 잘 살았던 시기입니다. 인민들의 삶도 그렇고 서방과의 체제 경쟁이나 과학기술 경쟁에 있어서도 그렇고요. 그러다가 브레즈네프 시대가 끝나고 급속하게 소련이 붕괴해서 자본주의가 완전히 지배하는 지금의 상황이 된 것입니다.

> "대중을 대표해야만 대중을 교육할 수 있고,
> 대중의 학생이 되어야만 대중의 교사가 될 수 있다."
>
> — 마오쩌둥, 『연안문예강화』

제2차 국공합작 시기의 마오쩌둥

9강

중국혁명과 마오주의

중국 공산당의 형성: 신해혁명에서 대장정까지

9강에서는 중국혁명과 마오주의에 대해 이야기하겠습니다. 19세기 말의 중국은 번성하던 청나라가 내부적으로 쇠퇴하면서 외적으로는 서구 열강과 일본, 러시아의 침략에 직면하게 됩니다. 만주족 왕조에 대한 한족의 반감과 농민들의 열악한 상황이 낳은 자생적인 저항도 일어납니다. 여기에 갖가지 종교적 색채가 더해진 아래로부터의 반란은 특히 외국의 침략을 당하면서 강한 민족주의적 경향까지 가지게 됩니다. 중국혁명에서는 이 민족주의적 경향이 중요한 의미를 지닙니다. 청조를 무너뜨린 1911년의 신해혁명(辛亥革命)에서 쑨원(孫文)이 주도하는 국민당이 새로운 중국을 건설할 유력한 주체로 부상합니다. 또한 천두슈(陳獨秀)와 리다자오(李大釗)를 중심으로 한 공산주의자들도 등장합니다. 농촌 지역에서는 자생적인 농민운동이 점점 더 세력을 키워 가고 있었습니다.

  쑨원의 국민당은 남부 해안 지역에서 성장하던 신흥 자본가계급의 지원을 받고 있었고 민족주의적 성향의 대중들로부터도 큰 지지를 얻고 있었습니다. 쑨원은 소련에 대해서는 처음부터 우호적인 입장을 취합니다. 소련과 코민테른은 국민당 군대의 조직을 전적으로 지원합니다. 소련에서 무기와 금괴를 가득 실은 기차 두 량을 보냅니다. 또 군사고문단을 파견해 군사교육을 시키고 군대를 조직합니다.

쑨원은 유명한 **삼민주의**(三民主義)를 이념으로 내세웁니다. **민족, 민권, 민생이 삼민입니다.** '민족'은 말 그대로 민족주의에 입각한 민족자결, 민족국가의 성립을 의미합니다. '민권'은 인민들의 정치적 권리의 신장입니다. 민생은 뭘까요? '민생'은 경제적 문제입니다. 중국 사회에서 민생 문제의 해결은 토지개혁을 의미했습니다. 쑨원은 지주계급의 토지를 농민들에게 나눠 주는 정책을 갖고 있었어요. 어떤 면에서는 사회주의적인 색채를 띠고 있었습니다. 쑨원 자신이 공산주의에 대해서 상당히 우호적으로 생각하고 있었어요. 여러 세력이 모인 국민당 안에서도 좌·우파 대립이 있었는데, 쑨원의 권위가 워낙 컸기 때문에 그가 살아 있을 때에는 노선대립이 두드러지지 않았습니다.

공산당은 국민당만큼의 세력을 가진 것은 아니었지만 상하이와 우한 등의 대도시 노동자들과 저항적 농민 세력을 중심으로 영향력을 급속하게 확대시키고 있었습니다. **1924년에 코민테른은 중국 공산당에 국민당과 통일전선을 펼 것을 지시합니다.** 이것이 **제1차 국공합작입니다.** 합작의 방식은 당 대 당 형태로 협력을 하는 게 아니라 공산당원들이 개인 자격으로 국민당에 입당하는 것이었습니다. 공산당원이면서 동시에 국민당원이 됩니다. 공산당원들이 국민당 안에 들어가 국민당 좌파와 연합해 큰 세력을 형성하게 됩니다.

코민테른은 왜 이런 방식의 국공합작을 지시했을까요? **코민테른이 보기에 이 시기 중국의 식민지 민족해방운동의 과제는 부르주아혁명**이었습니다. 식민지 혹은 반식민지 상태에 놓인 봉건적인 사회를 근대적 자본주의와 부르주아 민주주의가 지배하는 독립적인 사회로 변화시키는 것을 과제로 하는 혁명이라는 의미입니다. 부르주아혁명의 주체는 부르주아지여야 하잖아요. 코민테른은 당시 중국의 정치 상황에서 공산당이 독자적으로 그런 역할을 수행할 수는 없고 국민당이 주체가 되어야 한다고 봅니다. 이런 입장은 봉건제에서 자본주의를 경유한 뒤에만 사회주의로 갈 수 있다는 생각에 근거한 것입니다. 이런 역사관에서는 노동자계급의 사회주의혁명은 부르주아혁명 후에 자본주의가 충분히 발전한 다음의 과제가 됩니다. 상당히 도식적인 역사인식이죠. 초기 중국 공산당을 지배하던 이데올로기는 정통적인 맑스주의의 역사발전 단계론에 근거하고 있었습니다. 마오주의가 대표적인 중국 공산당의 이념이 되는 것은 한참 뒤의 일이에요. 이때 마오는 지방의 유력한 공산주의 지도자 중의 한 명이었지 아직 1인자는 아니었습니다.

　이 당시에 중국 공산당은 도시에서의 노동운동을 중심으로 활동했지만, 농촌에서는 자생적인 농민운동이 상당히 활발하게 일어나고 있었어요. 농민 협회가 결성되어 세력이 강한 곳에서는 지주한테서 땅을 빼앗아 농민들에게 나누어 주는 토지개혁을 하기도 합니다. 또 반외세 정서를 확산시키는 역할도 했습니다. 1925년에서 1927년 사이에 마오의 출생 지역인 후난성과 장시성을 비롯한 남부의 곡창지대에서 농민반란이 활발하게 일어납니다. 마오는 이런 농민반란의 영향을 강하게 받았습니다. 마오를 비롯한 공산당의 일부 세력들이 농민반란을 중요하게 생각하면서 코민테른 노선과 다른 목소리를 내기 시작합니다.

　마오는 1927년에 「후난 농민운동 시찰보고」를 작성해서 공산당에 제출합니다. 후난 농민운동의 현황에 대한 보고와 이에 대한 평가를 단 공식적 보고서였습니다. 이 텍스트는 마오주의의 아주 중요한 특징, 농민공산

중국 공산주의의 아버지 마오쩌둥

1893	후난성 샹탄현 사오산에서 자작농의 아들로 출생.
1918	후난 제1사범학교 졸업. 10월에 어머니 사망, 그후 베이징으로 올라감.
1919	사범학교의 은사 양창지(楊昌濟)의 소개로 베이징 대학 도서관장이던 리다자오 밑에서 사서로 일함. 천두슈, 후스 등의 강의를 듣고, 많은 독서를 하는 가운데 공산주의 이론을 접하게 됨.
1921	중국 공산당 창건. 7월에 상하이에서 개최된 제1차 중국 공산당 전국대표대회에 참석. 12월에 안위안에 있는 탄광촌을 방문하여 노동운동 전개.
1923	제3차 중국 공산당 전국대표대회에서 중앙위원회 정치위원으로 선출됨.
1927	제1차 국공합작 종결. 10월에는 창사를 공격하라는 당의 지시를 거부하고 1,000여 명의 병사들과 퇴각해 공산당 간부직을 박탈당함. 겨울에 장시성의 징강산으로 들어감.

▶ 1949년 10월 1일 베이징의 톈안먼 광장에서 중화인민공화국 수립을 선언하는 마오쩌둥

1928	징강산에서 주더의 군대와 통합하여 홍군 창설.
1929	징강산에서 루이진으로 본거지를 이동.
1931	루이진에서 중화 소비에트 공화국 중앙위원회 주석으로 선출됨.
1934	10월 홍군의 대장정 시작.
1935	1월 저우언라이의 동조를 받아 중국 공산당 최고 지도자가 됨. 가을 산시성 북부에 도착하여 대장정이 일단락.
1937	옌안으로 본거지 이동. 9월에 제2차 국공합작 성립.
1945	8월 15일 일본의 항복. 항일투쟁이 끝나면서 내전 재개.
1949	1월 베이징의 국민당 군대 항복. 5월에는 상하이 함락. 10월 1일에 중화인민공화국이 수립됨.
1953	제1차 5개년 개획 개시.
1956	백화제방, 백가쟁명 운동을 개시함.
1958	대약진운동을 시작함.
1959	국가 주석직을 류사오치에게 이양함.
1966	문화대혁명이 시작됨.
1976	9월 8일에 마오쩌둥 사망.

마오쩌둥이 이끈 1927년 후난 농민운동을 묘사한 그림. 마오는 이 운동의 경과를 기술한 보고서에서 농민의 자발적인 혁명 역량이 "그 어떤 거대한 힘으로도 제압할 수 없는 폭풍우" 같다고 묘사했다.

주의라는 특징이 처음으로 나타났다는 점에서 중요하게 다루어지는 텍스트입니다. 마오는 이 보고서에서 중국의 농민을 부농, 중농, 빈농으로 나누고, 특히 빈농들이 교육이나 정치적 지도를 안 받아도 자생적으로 커다란 혁명적 역량을 갖고 있다는 주장을 합니다. 농민들이 갖고 있는 품성에 대한 신뢰를 표명한 것입니다. 이미 **이때부터 마오는 농민혁명의 가능성에 대한 전망을 가지고 있었던 것입니다. 이런 생각은 당시 코민테른이나 중국 공산당의 공식 노선과 상당히 다른 것이었습니다.**

이런 상황에서 1925년에 쑨원이 사망합니다. 쑨원 사망 직후부터 국민당 내의 좌·우 노선투쟁이 격화됩니다. 국민당 우파는 대부르주아들과 지주들로부터 지원을 받고 있었어요. 이 우파 세력의 우두머리가 바로 장제스(蔣介石)이죠. 국민당 군대의 지휘권을 가지고 있던 장제스가 국민당 내에서 우익 군사쿠데타를 일으켜 국민당을 장악합니다. 그리고 합작을 맺고 있던 공산당원들과 노동운동 세력을 무차별적으로 학살합니다. '상하이 대학살' 같은 사건이 대표적인 사례죠. 이것은 국공합작이라는 코민테른 노선이 현실적으로 실패했다는 것을 보여 주는 사건입니다. 코민테른은 국공합작이 반식민지 중국에서는 유력한 길이 될 거라고 믿었지만 그게 현실화되지 못했어요. 이제 중국 공산당은 상당히 불리한 처지에 놓이게

1944년 중국 공산당의 세 지도자의 모습. 오른쪽부터 저우언라이, 마오쩌둥, 주더이다.

됩니다. 군사력도 약하고 급격한 탄압으로 지지 세력이 위축되어서 정치적 곤경에 처합니다. 더 근본적인 어려움도 발생합니다. 중국 공산당은 국민당의 배신으로 인해 부르주아 민주주의와 농민 문제도 해결하고 사회주의도 실현해야 하는 아주 복잡한 과제를 떠안게 되었습니다.

마오는 근거지였던 후난 지방에서 발발한 공산당 봉기를 이끌었다가 국민당 군대에게 군사적으로 패배한 후에 징강산(井岡山)이라는 산으로 들어갑니다. 징강산에는 이미 산적들이 자리 잡고 있었는데, 이들은 우리가 생각하는 범죄자 집단이 아니었습니다. 유민(流民)이 되어 먹고살 게 없어져 산에 들어가 범죄수단에 의지하게 된 농민들이었습니다. 마오는 징강산을 중심으로 농민반란 기지를 형성하고 '징강산 소비에트'를 건설하는데, 주변 각지의 공산당 패잔병들이 거기로 모입니다. 그때 마오는 중요한 사람을 하나 만납니다. 주더(朱德)라는 사람인데, 마오의 충실한 동지가 되어 나중에는 공산당 군대인 홍군의 사령관까지 되는 인물입니다.

마오는 이때부터 세력을 장시성 일대로 확산시킵니다. 징강산에 들어간 지 불과 4년 뒤인 1931년이 되면 세력이 엄청나게 커져서, 국민당 군대로부터 독립된, 인구가 거의 300만 명 정도나 되는 해방구를 건설합니다. 이것이 '장시 소비에트 공화국'입니다. 중국 공산당이 그렇게 농민들의 지지를 얻고 세력을 확장할 수 있었던 것은 토지개혁을 실시한 덕분이었습니다. 홍군이 점령한 지역에서 지주를 쫓아내거나 사형시키고 토지를 몰수한 후에 농민들에게 나누어 줍니다. 그렇게 해서 농민들의 지지를 받게 된 것이죠.

이 시기에 중국 공산당은 자생적인 농민반란의 전통과 본격적으로 결합하기 시작합니다. 중국 공산당은 농민들에게 토지를 나눠 주는 것이 자기들이 정치적 영향력을 획득하는 제일 확실하고 빠른 길이라는 것을 실천적으로 깨달았던 것입니다. 그 과정에서 운동의 주축이 되는 집단의 성격도 농민중심적일 수밖에 없었겠죠. 농민 출신들이 공산당과 홍군의 새로운 인력으로 충원됩니다. 토지개혁을 한 지역에서 농민의 아들들이 홍군에 가입하니까 군사력도 강화되었겠죠. 홍군은 이때 이미 약 30만 명 정도의 군사력을 보유할 정도로 세력이 커집니다.

공산당의 세력이 이렇게 커지니까 국민당이 가만히 안 놔두겠죠? 장제스는 공산주의를 초토화하기 위해서 군사 공격을 감행합니다. 1930년에서 1934년까지 국민당 군대가 압도적으로 강한 군사력을 가지고 대규모 공격을 합니다. 군사력이 상대적으로 약했던 홍군은 이때 게릴라전술을 널리 사용합니다. 마오 하면 제일 먼저 떠오르는 것 중의 하나가 게릴라전이잖아요? 원래 공산당 군대는 군사 규모 면에서 국민당 군대와 너무 차이가 나서 전면전에서는 승산이 없었습니다. 그래서 자기들만의 독특한 전술을 개발하는데, 이게 중국 공산당의 성격에도 영향을 주게 됩니다. 이런 군사적 상황에서 마오는 『지구전론』이라는 중요한 텍스트 하나를 저술합니다. 이 책은 단순한 군사교범이 아니라 혁명의 전술 전반에 대한 아주 중요한 이론서가 됩니다. 『지구전론』을 쓰게 되는 바탕이 게릴라전의 체험입니다.

결국 공산당은 전투에서 군사적으로는 패배합니다. 이때 중국 공산당의 당권은 '유소파'(소련 유학파라는 뜻) 또는 '28인의 볼셰비키'라는 별명으로 불리던 집단이 장악하고 있었어요. 8강에서 동방 대학 얘기를 했잖아요. 소련에서 동방 대학을 만들어 아시아 지역의 혁명가들을 교육시킵니다.

1931년 어느 야외 집회에서 연설하고 있는 장제스. 철저한 반공주의자였던 그는 일본과의 전쟁이 발발했을 때도 항일투쟁보다 공산당 토벌에 더욱 큰 비중을 두었다.

교육만 시키는 게 아니라 자기 나라로 돌아가 코민테른의 입장을 대변하는 역할을 맡깁니다. 대체로 그 집단이 아시아 각 나라의 공산당을 정치적으로 지도했습니다. 코민테른의 지지를 받았기 때문에 당권을 장악할 수 있었고, 큰 권위를 가졌던 거예요. 우리나라 공산당도 마찬가지예요. 조선 공산당의 박헌영도 자신만의 능력을 가지고 있었겠지만, 이 사람이 1인자가 되는 이유는 코민테른이 공식적으로 인정한 지도자였기 때문입니다. 당시 중국 공산당에는 중국 이름이 리더(李德)인 오토 브라운(Otto Braun)이라는 독일 사람이 있었습니다. 그는 코민테른이 파견한 군사고문으로, 군사 문제를 실질적으로 지도하고 있었습니다. 중국 공산당은 중국만의 독특한 상황에 맞는 군사전술을 구사해 성공을 거뒀는데, 리더의 주도하에 군사전술을 변경하고 결국 대패하게 됩니다.

그래서 도망을 가는 게 유명한 '대장정'(大長征)입니다. 말이 좋아서 대장정이지 엄청나게 끔찍한 과정이었습니다. 이 대장정은 역사적으로 상당한 상징적 의미가 있는 사건이죠. 대장정에 대한 기록을 한번 보세요. 인류 역사를 통틀어 보더라도, 인간이 상상할 수 있는 극도의 고통을 인간의 의지로만 극복한 가장 빛나는 사례가 대장정이라고 할 수 있습니다. 그냥 먼 길을 행군만 한 것이 아니라 가는 과정에서 국민당 군대나 지방의 군벌들하고 계속 전투를 해야 했습니다. 군사적으로도 아주 열악한 상황에 있었고, 또 식량도 돈도 의약품도 없었습니다. 여름에 대장정을 시작하거든요. 많은 사람들이 열병에 걸리고, 마오도 이때 말라리아에 걸립니다. 마오는 대장정 도중에 아들 둘을 잃어버려서 결국 찾지 못합니다. 가다 보니까 겨울이 됩니다. 월동 준비가 불가능해서 다 동상에 걸려요. 아무 장비 없이 빙벽을 넘기도 합니다. 전투에서 죽은 사람보다 빙벽에서 떨어져 죽은 사람, 얼어 죽은 사람, 굶어 죽은 사람이 더 많았습니다. 대장정의 곤경 중에 인상 깊은 에피소드 하나만 더 이야기할게요. 식량이 없으니까 정말 구두도 삶아 먹고 혁대도 삶아 먹습니다. 나중에는 그냥 앞서 간 사람의 배설물을 물로 행군 뒤 소화 안 되고 남은 곡물들을 먹어요. 진짜 그렇게 하고 살아남아요. 그 과정에서도 군사 지도자들이나 당 지도자들이 일반 병사들과 똑같이 생활합니다.

이 열악한 상황에서 홍군의 철칙이 절대로 인민에게 손을 벌리지 않고, 약탈하지도 않는다는 것이었습니다. 이게 중국 공산당의 성공의 결정적인 원인이 됩니다. 2,500년 중국의 역사에서 전쟁이 끊임없이 일어나죠. 그 전쟁들이 대부분 패자에 대한 약탈을 수반합니다. 전쟁에서 이긴 측이 적지를 점령하면 일단 장군들은 창고부터 열어요. 창고에서 귀중품 같은 것들을 약탈해 자기 재산을 불려야 그게 또 자기 권력의 원천이 되거든요.

그리고 병사들 급료가 따로 없는 경우가 많았습니다. 대신 병사들한테 약탈을 공개적으로 허용합니다. 특수한 경우가 아니면 전쟁에 소요되는 비용은 상당 부분 약탈에 의존했습니다. 전쟁은 일반 백성에게는 엄청난 재앙을 의미하는 것이었습니다. 그런데 2,500년 중국 역사에서 처음으로 약탈하지 않는 군대가 나타납니다. 그

1939년 산시성에서의 사진. 왼쪽부터 펑더화이, 주더, 펑쉐펑, 샤오커, 덩샤오핑이다. 마오와 함께 대장정을 치르고 살아남은 이들은 이후 공산당 지도부의 핵심 간부가 된다.

게 홍군입니다. 그래서 대중들의 지지를 얻은 거예요. 대장정 중에도 홍군은 어느 지역을 점령하면 지주들을 쫓아내고 토지개혁을 해요. 나중에 다시 지주들이 와서 뺏어 가더라도 말입니다. 그리고 거기서 문화선전 사업을 합니다. 공산주의에 찬성하도록 농민들을 교육시켜야 하는데 농민들은 대부분 문맹이잖아요. 그런 농민들에게 공산주의 이념을 선전하려면 어떻게 해야 했을까요? 음악이나 연극 같은 것을 해야겠죠? 그래서 홍군에는 항상 문화선전대가 있었어요. 대장정 중에도 계속 이런 작업을 합니다. 중국 인민들은 한 번도 겪어 보지 못한 군대를 만난 겁니다.

중국 공산당에서 대장정을 함께 했던 사람들이 가지게 된 정서는 아주 남다른 거겠죠. **엄격한 규율과 금욕주의적인 정신, 민중과의 연대의식 같은 것이 몸에 배고, 이것이 중국 공산당의 아주 중요한 정신적 자산이 됩니다.** 대장정은 중국 공산당을 지탱하는 이데올로기적 원천입니다. 지금도 중국에서는 대장정을 소재로 한 영화를 텔레비전으로 틀어 줘요.

홍군은 대장정 끝에 1935년에 옌안에 도착합니다. 대장정 중에 쭌이

라는 도시에서 중요한 회의를 합니다. 코민테른의 지도 노선이 결국 실패했기 때문에 기존의 당권파가 실각하고, 이때부터 마오가 중국 공산당 1인자의 지위에 점점 다가가게 됩니다. 1936년부터 옌안을 중심으로 공산당을 재건하는 활동이 시작되는데, 이때를 '옌안 시대'라고 부릅니다. 이때부터 마오주의가 옌안 정신이라는 이름으로 본격적으로 체계화되고 중국 공산당의 지배적인 노선으로 받아들여지기 시작합니다.

옌안 시대

옌안 시대가 시작되자마자 중요한 사건이 발생합니다. 1937년에 중일 전쟁이 발발한 것입니다. 이미 만주를 장악하고 있던 일본이 중국 내륙을 침략합니다. 중국 일반 인민들이 보기에는 국민당이든 공산당이든 일본과 맞서 싸워야 하잖아요? 하지만 국민당 군대는 적극적 항전을 하지 않습니다. 중국 땅이 워낙 넓으니까 장제스는 일본군이 계속 쫓아 와도 충분히 땅이 남아 있고 더 급한 것은 공산당이라고 하면서 일본군과는 정말 형식적으로만 싸웁니다. 일본군과 전투가 벌어지면 퇴각하라는 명령을 내리고, 군사력을 공산당 토벌에만 집중시킵니다. 이렇게 되니까 국민당 내에서도 반감이 일어나고 인민들도 국민당으로부터 대거 이탈하게 됩니다.

그 당시에 만주 군벌인 장쉐량(張學良)이라는 사람이 있었습니다. 일본이 만주 지역을 점령하면서 이 사람 아버지를 암살해요. 그 뒤를 이어서 자기가 군벌이 되는데, 자기 입장에서는 아버지를 죽인 일본과 맞서 싸워야 하는 장제스가 계속 공산당만 토벌하고 있단 말이에요. 이 사람이 장제스를 자기 근거지로 속여서 부른 다음에 감금시켜 버리고, 공산당과 합작해서 항일 전쟁을 벌이기를 강권합니다. 이것이 '시안(西安) 사변'입니다.

장제스가 마지못해 합의를 해서 제2차 국공합작이 성립됩니다. 제2차 국공합작 후의 항일 전쟁에서 대부분의 영토 수복은 공산당에 의해 이루어집니다. 낮에는 일본군이 점령한 지역도 밤이 되면 공산당이 다시 장악해요. 대도시 같은 거점만 일본군이 장악하고 성곽 바깥은 공산당이 실질적으로 지배하는 지역이 늘어납니다. 공산당은 일본으로부터 되찾은 지역에서 공산주의를 실현하고 자기들의 영향력을 확대합니다. 이렇게 세력을 키워 나중에 있을 국민당과의 내전을 준비합니다. 그리고 이처럼 **항일 전쟁의 기간 동안에 마오주의가 본격화됨에 따라 마오주의에는 민족주의적 정서가 두드러지게 됩니다.**

① **대중 노선의 본격화와 『옌안문예강화』**

옌안 시대 중국 공산주의에서 민족주의적 경향 외에도 특히 중요한 특징은 **대중 노선**입니다. 대중 노선은 단순히 대중들에게 영합하자는 것이 아니라, **농민의 자발적인 혁명 역량에 대한 믿음에 근거한 노선**입니다. 인민이 당 관료나 당 지도자나 지식인보다 더 뛰어나다는 것을 공식적으로 인정한 것이 바로 대중 노선입니다. 따라서 당 관료는 대중에게 배워야 하고, 당 관료의 특권이나 지도적 지위는 부정됩니다. 대중 노선은 맑스주의의 아주 중요한 이론적 원천 중의 하나를 부활시키려는 의도를 갖고 있었습니다. 맑스가 중요하게 생각했지만 폭넓게 다루지는 못했던 정신노동과 육체노동의 분할입니다. 19세기에는 그게 그렇게 큰 사회적 문제가 되지는 않았습니다. 그런데 산업자본주의 시대를 지나면서, 특히 20세기로 접어들면서 정신노동과 육체노동의 분할은 아주 심각한 문제가 됩니다.

정신노동과 육체노동의 분할이라는 것은 쉽게 말하면 누군가는 계획을 세우고 지시하는 일만 하고, 다른 누군가는 그것을 실행하는 일만 해야 하는 것입니다. 그렇게 되면 처음에는 단순한 역할분담인 것처럼 보이지만, 결국 누구는 계속 지시하고 다른 누구는 그 명령을 따르는 수동적 지위에 영구적으로 머물 수밖에 없게 되겠죠. 그리고 실행만 하는 사람들은 위계상에서 아래에 있을 뿐만 아니라, 하는 일의 성격 자체가 수동적이고 타성적이고 단조로워지는 문제가 발생합니다. 지식의 정도에 따라 사회적 위계가 견고해지는 현상도 이런 분할의 한 예입니다. 지금 우리나라 사회도 그렇잖아요. 우리나라에서 교육을 통해 부와 사회적 지위가 대물림하는 것도 지식의 종류나 많고 적음에 따라서 사회가 분할되고 위계화되기 때문입니다.

현대 사회에서 사회적 위계가 세분화될수록, 위로 올라가기 위해서는 점점 더 많은 지식을 소유해야 합니다. 그것도 아무 지식이나 많이 소유하고 있어서는 안 되죠. 예를 들어서 농사를 60년 지은 노인은 농사에 대해서는 누구보다 더 많이 알아요. 해박한 농사 지식 덕분에 다른 농민들의 존경도 받고 쓸모있는 사람으로 인정받을 것입니다. 그런데 그 사람이 뉴욕에 이주했다고 쳐요. 할 수 있는 일이 뭐가 있겠어요? 쓸모없는 노인네로 무시당하겠죠. 지식의 많고 적음뿐만 아니라 지식의 종류와 성격에 따라 차별이 또 발생하는 것입니다. 정신노동과 육체노동의 분할은 현대 사회로 올수록 점점 정교해져서 특정한 어떤 지식이 특권을 가지게 됩니다. 현대 사회에서는 모든 지식이 위계화되어서 어떤 지식은 엄청난 부와 권력을 가져다주고, 어떤 지식은 아무런 보상도 받지 못하게 됩니다. 이렇게 되면 지식에 따라 사회적 불평등이 고착화되고 재생산되고 확대될 것입니다. 이런 문제들이 현대 사회의 아주 기본적인 문제들이죠. 맑스는 이런 현상에 대해 초보적인 차원에서 문제를 제기했던 것입니다. **마오주의의 대중 노선은 정신노동과 육체노동의 분할, 지식의 차이에 따른 사회적 위계**

형성에 대한 근본적인 반성을 함축하고 있었습니다.

대중 노선은 관료제의 문제와도 관련이 있습니다. 소련 사회의 가장 큰 결함으로 흔히 관료제를 꼽습니다. 소련뿐만 아니라 현대 사회 전반에서 가장 큰 문제 중의 하나가 관료제라고 많이들 말합니다. 소련의 당 관료들이나 행정 관료들은 처음에는 단순하게 행정적 업무를 위임받았던 사람들입니다. 하지만 나중에는 인민들 위에 군림하는 새로운 지배계급이 되어 버리잖아요. 러시아혁명의 경험을 어느 정도는 알고 있던 마오는 이 문제를 아주 중요하게 다루기 시작합니다. 그래서 당과 인민의 관계에서 당이 인민 위에 군림하고 지배해서는 안 된다는 생각을 처음부터 가집니다. **어떻게 하면 당 관료의 특권화를 막을 수 있느냐가 혁명의 사활이 걸린 문제라고 생각했기 때문에 대중 노선을 강조한 것입니다.**

당 관료는 주로 어떤 집단 출신들일까요? 행정적·정치적 지도를 하기 위해서는 주로 지식인 집단 출신이어야겠죠? 그래서 대중 노선에서는 **지식인의 특권적 지위를 제한하려는 경향**이 상당히 강해집니다. 이것은 농민에 대한 신뢰와 결합되면서 더 강화됩니다. 마오는 우리가 흔히 아주 후진적이라고 생각하는 농민이 사실은 서구적 지식인이나 근대화된 사람들보다 훨씬 현명하고 지혜롭고 더 많은 것을 가르쳐 줄 수 있다고 생각했어요. 농민이 중국 사회에서 많은 수를 차지하니까 중국혁명에서 중요한 세력이라고 봤던 게 다가 아닙니다. 농민이 가지고 있는 정치적 힘, 혁명적 의지, 교양요소, 정서적 측면 같은 것들을 높이 평가한 것입니다. 레닌은 전통적인 농촌공동체에서 나타나는 여러 특징들이 상당히 후진적인 요소이기 때문에 빨리 없애야 한다고 생각했습니다. 러시아 공산주의자들은 어떻게 하면 후진적인 농민들을 근대화시킬 수 있을지를 계속 고민했는데 중국에서는 반대였죠. 농민공산주의라는 마오주의 노선이 농민 자체가 가진 혁명적 힘에 대한 강한 신뢰에서 유래했다는 게 중요합니다. 대중 노선은 마오주의의 농민공산주의적 특징과 밀접하게 관련된 것입니다.

이런 경향을 잘 보여 주는 텍스트로 『옌안문예강화』라는 책이 있어요. 문예선전 업무에 종사하는 당 일꾼들을 모아 놓고 얘기를 한 것입니다. 이 책에서 가장 강조하는 것은 **지식인은 대중에게 배워야 하고 대중의 언어로 말해야 한다는 것**입니다. 근대 계몽주의의 전통에서는 문화, 예술, 교양 등은 상층계급이나 지식인계급이 가지고 있는 것이고, 지식인은 그것을 하층계급에게 전달하고 확산시킵니다. 이 텍스트는 그런 사고방식을 전면 거부합니다. 얼핏 생각하기에는 중국 농민들이 문맹이고 아직 문화 수준이 낮으니까 단순히 전술적인 측면에서 눈높이를 맞추라는 얘기처럼 받아들일 수 있습니다. 선전·선동을 대중들이 알아들을 수 있어야 하니 말입니다. 그러나 대중의 언어로 말한다는 것은 단순히 대중이 알아들을 수 있는 쉬운 말로 풀어 주는 것이 아닙니다. 마오는 대중의 생각을 지식인이 배워서 표현해야 한다고 말합니다. 더 많이 배운 사람들이 자신의 지식을 가지고 대중'처럼' 말하는 것은 대중의 언어로 말하는 것이 아닙니다. 마오가 보기에는 대중이 지식인의 스승입니다. **지식인은 대중에게 기대서 대중의 생각과 대중의 성찰을 배운 뒤 다시 전달할 뿐**이라는 거예요. 그게 대중의 언어입니다.

마오는 여기서 아주 혁신적인 주장을 하는 것입니다. 대중은 문화와 교양이라는 것을 원래 가지고 있다는 거예요. 모든 사회 집단은 자신의 문화를 가지고 있습니다. 그런데 왜 고급문화와 대중문화가 나뉘겠어요? 많은 지식들 중에 어떤 한 지식만 특권적 지위를 차지하게 되고 나머지는 다 배제되거나 천대받는 것과 마찬가지입니다. 수많은 문화들이 존재하지만, 그중에서 지배계급이 선택한 문화만 고급문화의 지위를 차지하게 됩니다. 사회적으로 열등한 지위에 있는 사람들의 문화는 문화적으로도 열등한 것으로 취급받죠. 지배계급은 하층계급의 문화를 경시합니다. 중국에서는 지배계급과 지식인이 농민의 전통적인 문화를 무시했습니다. 심지어 초기 공산주의자들도 서구적 지식이라는 것이 진짜 교양이고 농민들이 전통적으로 가지고 있던 지혜는 아주 낮은 수준이라고 생각했습니다. 『옌안문예강화』는 그걸 완전히 뒤집어 버린 거예요.

이런 주장은 현대 사회에서도 설득력이 있는 얘기입니다. 문화상대주의보다 훨씬 급진적인 입장이죠. 모든 원시 문화들도 다 나름의 가치가 있다는 정도가 아닙니다. 농민들의 혁명적 문화가 너희들 지배계급의 부르주아 문화보다 훨씬 좋은 거다, 이게 진짜 문화다, 이런 얘기를 하는 것입니다. 그렇게 되면 모든 분야들에서, 심지어 문화·예술 분야에서도 지식인들의 특권적 지위는 보장받을 수 없게 됩니다. **옌안 정신의 중요한 특징은 도시와 농촌, 노동자와 농민, 정신노동과 육체노동 사이의 위계와 분할이라는 것을 극복하기 위한 대중 노선이라고 말할 수 있습니다.**

우리가 잠시 후에 다룰 것이 '문화대혁명'인데, 문화대혁명의 원천이 바로 이 옌안 정신에 있고 옌안 정신의 부활이 문화대혁명이라는 평가를 많이 합니다. 그래서 옌안 정신을 조금 길게 설명했는데, 이게 어떻게 다른 상황 속에서 다시 드러나게 되는지를 잠시 후 문화대혁명을 통해 살펴보겠습니다.

② **추상적 교리에서 구체적 정세로: 『실천론』과 『모순론』의 변증법 재해석**
『옌안문예강화』 외에도 옌안 시대에 쓴 두 편의 중요한 텍스트가 1937년의 『실천론』과 『모순론』입니다. 보통 이 두 텍스트를 같이 붙여서 많이 얘기해요. 거의 같은 시기에 잇달아 나온 텍스트들이고, 같은 정치적 맥락

속에서 같은 정치적 의도를 가지고 쓴 것들이기 때문입니다. 마오의 말에 의하면 이 두 텍스트는 교조주의 비판을 목적으로 합니다. 교조주의가 뭘까요? 맑스주의 전통에서 교조주의 또는 수정주의라는 말은 반대파를 욕할 때 하는 말입니다. 이때 마오가 말하는 교조주의는 바로 유소파, 마오가 공산당의 지도자가 되기 이전에 중국 공산당을 지도하던 사람들의 경향을 지칭합니다. 실제로는 코민테른의 노선 또는 스탈린주의라고 할 수 있는 어떤 특징들을 교조주의라고 비판하고 대안을 제시합니다. 교조주의 비판이라는 것은, 중국 공산당의 내부에서 보자면 공산당 내의 코민테른파와 마오파 간의 정치적·이론적 차이를 보여 주는 것입니다. 하지만 맑스주의의 역사라는 큰 틀에서 보면 정통 맑스주의의 노선에서 이탈한 새로운 형태의 맑스주의의 등장을 보여 준다고도 할 수 있습니다.

『실천론』은 분량이 아주 짧아요. 그냥 인식론적인 얘기를 하는 것 같지만, 정치적 맥락 속에서 보면 진짜 의미를 알 수 있습니다. 『실천론』은 맑스주의적 관점에서 인식은 실천에 근거하는 것이고, 진리의 기준은 실천에 달려 있으며, 실천에 의해서 진리의 여부가 검증된다는 얘기를 해요. 이런 이야기는 맑스주의자라면 누구나 다 하는 얘기죠. 마오는 왜 새삼스럽게 이 시점에서, 이 정세 속에서 실천의 중요성을 얘기한 걸까요? 교조주의는 현실을 하나의 도식적인 이론적 틀 속에 끼워 맞추려는 태도——그것이 현실에 부합하지 않더라도——를 말합니다. 마오가 상대방을 교조주의라고 비판하고 그것에 대한 대안으로서 실천의 중요성을 이야기했는데, 이때의 실천은 어떤 의미일까요? 중국의 상황에 맞는 실천을 말하는 겁니다. 교조주의는 곧 중국의 현실에 맞지 않는 구당권파, 즉 유소파의 혁명 노선을 지칭하는 것이고요. 실천에서 이론의 진리성이 검증된다고 했으니까, **중국의 상황 속에서 실제로 유효한 정치적인 결과를 산출**

할 수 있는 **이론만이 올바른 이론**이라는 얘기겠죠. 그래서 상대방의 이론은 중국의 현실에 맞지 않는, 중국에서의 실천에 적합하지 않은 이론이라는 것이 이 책에서 말하고자 한 것입니다. 또 『실천론』은 혁명적 실천에 있어서 객관적 조건의 변화와 동시에 주관적 측면에서의 개조도 이뤄져야 한다는, 즉 주·객이 동시에 개조되어야 한다는 주장을 합니다. 어떤 점에서는 의지주의적인 요소가 『실천론』에 등장합니다.

『실천론』과 짝을 이루는 『모순론』에서도 상당히 재미있는 철학적 논의들이 전개됩니다. 마오 스스로 이 책도 교조주의를 비판하기 위해서 쓴 것이라고 말합니다. 마오는 교조주의를 속류진화론적 세계관이라고 규정합니다. 이것은 맑스주의의 전통에서는 변증법적 세계관과 반대되는 의미입니다. 변증법의 기본적인 개념이 모순입니다. 우리가 여러 번 살펴보았듯이 변증법적인 세계관에 있어서 운동과 변화를 추동하는, 역사를 발전시키는 중요한 동력이 바로 모순이잖아요. 속류진화론은 모순을 인식하지 못하는 세계관을 지칭합니다. 이 텍스트는 모순 자체에 대해서 논의하는 것입니다.

첫번째로 마오는 **모순이 보편적**이라고 말합니다. 보편적이므로 어떤 때는 있고 어떤 때는 없고, 또 어떤 곳에는 있고 다른 곳에는 없는 게 아닙니다. 모순은 언제, 어디서나 존재하는 것입니다. 우리는 자본주의의 모순이 어떤 국면에서는 더 심화되었다는 식으로 얘기합니다. 이 말은 어떤 때는 모순이 발생하고, 또 어떤 때는 모순이 없이 평화롭고 안정적이라는 의미로 이해되기 쉽죠. 그런데 마오는 **모순은 어떤 상황이든, 어떤 곳에서든 존재하는 것**이라고 주장합니다. 속류진화론적 세계관은 모순의 보편성을 인식하지 못합니다. 『포이어바흐와 독일 고전철학의 종말』에 나왔던 구도에 따르면 형이상학적 세계관에 해당합니다. 형이상학적 세계관과 대립되는 변증법적 세계관에서는 사물의 발전의 근본원인을 그 사물에 내재하고 있는 모순에서 찾습니다. 물론 외적 모순도 운동의 원인입니다. 그러나 마오는 **외적 모순만큼이나 사물의 내재적인 모순도 사물의 발전의 조건임을 강조합니다**. 사물에 내재하는 모순은 모든 사물에 존재하고, 발전과정의 처음부터 끝까지 존재합니다. 평소에는 사물이 모순 없이 동일성을 유지하고 있고, 어떤 국면에 가서야 모순이 생겨나고 전개되는 게 아닙니다. **모순을 내포하고 있지 않은 사물은 없고, 심지어 모순이 없으면 세계 자체가 없습니다**. 『모순론』은 이런 주장을 담고 있습니다.

　이런 철학적 입장을 당이나 정치적 상황에 대입시키면 어떻게 될까요? 공산당 안에 모순이 없다는 게 스탈린주의의 아주 중요한 주장입니다. 당이 군대적인 규율에 의해서 지배된다는 말은 당내에 이견이 있을 수 없다는 의미죠. 크론시타트 수병반란이 발생했던 해에 볼셰비키당 내에 분파금지 조치가 내려집니다. 볼셰비키당은 그 이전에는 상당히 민주적이었고 이견이 허용되는 정당이었지만, 이 사건을 계기로 당 안에서의 이견이나 모순을 아예 배제해 버리게 됩니다. 심지어 당은 한 덩어리의 바위처럼 불순물이 섞여 있지 않고 균질적인 조직이라고까지 주장합니다. 동일하고 균질적인 당이라는 생각을 마오는 정면으로 비판한 것입니다. 그는 **당내에도 항상 모순이 있고, 그 모순을 해결하기 위한 사상투쟁이 벌어져야 당이 발전한다**고 생각합니다. 모순은 보편적이므로 당연히 공산당 안에도 존재합니다. 하지만 그것은 적대적인 두 집단 사이에 존재하는 모순과는 다른 성격의 것입니다. 모순은 보편적으로 존재하지만 모순들 각각은 다 다른 성격을 지닙니다.

　이것이 마오가 두번째로 말하는 모순의 특수성입니다. 모순의 보편성만 얘기하게 되면, 모순이라는 게 항상 동일한 모습으로 존재한다고 자칫 착각할 수 있습니다. 이렇게 되면 하나의 초월적이고 관념적인 법칙이 세계를 지배한다는 얘기처럼 들리기 쉽죠. 그런 오해를 방지하기 위해서 **모순의 보편성은 항상 특수성 속에 존재한다**고 얘기합니다. 모순은 언제 어디서나 존재하지만, 모순이 나타나는 양상은 다 다르다는 것입니다. 보편성과 특수성을 모두 고려해야만 마오가 이야기하고자 한 것을 이해할 수 있습니다. 사물은 각각 자기만의 특수한 모순을 가집니다. 그리고 그 특수한 모순도 고정되어 있는 것이 아니라 발전의 과정 속에서 계속해서 변화합니다. 마오의 변증법은 특수와 일반, 일반과 특수 사이의 상호적인 변증법이라는 것을 이해해야 합니다. 교조주의는 그 점을 이해하지 못하고 천편일률적인 철칙을 개별 사물들에 적용하려고 하는 입장입니다. 이에 반대해서 마오는 모순이 단일한 형태로만 존재하는 것이 아니라 아주 복잡한 각각의 측면들을 가지고 있으며, 이 각각의 측면들에 대한 인식이 전제되어야 모순을 제대로 인식할 수 있다고 주장한 것입니다.

이 이야기를 조금 더 자세하게 해보겠습니다. 『모순론』에서 마오는 사물이 발전해 가는 과정에는 한 가지 모순만 있는 것이 아니라 여러 가지 모순이 복합적으로 존재한다고 말합니다. 복잡한 사물의 발전과정 속에는 아주 많은 모순들이 중첩되어 있는데, 그중에 **주요한 모순**이 있고 **부차적인 모순**이 있습니다. 그리고 이 둘은 상호관계 속에 있습니다. 그렇다면 어떤 것이 주요 모순이고 어떤 것이 부차적 모순인지를 알아야 주어진 상황을 실천적으로 극복할 수 있겠죠. **주요 모순과 부차적 모순 사이의 관계는 고정되어 있지 않고 항상 변화합니다.** 여러 모순들이 중첩되어 있을 뿐만 아니라, 주요 모순과 부차적 모순 사이의 지위가 끊임없이 변화한다는 이야기입니다. 어떤 국면에서는 A라는 모순이 주요 모순이고 나머지 모순인 B, C, D가 부차적 모순이었다면, 다른 상황에서는 B가 주요 모순이 되고 나머지는 부차적 모순이 되는 식으로 상황에 따라서 변화한다는 것입니다. 따라서 『모순론』에서 마오는 어떤 하나의 통일적이고 보편적인 법칙을 가지고 현실을 설명할 수 있다는 입장에서는 완전히 이탈했다고 할 수 있습니다.

모순에 대한 마오의 주장을 맑스주의 이론에 적용해 봅시다. 맑스주의에서는 생산력이 생산관계와 변증법적으로 통일되면서 생산양식을 이룹니다. 생산양식의 이행이 한 사회를 질적으로 전혀 다른 새로운 사회로 넘어가게 하는 것인데, 그 이행의 동력이 모순입니다. 생산력의 발전이 기존 사회의 생산관계와 조응하지 않기 때문에 생산관계가 생산력을 더 이상 발전하지 못하게 제약하는 모순이 발생합니다. 그 모순으로 인해 기존의 생산양식이 파괴되고 새로운 생산양식으로 이행합니다. 결국 생산력과 생산관계의 모순에서는 생산력이 더 결정적인 것입니다. 토대와 상부구조의 관계에 있어서도 맑스주의의 원칙은 토대가 원인이고 상부구조는 그것의 결과로서 나타나는 것입니다. 그런데 마오의 『모순론』에 따르자면 이 관계가 역전될 수 있습니다. 생산력이나 토대의 결정적인 지위는 항상 고정되어 있는 것이 아닙니다. 어떤 조건하에서는 생산관계가 생산력보다, 또 상부구조가 토대보다 더 결정적인 역할을 할 수도 있습니다. 모순이 변화하고, 주요 모순과 부차적 모순 사이의 관계가 변화한다는 것은 이런 해석을 함축하는 것입니다.

마오는 자기의 주장이 진짜 변증법적 유물론이고, 모순이 고착되어 있다고 보는 것은 기계론적 유물론, 형이상학적 사유방식이라고 비판합니다. 모순들은 서로 역전될 수 있고, 변화될 수 있고, 상호연관되어 있고, 상호전환될 수 있다는 것이 마오가 말하는 변증법적 유물론의 의미입니다. 이런 변화는 항상 구체적인 조건하에서만 일어납니다. 중요한 것은 이 모순의 상호전환이 일어나는 조건을 인식하는 것입니다. 모든 과정의 항 구성은 상대적이지만 가변성은 절대적이며 고정되어 있는 것은 없습니다. 마오에 의하면 이 세상에 존재하는 모든 모순은 불균형상태 속에 있고 계속해서 변화합니다. 따라서 **현실 속에서 일어나는 세계의 변화에 유의하고, 그것을 연구하고 구체적인 양상을 살피는 것이 공산주의자에게 일차적으로 요구되는 일입니다.**

다음으로 마오는 모순에 대한 또 다른 중요한 오해 한 가지를 지적합니다. 모순이라고 하면 우리는 항상 적대적 모순만 생각한다는 겁니다. 예를 들어 부르주아지와 프롤레타리아트의 모순은 맑스의 설명에 따르면 적대적인 것입니다. 그러나 모순이 계속해서 상호전환되고 변화하는 거라면 항상 적대적일 수는 없겠죠? **모순에는 적대적 모순뿐만 아니라 비적대적 모순도 있고, 적대적 모순과 비적대적 모순이 항상 고정되어 있는 것도 아닙니다.** 적대적 모순이 비적대적 모순으로 발전하기도 하고 비적대적 모순이 적대적 모순으로 발전하기도 합니다. 마오는 중국의 역사, 중국의 혁명사를 모순으로 설명합니다. 부르주아지가 프롤레타리아트와 적대적 모순 관계에 있기도 하지만, 항일투쟁이라는 국면 속에서는 농민계급, 노동자계급, 자본가계급이 통일전선을 형성하잖아요. 이때는 모순이 사라지는 게 아니라 비적대적 모순으로 전화하는 것입니다.

마오는 모순에 대한 일정한 법칙을 얘기하는 게 아니라, 법칙이라는 것은 사실 존재하지 않는 거나 마찬가지라고 말합니다. 중요한 것은 개개의 정세와 조건 그리고 이 정세와 조건들 속에서 어떻게 모순들이 계속해서 변화하는가, 어떤 것이 주요한 모순이냐는 것입니다. 『모순론』의 중요한 정치적 함의는, 당내에도 끊임없이 모순이 있고 더 나아가 사회주의로 이행한 뒤의 사회 또는 완전히 공산주의에 도달한 사회에도 모순이 존재할 것이라고 본다는 점입니다. 자본주의 사회를 극복하고 새로운 사회로 진입한 이후에도 모순은 존재합니다. 단지 적대적 모순이 아닐 뿐이죠. 그 사회를 지도하는 공산당이나 사회 내부에서 끊임없이 모순이 작동할 텐데, 바로 이게 발전의 원천입니다. 따라서 중국에서는 혁명 이후에도 끊임없는 모순의 존재를 이야기하고 변화를 추동합니다. 이런 이론적 배경에서 문화대혁명이 정당화됩니다.

　마오의 사상은 변증법이 초월적인 법칙성이나 도식이어서 세상을 일률적으로 설명할 수 있다는 생각에 대한 이론적 비판입니다. 또한 맑스주의의 전통적인 이론이 중국의 현실에 항상, 있는 그대로 들어맞지 않을 수도 있다는 실천적 주장이기도 합니다. 서유럽 선진 자본주의 국가들을 중심으로 전개되어 왔던 맑스주의의 이론적 틀로 설명할 수 없는 현상을 설명하고, 새로운 상황에서 혁명을 성공적으로 이끌어 낸 것이 러시아혁명과 레닌의 사상이었습니다. 마오주의는 레닌주의의 틀로도 설명할 수 없는 새로운 상황에서 혁명의 가능성과 구체적인 실현방안을 모색한 노선이라고 말할 수 있습니다. 그리고 『실천론』과 『모순론』은 그 모색의 철학적 반영인 셈입니다. 교조주의 비판은 맑스나 제2인터내셔널 정통파들이 주장했던 맑스주의 또는 레닌주의와 러시아의 경험이 중국의 상황에 적용되는, 중국이 따라야 하는 모델이 아니라는 것입니다. 중국에는 중국에 맞는 특수한 상황이 있고 중국만의 모순이 따로 존재한다는 얘기죠. 그래서 마오주의와 중국혁명이 맑스주의의 역사 속에서 중요한 의미를 지니는 것입니다. 단순하게 아주 인구가 많은 나라에서 공산주의혁명이 일어났기 때문만이 아닙니다. 혁신적인 이론적 전화의 계기를 마오주의가 제공했기 때문입니다.

공산주의 중국의 성립과 새로운 사회를 위한 시도들

옌안 시대가 가고 항일 전쟁이 본격화되면서 공산당 세력이 확장되고 인민의 지지도 더 많이 얻게 됩니다. 제2차 세계대전이 종결될 무렵에는 공산당이 국민당보다 훨씬 큰 영향력을 중국 전체에서 행사하고 있었습니다. 일본을 물리친 다음에는 '국공내전'이 일어납니다. 공산당과 국민당 사이의 비적대적 모순이 적대적 모순으로 전화하게 된 것입니다. 국공내전에서 국민당은 미국의 지원을 받습니다. 그렇지만 워낙 부패해서 인민의 지지를 잃고 몇 년 만에 패배해 버립니다. 그리고 1949년에 마침내 공산주의 중국이 성립됩니다.

① 제1차 5개년 계획

1949년의 상황을 보면, 중국은 혁명 직후의 러시아보다 더 열악한 상황일 수밖에 없었습니다. 러시아에서는 내전이 3년 정도 벌어졌고, 그 전의 제1차 세계대전을 합치면 7~8년간 전쟁을 치릅니다. 중국은 사실상 19세기 후반부터 계속 전쟁을 치러 왔습니다. 1840년대 아편 전쟁 때부터 서구 열강이 무력침략을 합니다. 그에 맞서는 태평천국의 난, 의화단의 난과 같은 농민봉기, 민중저항이 또한 발생합니다. 청나라가 망할 무렵부터는 군벌들로 나뉘어서 내전을 하고, 국민당이 형성된 다음에도 내전은 계속됩니다. 장제스의 북벌과 국공내전, 그 뒤에 중일 전쟁, 그리고 다시 국공내전이 벌어지는 등 전쟁이 끊이지 않았습니다. 그러니까 나라가 어떻게 되었겠어요? 거기다가 산업발전의 정도는 오히려 혁명 당시의 러시아보다 훨씬 뒤처져 있었습니다. 이런 사회에서 공산당이 집권했다고 해서 갑자기 인민들이 배불리 먹고살 수 있게 되지는 않았겠죠.

1949년의 승리를 축하하는 행진을 벌이고 있는 공산당원들. 하지만 중국 공산당은 집권하자마자 해결해야 할 수많은 난제들에 직면했다.

혁명 직후의 경제적 문제를 해결하기 위해서 중국 공산당은 처음에는 소련의 경제정책을 따릅니다. 그 시기를 '국가자본주의'라고 규정하고, 어떻게 해서든지 산업발전을 해서 경제를 안정시키려고 했습니다. 이 과정에서 한반도에서 전쟁이 발발합니다. 마오가 한국 전쟁에 참여하게 되는 이유는 중국 내부 상황과도 연관이 있습니다. 첫째, 소련의 원조를 받기 위해서는 소련이 요구하는 것을 들어 줘야 했습니다. 둘째, 내부의 민심을 하나로 통합하기 위해 외부의 적을 설정해야 했습니다. '항미원조'(抗米援朝), 즉 미국에 대항해서 조선을 원조한다는 구호를 내걸고 의용군을 모집합니다. 물론 인민해방군도 참여하지만, 의용군도 모집해서 참전합니다. 이렇게 민중들의 혁명적 열기를 계속해서 동원하는 효과도 누리기 위해서 참전을 합니다.

이 시기를 거치고 한국 전쟁이 끝나 가는 1952년쯤에 본격적인 경제개발을 시작합니다. 당시에는 소련의 경제개발 방식을 그대로 채택합니다. 마오가 처음에 했던 얘기하고는 조금 다르죠? 대안이 없었습니다. 자본주의 국가로부터의 원조는 완전히 차단되어 고립된 상황이었습니다. 자체 내에서 경제적으로 발전할 수 있는 동력도 오랜 전쟁 때문에 거의 상실되었습니다. 소련의 원조를 받지 않고서는 거의 불가능한 상황이었고, 또한 소련의 모델에 근거하지 않는 독자적인 모델을 생각하기도 현실적으로 힘들었습니다. 그리하여 **1953년 1월부터 제1차 5개년 계획이라는 소련의 5개년 계획과 똑같은 정책을 시행합니다.**

이 정책의 특징은 역시 강력한 중공업발전 그리고 농업집단화입니다. 농업의 희생하에 강력한 중공업을 건설하는 소련의 모델을 그대로 받아들인 것이죠. 그래서 소련에서 나타났던 것과 똑같은 부작용이 나타나게 됩니다. 즉 중앙집중적인 관료화가 확산됩니다. 또 당 관료와 산업발전을 위한 기술자 자리를 지식인들이 차지하면서 지식인들의 특권적 지위가 강해집니다. 반면에 노동자들의 생활조건이 악화되고 도시와 농촌 간의 격차도 더욱 심화되는 문제가 똑같이 나타납니다. 그런데 마오주의와 소련의 발전 모델에서 결정적으로 다른 점이 있습니다. 지금 언급한 부작용에 대해서 마오는 처음부터 아주 비판적인 의식을 가지고 있었다는 점입니다. 당 관료와 지식인에 대한 비판적 시각이 원래 마오의 사상적 특징이었다고 말하는 사람도 있습니다. 처음부터 마오가 농민 유토피아적 성향을 가지고 있어서 관료화와 근대적 지식인의 특권화를 싫어했다고 보는 사람들도 있습니다. 또 소련의 과오, 오류를 간접적으로 알았기 때문에 이런 것을 의식했다고 말하는 사람도 있습니다. 어찌 되었든 간에, **마오와 중국 공산당은 이러한 부작용에 대해서 처음부터 아주 강한 문제의식을 가지고 있었습니다.**

이제 중국 공산당의 과제는 이중의 과제가 되었습니다. 즉 근대적인 경제발전을 시급하게 수행하면서 동시에 거기에 거의 필연적으로 수반되는 관료화를 피해야 했습니다. 마오는 처음부터 이 이중의 과제를 안고 있었고, 지속적으로 의식하고 있었습니다. 그래서 마오는 제1차 5개년 계획이 끝나 가는 즈음 **옌안 정신의 재활성화**를 다시 들고 나옵니다.

옌안 정신은 극단적인 평등주의, 관료제에 대한 거부, 교조주의적인 것에 대한 거부, 대중 노선의 추구를 특징으로 합니다. 교조주의적인 것에 대한 거부라는 말은 소련의 혁명 모델이나 발전 모델의 무조건적인 도입에 대한 반대를 의미합니다. 또 대중 노선은 당 관료나 지식인들의 특권을 아주 철저하게 부정하고, 공산당과 대중의 관계에서 대중을 우위에 두는 노선입니다. 이런 노선의 강화는 **사회주의하에서의 지속적인 계급투쟁**이라는 주장으로 이어집니다. 사회주의가 되었다고 계급투쟁이 없어지는 것이 아닙니다. 『모순론』에서 봤던 것처럼 사회주의에서도 계급투쟁이 계속해서 일어납니다. 이런 생각에서 '백화제방'(百花齊放), '백가쟁명'(百家爭鳴) 같은 운동을 한 것입니다. 백화제방은 모든 꽃이 한꺼번에 다 핀다는 뜻이고, 백가쟁명은 사상이 다른 여러 집단들이 서로 소리 내서 다툰다는 뜻입니다. 이런 운동을 시작한 것은 통일적이고 규율화된 당의 모델, 당의 지도가 아니라 대중들이 자발적으로 자신들의 의견을 제시하고 모순을 추동해 나가야 한다고 생각했기 때문입니다. 이때 마오가 가지고 있던 혁명관이 '부단혁명론'(不斷革命論)이라는 것입니다. 혁명이 끊어지지 않고 계속해서 이어진다는 거예요. 1949년에 공산주의혁명이 정치혁명으로서 성공하고, 경제적인 측면에서 사회주의를 실현하고 있다고 해서 모순이 소멸된 게 아닙니다. 모순은 항상 새로운 형태를 띠고 다시 나타나므로 혁명은 명칭만 바뀌어서 계속해서 전개된다는 것이 부단혁명론입니다.

② 의도와 결과의 괴리: 대약진운동

급속한 근대적 경제개발과 그 과정에서의 옌안 정신의 재활성화라는 이 두 가지 과제를 함께 해결하기 위해서 마오가 내놓은 대안이 바로 1958년부터 시작한 '대약진운동'(大躍進運動)입니다. 대약진운동은 역사적으로 상당히 오해가 많은 운동입니다. 좌파 내에서도 흔히 스탈린주의 모델하고 비슷한 것으로 자꾸 오해하는 경향이 있습니다. 그러면 제1차 5개년 계획과 대약진운동의 차이를 인식할 수가 없게 되죠. 그 둘이 유사한 것이면 제2차 5개년 계획을 하면 되지 대약진운동을 왜 하겠습니까? **마오는 제1차 5개년 계획을 마치고 결과를 부정적으로 평가했기 때문에 다른 대안적인 방식을 찾습니다. 그래서 제시하게 되는 것이 대약진운동입니다.** 이것을 소련의 경제개발 모델과 유사한 것으로 오해하면 대약진운동의 성격을 급속한 산업화, 서구의 발전과정을 시간적으로 압축해서 아주 폭압적인 방식으로 달성하려 했던 시도로 생각하게 됩니다.

대약진운동을 부정적으로 보는 사람들이 항상 얘기하는 것이 마을 제철소 에피소드입니다. 철강생산량을 급속하게 늘리기 위해서 마을마다 용광로를 설치합니다. 철광석이 아니라 고철을 녹여서 철강생산에 보태겠다는 취지였습니다. 그러나 생산량 경쟁이 과열됩니다. 지방의 간부들은 고철은 물론이고 가재도구까지 다 녹여서 철강생산량을 늘리고, 터무니없이 부풀린 허위 보고를 하곤 했습니다. 그런데 이렇게 만들어진 철강은 그 품질이 너무 낮아 실제로 산업에 사용할 수 없는 경우가 많았습니다. 숟가락도 없이 밥을 먹게 해놓고 쓰지도 못하는 철강을 만든 비극적 희극이 실제로 일어납니다. 이런 것이 대약진운동에서 제일 많이 얘기되는 에피소드입니다. 이런 일부 사례만 얘기하면서 대약진운동은 아주 유치한 생산력주의라는 식으로 오해하는데 실상은 많이 다릅니다. 대약진

급속한 산업화를 위해 세운 후원의 제철 용광로 모습. 대약진운동은 결국 실패했지만, 이 운동을 비롯한 중국의 실험들은 공동체를 파괴하지 않고 경제개발을 할 수 있는 방안을 모색했으며, 또한 도시와 농촌의 격차, 정신노동과 육체노동의 분할을 극복하려 시도했다.

운동의 성격은 소련 모델의 산업화 및 그 이후에 거의 모든 제3세계에서 나타났던 국가 주도의 급속한 성장 모델과 근본적으로 다릅니다. 이 발전 모델은 도시를 공업화시키고 농촌을 급속하게 도시화하지만 대약진운동은 도시 공업화에 반대합니다. 도시 공업화가 도·농 간 격차와 관료화 등을 가져왔다고 보았기 때문에 **대약진운동에서는 도시가 아니라 농촌을 공업의 근거지로 만들려 했습니다.** 그렇다고 해서 농촌 지역을 도시 지역으로 발전시키려 했던 건 아닙니다. **농촌적 특성과 농촌공동체를 유지하면서, 그 안에서 농촌이 곧바로 산업화되는 길을 택했습니다.**

여기서 농촌공동체라는 게 도대체 무엇인지 좀 막연하잖아요. 마오는 '인민공사'(人民公社)*라는 것을 이 대약진운동의 주체로 설정합니다. 도시 프롤레타리아트가 아니라 농촌의 농민이 인민공사라는 조직을 기반

---

* 농업, 공업, 상업, 문화, 교육, 군사를 서로 결합시켜 집단생산과 집단생활을 영위하는 지역 공간을 만들 것을 목표로 했던 조직. 중국에서는 공산주의의 기층 단위로 간주되었다.

으로 생산력을 증대시키는 것이 바로 대약진운동의 두드러진 특징입니다. 그런데 이것은 맑스주의의 기본적인 모델과 어긋나는 것입니다. 맑스주의에서 산업화의 주체는 누구입니까? 바로 도시 프롤레타리아트입니다. 이건 아주 오래된 전통입니다. 이때까지의 맑스주의 100년의 역사에서 유지된 중요한 전제가 산업화와 사회주의로의 이행의 주체는 도시 프롤레타리아트라는 것이었습니다. 그러나 중국 공산주의에서는 농민을 주체로 상정합니다.

그런데 농촌에서 산업을 발전시키는 데 우선적으로 필요한 물질적 기반이 부족했습니다. 마오는 물질적 기반이 취약해도 농민들의 의지로 공산주의를 건설할 수 있다고 봅니다. **물질적 토대, 객관적 조건이 마련되지 않은 상황에서도 농민이 의식적으로 공산주의화됨으로써 공산주의를 실현할 수 있다는 주장입니다.** 이건 상당히 대담한 주장입니다. 자본주의에서 공산주의로 가는 질적 단절을 의식의 계기를 통해서 이룰 수 있다고 생각한 것입니다. 그래서 **대약진운동은 한편으로는 생산력증대 운동을 전개하고, 다른 한편으로는 농민의 의식적 좌경화, 공산주의화를 추구**합니다. 마오의 농민관은 이전의 맑스주의자들이 가지고 있던, 특히 소련 초기의 스탈린이나 좌익공산주의자들이 가지고 있던 농민관과 정면으로 배치됩니다. 그들이 농민을 프티부르주아적 의식에 젖어 있는 계급으로 봤던 것에 반해서 마오는 농민이 공산주의 실현의 주체가 된다고 봤던 겁니다. 생산력 발전을 하는 동시에 사회적 관계도 공산주의로 이행시키는 이중의 질적인 전환을 시도한 것이 바로 대약진운동입니다.

이런 목적을 위해서 인민공사(People's Commune)는 어떤 역할을 했을까요? 일단 인민공사에서 '공사'는 코뮨의 번역어입니다. 마오는 대약진운동을 통해 『프랑스 내전』에서의 맑스주의, 파리코뮨에 대한 맑스의

1957년 12월에 시작된 장시성 관개사업 현장.

해석을 중국의 현실 속에서 급진적으로 실현하려고 했던 것입니다. 인민공사에서는 집단적 소유를 실현합니다. 이곳에서 분배의 원칙은 처음에는 능력에 따라 일하고 일한 만큼 분배받는 낮은 단계의 공산주의 원칙을 적용합니다. 뒤에 가서 필요한 만큼 분배한다는 높은 단계의 공산주의 원칙을 급속하게 도입하자고 주장합니다. 인민공사라는 아이디어가 근거하는 또 하나의 맑스의 텍스트는 『독일 이데올로기』입니다. 마오는 우리가 2강에서 보았던 『독일 이데올로기』 구절을 인용합니다. "아무도 하나의 배타적인 활동의 영역을 갖지 않으며 모든 사람이 그가 원하는 분야에서 자신을 도야할 수 있는 공산주의 사회에서는 사회가 전반적 생산을 규제하게 되고 바로 이를 통하여 내가 하고 싶은 그대로 오늘은 이 일 내일은 저 일을 하는 것, 아침에는 사냥하고 오후에는 낚시하고 저녁에는 소를 치며 저녁식사 후에는 비평을 하면서도 사냥꾼으로도 어부로도 목동으로도 비평가로도 되지 않는 일이 가능하게 된다." 전인적 인간이 사는 유토피아에 대한 묘사를 인용하면서 그는 **인민공사가 이런 공산주의적 유토피아를 실현하는 장소가 될 것**이라는 주장을 합니다.

'개혁개방' 이후의 역사학자들이나 중국 바깥의 역사학자들은 대체로 대약진운동을 부정적으로 평가합니다. 그럼에도 불구하고 대약진운동이 나올 수밖에 없었던 중국 특유의 객관적 조건들이 있습니다. 첫째, 인구가 도시로 집중되는 반면에 산업발전은 급속하게 이루어지지 않아 도시의 실업 문제가 상당히 심각했습니다. 그리고 농촌은 전통적으로 계절적 요인에 따라서 노동시장이 형성되기 때문에 불완전고용이 심각했습니다. 농한기에는 농촌에서 고용되지 못한 노동력이 도시로 몰려 도시의 실업 문제가 더 악화됩니다. 결국 유휴노동력을 활용하는 문제가 중요해집니다. 둘째, 자본주의 세계로부터 고립되고 소련으로부터 제한적 원조만 받는 상황에서 중국 내부적으로 자생적 경제발전을 할 수 있는 길은 노동력을 활용하는 것밖에 없었습니다. 인간 노동을 어떻게 효율적으로 사용해서 경제발전을 위한 물적 토대로 삼느냐가 중요해졌던 거죠. 농촌을 산업발전의 근거지로 삼으려 한 또 다른 이유는 관료제입니다. 도시에서의 중화학공업 위주의 산업발전은 항상 중앙집중적인 계획경제에 의해서 이루어집니다. 마오는 이것을 관료화의 주된 원천이라고 보았습니다. 그래서 경제에 대한 중앙집중적인 결정권을 기본적 생산단위, 즉 인민공사나 좀더 큰 단위로 이전시키려고 합니다.

인민공사의 구체적 실행과정에서 대약진운동이 단순하게 생산력주의에만 빠져 있었던 것이 아니었음을 보여 주는 재미있는 주장이 나옵니다. 러시아에서는 경제발전을 위한 중앙집중적인 산업화가 이뤄지는 과정에서 구체제의 기술자와 전문 지식인이 복귀합니다. 이렇게 형성된 기술관료들이 소련의 관료화의 중요한 원인이 되었습니다. 이런 전문 지식인이 특권을 가지지 않게 하려면 **인민들이 스스로 과학과 기술의 주인이 되어야 합니다.** 이를 위해 인민공사는 생산의 단위이면서 동시에 과학기술 발전의 단위와 교육의 단위가 되어야 합니다. 인민공사는 단순히 농업을 집단화하고 노동력을 강제로 동원해 생산력을 단기간에 높이려고 한 시도가 아닙니다. 교육제도, 과학기술의 발전방식, 과학기술의 보급의 문제 등에 대해서 완전히 혁신적인 모델을 만들려고 했던 시도입니다. 또한 마오는 과학기술도 객관적이거나 가치중립적인 것이 아니라 당파적인 것이라고 생각했습니다. 과학기술이 당파적인 것이기 때문에 공산주의 사회를 건설하기 위해서는 과학기술 자체가 공산주의적 방향으로 가야 합니다. 그러기 위해서는 대중이 스스로 이 과학기술을 개발하고 배우고 가르쳐야 합니다. 인민공사에서는 이런 대중 노선이 중요한 과제가 됩니다.

그리고 또 하나 재미있는 점이 있는데, 인민공사에서는 집단소유 외에 생활도 집단적으로 합니다. 그 과정에서 가사노동의 사회화라는 중요한 변화가 일어납니다. 밥 짓고, 아이 돌보고, 설거지하고, 청소하는 것을 인민공사 단위로 다 같이 합니다. 가사노동을 개별 가정의 문제로 두지 않고 사회화한 거죠. 아주 혁명적인 조치라고 할 수 있습니다. 아무리 사회주의 사회가 되었다고 해도 가정의 영역 그 자체와 가정 내에서의 남녀의 불평등 같은 것들은 상당히 오랫동안 존속합니다. 그리고 그 안에 봉건적인 유제들이 남아 있게 됩니다. 이것을 변혁하려고 했던 것이죠. 중국처럼 봉건적인 사회에서 불평등했던 가사노동의 문제를 인민공사에서 혁신적으로 타파한 것입니다. 가사노동을 가정과 개인의 선택의 몫으로 맡겨 두면 평등이 이뤄지기가 대단히 힘듭니다. 이것을 사회의 영역으로 끄집어내야만 합니다.

마오는 인민공사를 기본적으로는 생산단위이고 거기에 분배, 문화, 정치, 군사업무를 겸비한 단위로 여깁니다. 그래서 노동자, 농민, 상인, 학생, 병사가 일체화된 조직으로 생각하죠. 더 나아가 마오는 인민공사로 이루어진 중국을 중앙집중적 권력이 없는, 국가가 소멸하는 단계라고 보면서 그것이 파리코뮌을 직접적으로 계승한 것이라고 생각합니다. 마오는 이렇게 아주 급진적인 정치적 견해를 갖고 있었습니다. 그리고 이때부터 중국 공산당 내에서 마오의 노선과 당 주도의 중앙집중적 생산력증대를 선호하는 노선, 이 두 노선이 갈등하기 시작합니다.

대약진운동은 결국 실패합니다. 일단은 생산력이 생각만큼 효과적으로 증대하지 않습니다. 오히려 관료들에 의해 생산통계가 부풀려지고, 경제계획 자체가 뒤틀어져서 경제 위기가 심화됩니다. 또 자기들의 권한을 잃어버린 당 관료들이 격렬하게 저항합니다. 여기에 설상가상으로 자연재해, 대기근이 닥칩니다. 경제발전의 아주 중요한 원천이었던 소련의 원조도 중소 분쟁으로 끊어져 버립니다. 이런 것들이 겹치면서 대약진운동은 결국은 대재앙으로 끝나 버립니다. 그래서 마오를 비판적으로 보는 사람들은 마오가 대약진운동을 통해서 인민들을 학살했다고 비난하기도 하고, 의도적이지는 않았다고 하더라도 그의 과오에 의해 상당히 많은 인민이 굶어 죽었다고 비판하기도 합니다. 그런데 이것은 중국의 역사를 아주 좁게 보는 시각입니다. 고대부터 현대까지, 또 최소한 근대 이후의 중국 역사를 보더라도 중국에서 대기근은 거의 주기적으로 반복됩니다. 이것을 마오가 초래했다고 보는 것은 너무 결과론적인 얘기입니다. 그러나 마오의 대약진운동이 그 당시 중국의 상황에 부합하지 못해서 실패한 것은 분명합니다. 너무 급진적인 실험이었다는 평가는 일반적으로 할 수 있을 것입니다. 우리는 마오가 대약진운동에서 의도했던 것과 그것이 낳은 결과를 구별해서 생각할 필요가 있을 것 같습니다.

대약진운동의 실패로 인해서 마오의 권위가 상당히 손상됩니다. 그러면서 당내의 경쟁자들이 정치적 영향력을 높여 가기 시작하고, 1960년에 가면 마오는 실각합니다. 그렇다고 해서 권위나 대중적 영향력을 상실하거나 완전히 숙청당했던 것은 아니고 최고 권력자로서의 지위를 상실한 정도입니다. 그러면서 당내에서는 류사오치(劉少奇), 덩샤오핑(鄧小平) 노선이 부상합니다. 덩샤오핑의 '개혁개방' 노선의 원류는 이때부터 있었

고르바초프와 함께 있는 덩샤오핑. 덩샤오핑은 마오쩌둥 사망 이후 실권을 장악해 엘리트 양성, 외국인 투자 허용 등 실용주의 노선에 입각한 과감한 개혁 조치를 단행했다. 1989년 6월 톈안먼 사건 이후에 개혁개방 정책을 가속화해서 중국을 자본주의화했다.

던 것입니다. 1961년부터 1965년까지 류사오치, 덩샤오핑에 의해 신경제정책기 또는 조정기라고 불리는 시기가 오게 됩니다.

　신경제정책은 소련의 그것과 조금 유사한 경향을 갖고 있었습니다. 먼저 인민공사를 해체합니다. 정부가 나서서 인민공사를 해체하기도 하고 인민공사가 저절로 해체되기도 합니다. 그리고 농업경제를 회복시키는 것을 당면 과제로 삼은 조정정책이 펼쳐지고, 공업 부문에서는 전문가가 재기용됩니다. 전문가 양성을 위해서 도시 중심의 교육정책이 시행됩니다. 또한 도시에서 여러 가지 복지정책, 대표적으로 의료혜택이 시행되면서 교육과 의료의 도시와 농촌 간 불균형이 심화됩니다. 중국 공산당 내부에는 신경제정책에 대한 견제나 비판의식이 존재했습니다. 그래서 조정기 동안인 1963년에 사회주의 교육운동이 일어나고 당 간부에게 육체노동을 강조하는 '하방'(下放)이라고 알려진 운동도 전개됩니다. 그럼에도 불구하고 큰 흐름은 류사오치와 덩샤오핑의 노선에 따라 일단 생산력을 안정적으로 발전시키는 방향으로 나아가게 되죠. 1965년까지의 조정기에 경제는 안정적으로 회복되지만 앞에서 봤던 도시와 농촌의 격차, 노동자와 농민의 격차, 정신노동과 육체노동의 분할은 급속하게 확대됩니다.

혁명은 계속된다: 문화대혁명

① 문화대혁명의 발발

이런 상황에서 마오가 다시 반격을 개시한 것이 바로 '문화대혁명'입니다. 1966년부터 문화대혁명이 시작됩니다. 중국 공산당의 공식적인 입장은 '10년 대란설'이라고 해서 문화대혁명이 1966년부터 마오가 사망하는 1976

마오쩌둥, 덩샤오핑과 함께 있는 류사오치(왼쪽에서 두번째). 중국 공산당 지도자의 한 명이었던 그는 제2기 전국인민대표 대회에서 마오에 이어 국가 주석이 되었다. 그러나 문혁 과정에서 '반마오쩌둥 실권파의 수령'으로 격렬하게 비판받았고, 결국 제9기 대회에서 모든 공직을 박탈당했다.

년까지 10년간 계속되었다고 합니다. 저명한 중국사학자인 모리스 마이스너(Maurice Meisner) 같은 사람은 3년이라고 봅니다. 3년이라고 해도 실제로 문화대혁명이란 이름에 어울리는 현상들이 일어난 것은 초기 1년 반 정도입니다. 나머지는 다시 권력을 회복한 당이 주도하는 캠페인 형태로 전개되었다는 것이 일반적 평가입니다.

문화대혁명의 배경이 되는 것은 위에서 말했던 삼대 격차, 즉 중국 공산당이 초기부터 중요한 과제로 삼았던 도시와 농촌의 격차, 노동자와 농민의 격차, 정신노동과 육체노동의 격차입니다. 이것은 지금도 중국 공산당의 주요 과제입니다. 이 격차가 확대된 것이 문혁의 배경이 됩니다. 또 당이 급속하게 관료화되고 보수화된 것도 원인의 하나입니다. 당 관료가 자본가와 지주를 대신해서 새로운 지배계급으로 전화해 가는 경향이 나타납니다. 생산수단에 대한 소유, 토지에 대한 소유 여부가 아니라 정치권력 혹

토대가 아니라 **상부구조를 혁명하라!**

1965   1월 마오가 당 중앙공작회의에서 「농촌의 사회주의 교육운동에서 제기된
약간의 당면 문제」(통칭 「23조」)를 통과시킴.
11월 베이징시 부시장이던 우한의 역사극 「하이루이 파관」에 대해 나중에 '4인방'의 일원이
되는 야오원위안이 마오와 펑더화이의 대립을 풍자하고 있다고 공격함.

1966   5월 16일 마오의 지시로 작성된 「5·16 통지」가 중국 공산당 정치국 확대회의에서 통과됨.
사실상 문화대혁명이 개시됨.
5월 25일 베이징 대학 철학과 강사인 녜위안쯔 등이 '반사회주의 학술권위'를 비판하는
대자보를 부착하고 마오가 이를 지지하면서 문혁이 학교를 중심으로 확산됨.

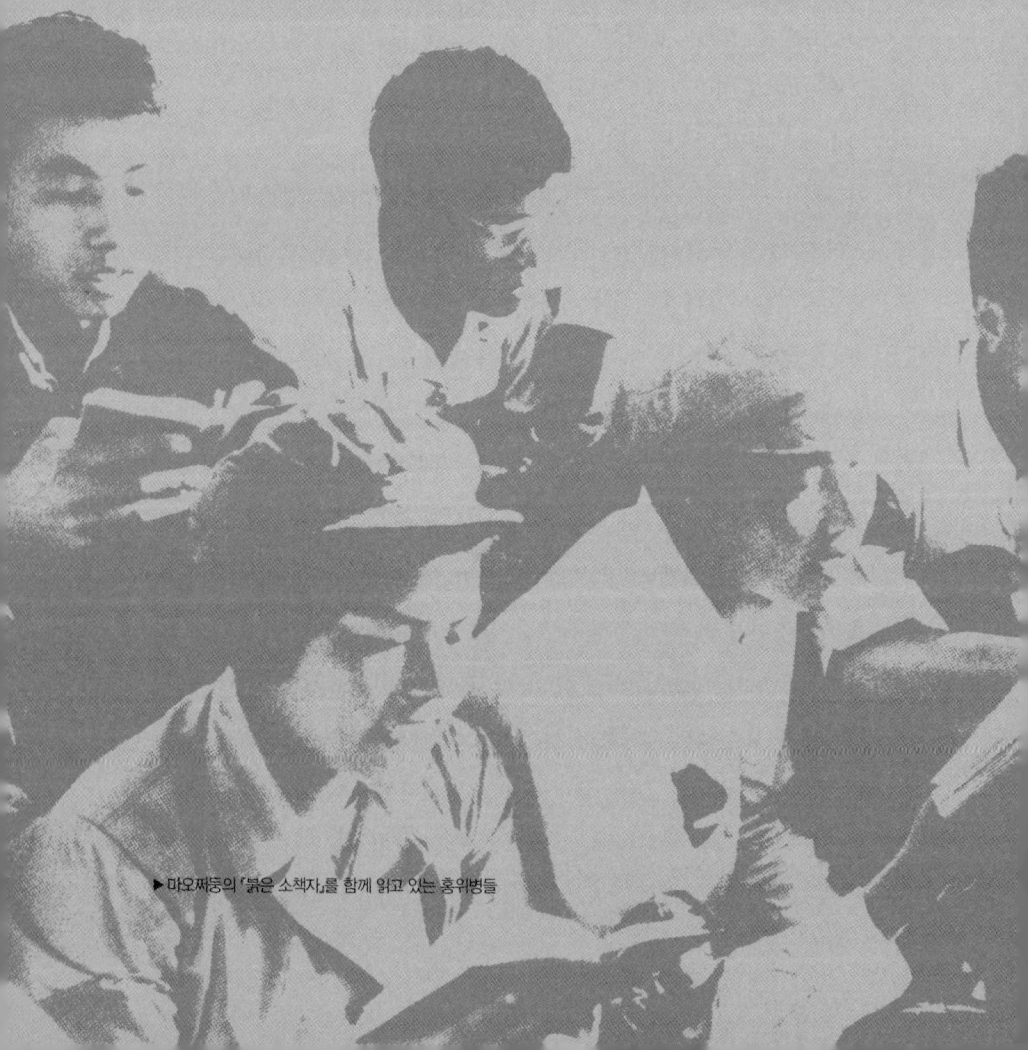

▶ 마오쩌둥의 「붉은 소책자」를 함께 읽고 있는 홍위병들

| | 6월 1일 류사오치 주도로 문화대혁명을 지도하기 위한 당의 공작조 파견 결정. 공작조에 대한 반발심화로 공작조 파견을 철회한 7월 말까지의 시기를 '초기 50일'이라 부름.
8월 7일 마오 「사령부를 포격하라: 나의 대자보」 발표.
8월 8일 중국공산당 제8기 11중전회에서 「프롤레타리아 문화대혁명에 관한 중국 공산당 중앙위원회의 결정」(소위 「문혁 16조」)이 통과됨.
8월 18일 마오가 톈안먼 광장에서 100만 명의 홍위병 사열.
이후 홍위병 내의 분열과 대립이 심화됨.
11~12월 상하이 노동자들로 문화대혁명이 확산됨. |
|------|---|
| 1967 | 문화대혁명이 '탈권' 방식으로 전환됨.
1월 대체권력을 형성하는 시도로 상하이 인민공사 성립.
자주관리를 실험함. 1월 23일에 인민해방군의 개입 시작.
2월 당권파의 반격으로 '2월 반혁명 진압' 발생.
3월 마오가 가을 이후부터 급진적 운동을 제어하는 방향으로 선회함.
7월 국가 주석 류사오치가 실권함.
7~9월 무력충돌 심화로 군이 질서회복을 위해 인민의 무장을 해제시키고 통제를 본격화함. |
| 1968 | 여름에 조반파의 반발을 군이 진압하는 과정에서 대량 인명피해 발생.
7월 27일에는 마오가 홍위병 해산을 요구. 조반파 홍위병의 시기가 종료되는 전환점이 됨.
9월 이후에는 당조직의 권위가 회복되고 조반파는 거의 소멸됨. |
| 1969 | 4월 제9차 당 대회 개최. 당 기구의 복구와 당으로의 권력 집중을 공식화함. |
| 1976 | 9월 9일 마오 사망. 그 직후에 4인방 체포로 문화대혁명은 공식적으로 종결됨. |

은 행정권력을 소유한 것에 기초한 불평등이 심화되었습니다.

　문화대혁명의 발단이 된 사건은 문예상의 논쟁이었습니다. 우한(吳晗)이라는 당 관료가 1961년에 쓴 희곡 『하이루이 파관』(海瑞罷官)에 정치적 의미를 부여한 해석이 1965년에 나오면서 정치적 반대파들이 대립합니다. 1966년에는 마오가 당을 통해서 「5·16 통지」라는 것을 내려보냅니다. 이 「5·16 통지」의 의미는 이전까지는 정치적 의도가 있었지만 문예상의 논쟁에 국한되었던 것이 이제 본격적인 정치적 투쟁으로 전환되기 시작했다는 것입니다. 사실상 「5·16 통지」를 통해서 문화대혁명이 개시되었다고 말할 수 있습니다. 이 통지에서는 '주자파' 혹은 '당권파'를 비판합니다. 주자파(走資派)는 자본주의 노선을 걷는 사람들을 말하는데, 류사오치와 덩샤오핑이 바로 이 주자파, 당권파에 속해 있었습니다.

　「5·16 통지」가 발표된 며칠 뒤인 5월 25일에 베이징 대학의 철학과 강사 한 명이 대자보를 붙입니다. 이 대자보는 주자파를 공격하는 내용을 담고 있었습니다. 이를 계기로 베이징을 비롯한 대도시에서 「5·16 통지」를 지지하는 대중들, 특히 학생들의 시위가 대규모로 일어납니다. 인민들이 아래에서부터 삼대 격차에 문제를 제기하고, 당 관료들을 비판하기 시작한 것입니다. 당은 겉으로는 문제제기를 받아들이는 척하면서도 대중운동을 통제하려고 합니다. 류사오치의 주도로 당에서 '공작조'라는 것을 파견합니다. 그래서 초기에는 당에서 파견한 공작조가 문화대혁명을 주도하게 되는데, 곧 인민들 사이에서 이 공작조에 대한 반발이 일어나기 시작합니다. 당 주도의 공작조에 반발한 자생적인 '조반파'(造反派)가 만들어지고 두 세력 사이에 갈등이 고조됩니다. 이렇게 혼란스러운 상황이 50여 일간 지속되다가 결국 공작조 파견이 철회됩니다. 이것을 '초기 50일'이라고 부릅니다.

문혁 시기인 1967년 베이징 대학의 학생들이 사다리를 타고 대자보를 붙이고 있는 모습. 문화대혁명은 이처럼 학생들이 붙인 대자보에서 시작되었고, 곧이어 노동자계급에까지 전파되었다.

② 문화대혁명의 문제의식: 「문혁 16조」

초기 50일의 과정에서 문혁의 방향이 급격하게 좌경화되고 대중적 노선으로 전환되면서 당이 통제력을 상실합니다. 마오는 이 사태의 추이를 보다가 8월 초에 「사령부를 포격하라: 나의 대자보」라는 아주 선정적인 제목의 글을 써서 당의 지도부, 당권파를 공격하라고 선동합니다. 류사오치, 덩샤오핑 등이 장악하고 있던 당의 사령부를 인민들이 포격하자는 주장을 하고, 이런 문제제기에 부응하는 「프롤레타리아 문화대혁명에 관한 중국 공산당 중앙위원회의 결정」(이하 「문혁 16조」)이라는 것을 1966년 8월 8일의 공산당 중앙위원회에서 통과시킵니다. 문혁 과정에서 수많은 문헌들이 나옵니다. 이 중에서 「문혁 16조」는 문혁의 근본적인 정신을 가장 잘 반영하고 있다고 얘기되는 공식적인 문건입니다. 문혁의 핵심적인 텍스트라

9강_중국혁명과 마오주의 349

고 할 수 있죠.「문혁 16조」의 내용은 당연히 당권파를 공격하자는 것입니다.「문혁 16조」의 내용을 통해 문혁의 문제의식을 살펴봅시다.

「문혁 16조」에서 첫번째로 얘기하는 것은 바로 자본주의의 길을 걷는 당권파와 싸워서 물리치자는 것입니다. 주자파와 당권파를 명확한 공격 대상으로 삼고 있어요. 두번째는 사회주의 경제토대와 맞지 않는 상부구조를 개혁하자는 것입니다. 그래서 이 운동이 문화대혁명입니다. 토대를 바꾸는 것이 아니라 상부구조를 바꾸는 것을 목적으로 삼고 있다는 의미입니다. 세번째로 당권파를 몰아내고 권력을 프롤레타리아트에게 되돌려 주자고 주장합니다. 그 다음에 아주 중요한 것이 네번째인데, 그것의 소제목은 '대중이 운동 중에 스스로 자신을 교육할 수 있도록 한다'입니다. 대중을 믿고, 대중에 의존하고, 대중의 창조적 정신을 존중한다는 정신을 다시 강조한 것입니다. 심지어 대중으로 하여금 이 대혁명운동 중에 스스로 자신을 교육하도록 해서 어느 것이 옳고 그른지, 어떤 방법이 정확하고 정확하지 않은지 식별할 수 있도록 해야 한다고 말합니다. 즉 대중이 선택하는 것이 정치적으로 옳다는 것입니다.

9조에 가면 문혁의 조직들에서 대표의 구성은 파리코뮨처럼 전면적 선거제로 시행되어야 한다고 말하면서 문혁이 파리코뮨을 계승하고 있다는 것을 명시적으로 언급합니다. 교육에 대한 개혁도 아주 중요하게 얘기합니다. 교육은 노동자 계급정치를 위해 사용되어야 하고 교육과 생산노동을 서로 결합하는 방침을 관철시켜야 한다고 주장합니다. 지식인들이 지식을 바탕으로 생산노동과 분리된 특권적 지위를 누려서는 안 되며, 지식과 노동이 일체가 되는 방식으로 교육이 실시되어야 한다는 것입니다.

그 다음으로 '혁명을 수행하되 생산을 촉진한다'라는 항목이 있습니다. 이것은 앞에서 말한 상부구조의 개혁과도 연결되는 것입니다. 문화대혁명은 경제 부문에서 산업생산을 중단시키고 생산방식 자체를 개혁하는 데까지 나아가지는 않는다는 것입니다. 그래서 생산력발전과 문화대혁명을 대립시키는 것은 옳지 않다고 말합니다. 우리의 통념에 문혁 당시는 정말 무법천지이고 무정부상태였을 것 같은데, 실제로 생산력의 감소는 거의 없었습니다. 이 원칙은 아주 중요해서 일부 생산이 지체되기는 하지만 생산이 전면 중단되는 일은 없었습니다. 다른 한편으로 이 조항은 마오가 문혁이 작업장의 노동자들에게까지 전파되는 것을 막으려는 의도를 가지고 있었음을 보여 주는 것이기도 합니다. 그런데 결국은 노동자들에게까지 문혁이 전파됩니다.

마지막 16조는 '마오쩌둥 사상은 프롤레타리아트 계급 문화대혁명의 행동지침이다'입니다. 마오의 사상을 문혁의 행동지침으로 삼아야 한다고 명시적으로 주장한 것입니다. 이것은 이중적으로 해석할 수 있습니다. 한편으로 문혁의 정신은 대중 노선이고 권위주의에 대한 비판인데, 마오 개인의 노선을 따라야 한다는 권위주의적인 주장은 이해하기 힘듭니다. 이 조항에는 분명히 그런 개인숭배적인 측면이 있습니다. 그러나 마오에 근거한다고 했던 또 다른 현실적 이유가 있습니다. 이 당시 중국은 당이 권력을 독점하고 있는 사회였습니다. 그리고 대중이 당의 권력에 맞서서 싸우는 상황이었습니다. 당의 권위에 맞서기 위해서는 그것보다 더 높거나 그것과 대등한 권위를 대중이 가지고 있어야 합니다. 그래서 마오의 권위에 대중이 의존한 것입니다.

겉으로는 대중을 얘기하지만 대중은 그냥 꼭두각시일 뿐이었다는 것이 문혁, 특히 홍위병(紅衛兵)*을 비난하는 사람들의 기본적인 시각입니다. 멋모르는 애들을 부추겨 과격하고 나쁜 짓을 하게 하고, 뒤에서는 마오가 정치적 이득을 얻었다고 보는 것입니다. 사실 마오가 절대적 권위를 가지고 있고 대중이 마오를 위해 동원되어서 공식적이고 규율 잡힌 국가 기구를 모두 뒤집어엎은 것처럼 보일 수도 있습니다. 그러나 대중들은 당의 엄청난 권위와 권력에 맞서기 위해서는 당 밖의 어떤 권위를 빌려 올 수밖에 없었고, 그때 마오가 그런 역할을 했다고 볼 수도 있습니다.

문혁의 전개과정을 보면 실제로 마오가 당의 권력과 국가권력을 해체하는 기능을 합니다. 물론 일관되게 그렇게 하는 것은 아니지만, 어떤 국면에서는 그런 기능을 합니다. 그런데 역설적으로 이로 인해 대중은 마오를 넘어설 수 없게 됩니다. 물론 마오도 대중들을 통제하지 못하는 국면이 있어요. 그러나 전체적으로 봤을 때 문혁의 전개과정에서 마오가 승인하지 않고 반대하는 경향이나 세력은 결국 좌절하게 됩니다. 대중의 자발성이 폭발했지만 대중들 스스로가 자신들의 운동을 마오의 권위를 넘어설 수 없는 것으로 설정했기 때문에 마오, 나중에는 당이 다시 권력을 가져가게 된 것입니다. 하지만 이 당시 상황에서 대중들이 마오의 권위에 근거하지 않고 저항운동을 일으켰을 때 이렇게까지 확산될 수 있었겠느냐는 생각해 보아야 할 문제입니다.

「문혁 16조」의 내용을 보면 문혁의 문제의식의 성격은 알 수 있습니다. 그러나 문혁에 대한 역사적 연구가 너무 부족하기 때문에 공식적 문헌에서 확인할 수 있는 문혁의 성격과 실제로 일어났던 문혁의 전개과정이 일치했는지는 알기가 힘듭니다. 중국을 통틀어서 모든 곳의 문혁이 동일

---

* 문화대혁명에 대한 마오의 호소에 가장 빠르게 대응해 조직된 단체. 칭화 대학 부속중학교에서 처음으로 결성되었으며, 이후 전국 각지의 학교로 전파되었고, 8월에는 대학으로로 확대되었다. 하지만 홍위병은 단일한 세력은 아니었고, 매우 상이한 배경과 전망을 지닌 학생들로 구성되었다. 한편에는 위로부터 파견된 '공작조'와의 긴밀한 연관 속에서 결성된 홍위병들이, 다른 편에는 공작조에 반대해 결성된 홍위병들이 있었다. 전자의 홍위병을 보통 '보황파'라 부르며, 공작조에 대립해 결성된 홍위병들은 '조반파'라 부른다.

1966년 톈안먼 광장에 모인 수많은 홍위병을 사열하고 있는 마오. 문화대혁명은 당의 권위에 반발하는 운동으로 시작되었지만, 대항권력으로서 마오의 권위에 의존할 수밖에 없었다.

하게 전개되지도 않았고 각 도시마다 다른 양상으로 전개되었기 때문에 더더욱 그렇습니다. 홍위병 안에는 '조반파'와 그에 반대되는 '노병' 또는 '보황파'(保皇派)라는 집단이 있었습니다. 모든 조반파의 입장이 통일되어 있었거나 보황파의 입장이 동일했다면 정리가 간단하겠죠. 그러나 똑같은 입장을 가지고 있는데 어떤 곳에서는 보황파가 되기도 하고 다른 도시에서는 조반파가 되기도 합니다. 또 조반파 내에서도 입장이 달라 서로 싸우는 경우도 생겼습니다. 사실 구체적인 실제상황으로서의 문혁에 대해서는 이제 연구들이 이루어지기 시작하는 단계이기 때문에 이야기하기가 힘듭니다. 그래도 홍위병운동을 중심으로 문혁의 실제 전개과정을 조금 살펴봅시다.

③ 홍위병운동의 확산과 문혁의 성격 전화

마오의 「사령부를 포격하라: 나의 대자보」와 「문혁 16조」 이후에 홍위병운동이 확산됩니다. 그때 유행했던 말이 마오의 글에서 홍위병들이 찾은 구호인 '조반유리'(造反有理)입니다. 반란을 일으키는 데는 합당한 이유가 있다는 말이죠. 이 말에서 알 수 있듯이 홍위병운동은 상당히 급진적인 저항운동이었습니다. 홍위병운동에 대해서는 왜곡된 정보와 인식이 널리 퍼져 있습니다. 홍위병들이 아주 폭력적인 방식으로 대량학살을 자행했다는 것입니다. 중국에서 개혁개방 이후에 나온 문학작품들을 보면 대부분 그렇게 묘사되어 있습니다. 이건 명백한 왜곡입니다.

　이를 반박하는 두 가지 근거가 있습니다. 첫번째는 초기 홍위병운동은 주로 당 고위 관료 자녀들이 주도했다는 점입니다. 베이징 대학에서 홍위병을 주도한 사람은 류사오치의 딸이었습니다. 그래서 초기에 베이징의 홍위병들의 실제 공격 대상은 당권파가 아니라 구체제에서 출신 성분이 좋지 않은 사람들이었습니다. 이들을 '흑오류'(黑五類)라고 불렀는데, 지주계급, 자본가계급 출신이었습니다. 즉 이미 단죄되었던 사람들을 다시 계급의 적으로 몰아 탄압했던 것이죠. 그리고 지식인들도 희생양으로 삼습니다. 이런 상황이 1966년 10월까지 전개됩니다. 10월이 되면 마오가 「긴급지시」라는 것을 내려 다시 개입하는데, 당 위원회가 아니라 대중들이 스스로 문혁을 지도해야 한다는 내용이었습니다. 이것은 「문혁 16조」를 원칙적으로 밀고 나가자는 의도를 표명한 것입니다. 그 결과 조반파가 강화되고 홍위병운동이 사회 전반에 걸쳐 확산되면서, 당이나 당 고위 관료의 자녀들이 주도하던 홍위병운동이 사라지게 됩니다. 출신 성분이 좋지 않은 인민들과 지식인들에 대한 폭력적 박해는 거의 당권파를 등에 업은 초기의 홍위병들에 의해 행해진 것입니다. 이들을 문혁의 본류라고 부르기는 힘들다고 봅니다.

　두번째는 실제로 인명손실 자체가 홍위병들에 의해서는 거의 일어

마오의 초상화를 들고 행진하는 홍위병들. 세간의 오해와는 달리 급진적 성향의 조반파는 무차별적인 폭력을 휘두르지 않았고, 오히려 인민해방군의 개입으로 박해를 받았다.

나지 않았다는 것입니다. 나중에 '인민해방군'이 문혁에 개입하게 됩니다. 마오가 린뱌오(林彪)를 시켜 인민해방군을 동원해서 문혁과 대중들을 통제하기 시작하는데, 그때 군대에 반대한 조반파들이 대량학살을 당합니다. 영화와 소설 등을 보면 지식인들이 주로 박해당한다고 묘사되죠. 그러나 **실제로는 죽은 사람의 대부분은 하층계급 출신인 조반파입니다.** 개혁개방 시기의 지식인들이 유포한 문학작품들에서는 대중들이 당한 박해는 거의 언급하지 않고 자기들만이 문혁의 피해자였던 것처럼 묘사합니다.

아무튼 마오의 「긴급지시」를 통해서 문혁이 본격적으로 사회 전체로 확대되는데, 1967년에 아주 결정적인 전환이 이루어집니다. 상하이에서 노동자들이 문혁에 참여한 것입니다. 그 전에는 문혁의 주체가 학생들이었다면, 상하이에서는 공장노동자들이 문혁의 주체가 된 것입니다. 그리

문혁 시기의 마오와 린뱌오. 린뱌오는 대장정에 참여하고 대약진운동을 적극 지지하면서 공산당 정치국 2인자로 급부상했다. 1967년에는 마오과 함께 문화대혁명을 주도했고, '마오쩌둥 천재론'을 주장하기도 했다. 하지만 오히려 마오의 견제로 비판대상이 되었고, 이후 마오 암살계획까지 세웠다. 암살 실패로 소련으로 망명하던 중 비행기가 추락해 사망한 것으로 알려져 있다.

고 혁명의 방식이 더 과격해져서 단순한 사상적 비판이 아니라 탈권투쟁(奪權鬪爭)으로 비화됩니다. 즉 성(省) 정부나 작은 도시의 정부의 권력을 쟁탈하는 식으로 전개되면서 본격적으로 폭력적인 양상을 띱니다. 이때부터 실제로 무장투쟁이 일어납니다. 더 나아가 상하이에서 노동자들을 중심으로 **상하이 인민공사(상하이 코뮌)가 성립하면서 당을 대체하는 권력을 형성하려는 시도**까지 하게 됩니다. 국가를 완전히 해체하려는 문혁의 원래 정신에 부합하는 운동이 시작된 것입니다.

상하이 인민공사에는 의미 있는 특징 한 가지가 있었습니다. **노동자 중심이었기 때문에 공장에서의 작업방식의 문제를 제기**합니다. 공장을 관리하는 방식, 산업에 필요한 기술교육, 교육을 둘러싼 전반적 문제까지 논의됩니다. 또 일반 노동자들이 공장관리에 직접 참여하게 되는데, 이것은 맑스주의의 역사에서 여러 번 주장되었던 '노동자 통제'의 원칙이 다시 부활한 것입니다. 노동자들을 공장관리에서 배제하는 것은 근본적으로는 정신노동과 육체노동의 분할에서 기인하는 것입니다. 상하이 인민공사에서는 기술과 기술을 교육하는 과정 또는 노동과정 자체가 순전히 기술적인 문제가 아니라 정치적이고 계급적인 문제라는 인식을 하게 됩니다. 그리하여 기술자나 고급 지식인을 양성하는 엘리트 교육을 생산현장과 직접 연결된 교육체제로 전환하려는 운동이 본격적으로 전개됩니다. 이 시도는 정신노동과 육체노동의 분할을 작업현장의 관점에서 해소하려는 의도에서 나온 것입니다.

위로부터의 통제도 이때부터 본격화됩니다. 원래 대중이 주도하던 문혁 운동에 대해 나중에 마오가 '삼결합의 원칙'을 제시합니다. 이것은 당 간부, 대중 조직, 군대라는 세 세력이 결합해서 혁명위원회를 구성하고 문혁을 추진해야 한다는 지침입니다. 그런데 실제로 이 셋 중에 무력을 가지고 있는 군대가 힘이 가장 강할 수밖에 없었습니다. 군대가 공식적으로 혁명위원회를 구성하자고 했을 때 대중 조직이 말을 잘 들으면 순조롭게 진행되었지만 저항한 경우에는 무력진압을 당하게 됩니다. 그래서 엄청난 유혈사태가 빚어지기 시작합니다. 문제를 더 복잡하게 만든 것은 군대의 태도도 지역마다 달랐다는 점입니다. 지역 군대 지휘관의 성향에 따라 어떤 곳에서는 조반파를 지지하고 또 어떤 곳에서는 보황파를 지지합니다. 그리고 조반파 내부도 분열되어 상황이 아주 혼란스러워집니다. 결국에 **문혁이 왜곡되는 건 군대가 개입해 대중의 자발적 운동이라는 성격이 훼손되기 시작하면서부터입니다.**

대중 주도의 운동은 실제로 1966년 5월부터 1967년 말까지 1년 반밖에 진행되지 못했습니다. 1967년 2월에 중요한 사건이 발생합니다. 이때도 상하이 인민공사를 비롯한 대중 주도의 문혁은 활발하게 계속되고 있었습니다. 마오가 조반파들의 혁명적인 운동이 너무 강력해져 자기가 통제할 수 없게 되었다는 인식을 하면서 조반파에 대한 입장이 동요하기 시작합니다. 그리고 당 간부의 역할을 강조하는 입장으로 서서히 돌아섭니다. 그 계기가 된 사건이 바로 '2월 반혁명 진압'입니다. 2월 23일에 칭하이 성에서 군부가 조반파가 장악한 건물을 공격해 조반파 170여 명을 현장에서 사살합니다. 이때부터 유혈진압이 시작됩니다. 다른 여러 성에서도 조반파에 대한 군부의 무력진압이 자행됩니다. 이것이 2월 반혁명 진압입니다. 4~5월이 되면 조반파운동이 모든 권위에 반대하는 운동으로 발전하면서 본격적인 무장투쟁이 벌어집니다. 7~9월에는 통제가 거의 힘든 상황이 되어 버리고 온건파와 급진파 사이의 대립이 아주 격렬해집니다. 이런 상황 속에서 마오는 급진적 조반운동과 거리를 두고 당 간부의 역할을 강조하며 홍위병운동을 제어하려 합니다. 1968년 7월에는 마오가 공식적으로 홍위병 해산을 요구하게 됩니다. 그리고 문혁이 개시된 지 3년 뒤인 1969년에 국가기구나 고위 지도층에 대한 공격을 금지하면서 대중운동은 거의 완전히 쇠퇴하게 되고, 그 이후로 문혁은 중앙의 권력투쟁으로 변질되어 버립니다.

④ 문화대혁명의 의의

지금까지 문화대혁명의 전개과정을 통해서 본 것처럼 농민, 홍위병, 노동자들이 문혁의 주체였습니다. 당이 아니라 대중이 주체가 되었다는 점에서, 지금 21세기에 대중의 자발성에 대해 얘기하는 어떤 운동들보다도 강력하고 대규모의 대중 동원이 이루어진 운동이라고 볼 수 있습니다. 동시에 대중운동의 한계도 보여 주었습니다. **문화대혁명에서 대중이 마오의 권**

위에 의존한 것은, 대중이 스스로 권력의 원천을 획득하지 못할 경우에 운동이 얼마나 부정적으로 퇴화되고 순식간에 붕괴될 수 있는지를 잘 보여 주는 사례라고도 할 수 있습니다.

문화대혁명은 당시에 지적 격차에 근거한 권력의 격차가 심각한 사회적 위기의 원천으로 구조화되고 있는 현실에 문제제기를 했습니다. 문화대혁명에서 제기된 근본적인 문제는 삼대 격차를 어떻게 해소하느냐는 것이었습니다. 중국혁명은 이전의 서유럽 맑스주의 운동, 소련에서의 혁명과정과 혁명 이후 사회주의 건설과정의 모델이 중국에는 더 이상 적용되지 않는다고 보고 새로운 혁명의 길을 찾으려고 했습니다. 이 문제의식이 문화대혁명을 통해서도 드러나게 되었던 것입니다. **중국 공산당은 스탈린 이후 소련이 걸어갔던 발전의 경로와 다른 길을 가려고 했고, 특히 생산력주의를 상부구조의 혁명을 통해서 보완하려고 했습니다.** 삼대 격차는 생산력주의적 경향이 필연적으로 만들어 낸 부작용이고, 중국만의 새로운 공산주의 건설 경로를 만들어 냄으로써만 해소될 수 있다는 것이 문화대혁명의 인식입니다. 따라서 문화대혁명은 중국 사회 자체의 문제에 대한 인민들의 대응이기도 하지만, 맑스주의의 역사에서 새로운 조류의 등장이라는 의미도 가집니다.

오늘날 우리의 관점에서 보더라도 삼대 격차의 확대는 여전히 큰 문제입니다. 농민 문제의 경우에는 21세기의 상황에서 보면 전 세계 모든 사회에서 균질적으로 나타난다고 말하기는 힘들겠죠. 농업 영역이 상당히 축소되었으니까요. 그렇지만 여전히 문제가 되는 지역들이 있을 것입니다. 지적 격차, 정신노동과 육체노동의 분할은 더 심각한 문제가 되었습니다. 지적 격차의 문제를 제기하는 사람들은 이것이 단순히 부분적인 불평등을 낳는 데 그치는 것이 아니라 사회의 구조 자체를 다시 엄격한 위계제로 후퇴시켜 버린다고 지적합니다. 지금의 중국에서는 전통적 의미의 계급이 복원되고 있습니다. 중국이 개혁개방 정책을 통해 자본주의화되는 과정에서 독점적 자본가들이 나타났습니다. 많은 경우에 당 고위 관료와 그들의 가족이 국유재산을 불하받음으로써 대자본가가 되었습니다. 그래서 맑스주의의 고유한 의미에서의 계급이 다시 복원되고 있는 것이죠. 이런 상황에서 지적 격차는 이 계급 모순을 심화시키고 재생산하는 핵심적인 역할을 하고 있습니다.

중국혁명과 마오주의를 총괄적으로 정리해 봅시다. 중국 공산당과 마오는 선진 자본주의 국가에서 시도되었던 사회주의혁명의 노선이 자기들의 노선이 될 수는 없다는 것을 인식했습니다. 또 선진 자본주의 국가에서 사회주의혁명이 일어나야만 자기들도 사회주의로 나아갈 수 있다는 생각으로부터도 벗어났습니다. 이것은 사회주의의 도래를 필연적 법칙에 의해 객관적 조건이 변화된 결과로 보는 맑스주의의 고유한 역사인식으로부터 상당히 자유로워졌기 때문에 가능했습니다. 마오는 자본주의가 충분히 발달하지 않은 지역에서도 혁명을 일으킬 수 있음을 추호도 의심하지 않았습니다. 레닌의 『제국주의』와 러시아혁명 이후로 선진 자본주의 국가가 아닌 곳에서도 사회주의혁명이 일어날 수 있다는 것은 당연한 이야기가 되었습니다. 그리고 러시아혁명의 성과를 더 급진적으로 밀고 나간 것이 중국혁명이라고 할 수 있습니다. 마오는 객관적 조건보다 상부구조의 문제, 의지주의적인 혁명의식이 혁명의 전개와 사회주의의 건설에서 더 우위에 서는 상황이 올 수 있다고 생각했습니다. 이론적으로는 『모순론』에 근거한 마오의 노선은 중국혁명과 문화대혁명, 이렇게 두 번에 걸쳐 대규모로 현실화됩니다.

어떻게 보면 마오주의는 전통적인 맑스주의로부터 상당히 이탈한 것이어서, 이것이 진짜 맑스주의인지에 대해 부정적으로 보는 사람들이 많습니다. 하지만 동시에 그렇기 때문에 의미가 있는 것이죠. 지금까지 우리는 맑스주의의 흐름이라는 것이 도저히 하나의 단일한 흐름이라고 말할 수 없는 것임을 보았습니다. 레닌까지만 해도 맑스가 얘기했던 틀을 크게 벗어나지 않으려는 의식적인 노력을 합니다. 그런데 마오에게 오게 되면 그런 의식도 희박해집니다. 어찌 보면 이것이 맑스주의가 갖는 생명력이라고도 할 수 있습니다. 마오가 얘기한 것처럼 마오주의는 이론이 아니라 현실과 실천에서 출발하기 때문에, 실천의 새로운 조건이 주어진다면 이론은 그에 맞추어 얼마든지 변화될 수 있다는 걸 보여 주었습니다. 그리고 중국혁명의 영향을 받아서 전개된 아시아에서의 여러 혁명운동들도 각각의 상황에 맞는 새로운 이론을 찾으려는 노력을 하게 됩니다. 그래서 이 운동들은 중국혁명이 맑스주의의 역사에서 가지는 의미와 아주 유사한 의미를 가지고 전개되는 운동들이라고 할 수 있습니다.

냉전 상황에서 신생 국가들의 진정한 독립은
많은 사람들의 목숨을 걸어야 하는 힘든 길이었다.
인도네시아의 공산주의자 대학살이 있기 한 해 전,
혁명의 지속을 호소했던 수카르노의 연설 제목이
'위험하게 살기'(Vivere Pericoloso)였다는 것은
무척 상징적이다.

1946년 대중 앞에서 연설하고 있는 수카르노

10강

맑스주의의 새로운 흐름들

10강에서는 지금까지 다루지 못했던 주제들을 모아서 정리하려고 합니다. 먼저 제2인터내셔널이 붕괴하고 제3인터내셔널이 성립하는 시기부터 현대까지의 서유럽 맑스주의를 정리하겠습니다. 그러면서 소위 '웨스턴 맑시즘'이라고 불리는 흐름들과 시기적으로 그 뒤에 나타난 다양한 맑스주의적 경향들을 소개하겠습니다. 특히 1968년의 68혁명 이후에 다양하게 제기된 새로운 사상적 시도들을 간략하게라도 정리해 보겠습니다. 그 다음으로 지금까지 맑스주의 연구가 서구나 구소련을 중심으로 이루어지면서 소외되었던 여타 지역의 맑스주의운동을 볼 것입니다. 여타 지역이란 아시아, 아프리카, 아메리카 세 대륙을 의미합니다. 하지만 제 역량의 부족과 선행 연구의 미비로 이 강의에서는 아시아 지역의 공산주의운동만을 다루겠습니다. 지금까지는 아시아 지역의 맑스주의에 대해서도 중국의 마오주의를 제외하면 상대적으로 연구가 이루어지지 않았습니다.

    모든 현대 학문이 선진 자본주의 국가들의 현실만을 주로 다루고, 게다가 유럽과 미국의 관점으로 접근하는 것처럼, 맑스주의 연구도 유럽중심적 문제의식에 갇혀 있는 것이 사실입니다. 특히 한국에서 소위 진보나 좌파의 유럽 편향은 심각한 지경입니다. 유럽에서 거의 아무런 실천적 영향력도 없는 좌파이론의 수입에는 열을 올리면서도 21세기에 일시적이지만 유일하게 집권에 성공한 공산당이 있는 네팔이나 공산당이 집권하지 않은 나라 중에서 공산당 당원 수가 가장 많았던 인도네시아 공산당의 사례, 그리고 바로 그 인도네시아 공산당을 상대로 자행된 20세기 최대의 대학살 중의 하나에 관심을 갖는 한국의 좌파는 거의 볼 수 없습니다. 맑스주의가 사변적 이론이 아니라 실천을 위한 담론이라는 데는 누구나 동의할 것입니다. 그럼에도 학계 내의 관심에만 몰두한 유럽 좌파 학자들의 주장을 수십 년간 목숨 바쳐 투쟁한 수많은 민중의 이야기보다 더 중요하게 다루는 한국 좌파들의 풍토는 지극히 비맑스주의적이라 할 수 있습니다.

웨스턴 맑시즘

① 웨스턴 맑시즘의 등장과 전개

일단 웨스턴 맑시즘의 등장과 전개과정을 역사적으로 살펴보겠습니다. '웨스턴 맑시즘'은 서구의 맑스주의 전체를 가리키는 것이 아니고 특정 흐름만을 의미합니다. 또 이 흐름에 속한 사람들이 스스로 붙인 명칭도 아니고, 이들이 하나의 단체나 학파를 이루고 존재했던 것도 아닙니다. 웨스턴 맑시즘에 속한다고 분류된 맑스주의자들의 입장이 통일된 것도 아니고, 모두가 자신을 그렇게 분류하는 데 동의한 것도 아닙니다. 이것은 이 용어가 사후적으로 만들어졌기 때문에 나타난 현상입니다. 이 말은 모리스 메를로-퐁티(Maurice Merleau-Ponty)라는 프랑스 철학자가 1950년대에 처음 사용했다고 알려져 있습니다. 그러나 이 흐름의 특징과 범위를 체계적으로 정리한 것은 영국의 맑스주의 역사학자이자 『뉴 레프트 리뷰』를 주도했던 페리 앤더슨(Perry Anderson)과 지성사가 마틴 제이(Martin Jay) 등의 성과입니다. 물론 모두가 그들의 정리에 수긍하는 것은 아니지만, 그들의 이야기를 중심으로 하고 다른 의견을 덧붙이는 방식으로 웨스턴 맑시즘을 정리해 가겠습니다.

웨스턴 맑시즘이 등장하게 된 배경은 제2인터내셔널의 실패와 러시아혁명의 변질입니다. 우리가 앞서 본 것처럼 제2인터내셔널은 수정주의의 득세로 제국주의에 투항했고, 제1차 세계대전을 계기로 사실상 붕괴됩니다. 그리고 제2인터내셔널의 주류는 오늘날 서유럽 사민주의의 흐름으로 계승됩니다. 웨스턴 맑시즘은 사민주의와 대립했던 혁명적 사회민주주의자들 중의 일부에 의해 시작됩니다. 이들은 혁명적 사회민주주의자들이 주류를 차지하게 된 볼셰비키혁명에 대해 적극 찬성하는 입장을 가지고 있었습니다. 그러나 시간이 지나면서, 특히 스탈린 집권 후에는 소련의 공산주의와 거리를 두게 됩니다. 즉 **웨스턴 맑시즘은 사민주의와 볼셰비키의 틈새에서 전개된 흐름**이라고 할 수 있습니다.

여기서 용어를 다시 정리하겠습니다. 19세기 말에서 1917년까지 맑스주의자들이 스스로를 부른 명칭은 '사회민주주의자'였습니다. 그런데 수정주의와 정통파 간의 대립 이후에도 수정주의자들은 계속 자신들을 사회민주주의자라고 부릅니다. 그래서 혁명적 노선의 맑스주의자들은 수정주의자들과 구별하기 위해서 자신들을 '혁명적 사회민주주의자'라고 칭합니다. 그러다가 러시아혁명 이후에 레닌에 의해서 '공산주의자'라는 말이 공식적으로 사용됩니다. 이때부터 **서유럽 중심의 수정주의자들을 사회민주주의자(줄여서 사민주의자)라고 부르고 혁명적 사회민주주의자들을 공산주의자라고 부르는 용어법이 자리 잡았습니다**. 로자 룩셈부르크나 레닌의 책을 보면 자신들을 사회민주주의자라고 칭하는 경우가 많은데, 이것을 오늘날의 사민주의자와 구별해야겠죠.

　아무튼 당시의 유럽의 혁명적 사회민주주의자들은 수정주의에 반대해서 혁명적 노선을 추구했지만 실패합니다. 특히 실패한 독일혁명에 참여했던 사람들 중에는 로자 룩셈부르크의 노선을 따르는 이들이 많았는데, 이들이 웨스턴 맑시즘 초기에 중요한 인물들이 됩니다. 페리 앤더슨은 1923년을 웨스턴 맑시즘이 시작된 해로 보는데, 그것은 이 해에 죄르지 루카치(György Lukács)의 『역사와 계급의식』, 칼 코르쉬(Karl Korsch)의 『맑스주의와 철학』이 출판되었기 때문입니다. 루카치를 웨스턴 맑시즘의 개시자로 보는 것에는 모리스 메를로-퐁티, 마틴 제이, 페리 앤더슨 모두가 동의합니다. 루카치와 『역사와 계급의식』이 어떤 특징을 가지고 있길래 그런 역할을 한 것일까요?

　먼저 이 용어를 처음 사용한 메를로-퐁티는 루카치의 『역사와 계급의식』과 레닌의 『유물론과 경험비판론』을 대립되는 두 입장을 대변하는 텍스트로 봅니다. 앞에서 맑스·엥겔스의 저작을 다루면서 『1844년의 경제학-철학 초고』와 『포이어바흐와 독일 고전철학의 종말』이 아주 대조되는 방식으로 계승된다고 했습니다. 엥겔스의 『포이어바흐와 독일 고전철학의 종말』의 자연과 물질 이해방식이 레닌의 책에 그대로 계승됩니다. 레닌의 『유물론과 경험비판론』은 당시의 과학계에서 논쟁을 불러일으켰던 에른스트 마흐(Ernst Mach)의 논리를 비판하는 책입니다. 마흐의 주장은 간단히 말하자면 우리의 감각으로 인식되지 않는 것은 확실한 것으로 받아들일 수 없고, 더 나아가 우리 밖의 대상은 실제론 존재하는 것이 아니라 감각들이 모인 것에 지나지 않는다는 것입니다. 근대 초기의 영국 경험론자들이 이미 제기했던 이런 문제의식은 20세기 초 자연과학에서의 혁명적인 전환의 물결 속에서 다시 등장합니다.

마흐주의가 맑스주의에 영향을 미친 것은 뉴턴적이고 다원적인 자연과학관을 자신들의 세계관으로 받아들인 정통 맑스주의자들의 전제를 흔들어 놓았기 때문입니다. 역사유물론을 자연과학의 법칙과 같이 필연적인 것으로 이해했던 이들에게 마흐주의는 맑스주의의 법칙들의 필연성을 부정하는 불가지론으로 보였습니다. 러시아의 맑스주의자들 중에서도 알렉산드르 보그다노프(Aleksandr Bogdanov)는 마흐주의의 영향을 받아 '경험일원론'이라는 철학적 주장을 펼칩니다. 레닌의 책은 보그다노프와 대결하기 위해 저술되었습니다. 레닌은 여기서 "건전한 보통사람의 소박한 믿음"에 근거한 유물론을 옹호합니다. 즉 20세기 초의 과학혁명 이전의 근대적 세계관을 고수한 것입니다. 그래서 레닌은 맑스의 역사유물론을 자연과학적 필연성의 법칙으로 이해했습니다. 반면에 루카치의 책은 변증법의 역동성에 근거한 프롤레타리아트 계급의식의 회복과 능동적인 혁명적 실천을 강조하고 있습니다. 그의 『**역사와 계급의식**』은 **맑스주의에서 헤겔 변증법의 가치를 다시 강조하면서 실천의 계급의식적 계기를 높이 평가한다는 의미에서 웨스턴 맑시즘의 출발점**입니다.

이런 특징이 중요한 것은 제2인터내셔널의 실패에 대한 반성에서 웨스턴 맑시즘이 출발하기 때문입니다. 제2인터내셔널의 주류는 이론적 관점에서 보자면 자본주의의 자동적 붕괴에 대한 믿음에만 매달리다가 그 붕괴가 현실로 나타나지 않자 제국주의에 투항해 버렸습니다. 경제결정론적인 역사인식을 가지고 있었던 것이죠. 루카치는 엥겔스의 기계론적 사고방식이 이런 사고의 원천이라고 봅니다. 그리고 엥겔스가 역사에서 자본주의 붕괴의 필연성이라는 객관적 조건만을 강조하고 프롤레타리아트의 계급의식에 근거한 혁명적 실천이라는 주관적 요인을 경시한 것이 수정주의의 등장과 제2인터내셔널의 붕괴를 야기했다고 비판합니다. 이

웨스턴 맑시즘의 창시자인 루카치. 헤겔과 막스 베버(Max Weber)를 통해 맑스를 재해석했으며, 스탈린주의 문학이론에 기여하기도 했다.

처럼 객관적 조건보다 주체적 실천을, 토대보다 상부구조를, 자연과학적 필연성보다 비판적 접근법을 더 강조하는 경향이 웨스턴 맑시즘의 중요한 특징이 됩니다.

루카치는 1919년의 헝가리혁명에 참여했고 혁명이 반혁명에 의해서 전복된 뒤에는 빈을 거쳐 모스크바로 망명합니다. 그는 로자 룩셈부르크를 맑스의 적법한 계승자로 보았습니다. 그 이유는 그녀의 변증법적 인식과 실천을 높이 평가했기 때문입니다. 『역사와 계급의식』의 「서문」에서 그는 이 책의 목적이 "변증법적 방법의 문제를 생생하고 현실적인 문제로서 토론의 대상으로 만드"는 것이라고 말합니다. 변증법이 중요한 것은 경험론과 비변증법적 접근을 비판할 수 있게 해주기 때문입니다. 그러나 루카치는 변증법을 역사 문제에 국한시켜 적용해야 한다고 주장합니다. 엥겔스의 오류는 "변증법적 방법을 자연의 인식에까지 확장시킨 것"이라고 비판합니다. 즉 자연과 같은 객관적 존재를 지배하는 법칙으로서의 변증법이 문제인 것입니다. 루카치는 존재 자체를 인간의 실천의 산물로 이해합니다. 역사적 존재는 인간의 혁명적 실천의 산물이며, 인간 자체도 실천적 활동의 주체이자 객체입니다. 그는 역사적 과정의 분석에 있어서 총체성이라는 범주를 결정적인 것으로 제시합니다. 그에 의하면 맑스주의와 부르주아 학문을 본질적으로 나누는 것은 역사해석에 있어서 경제를 우위에 두느냐 "총체성의 관점"에 서느냐에 달려 있습니다. 부르주아 학문은 현실을 개인의 관점에서만 보는 입장입니다. 따라서 개인의 밖에서 개인의 의지와 동떨어져 작동하는 객관적 필연성과 객관적인 실체를 고려하지 않고 무조건적으로 추구해야 하는 비현실적인 당위의 이원론에 빠집니다. 루카치는 분리된 이 두 차원이 통일되어야 한다고 봅니다. 이것이 총체성의 관점입니다.

그런데 현실에서 이 총체성을 담지하는 주체는 프롤레타리아트입니다. **"프롤레타리아트는 계급의식의 담지자이면서 동시에 역사적 사명의 담지자"**입니다. 즉 객관적 필연성과 주체적 혁명의식이 하나로 결합되어 프롤레타리아트의 계급의식으로 구현된다는 것입니다. 프롤레타리아트의 계급의식은 단순히 주관적인 것이 아니라 계급의 역사적 상황이 의식화된 것입니다. 혁명적 변화는 오직 프롤레타리아트의 의식적 행위에 의해서만 가능합니다. 이렇게 해서 **자본주의의 붕괴라는 객관적 조건이 아니라 실천이라는 주관적 계기가 맑스주의에서 핵심적 지위를 차지하게** 됩니다. 이런 설명에서 필연적 붕괴의 정세 속에서 대중의 자발성의 고양을 이야기한 룩셈부르크의 영향을 볼 수 있습니다. 그런데 문제는 왜 현실의 모든 프롤레타리아가 혁명적 계급의식을 가지고 실천하지는 않느냐입니다. 루카치는 이 부분에서 초기 맑스의 소외사상에 의존합니다. 자본주의 사회에서 사물화된 주체는 현실을 올바르게 인식하지 못하는 허위의식에 빠져 있다는 것입니다. 프롤레타리아트는 허위의식을 극복하고 계급의식을 회복함으로써만 역사의 주체가 될 수 있습니다. 이런 루카치의 이론은 뒤를 이은 프랑크푸르트 학파의 작업의 발단이 됩니다. 대중사회, 대중문화와 파시즘이 동시에 대두하는 상황에서 현실을 극복하지 못하는 대중의 정치적 무의식을 해명하는 것이 프랑크푸르트 학파의 과제였습니다.

또 한 명의 웨스턴 맑시즘의 창시자는 칼 코르쉬입니다. 그는 로자 룩셈부르크가 건설한 독일 공산당의 좌파이면서 노동자평의회 운동의 주역이었습니다. 그의 『맑스주의와 철학』은 제2인터내셔널 중도파의 중심이었던 '오스트로 맑스주의', 특히 루돌프 힐퍼딩의 경제학 일변도의 맑스주의를 비판할 목적으로 저술되었습니다. 코르쉬는 맑스의 이론이 "전체 부르주아 이데올로기에 대한 비판을 목적으로 설정"했음을 지적합니다. 그는 철학과 다른 이데올로기가 우연적인 것이 아니라 현실의 총체적 과정의 일부라고 봅니다. 그러므로 역사도 의식과 완전히 독립된 미리 주어진 대상일 수 없습니다. 그의 이런 생각은 레닌의 『유물론과 경험비판론』이 주장하고 있는 '반영으로서의 인식'과 대립되는 것입니다. 코르쉬는 반영론을 존재와 사유를 분리해 이해하는 비변증법적 방법이라고 봅니다. 이런 변증법에 대한 강조가 그를 웨스턴 맑시즘의 일원으로 분류하게 합니다. 이런 특징들 때문에 마틴 제이 같은 사람은 웨스턴 맑시즘을 루카치, 그람시(Antonio Gramsci), 코르쉬에게서 영감을 받은 이론으로 보고, **총체성이라는 변증법의 주요 개념을 그들의 핵심적인 문제틀로 보았습니다.**

사실 코르쉬는 웨스턴 맑시즘의 이론가보다 노동자평의회 운동의 주도적 인물로 더 중요하게 평가받습니다. 평의회운동은 사회혁명의 도구로서 국가의 역할이 지나치게 강조되는 것을 비판하고, 직접민주주의적 요소가 강한 노동자평의회를 혁명과 프롤레타리아트 독재의 주체로 설정합니다. 러시아혁명에서의 소비에트와 같은 것이라고 이해해도 무방할 것 같습니다. 평의회 공산주의의 흐름은 미약하지만 여전히 이어지고 있습니다. 역사적으로는 68혁명 이후에 맑스주의의 국가주의적 경향을 반성하면서 새로운 대안을 모색한 이들에게 영감을 주기도 했습니다. 이탈리아 공산당의 건설자 중의 하나이자 반파시즘 투쟁의 투사였던 그람시도 노동자평의회를 중요한 조직으로 보았습니다.

이제 웨스턴 맑시즘이 제2인터내셔널에 대한 반발로 형성된 측면이 있다는 것은 알 수 있을 텐데, 그렇다면 러시아혁명에 대해서는 어떤 태도를 취했는지도 살펴보아야 합니다. 미국과 서유럽의 많은 연구자들이 웨스턴 맑시즘을 러시아혁명이나 레닌에 대한 반발로 해석하곤 합니다. 예란 테르본(Göran Therborn)이라는 영국의 사회학자는 이런 해석을 비판하는데 역사적 사실에는 이 입장이 좀더 부합한다고 봐야 합니다. 왜냐하면 혁명적 사회민주주의자들은 처음부터 레닌과 같은 노선에 속해 있었고, 10월 혁명이 준 흥분을 중요한 영감의 원천으로 삼았기 때문입니다. 테르본은 『맑스주의에서 포스트맑스주의로?』(*From Marxism to Post-Marxism?*)라는 책에서 초기의 "**웨스턴 맑시즘을 반레닌적 운동과 연결시키는 것은 미국 좌파들의 허위의식**"이라고 비판합니다. 그러나 **1950년대 이후의 웨스턴 맑시즘에 속하는 서방의 지식인들은 동방과의 구분을 분명히 함축하면서 자신들의 입장을 정립**합니다. 이때 동방은 소련의 스탈린주의, 중국의 마오주의 그리고 트로츠키주의까지를 포함한 것입니다. 이들이 소위 현실사회주의 혹은 그것에 가까운 변종들과 거리를 두게 된 이유는 여러 가지가 있겠지만, 냉전과 서유럽의 경제적 번영 그리고 그것에 근거한 서유럽 학문 풍토의 변화가 중요한 원인일 것입니다.

제2차 세계대전 이후의 세계에서 냉전은 적어도 1970년대까지, 한국과 같은 분단 국가에서는 지금까지도 사람들의 삶 전반을 규정한 일차적 조건이었습니다. 적대적인 두 진영에 속한 어떤 사상가들도 냉전으로부터 자유롭게 지적인 작업을 할 수 없었습니다. 그들은 노골적인 검열은 물론이고, 내면적 자기검열에도 시달렸습니다. 더 큰 문제는 **모든 지식의 생산과 유통 그리고 재생산의 과정 전체가 양 진영의 정치적 의도에 맞게 고안**

되었다는 것입니다. 대학과 장학, 학술재단 등의 교육제도, 학술지와 대중지를 포함한 매체들 그리고 제도 밖의 모든 활동공간에까지 자본과 권력의 손길이 미치지 않은 곳이 없었습니다. 이런 상황에서 소련에 대해 어떤 태도를 취하느냐에 따라 서유럽 좌파들의 입장이 나누어졌다고 해도 과언이 아닙니다. 전후의 웨스턴 맑시즘에 속한 이들은 소련에 대해 대체로 부정적인 평가를 내렸습니다. 게다가 '마셜 플랜'(Marshall Plan)* 이후로 1960년대까지 계속된 서유럽 자본주의의 호황은 자본주의의 미래를 낙관하게 만들었습니다. 많은 이들이 자본주의가 또 한 번 새로운 단계로 진입했고, 이제 붕괴의 위협으로부터 완전히 자유로워졌다고 생각했습니다. 또한 새로운 자본주의는 산업노동자계급을 점차 소멸시킬 것이고 심지어 노동도 더 이상 과거와 같지 않을 것이라고 보았습니다. 곧 보게 될 포스트맑스주의의 그람시 수용과 막스 호르크하이머(Max Horkheimer)의 자본주의 옹호는 이런 맥락에서 등장한 것입니다.

1956년에 제20차 소련 공산당 전당대회에서 새로 소련의 권력을 잡은 흐루쇼프는 스탈린의 개인숭배를 비판하고 데탕트의 시대를 엽니다. 이것은 동서 양 진영의 긴장을 완화시키고 비스탈린적 좌파의 활동공간을 확장시켰다는 점에서 많은 서구 좌파들에게 긍정적인 평가를 받습니다. 그러나 흐루쇼프는 서구와의 긴장 완화를 위해 주변부의 식민지들을 여전히 포기하지 않으려 하던 서유럽 나라들에 선물을 안겨 줍니다. 식민지 민족해방운동에 대한 일체의 원조를 중단해 버림으로써 베트남을 비

* 1947년 6월 5일에 발표되었으며, 1948년 4월에 '유럽 부흥계획'으로 미국 의회에서 승인된 계획. 당시 미국에서는 공산주의가 세계로 확산되는 것을 방지하기 위해 경제원조와 봉쇄정책을 펼쳐야 한다는 여론이 팽배했다. 유럽에서는 전쟁 후유증과 경제적 파탄으로 대중들의 생활이 붕괴되어 공산주의 세력이 집권할 가능성이 높았다. 이를 막고 유럽의 거대한 시장을 확보하고자 미국은 마셜 플랜을 통해 유럽의 자유주의 국가들에 막대한 원조를 제공하게 된다.

롯한 여러 지역의 해방운동에 큰 타격을 초래한 것입니다. 1950년대 말 이후에 번성한 서유럽의 좌파 담론들은 상당 부분 이런 조건에 힘입은 것입니다. 당시의 서유럽 좌파들이 자신들이 누리게 된 좀더 자유로운 환경의 대가로 지불된 식민지 민족해방운동의 지체와 식민지 인민들의 고난에 대해 관심을 가졌다는 증거를 저는 아직 보지 못했습니다.

② **그람시의 맑스주의**

이제 그람시에 대해 정리해 보겠습니다. 그람시는 짧은 생애의 마지막 10년을 감옥에서 보내야 했습니다. 그의 주저인『옥중수고』는 생전에는 원고의 존재조차 알려지지 않았습니다. 그래서 그의 사상은 생전이 아니라 제2차 세계대전 이후 서유럽에서 사후적으로 영향력을 발휘했습니다. 즉 그가 활동하고 저술한 환경과는 다른 정세 속에서 재해석된 것입니다. 우리나라에서도 그람시는 주로 서유럽의 해석을 통해 수용되었습니다.

그람시의 맑스주의는 큰 틀에서 보면 러시아혁명에 대한 나름의 반응이라 할 수 있습니다. 그람시는 러시아혁명을 적극적으로 지지했고, 코민테른 초기에는 몇 년간 모스크바에서 코민테른 실무자로 활동하기도 했습니다. 그람시가 그의 부인을 만난 것도 이때입니다. 그러나 그는 볼셰비키혁명의 모델이 서유럽에서는 적용되기 힘들다고 보았습니다. 러시아보다 더 자본주의가 발달한 **당시의 유럽 사회에 적용될 수 있는 혁명 전략의 모색이 그람시의 중요한 문제의식**이었습니다. 그에 의하면 러시아에서처럼 국가권력을 장악하는 방식으로 이루어진 혁명, 즉 기동전의 전술은 오히려 전체 혁명의 일부분에 불과합니다. **그람시는 기동전(War of Maneuver) 대신에 진지전(War of Position)이라는 전략을 제시**합니다. 그런데 진지전을 설명하려면 먼저 그람시의 국가관을 알아야 합니다.

그람시의 경찰기록 카드. 파시즘의 감옥은 그의 약한 육신을 죽음으로 몰고갔다. 그러나 그의 강한 의지는 여전히 영향력 있는 저술들을 우리에게 남겨 주었다.

　　그는 현대 자본주의 사회의 국가를 단순한 계급지배의 폭력적 수단으로 볼 수는 없다고 생각합니다. 현대의 국가는 정치의 영역에만 국한되지 않고 그가 '시민사회'라고 부른 것과 일체를 이루어 존재합니다. 시민사회는 선진 자본주의 국가에서 확장된 사적이고 비정치적인 영역의 총체를 의미합니다. 광범위한 사회 조직과 문화의 영역이 모두 시민사회에 속하는 것입니다. 그가 국가를 이런 식으로 본 것은 **부르주아지의 지배가 작동하는 메커니즘을 분석**하기 위해서입니다. 부르주아지의 지배와 그에 맞서는 피억압 민중의 저항이 국가권력이라는 전선에서만 충돌한다면 혁명은 간단해집니다. 기동전의 방식으로 국가권력을 장악하고 사회주의적 조치를 실행하면 됩니다. 그러나 그람시가 보기에 현대에 이르러 부르주아지의 지배는 훨씬 복잡하고 견고한 것이 되었습니다. 지배는 사회의 모든 부문에서 작동합니다. **정치, 경제, 사회, 문화의 모든 영역에서 작동하는 지배를 전복시키기 위해서는 혁명전략 또한 사회 조직 전반과 문화적 영향력**

까지를 아우르는 것이어야 합니다. 이것이 진지전입니다.

그람시가 진지전을 생각한 이유는 여러 가지였습니다. 먼저 그는 제2인터내셔널 주류의 경제주의적인 사고를 비판하려 했습니다. 경제주의 비판은 많은 혁명적 사회민주주의자들이 공유하던 것이었죠. 두번째는 국가가 폭력에 의한 강제나 동의에 의한 지배의 기능만을 한다고 보는 입장을 극복하기 위해서입니다. 그리고 이런 국가관에 근거해 혁명을 일회적 사건으로 생각하는 방식을 비판하고자 했습니다. 그람시는 혁명이 국가권력 장악이라는 한 번의 정치적 사건으로 끝나는 것이 아니라고 봅니다. 그래서 그는 **과정으로서의 혁명'을 주장**합니다. 혁명은 기존 사회 내부에서부터 시작되어서 정치권력을 전복시키는 극적인 전환 이후에도 지속되는 과정입니다. 질적으로 새로운 사회가 완전히 자리 잡기까지의 모든 과정이 혁명의 과정인 것입니다. 따라서 진지전도 이 과정 내내 계속되어야 합니다. 그의 혁명관은 사회의 모순이 부르주아지와 프롤레타리아트의 단순한 대립구도로 환원되기 힘들다는 인식에 근거한 것입니다. 각각의 사회 안에 있는 여러 계급들과 계급들의 분파들은 경제적·정치적·문화적으로 복잡하게 관계를 맺고 있습니다. 이런 관계로 결합한 집단을 '역사적 블록'이라고 부릅니다. 사회의 지배와 피지배의 관계는 지배 블록과 피지배 블록의 관계로 이루어집니다. 그런데 계급은 동일한 경제적 토대를 가지고 있으므로 쉽게 통일성을 가질 수 있습니다. 물론 온전한 계급의식이 곧바로 보장되는 것은 아니지만 말입니다. 그러나 역사적 블록은 이런 공통의 토대가 없기 때문에 그 블록을 통일시켜 주는 다른 장치를 필요로 합니다. 이 역할을 하는 것이 '헤게모니'입니다.

그람시 사상의 핵심 개념이면서 후대에 가장 큰 영향을 미친 것이 바로 헤게모니 개념입니다. **헤게모니는 한 사회 집단이 사회 전체를 지배하기**

위해 다른 사회 집단들에게 영향력을 행사하는 방식을 지칭합니다. 전통적으로 지배는 지배자의 물리적 폭력을 기반으로 하고 동의를 보조수단으로 삼아 이루어진다고 생각해 왔습니다. 쉽게 말해 당근과 채찍에 의한다는 것이죠. 그러나 헤게모니 개념은 지배가 그렇게 단순하고 일면적으로 이루어지는 것이 아니라는 인식을 전제합니다. 그람시에 따르면 지배는 경제·정치·문화의 모든 국면을 포함하는 것이고, 지배 집단의 이익을 강요하는 것이 아니라 지배 집단의 이익이 당파적인 특수 이익이 아니라 보편적 이익이라는 형태로 나타나게 함으로써 가능해지는 것입니다. 그래서 **정치투쟁과 경제투쟁을 넘어서는 전면적인 혁명전략이 필요**해집니다.

이상이 그람시 사상에 대한 일반적인 정리입니다. 그람시의 사상은 볼셰비키식의 혁명을 포기했거나, 그것을 거부하면서도 사민주의처럼 체제 내화되지는 않으려 했던 서유럽의 좌파들에게 큰 영감을 주었습니다. 그러나 동시에 사회에 대한 경제학적 이해나 정치투쟁의 중요성을 경시하는 개량주의를 합리화해 주는 기능을 하기도 했습니다. 또 서유럽의 특수한 상황에만 적용되는 이론으로 여겨지기도 했습니다. 즉 자본주의가 고도화되어 전통적인 산업 사회의 계급 구도가 더 이상 지배적이지 않게 된 상황에서의 새로운 혁명전략으로 그람시 이론이 수용되었습니다.

그러나 근래에는 그람시 사상이 형성된 구체적인 정세 속에서 그를 이해하려는 연구들이 많아졌습니다. 예를 들면 그람시 사상에서 이른바 '남부 문제'의 중요성을 강조하는 연구들이 많이 나오고 있습니다. 남부 문제는 자유롭고 현대적인 이탈리아 북부의 산업화된 지역과 대비되는 봉건적이고 농업중심적인 남부 지역의 특수한 문제를 지칭합니다. 이탈리아 내부에서 이 두 지역 간의 갈등은 지금도 문제가 되고 있습니다. 그람시의 정치적 문제의식은 이 남부 문제에서 출발합니다. 그람시가 정통 맑스주의와 레닌의 혁명론을 극복하려고 한 것은 이탈리아의 현실에 대한 그의 인식 때문입니다. 그는 러시아와 마찬가지로 이탈리아에서도 자본주의의 미성숙과 봉건적 요소의 잔재가 문제라고 생각했습니다. 그래서 **그는 북부의 노동자계급과 남부의 농민계급의 계급동맹이 이탈리아혁명의 필수적인 조건이라고 보았습니다.** 이탈리아의 지배계급은 새롭게 부상하던 도시의 노동자계급을 포섭해 지배 블록을 만들어 지배를 공고히 하려 했습니다. 그람시는 이에 대항하기 위해서는 노동자와 농민이 동맹 블록을 형성해야 한다고 보았습니다. 그러려면 노동자와 농민을 하나로 묶어 주는 광범위한 대중적 기반의 혁명적 조직체가 필요합니다. 초기에 그람시는 평의회에서 그 가능성을 찾았습니다. 특히 노동자가 주도하는 공장평의회가 혁명의 수단일 뿐만 아니라 부르주아지 국가를 대체하는 프롤레타리아트 국가의 모델이라고 생각했습니다. 이렇게 보면 **그람시의 독특한 입장은 이탈리아의 지배 블록을 해체하는 대안적 블록과 그 블록의 대안적 헤게모니를 만들기 위해 고안된 것임을 알 수 있습니다.** 그리고 그가 생각한 지식인의 역할은 바로 이 과제를 수행하는 것입니다.

③ 프랑크푸르트 학파

이제 루카치 이후의 웨스턴 맑시즘의 전개과정과 특징들을 정리할 텐데, 그 중심에는 프랑크푸르트 학파가 있습니다. 이 학파는 맑스주의적 성향을 지닌 다양한 젊은 연구자들이 프랑크푸르트 대학의 '사회조사 연구소'를 중심으로 모이면서 형성됩니다. 1930년 막스 호르크하이머가 연구소장으로 취임하면서 그의 지도하에 좀더 일관성 있는 학파로 자리 잡습니다. 이 학파의 주요 인물로는 호르크하이머 외에도 테오도어 아도르노(Theodor Adorno), 허버트 마르쿠제(Herbert Marcuse), 프리드리히 폴

프랑크푸르트 학파의 캐리커처. 위에서부터 시계방향으로 호르크하이머, 하버마스, 아도르노, 마르쿠제. 이 그림을 보면 알 수 있듯이 호르크하이머가 학파에 행사한 영향력은 상당했다.

록(Friedrich Pollock) 그리고 마지막 세대인 위르겐 하버마스(Jürgen Habermas) 등의 유명한 학자들이 있습니다. 이들은 초기에는 맑스주의적인 관점에서 사회 현실에 분석적으로 접근하려 했습니다. 그리고 대중문화와 같은 이데올로기의 문제에 이전의 맑스주의자들보다 더 많은 관심을 보입니다. 또한 구성원 중에 유대인들이 많았기 때문에 **파시즘과 인종주의의 득세라는 충격적인 경험을 이론적으로 설명하는 데 특별히 많은 노력을 기울입니다**. 히틀러의 집권으로 더 이상 독일에서 활동할 수 없게 된 학파는 미국의 컬럼비아 대학으로 연구소를 옮기게 됩니다. 맑스주의에 가까웠던 이들이 소련이 아니라 미국을 망명지로 택한 것도 흥미로운 일이지만, 연구소의 미국 이주는 학파의 연구방향과 정치적 성향 자체를 바꿔 놓는 결과를 가져옵니다.

프랑크푸르트 학파는 미국에서 실증주의를 적극적으로 수용한 연구를 하고 부르주아 질서에 편입됩니다. 학파의 권위적인 지도자였던 **호르크하이머의 말년의 작업들은 자본주의의 존속가능성을 변호하는 데 상당 부분을 할애합니다**. 그리고 자신들의 입장을 실천적 운동과 결부시켜 재활성화하려 했던 1968년 학생운동을 비난하기까지 합니다. 하지만 이들이 미국식의 자본주의를 찬성한 것은 아니었습니다. 그들은 **미국이라는 사회에**

서 받은 충격과 파시즘의 경험을 연결시켜 근대성 자체를 비판적으로 재검토하는 작업**을 하게 됩니다. 전후의 프랑크푸르트 학파의 특징을 제일 잘 보여 주는 것이 바로 이런 관점에서의 연구입니다.

대표적인 텍스트가 1948년에 네덜란드에서 초판이 나온 『계몽의 변증법』입니다. 이 책은 호르크하이머와 아도르노의 공동 저작인데 그들 스스로의 말에 의하면 **"계몽을 구하기 위한 헌신에서 저술된 계몽의 자기 파괴"** 를 목적으로 한 책입니다. 현대 사회가 겪은 유례없는 재앙들의 원인을 근대성이라는 근본적인 차원에서 검토하고 반성하지만, 반근대적 낭만주의로 돌아가는 것이 아니라 근대성의 틀 안에 여전히 발 딛고 있으려는 시도라는 것입니다. 그래서 제목이 계몽의 '변증법'이겠죠. 또 이 책의 정신은 그들의 입장을 '비판이론'이라고 부르는 이유를 잘 알 수 있게 해줍니다. 앞서 보았듯이 맑스·엥겔스가 자신들의 사상에 부여한 '과학'이라는 수사는 기계적 법칙성의 체계라는 의미로 변질됩니다. 『계몽의 변증법』은 맑스의 변증법적 비판의 반성적 정신을 계승하고자 했습니다. 그리고 이를 통해 지배계급을 뒷받침하는 전통 이론에 대한 근본적인 비판을 수행합니다. 이 책은 출판 이후에 현대 서유럽과 미국의 인문·사회과학 연구에 지대한 영향을 미치게 됩니다. 호르크하이머와 아도르노가 미국이 아니라 네덜란드에서 책을 출판한 이유도 흥미롭습니다. 미국 사회를 비판한 것 때문에 미국에서 배제되는 것을 두려워해서라고 합니다. 호르크하이머가 독일 대학의 총장으로 복귀하고 성공 가도를 달리던 중에도 미국 시민권을 포기하지 않고 미국에 연구소 지부를 두어야 한다고 주장한 것은 그가 나치즘에서 받은 충격을 짐작하게 합니다. 그러나 그의 이런 겁많은 성격이 그의 이론을 혁명적 방향이 아닌 자본주의 옹호로 나아가게 만든 것은 아닌가 하는 생각이 들기도 합니다.

프랑크푸르트 학파의 중요한 특징으로는 이미 말한 것처럼 대중사회와 대중문화에 대한 경험적 연구와 이데올로기 문제에 대한 집중 외에도 **프로이트 정신분석과 맑스주의를 결합**한 점을 들 수 있습니다. 빌헬름 라이히(Wilhelm Reich), 에리히 프롬(Erich Fromm), 마르쿠제 등의 연구자들은 파시즘과 현대 사회에서 대중의 수동성 혹은 혁명적 능동성의 근거를 정신분석적 방식으로 해명하려 했습니다. 이것은 맑스주의적 혁명의 정치학을 이데올로기의 근본적 차원에서 재정립하려는 시도입니다. 이런 접근법은 오늘날에는 상당히 일반화되어 있죠.

학파의 마지막 주자인 **하버마스에게 오면** 맑스주의적 경향은 거의 소멸하게 됩니다. 학파의 선배들이 정치경제학 비판이라는 맑스의 성과에 어떤 방식으로든 의존해서 현실을 보려 했다면, 하버마스에게서 **비판이론의 기획과 정치경제학 비판은 분리되고 지배로부터 자유로운 의사소통이라는 것이 일종의 규범이 됩니다**. 그리고 이론가와 피지배계급 사이의 상호작용을 통해 사회적 변화를 이루려 했던 학파 초기의 목적의식도 거의 잊혔습니다. 그의 작업은 근대성에 대한 비판적 옹호를 목적으로 하고 있다는 점에서 『계몽의 변증법』의 노선을 계승하고 있지만 더 이상 맑스주의적이라고 부르기는 힘들게 된 것입니다.

웨스턴 맑시즘의 말미에는 이데올로기 문제를 강조하는 이 흐름의 특징을 일부 공유하면서도 헤겔주의적인 맑스 해석은 강력하게 비판하는 또 한 사람의 맑스주의자가 등장합니다. 그가 바로 루이 알튀세르(Louis Althusser)입니다. 그는 초기 맑스를 강조하고 소외를 축으로 자본주의를 비판하는 접근법이 맑스주의에 고유한 것도 아니고 실천적으로도 유효하지 못하다고 비판합니다. 그리고 이런 비판적 인식에 근거해서 **'구조주의'라는 새로운 틀을 가지고 맑스 고유의 사상을 복권시키려는 기획을 제시합니**

다. 알튀세르는 웨스턴 맑시즘의 마지막 주자로 분류되지만, 웨스턴 맑시즘을, 더 나아가 근대성에 기반한 사회사상 자체를 급진적으로 극복하려는 다양한 시도들의 출발점 역할도 합니다. 특히 이제 보게 될 68혁명 무렵과 그 이후의 서유럽 맑스주의들은 알튀세르의 문제제기에 대한 나름의 대응이라는 관점에서 볼 수도 있을 것입니다.

구조주의적 맑스 해석을 시도한 알튀세르. 맑스의 사상을 초기의 인간주의로 환원하는 것을 비판하고, 초기 맑스와 후기 맑스 사이에 인식론적 단절이 존재한다고 주장했다.

이제 페리 앤더슨이 규정한 웨스턴 맑시즘의 특징들을 보면서 전체적인 정리를 해보겠습니다. 앤더슨은 『서구 맑스주의 읽기』라는 책에서 웨스턴 맑시즘의 특징을 다음과 같이 정리합니다. 정치적 실천과의 분리, 대중이 이해하기 어려운 언어로 소통하는 경향, 1950~1960년대의 서구의 호황에 압도되어 경제적 연구보다 철학 연구와 방법 논쟁에만 치중함, 유럽 관념론의 영향의 적극적인 수용, 엥겔스 유산에 대한 거부, 다른 나라의 이론가들에 대한 상호무관심, 문화연구처럼 상부구조의 문제에만 집중하는 경향, 염세적이고 비관적인 성향 등이 그 특징입니다. 이런 설명에 대해 부분적으로는 비판하는 사람들도 있고 수긍하는 사람들도 있습니다.

④ 68혁명 이후의 맑스주의들

다음으로 웨스턴 맑시즘이 소멸하고 새로운 맑스주의의 흐름들이 폭발적으로 쏟아져 나왔다가 이내 사라져 버린 1960년대 말부터 현재까지의 과정을 정리해 보겠습니다. 이 부분은 정리하기가 무척 힘듭니다. 일단 오랜 시간이 지나지 않은 탓에 개괄적인 정리를 하기에는 이른 감이 있습니다. 따라서 권위를 인정받는 텍스트도 없어서 몇 권만 읽어서는 전모를 파악하기가 불가능합니다. 또 실천적으로는 무기력했지만 이론적으로는 너무나 다양한 주장들이 생산되어서 다 따라가기가 힘듭니다. 여기서는 앞서 언급한 테르본의 『맑스주의에서 포스트맑스주의로?』와 프랑스 맑스주의 학자 자크 비데(Jacques Bidet) 등이 편집한 『현대 맑스주의 입문』(*Critical Companion to Contemporary Marxism*)을 기초로 다른 자료들을 참조한 내용을 전해드리겠습니다.

앞에서 언급한 제2차 세계대전 이후의 서구의 장기 호황은 자본주의 체제에 대한 가장 큰 위협인 공산주의 국가들을 철의 장막 너머에 고립시켰습니다. 냉전 시대는 소련을 중심으로 한 현실사회주의 진영과 미국 주도하의 자본주의 진영이 치열하게 대결한 시기이기도 하지만, 어떤 면에서는 두 진영 상호 간의 타협을 통해 정해진 경계선 내에서 각 체제의 지배권을 공고히 해나가던 시기이기도 합니다. 미국과 서구 자본주의 국가들은 제2차 세계대전의 결과로 그어진 경계선 안에서 공산주의가 더 이상 위협이 되지 않도록 엄청난 노력을 쏟아부었습니다. 자본가들은 서구 내부에 남아 있던 잠재적으로 가장 큰 저항 세력인 노동자계급을 '복지'를 매개로 안전하게 관리할 수 있게 되었습니다. **소위 '복지국가 체제'는 자본주의의 호황을 경제적 토대로 삼아 성립된 것입니다. 복지국가는 자본주의적 질서를 전제로 한 자본과 노동의 계급동맹 체제였습니다.**

서구의 이런 상황 속에서 맑스주의는 거의 아무런 영향도 미치지 못하게 됩니다. 맑스주의 세력은 현실사회주의 진영으로 넘어가거나 전향했습니다. 자유주의가 서구의 지배적인 이데올로기가 되었습니다. 자유주의라고 해서 모두 동일한 정치적 지향을 가진 것은 아닙니다. 상대적으로 진보적이고 복지국가를 지향하는 사회적 자유주의에서부터 우파의 원론적 자유주의에 이르기까지 다양한 스펙트럼이 그 안에 존재했습니다. 특히 복지국가 체제가 유지되던 동안에는 사회적 자유주의자들의 목소리가 강했습니다. 이들은 경제학적으로는 넓은 의미의 케인스주의를 받아들이고 있었습니다. 복지국가 체제의 안정은 맑스주의의 정치적 영향력이 서유럽에서 쇠퇴한 상황을 보여 줍니다. 1958~1960년 사이에 오스트리아, 서독, 스웨덴 사민당이 강령에서 맑스주의의 흔적을 삭제합니다.

서구의 노동자계급은 이런 안정된 사회의 성과들을 향유하는 위치에 있었고, 더 이상 세상을 급진적으로 바꾸자는 맑스주의자들의 호소에 귀 기울이지 않았습니다. 생태적 위기, 여성을 비롯한 소수자 문제, 호황기 동안에 서구의 노동력이 소진되면서 유입된 주변부 출신의 이주노동자 문제(이들은 처음에는 유럽 안에서 경제적으로 낙후되었던 남유럽 출신이 주를 이루다가 터키 등의 이슬람 국가 그리고 한국과 같은 아시아 국가 출신들로까지 확대되었습니다. 한국인들이 광부와 간호사로 구서독에 대거 파견되었던 사실을 요즘 세대도 아시는지 모르겠습니다), 그리고 유럽 바깥에서 여전히 제국주의적 억압과 착취에 고통받던 주변부 민중들의 문제에 대한 관심은 더더욱 찾아보기 힘들었습니다. 그러나 1960년대가 지나고 자본주의의 호황이 끝나 가면서 이 안정된 체제의 물적 토대가 조금씩 균열을 일으키기 시작합니다. 계급 간 타협이 만들어 낸 '안정된 사회'의 위선에 염증을 느낀 새로운 세대는 이 균열에 민감하게 반응했습니다. 또한 서구 바깥에서 들려온 소식들로 인해 서유럽과 북아메리카 바깥에도 사람들이 살고 있으며, 그곳의 민중들이 대체로 비참한 상태에 빠져 있다는 것 그리고 그것이 자신들이 누리는 예외적인 물질적 풍요와 정치적 자유를 위해 희생된 결과

임을 서구인들도 어느 정도는 인식하게 되었습니다.

특히 베트남의 민족해방혁명은 미국인들과 서유럽인들에게 큰 충격을 주었습니다. 제2차 세계대전 이후에도 프랑스와 미국은 인도차이나 반도를 자신들에게 종속시키려 했고, 베트남 민중들은 이에 영웅적으로 저항했습니다. 명분 없는 침략 전쟁이 장기화되고 그 과정에서 미국 정부의 거짓말이 속속 드러나면서, 미국과 유럽 전역에 베트남전 반대운동이 확산됩니다. 신좌파(New Left)라는 말도 이때 널리 퍼집니다. 이 말은 당시 미국에서 베트남전을 주도하던 미국 대통령 린든 존슨(Lyndon Johnson)이 소속된 민주당 등의 자유주의자들을 구좌파(Old Left)라고 비판한 새로운 진보적 세력을 지칭한 것입니다. 중국의 문화대혁명의 소식도 서구의 좌파들에게 큰 영향을 줍니다. 억압받던 주변부의 인민들이 스스로의 삶의 주인이 되고자 인류 역사상 유례없는 급진적 실험을 하고 있다는 소식은 새로운 세대들의 혁명적 상상력을 자극했습니다. 스탈린 체제에 대해 부정적이던 많은 좌파들이 마오주의에 경도되었습니다.

이런 조건들이 결합하자 대중의 폭발적인 저항운동이 촉발되었습니다. 1968년 서구 전역에서 동시다발적으로 일어난 저항운동은 여러 가지 새로운 특징들을 지닌 자생적인 저항운동이었습니다. 그러나 하나의 목소리만이 주장되었던 것은 아닙니다. 기성의 사회를 공격하는 너무나 다양한 주장들이 분출되었습니다. 그중 상당히 많은 주장들이 맑스주의적인 지향의 것들이었고, 이것들을 포함한 넓은 의미의 좌파운동이 새롭게 힘을 얻고 확장되었습니다. 68혁명에 영감을 받은 좌파적 이론들도 풍성해졌습니다. 제3인터내셔널의 전통과 연관된 맑스주의 이론을 부활시키려는 시도도 1968년부터 1977년 정도까지 있었습니다. 그러나 이 시도는 사실상 서구에서의 마지막 시도였습니다. 1972년 말년의 루카치의 『사회적 존재의 존재론을 위하여』의 발간, 이탈리아에서 그람시 유고의 출판, 프랑스에서 루이 알튀세르의 이론적인 작업 등이 이 시도의 대표적 사례입니다. 그러나 이 시도들은 현실적으로 이미 문제를 노출하고 있던 소련과 현실사회주의 국가들의 위기에 직면하면서 더 이상 의미 있는 맑스주의적인 정치적·이론적 성과를 낳지 못했다고 평가받습니다.

68혁명의 열기는 불과 10년도 채 안 되어서 급격히 사그라지는데, 여기에는 여러 원인이 있습니다. 그중에서도 1970

미국 국회의사당 앞에서 시민들이 베트남전 반대 시위를 벌이는 모습. 전투가 격렬해지고, 고엽 작전 및 민간인 학살 등에 관한 진상이 밝혀짐에 따라 전쟁반대 운동이 확대되었다. 이후 지속적이고 전 세계적인 차원에서 진행된 반전운동은 미국이 전쟁을 종결하는 데 큰 영향을 미쳤다.

년대 세계경제에 스태그플레이션(Stagflation)이 닥친 것이 중요한 배경이 되었습니다. 복지국가 체제의 경제정책들이 실패하고 대량실업과 인플레이션이 동시에 나타납니다. 전 세계적인 자본주의 위기에 직면한 지배계급은 복지국가의 해체, 노동운동과의 동맹 파기 및 실질임금의 삭감과 노동유연화의 확대, 정치적으로는 식민지를 벗어난 제3세계에 대한 금융적 재식민화로 대응했습니다. 바로 '신자유주의' 정책이 도입되기 시작한 것입니다. 이에 대해 좌파들은 사회적 자유주의, 사민주의를 유지하거나 더 급진적인 체제 전복을 시도하는 전략으로 대응했습니다. 그러나 결국 영국에서의 마거릿 대처(Margaret Thatcher)의 집권, 미국에서의 로널드 레이건(Ronald Reagan)의 집권에 뒤이은 우경화를 막지 못합니다. 맑스주의는 하이에크(Friedrich von Hayek)의 권위에 의존한 자유주의자들과의 논쟁에서 이론적 무능력 때문이 아니라 대중에 대한 호소력을 얻지 못해서 패배합니다. 1980~1990년대를 지나면서 서구 사회 안에서는 신자유주의에 대항하는 대안적 힘이 상당히 소멸됩니다. 자본주의적 불평등과 중심-주변의 격차가 증대하고 자본주의 국가들의 지배는 더 야만적이 되어 가는 상황에도 불구하고 대항이 약해진 것입니다.

신자유주의의 급격한 확산에 대한 맑스주의자들의 대응은 세 갈래로 나누어졌습니다. 맑스주의의 포기, 다른 지적 전통과의 결합을 통한 맑스주의의 재구성, 그리고 부활을 기다리며 맑스주의를 보존하는 것이 그것입니다. 맑스주의를 재구성하려 했던 서유럽 맑스주의자들은 웨스턴 맑시스트들처럼 경제적 구조에 대한 분석보다 문화적이고 이데올로기적인 측면에 대한 연구를 더 선호했고, 현실 정치 세력과 사회적 주체, 특히 노동운동과의 연계를 상실하는 경향을 보였습니다. 그래서 다양한 저항의 시도들에도 불구하고 반자본주의를 본질로 하는 운동들은 지난 20~30년 간 현저하게 쇠퇴했습니다. 그러나 이런 일반화에 부합하지 않는 예외적 사례도 있습니다. 너무나 많은 맑스주의의 재구성 시도들이 나타났고, 앙드레 토젤(André Tosel)의 표현에 따르면 무력하지만 수많은 맑스주의들(a thousand Marxisms)이 꽃피는 상황이 왔습니다.

테르본은 68년 이후의 서유럽과 북미의 좌파적 경향들이 가지는 특징을 다음과 같이 정리했습니다.

1) **신학적 경향으로의 선회**. 그는 레지 드브레(Regis Debray), 알랭 바디우(Alain Badiou), 슬라보예 지젝(Slavoj Žižek)의 작업을 예로 듭니다.

2) **사회변혁에서 계급이 차지하는 중심적 지위 약화**. 특히 1985년에 출판된 에르네스토 라클라우(Ernesto Laclau)와 샹탈 무페(Chantal Mouffe)의 『헤게모니와 사회주의 전략』 이후, 즉 '포스트맑스주의'의 등장 이후에 두드러진 현상입니다. 계급은 이제 민족, 인종, 성 등의 범주와 대등한 지위에서 이것들과 결부되어 다루어집니다. 그러나 포스트맑스주의는 사회적 투쟁의 주체를 계급으로 환원시키는 문제는 비판하게 해주었지만, 여전히 대규모로 일어나는 계급투쟁(특히 신자유주의 시대에 들어와 자본가들의 체계적인 공격과 노동자계급의 일방적인 패배의 양상으로 나타난)에 이론적으로 대처하는 것을 불가능하게 만들기도 했습니다. 선진 자본주의 국가들에서 산업구조의 변화와 포스트포디즘이라는 새로운 생산방식의 도입, 그에 따른 산업노동자계급의 감소와 조직 노동운동의 쇠퇴는 심지어 **노동자계급의 소멸이라는 담론**까지 낳았습니다. 그러나 같은 시기에 세계의 다른 곳에서는 서구에서 사라진 노동자 수보다도 훨씬 많은 수의 산업노동자가 다시 생겨납니다. **노동자계급에 대한 유럽 좌파들의 무관심은 중국, 인도 그리고 다른 아시아 국가들에서 급격하게 증가한 노동자 대중의 역할에 대해 아무런 대답도 할 수 없게 만들었습니다.** 이것은 서구 좌파들이 유럽중심주의적 시각에 깊이 물들어 있음을 단적으로 보여 주는 사례입니다.

3) **국가 문제에 대한 관심의 약화**. 서구의 좌파들은 민족국가, 주권의 약화를 전제로 세계화에 더 큰 관심을 가지게 됩니다. 또 전통적으로 정치의 공간이었던 국가 대신에 시민사회의 영역으로 관심을 돌립니다. 그러나 **서구 좌파의 이런 현실인식은 신자유주의 시대에 더욱 강화되기도 하는 국가의 기능을 간과했다는 비판을 받습니다.**

4) **섹슈얼리티 문제의 부각**. 이 주제는 특히 포스트모던 페미니즘 담론들에서 주로 다루어집니다. 테르본은 이 경향이 보이는 체제 순응적 경

향을 비판적으로 평가합니다.

그 외에도 그는 사회적 연결망으로서의 '네트워크'에 대한 관심 고조, 정치경제학적인 측면에서는 세계체제론을 제외하면 좌파적이고 전 세계적인 전망을 제시하지 못하는 한계, 실천적 대안 모색에 대한 좌파 지식인들의 관심 저하 현상을 특징으로 꼽습니다.

맑스주의의 문제에만 국한해서 본다면, 이 시기에 맑스주의에 가장 큰 타격을 가한 것이 포스트모더니즘이라는 데 많은 이들이 동의합니다. 포스트모더니즘은 현대 사회의 문제를 근대성 자체의 위기라는 관점에서 보려 합니다. 이 흐름은 자본주의뿐만 아니라 맑스주의도 근대성의 계승자로 봅니다. 1980년대부터 맑스주의를 근대성의 틀 안에 위치한 것으로 보고 폐기하려는 **포스트모더니즘의 도전**이 시작됩니다. 그러나 테르본은 **이 비판이 맑스주의가 지닌 근대성과 반근대성의 변증법적 통일이라는 측면을 간과한 것이라고 반박**합니다. 그는 맑스와 맑스주의를 다른 근대 사상의 조류들과 구별해 주었던 것은 근대의 모순적 성격에 주목한 점이었음을 강조합니다. 포스트모더니즘은 맑스주의의 변증법적 성격을 무시하고, 모든 근대의 거대 서사를 공격하면서 맑스주의도 그 안에 포함시켜 버렸다는 것입니다.

그리고 그 결과로 아주 역설적인 정치적 효과가 발생합니다. **신자유주의야말로 고도의 근대주의임에도 불구하고 포스트모더니즘에 의해 거의 상처받지 않은 것입니다.** 자본주의의 힘이 압도적으로 강한 상황에서 자본주의에 대한 비판보다 맑스주의적 대안에 대한 비판에 더욱 몰두한 결과는 신자유주의에 대한 저항 역량의 소진과 자유주의의 지배였습니다. 또 생태주의와 여성주의는 맑스주의를 대체하려 했던 사상이면서 동시에 1980년대 이후에는 맑스주의자들의 편에서도 적극적으로 그 주장을 수용하려 했던 담론입니다. 그러나 이 입장도 **주변부의 빈곤의 문제에 대해서는 거의 아무런 관심도 기울이지 않았다는 사실은 포스트모더니즘의 한계를 잘 보여 주는 사례**입니다.

이제 68혁명 이후에 나타난 새로운 맑스주의의 흐름들 중 몇 가지만 간단하게 소개하겠습니다. 먼저 '생태맑스주의' 흐름이 있습니다. 이것은 생태주의의 주장을 맑스주의적 입장에서 적극적으로 수용해 생태적 위기에 대응하려는 의도에서 등장했습니다. 근대 유럽의 틀 안에서 등장한 맑스주의는 최근까지도 생태적 위기를 제대로 인식할 수 없었습니다. 생태적 위기에 대한 관심은 극우에서 극좌까지 다양한 정치적 입장과 결부되어 있었습니다. 그러나 **지금의 생태적 위기가 전 세계적 자본주의의 결과라는 인식을 하면서 맑스주의는 생태적 문제의식을 받아들이게 되었습니다.** 자본주의의 전 세계적 확장은 동시에 생태적 위기의 전면화를 가져왔습니다. 이 위기에 대한 맑스주의적 비판은 생태적 위기가 현존의 자본주의 생산양식에서는 해결될 수 없다는 인식을 전제합니다. 특히 중심과 주변의 불평등에 주목하는 맑스주의자들은 생태적 위기의 피해 또한 불평등하게 경제적·정치적 약자에게 전가되는 현상을 비판합니다. 또 주변부가 중심부로 진입할 수 있다는 발전주의와 신자유주의의 공통된 선전이 결코 실현될 수 없는 것이라는 근거로 생태적 위기를 듭니다. 중심부에서의 삶의 방식이 전 지구적으로 확산되는 것은 생태적 관점에서도 불가능하다는 것입니다. 중심부 자본주의 국가들의 사람들이 사는 것과 동일한 삶을 전 세계가 산다면 지구는 결코 그것을 지탱할 수 없다는 것은 오늘날 상식이 되었습니다. 이 흐름의 대표적인 인물로는 한국에서도 많이 알려진 존 벨러미 포스터(John Bellamy Foster), 제임스 오코너(James O'Connor), 엔리케 레프(Enrique Leff), 폴 버킷(Paul Burkett) 등이 있습니다.

다음으로는 '맑스주의 페미니즘'이 있습니다. 맑스주의는 초기부터 여성 문제에 대해 상대적으로 진보적인 입장을 가졌습니다. 엥겔스와 베벨은 여성 문제에 대한 선구적인 저작을 남기기도 했습니다. 그러나 대체로 맑스주의자들은 여성 문제는 자본주의 사회의 모순이 해소되면, 즉 사회주의 사회가 되면 저절로 해소된다는 환원론적 사고를 했습니다. 그래서 여성 문제는 계급투쟁에 종속되었고, 여성 고유의 문제를 전면에 드러내는 것은 힘든 일이었습니다. 반면 기존의 페미니즘은 여성 문제를 초월적이고 본질적인 것으로 이해했습니다. 이는 여성의 억압은 어느 시대, 어느 사회에서나 동일한 것이라는 말입니다. 이들은 여성 문제가 역사적 조건들 속에서 구체적으로 결정된다는 것, 그래서 근대의 여성 문제는 자본주의 사회의 특수성과 관련해서 이해되어야 한다는 것을 간과했습니다. 예를 들어 가부장제가 여성억압의 본질적인 원인이라고 보게 되면 가부장제가 역사적·사회적 조건에 따라 다르게 나타난다는 사실을 간과할 수도 있다는 것입니다. 맑스주의 페미니즘은 이 두 입장의 한계를 극복하려 했습니다. 여성의 가사노동과 임금노동의 관계를 자본의 축적이라는 측면에서 분석하거나, 자본주의 사회에서의 노동력 재생산의 문제와 가족 구조의 문제를 연결해서 이해하려는 시도를 통해 **맑스주의의 역사유물론적 접근법과 여성 문제를 결합**하려 했습니다. **자본주의 생산양식과 여성억압 사이의 상호작용을 인식하는 것이 필요**하기 때문입니다. 중요한 인물로는 미셸 바렛(Michèle Barrett), 베로니카 비치(Veronica Beechey), 엘리 자레스키(Eli Zaretsky) 등이 있습니다.

사회과학의 영역에서 지금도 큰 영향을 행사하고 있는 맑스주의의 계승자로는 '세계체제론'을 꼽을 수 있습니다. 맑스가 생전에 이미 예견한 자본주의의 세계적 차원으로의 확장은 더욱더 심화되어서, 자본의 축적은 한 나라 안에서가 아니라 세계적인 차원에서 일어납니다. 이때의 세계는 단순히 복수의 국가들의 통칭이 아닙니다. **세계체제론은 세계를 민족(국가)들 간의 불평등한 지배관계와 계급들 간의 착취가 구조적으로 일어나는 구체적인 사회적·역사적 실체로 보고**, 이 안에서 자본이 비대칭적으로 축적되는 메커니즘과 결과를 분석하고자 하는 시도입니다. 이매뉴얼 월러스틴(Immanuel Wallerstein)과 지오바니 아리기(Giovanni Arrighi)로 대표되는 이 경향은 중심과 주변의 불평등의 문제에 주목하는 안드레 군더 프랑크(Andre Gunder Frank)나 폴 바란(Paul Baran) 같은 '종속이론가'들이나 사미르 아민(Samir Amin)의 작업과 상당한 공통분모를 가집니다. 종속이론가들과 세계체제론자들은 라틴아메리카의 비참한 현실을 이해하고 극복하기 위해 가톨릭 신앙과 맑스주의의 사회과학적 분석틀을 결합시키고자 했던 '해방신학'(Liberation Theology)으로부터 많은 영향을 받았습니다. 해방신학은 이론으로서만 존재한 것이 아니라 라틴아메리카의 빈민들의 다양한 운동들이 이론으로 표현된 것입니다.

주변부의 기층 민중들의 다양한 저항운동에서 '영감'을 받은 또 다른 이론은 탈식민주의입니다. 여기서 제가 굳이 '영감'이라고 말한 것은, 탈식민주의는 해방신학과는 달리 아래로부터의 운동의 결과물이 아니라 상층 지식인의 고안물로 등장했고 실천적으로 사회적 운동 세력과 결합하지 못했기 때문입니다. 탈식민주의 안에도 정치적·경제적 분석과 투쟁에 무관심하고 문화주의적 접근에만 의존하면서 반제국주의라는 과제를 거부하는 입장과 그 반대 성향의 입장이 공존합니다. 하지만 한국에서는 주로 문화주의적으로 수용되고 있습니다.

이 외에도 몇 가지 흐름들을 더 소개하겠습니다. '분석맑스주의'는 1978년 제럴드 앨런 코헨(Gerald Allan Cohen)의 『칼 맑스의 이론에 대한 옹호』에서 기원한 흐름으로, 분석철학의 기법을 적용해서 역사유물론의 주장을 명료화하려 했던 시도입니다. 주로 영미 학계에서 유행했습니다. 프랑크푸르트 학파의 비판이론도 여전히 활동하고 있습니다. 이 학파를 계승한 하버마스, 알프레드 슈미트(Alfred Schmidt)는 처음에는 역사유물론과 철학적 유물론의 전통에 기반해서 비판이론의 오래된 기획을 부활시키려는 의도를 가지고 있었습니다. 그러나 1968년 이후 하버마스는 비판이론과 정치경제학 비판을 분리시키면서 맑스주의 전통으로부터 결정적으로 이탈합니다. 웨스턴 맑시즘을 열었던 루카치는 상당히 오래 살아서 이 시기에도 지적 흔적을 남겼습니다. '부다페스트 학파'라고 불리는 후기 루카치의 헝가리 출신 제자들의 집단이 있습니다. 이들은 루카치의 '사회적 존재의 존재론'에 대한 기획에 관심을 보이며 모였지만 이론적으로는 다양하게 분화됩니다. 하지만 정치적으로는 공산당 정권에 대한 비판이라는 공통점을 가졌습니다. 이들은 맑스주의의 정통성에 대한 자기비판에 참여한다는 명분을 내세웠지만 결국 대부분은 자유주의로 경도되었습니다. '조절이론'은 1976년 미셸 아글리에타(Michel Aglietta)의 『자본주의 조절이론』 출판을 기점으로 프랑스를 중심으로 상당한 영향력을 행사했습니다. 이 입장은 포스트포디즘에 주목해서 자본주의 위기의 해결 가능성을 전망했고, '새로운 생산력'과 '새로운 사회 모델'에 근거한 긍정적인 사회적 타협을 상정하는 입장을 취했습니다. 국가 이론과 계급 분석에 관심을 가졌고 영미 사회학계에 영향을 주었던 밥 제솝(Bob Jessop)이나, 제도사회학에서 맑스주의적 계급 분석이 상당한 위상을 가질 수 있게 하는 중심적 역할을 했던 에릭 올린 라이트(Erik Olin Wright)도 이 시기의 중요한 맑스주의 이론가들입니다.

    68혁명 이후부터 오늘날까지 서구의 맑스주의를 정리해 보면 맑스주의의 실천적·이론적 쇠퇴가 두드러진다는 것을 알 수 있습니다. 그러나 **"신자유주의적 질서의 위기는 항상 맑스주의의 부활을 위한 부정적 전제조건이었다"**는 테르본의 말은 맑스주의가 여전히 중요한 대안의 기능을 해야 하는 이유를 드러내 주고 있습니다. 저는 서구 맑스주의의 미래는 '천 개의 맑스주의들'이 신자유주의가 부과한 야만에 대항하는 새로운 사회적 실천들과 어떻게 조화로운 이론-실천의 통일성을 획득할 수 있느냐에 달려 있다고 봅니다.

아시아 공산주의

① 아시아 공산주의의 과제와 특징

마지막으로 아시아에서의 공산주의운동을 간략하게 살펴보겠습니다. 중국혁명의 전개과정이나 특징을 염두에 두면 다른 아시아 지역의 공산주의운동들을 이해하는 데 도움이 될 것입니다. 아시아의 공산주의운동은 중국의 사례와 유사한 경우가 많습니다. 아시아의 공산주의운동이 확산되는 배경은 당연히 자본주의가 아시아로 확산된 것입니다. 즉 자본주의의 전 세계적 확장의 결과로 비서구 사회에서의 저항운동이 활성화됩니다. **아시아 공산주의운동의 기본적 특징은 자생적인 운동과 외부에서 이식된 운동이 결합되는 방식으로 시작되고 전개된다는 것입니다.** 이 두 흐름을 좀 더 자세히 살펴봅시다.

서구 열강들의 제국주의적 팽창으로 인해 아시아 여러 나라들은 식민지·반식민지 상태로 전락하게 됩니다. 아주 예외적이지만 독립국가로 있던 여러 나라들도 외세로부터 완전히 자유롭지는 못했습니다. 예를 들자면 표면상 정치적 독립을 유지했던 타이도 사실상 영국의 영향권 아래

놓여 있었습니다. 따라서 이들 나라에서의 자생적 저항운동은 우선 반제국주의운동의 성격을 강하게 가지고 있었습니다. 또한 자국 자체의 후진적인 상황이 가져온 모순에 저항하는, 반봉건적인 성격을 띠는 대중들의 자생적 운동도 있었습니다. 하지만 동시에 명확하게 반제·반봉건이라고 규정할 수 없는 원초적인 저항도 상당수 존재했습니다. 이 저항들은 신분적·종교적·성적 억압과 무엇보다도 굶주림이 야기한 저항이었습니다.

동시에 외부에서 이식되어 자생적 저항과 결합된 운동의 흐름도 있었습니다. 러시아혁명의 성공 이후에 탄생한 조직인 코민테른이 그 흐름을 주도합니다. 이런 특징이 운동의 전 과정을 규정하게 됩니다. 그런데 이 두 경향이 아주 조화롭게 통일을 이루는 경우는 별로 없었습니다. 중국 혁명의 과정에서도 보았듯이 마오주의는 코민테른 노선에 대한 반발, 그것의 실패에 대한 반동으로 형성되었습니다. 아시아의 다른 공산주의운동들도 대부분 두 흐름 사이의 모순을 전개과정 내내 보여 준 경우가 많았습니다. 이것을 운동의 한계라고 볼 수도 있지만, 어떤 면에서는 아시아 공산주의운동의 특이성이자 새로움의 조건이라고도 할 수 있습니다. 물론 이것이 항상 긍정적 결과를 낳은 건 아니지만요.

우선 아시아 공산주의운동들이 초기에 직면하고 있었던 몇 가지 문제들을 살펴보겠습니다. 가장 큰 문제는 식민지 혹은 반(半)식민지 사회에서 자본주의가 충분히 발전하지 않았다는 것입니다. 이런 사회에서 사회주의로의 이행이 가능한가 혹은 사회주의가 그런 사회에 적합한 발전 모델인가는 아주 근본적인 문제였습니다. 이 문제는 두 가지의 구체적인 문제들로 나누어집니다. 첫번째는 만약 혁명이 일어난다면 그것이 어떤 성격의 혁명이냐는 문제입니다. 코민테른의 공식적 입장은 식민지 반봉건 사회에서의 혁명은 부르주아 민주주의 혁명이라는 것이었습니다. 자본주의가 충분히 발전하지 못한 사회에서의 혁명은 사회주의적 지향을 가지더라도 우선은 부르주아 민주주의 혁명의 과제들을 수행해야 한다는 것입니다. 이 입장은 기본적으로 맑스의 역사발전 도식에 근거한 것입니다. 두번째는 당면한 혁명의 주체가 누구냐 그리고 궁극적으로는 사회주의로의 이행의 주체가 누구냐는 문제입니다. 선진 자본주의 국가에서는 프롤레타리아트이겠지만 이 나라들에서는 노동자가 다수를 차지하지 못했습니다. 따라서 **노동자와 농민과 민족 부르주아지의 연합으로 부르주아혁명을 수행한다는 것이 코민테른의 공식 입장**이었습니다. 노동자가 주도권을 가지고 있어야 함에도 불구하고, 이행의 주체를 노동자로 한정시키지 못한다는 문제가 있었던 것이죠. 이 두 가지 문제가 아시아 공산주의운동이 첫번째로 풀어야 할 과제였습니다.

서유럽 사민주의나 러시아혁명에서 농민 문제가 맑스주의가 해결하기 힘들었던 문제였음을 보았습니다. 러시아혁명도 농민 문제를 해결하지 못하면서 왜곡되는 양상을 보였습니다. 이 문제는 농민이 훨씬 더 큰 비중을 차지하던 아시아에선 더 심각해집니다. 또 민족 부르주아지와의 관계를 어떻게 설정할 것인지도 문제가 됩니다. 중국 공산주의를 비롯한 아시아 공산주의운동만이 가지는 독특한 특징은 **농민의 주도적인 역할이 이전의 사회주의운동들에서보다 훨씬 강하게 부각**된다는 것입니다. 그에 따라 농민공산주의라고 할 수 있는 특징이 나타납니다. 중국뿐만 아니라 많은 아시아 국가들에서도 코민테른의 공식 입장과는 다른 역할을 농민이 수행합니다. 자생적인 저항운동의 주체들은 대부분 농민들이었습니다.

다음으로는 식민지 민족해방운동이 성공해서 권력을 장악하면 그 다음에 이 사회를 어떤 식으로 발전시킬 것인지의 문제가 대두됩니다. 쉽게 말해 자본주의 발전의 길로 가야 할 것인지 곧바로 사회주의·공산주의로 이행해야 할 것인지 아니면 이도 저도 아닌 새로운 길을 갈 것인지의 문제입니다. 당시 아시아 여러 나라들은 상당히 낮은 생산력의 단계에 머물러 있었기 때문에, 이 낙후된 생산력을 어떻게 발전시키느냐가 중요한 과제였습니다. 이것은 단순하게 이론의 문제가 아니라 인민들이 굶어 죽어 가고 있는 상황에서 이것을 어떻게 해결하느냐라는 매우 긴박한 과제였습니다. 독립한 구식민지 국가들이 자본주의에 대해 거부감을 가지는 것은 자연스러운 현상이었습니다. 제국주의에 대항해 독립을 쟁취했기 때문에 자본주의를 쉽게 받아들이려 하지 않았습니다.

이 문제는 1920년대의 민족해방운동뿐만 아니라 제2차 세계대전 이후 1960년대에 활성화되었던 민족해방운동도 똑같이 당면했던 문제였습니다. 뿐만 아니라 20세기 후반 이후 지금까지도 여전히 문제가 되고 있습니다. 현실사회주의 국가가 존재하던 당시에는 나름대로 비자본주의적인 길을 찾을 수 있었습니다. 왜냐하면 소련의 경제원조나 소련식의 모델이 있었기 때문입니다. 그런데 소련이 붕괴되어 버리니까 이 문제가 다시 부각됩니다. 소련 모델이 소련 내부에서도 실패했지만 소련 모델을 이식했던 탈식민 지역에서도 붕괴되니까 이제 어떻게 해야 하느냐라는 문제에 다시 부딪히게 된 것이죠. 그러면서 대부분의 지역에서 급속한 자본주의화가 진행됩니다. 특히 중국이나 베트남의 자본주의화를 보면 이들 국가들이 식민지 민족해방운동 당시 또는 혁명 성공 이후에 직면했던 발전 경로의 문제에 대해 완결된 해답을 아직도 찾지 못하고 있음을 알 수 있습니다. 결국은 맑스주의가 식민지 민족해방혁명의 이론으로서는 유효했음이 역사적으로 입증됐지만, 혁명 이후의 사회의 발전 경로로서 유효한지에 대해서는 현재로서는 상당히 부정적인 결과만이 나와 있는 상황입니다 그래서 맑스주의가 아시아에서 재활성화되려면 앞으로의 발전 경로에 있어서 어떤 전망을 제시해 줄 수 있느냐를 고민해야 하겠죠.

아시아 공산주의운동이 해결해야 했던 또 하나의 문제는 소련과 제국주의 열강들의 관계 때문에 생겨났습니다. 대표적인 사례가 영국이나 프랑스의 식민지였던 나라들의 경우인데, 제2차 세계대전에서 소련은 영국·프랑스와 동맹국이 되었습니다. 이 지역 공산주의자들이 식민지 해방운동을 할 때에는 영국·프랑스에 대항해서 싸웠는데 소련이 이들과 동맹을 맺어 영국·프랑스와는 싸우지 못하게 되는 문제가 발생합니다. 그와 반대로 영국·프랑스와 계속 대결하자고 주장하는 사람들은 영국·프랑스의 적인 독일을 지지하는 사례들이 곳곳에서 나타납니다. **소련과 다른 열강들의 관계, 또는 제국주의 열강들 간의 패권쟁탈 과정 속에 휩쓸리면서 운동이 동요**하는 현상을 보인 것입니다. 이것이 아시아 공산주의운동이 직면했던 독특한 문제들 중의 하나였습니다. 1960년대 이후에도 유사한 현상이 나타납니다. 중국혁명 이후에 소련뿐만이 아니라 중국도 아시아 공산주의운동을 지원합니다. 많은 아시아 공산주의자들이 중국과 소련의 이중 지원을 받았는데, 1960년대에 '중소 분쟁'이 발생하면서 중국이냐 소련이냐라는 양자택일을 해야 했습니다. 북한에서 '주체사상'이 나온 것도 이런 맥락에서입니다. 독자 노선을 선택하면서 주체사상이 등장한 것이죠. **이처럼 중소 분쟁은 결국 각국의 고유한 공산주의운동을 지배하고 흔들고 왜곡시키는 결과를 낳습니다.**

그렇지만 아시아 공산주의운동에 가장 결정적인 영향을 미친 것은 냉전입니다. 제2차 세계대전 직후에는 아시아 공산주의운동이 상당히 활성화되었지만, 1960년대 중반을 지나면 거의 절멸상태에 이르게 됩니다. 미국의 지원을 받는 우익 정권이나 군사쿠데타 세력에 의해 폭력적으로 진압당합니다. 계획적인 대학살이 이루어졌는데, 대표적인 사례가 인도네시아입니다. 1965년과 1966년 사이에 인도네시아에서 공산주의자들에 대한 대학살이 일어나는데 이때 사망자가 최소 20만 명에서 최대 200만 명까지로 추정됩니다. 이것은 20세기에 일어났던 가장 큰 규모의 학살 중의 하나입니다. 이런 식으로 수많은 공산주의운동들이 무력으로 진압된 가장 큰 이유는 냉전이 심화되었기 때문입니다. 특히 베트남 전쟁이 격화되면서 미소 분쟁이 이 지역에 영향을 미칩니다. 소련의 영향력을 차단하기 위해 미국이 이 지역의 공산주의운동에 개입하면서 수많은 우익 군사 쿠데타들이 일어났습니다. 우리나라도 마찬가지였죠. 미국이 우익 쿠데타들을 지원해 아시아에서 공산주의가 확산되는 것을 막으려 노력하고, 이 쿠데타 세력들이 미국을 등에 업고 공산주의자들을 강력하게 진압하면서 아시아 공산주의운동이 결정적으로 침체합니다. 결국 **아시아 공산주의운동을 현실적으로 종결시킨 것은 바로 냉전**이라고 할 수 있습니다.

  그런데 냉전은 물리적 폭력의 방식으로만 아시아 지역에 영향을 미친 것이 아닙니다. 특히 동아시아 지역에서 냉전은 공산주의의 확산을 막기 위한 대안으로서 발전주의 모델을 이식시켰습니다. **발전주의**는 자본주의 중심 국가들을 선진국으로 설정한 뒤, 자본주의가 일반화되지 않은 국가들의 문제는 낮은 발전 단계에 머물러 있기 때문이라고 보는 논리입니다. 냉전 시기에는 특히 **미국을 가장 발전된 국가로 보고, 모든 국가들이 단일한 발전 경로를 밟아 나가도록 요구**합니다. 제3세계의 급속한 자본주의화를 정당화하는 노선이죠. 미국을 비롯한 선진 자본주의 국가들은 동아시아에서 공산주의의 확산을 막기 위해 엄청난 경제적 원조를 하면서 전 세계적인 분업구조 속에 저발전 국가들을 편입시킵니다. 이 과정에서 일부 국가들은 선진국 경제의 하위 파트너로서 일정한 경제성장을 달성합니다. 한국을 비롯한 소위 개발도상국가들이 이렇게 생겨난 것이죠. 발전주의 모델이 성공적으로 실현된 나라들에서는 공산당 세력이 급속히 쇠락할 수밖에 없었습니다. 아시아 공산주의운동은 자생적 운동에서 출발했음에도 불구하고 코민테른이나 제국주의 열강들, 중소 분쟁과 냉전 같은 외적인 힘들에 의해서 너무 강하게 좌우되는 한계를 보여 주었고 이것이 비극을 낳는 원인이 되었습니다.

아시아 공산주의운동, 식민지 민족해방운동이 직면했던 문제는 이뿐만이 아닙니다. 식민지 민족해방운동의 결과로 성립된 근대적인 독립 민족국가 안에서 다시 분쟁이 발생합니다. 규모가 큰 민족국가가 새로 성립되면, 그 안에 편입된 소수 민족을 패권적으로 지배하거나 주변 약소국에 대해 지배력을 행사하려는 현상들이 나타납니다. 대표적인 것이 인도네시아가 동티모르를 점령한 '동티모르 사태'입니다. 스리랑카에서 타밀족의 분리 독립을 요구한 '타밀 반군' 문제도 그런 경우입니다. 이런 사건들이 보여 주는 것은 식민지 민족해방운동이 진정한 해방운동으로서의 의미를 가지려면 제국주의 열강으로부터 식민지 민족을 해방시킴과 동시에 제국주의적 억압이 다른 종류의 억압으로 대체되지 않도록 저항해야 한다는 것입니다.

아시아 공산주의운동의 또 다른 과제는 서유럽 공산주의운동에서는 존재하지 않았던 문제로, 종교와 결부된 것입니다. 기독교가 거의 유일한 종교였던 유럽과 그리스 정교가 지배적이었던 러시아에 비해(물론 러시아에서도 이슬람교가 문제가 되기는 하지만) 아시아에서는 종교 문제가 더 복잡합니다. 인도 내에는 힌두교와 이슬람교의 갈등이 있습니다. 버마와 타이의 경우는 불교가 지배적이고, 인도네시아는 이슬람 국가죠. 또 중동 지역의 경우에는 이슬람교가 지배적입니다. 그러면 왜 이것이 아시아 공산주의운동에 영향을 미친 걸까요? 특히 **중동 지역의 경우 공산주의운동이 활성**

화되지 못하는 가장 큰 이유는 종교적 영향력이 강하기 때문입니다. 맑스주의는 기본적으로 무신론입니다. 무신론적 입장인 맑스주의가 종교적 심성이 강한 대중들의 정서와 조화를 이루기가 어렵습니다. 또 많은 경우에 민족주의운동이 종교적 운동과 결부됩니다. 그렇게 되면서 종교적 색채의 민족주의운동과 비종교적인, 즉 세속적인 민족주의운동 그리고 공산주의운동이 공존하게 되어 경쟁자들이 많아집니다. 나중에 이 경쟁은 매우 비극적인 결과를 초래하기도 합니다. 또 종교운동이 사회주의적 경향을 띠는 경우도 있습니다. 종교가 서구적 근대화에 반대하는 노선으로 기능합니다. 똑같이 서구의 자본주의를 반대하기는 하는데, 공산주의적 관점이 아니라 전통적 종교의 관점에서 반대하는 것입니다. 그래서 사회주의적 요소들을 결부시킨 종교적 색채의 정치권력들이 수립되는 경우가 발생합니다. 대표적인 것이 버마의 경우입니다. 버마도 공식적인 정체(政體)는 불교사회주의를 지향하잖아요. 그런데 알다시피 버마는 상당히 억압적인 사회입니다. 공산주의운동은 이런 세력과도 경쟁해야 합니다. 또 공산주의자들 내부에서도 종교적 차이로 인해 분열이 발생하기도 합니다. 이런 것들이 아시아 공산주의의 큰 특징들이라고 할 수 있습니다.

그러면 이제 구체적 전개과정들을 살펴보겠습니다. 각 나라들을 모두 살펴보기에는 너무 많아서 일단 권역별로 나눠 보려고 합니다. 동아시아, 서남아시아, 중동 이렇게 세 개의 권역으로 나눠서 각 권역의 특징이나 중요한 전개과정들을 살펴보겠습니다.

② 동아시아 공산주의의 전개과정

먼저 동아시아 지역은 러시아혁명 이후 공산주의운동이 제일 활발했고 규모도 컸던 지역입니다. 우선 인도차이나 반도로 가봅시다. 인도차이나

인도차이나 공산당의 창설자인 호치민. 프랑스에서 공산주의 사상을 접했고, 제1차 세계대전 종전 후에는 베르사유 회의에 참가해 베트남 독립을 주장했다. 1941년에는 베트남에 돌아와 베트남 민족해방운동을 지도했다. 제2차 세계대전 이후 아시아 반식민운동을 이끈 인물이자, 가장 영향력 있는 20세기 공산주의 지도자 중 한 명으로 평가받고 있다.

반도에는 베트남, 라오스, 캄보디아, 타이, 버마가 있습니다. '인도차이나'라고 할 때는 주로 베트남, 라오스, 캄보디아를 말하는데, 이 세 나라를 한데 묶는 이유는 정치적으로나 지역적으로 연결되어 있었고 모두 프랑스 식민지였기 때문입니다. 공산주의운동도 마찬가지여서, 개별 국가의 공산당이 먼저 생긴 것이 아니라 처음에는 인도차이나 공산당이 만들어집니다. 그리고 1945년이 되어서야 세 나라 공산당으로 분할됩니다. 그 이후에도 상당 기간 동안 베트남 공산당이 제일 강력했고, 라오스 공산당과 캄보디아 공산당은 지부와 같은 역할을 했습니다.

세 나라 공산당 중에서 가장 중요한 역할을 했던 것은 베트남 공산당인데, 베트남 공산당의 건설자가 베트남 독립의 아버지라고 불리는 호치민(胡志明)입니다. 이 '치민'이란 이름은 '계몽한다'는 뜻인데 사실은 가명입니다. 그 전에 프랑스 유학 시기에 썼던 가명은 응우옌 아이 쿠옥(阮愛國)인데 '애국자'라는 뜻입니다. 그의 가명은 그가 민족주의자로서 출발했다는 것을 보여 줍니다. 아시아 공산주의운동은 민족해방운동 같은 자생적 운동과 결합하면서 발생했다고 했죠. **민족주의, 식민지 민족해방운동과 분리해 아시아 공산주의운동을 설명하기는 불가능합니다.** 호치민은 프랑스 유학 중에 프랑스 공산당에 가입하고, 모스크바로 가서 코민테른 요원으로 중국혁명에 파견됩니다. 1930년에는 코민테른의 지시로 중국에 망명해 있던 인도차이나 사람들을 모아 인도차이나 공산당을 설립합니다. 당시에 인도차이나 내에는 자생적인 농민항쟁이 아주 격렬하게 일어나고 있었습니다. 실제로 1930년에 농민들의 저항이 곳곳에서 일어나고 여기에 인도차이나 공산당이 개입해 두 곳의 소비에트를 건설합니다. 하지만 프랑스군의 유혈진압으로 만 명 이상이 학살당하면서 운동의 세력이 약화됩니다. 1941년에 베트남 독립동맹, 즉 '베트민'(Viet Minh)이라는 단체가 공산주의자들을 중심으로 결성됩니다. 이것이 나중에 베트남 민족주의당과 결합하면서 '베트남 혁명동맹'이 건설됩니다. 1945년에는 인도차이나 공산당이 해산되고 세 개의 공산당으로 나누어집니다. 우리가 많이 들어본 '베트콩'(Viet Cong)이라는 말은 베트남 공산당의 준말입니다.

여기서 베트남 현대사를 잠시 얘기할까요? 베트남은 프랑스의 식민지였죠. 제2차 세계대전이 발발한 뒤 프랑스는 독일에게 점령당했고, '비시(Vichy) 정권'이라는 나치의 괴뢰(꼭두각시) 정권이 들어섭니다. 비시 정권이 독일에 협력하면서 일본과 동맹을 맺죠. 그리고 일본군이 인도차이나를 점령하면서 프랑스는 인도차이나에 대한 영향력을 상실하게 됩니다. 제2차 세계대전이 끝나고 프랑스는 아무것도 한 것도 없는데 소련과 미국이 인명과 물자를 동원해 나라를 해방시켜 줘서 졸지에 승전국이 됩니다. 그후 다시 제국주의 열강의 지위를 차지하기 위해 일본이 물러난 인도차이나를 재침략합니다. 이것이 1946~1954년의 '제1차 인도차이나 전쟁'입니다. 호치민이 지도한 베트남군과의 전쟁 끝에 프랑스는 '디엔비엔푸(Dien Bien Phu) 전투'에서 결정적으로 패배합니다. 그리고 제네바 협정(Geneva Accords)이 체결되는데, 거기서 베트남은 프랑스 영향력 아래의 남베트남과 공산당이 지배하는 북베트남으로 분단됩니다. 베트남 사람들이 독립을 쟁취했지만 프랑스가 다시 남쪽을 빼앗아 괴뢰 정권을 세운 것입니다. 이런 상황에서 베트남 인민에게 통일은 민족해방혁명의 완성이라는 의미를 가지게 됩니다. **결국 베트남 전쟁의 성격은 베트남 민족해방 전쟁**이라고 할 수 있습니다.

프랑스놈들은 물러났지만 1953년경부터 미국이 프랑스를 대신하게 됩니다. 미국이 베트남에 개입한 것은 프랑스와 마찬가지의 이유에서인데, 이 지역이 천연자원이 풍부하고 동남아시아 지역 전체를 통제하는 데 매우 중요한 지정학적 위치에 있었기 때문입니다. 미국은 냉전 구도 속에서 소련과 중국 공산당이 이 지역에 미치는 영향력 확대를 막기 위해 참전한 것입니다. 1957년부터 1975년까지 '제2차 인도차이나 전쟁'이 일어나는데, 이때는 전선이 둘로 나뉩니다. 하나는 북베트남 대 미국이고 다른 하나는 북베트남 대 남베트남이죠. 처음에 전투는 남베트남 내의 내전으로 시작됩니다. 남베트남 내에도 게릴라 세력이 있어서 내전이 일어납니다. 여기에 미국과 북베트남이 각각 남베트남 정부와 게릴라들을 지원하면서 전쟁이 확대됩니다. 1964년에 유명한 '통킹만 사건'(Gulf of Tonkin incident)이 일어납니다. 통킹만에 정박 중이던 미군 함정을 북베트남 순찰선이 공격해서 교전이 벌어졌다는 것인데 사실은 미국의 조작이었습니다. 당시 미국 대통령이던 린든 존슨은 이 사건을 빌미로 의회의 승인을 얻어 본격적으로 군대를 파견해 휴전선 너머 북베트남을 폭격하기 시작합니다(소위 '북폭'). 베트남 전쟁이 본격적으로 개시된 것이죠. 이것을 계기로 서유럽과 미국에서 베트남전 반대운동이 일어나게 됩니다.

베트남의 공산주의운동은 본질적으로 프랑스와 미국의 점령에 대한 저항운동이었습니다. 그러므로 **베트남 공산주의운동은 제국주의 열강에 맞선 민족해방운동의 성격이 강했고 이 모순을 더 심화시킨 것이 냉전**이었습니다. 그런데 이 공산주의운동은 식민지 해방 이후의 전망을 제시하는 데는 결과적으로 실패했습니다. 1990년대 이후 베트남의 급속한 자본주의화가 그것을 잘 보여 줍니다.

그 다음으로 흥미로운 사례가 캄보디아입니다. 캄보디아는 베트남과 비슷한 역사를 밟아 나갑니다. 그런데 내부적인 정치상황은 더 복잡했어요. 프랑스 식민지였다가 독립했지만 미국의 영향력 아래에 있었습니다. 캄보디아 내에는 성격이 다른 수많은 정치 세력들이 있었습니다. 1970년경에 론 놀(Lon Nol)이 쿠데타를 일으켜서 공화국을 세우는데 이것은 미국의 괴뢰 정권이었습니다. 여러 세력들이 연합해서 이 괴뢰 정권에 대항해 내전을 치른 끝에 정권을 뒤엎는데, 가장 주도적이었던 세력이 캄보디아 공산당, 즉 '크메르 루주'(Khmer Rouge)*입니다. 크메르 루주는 1975년에 수도인 프놈펜을 점령하고 이어서 캄보디아 전역을 지배하게 됩니다. 그런데 그들은 권력을 장악한 직후인 1975년부터 베트남군의 공격을 받고 정글로 퇴각하는 1979년까지 대학살을 자행합니다. 이 대학살은 '킬링필드'로 잘 알려져 있습니다.

크메르 루주는 아시아 공산주의의 일부가 정통 맑스주의는 물론이

---

* 베트남의 지원 아래 1951년에 세워진 '혁명 캄보디아 인민당'에서 유래한 극좌 정당. 프랑스 유학파 출신인 이 당의 맑스주의 지도자들이 당 이름을 '캄보디아 공산당'으로 개칭했다. 우익 군사쿠데타에 의해 1970년 정부가 전복되고 내란상태에 빠지자 캄보디아 농촌 지역을 장악했고, 1975년 4월에는 수도 프놈펜을 공격해 '민주 캄보디아 정부'를 세웠다. 그러나 그후 4년에 걸친 그들의 캄보디아 통치 기간은 학살로 얼룩졌고, 캄보디아의 지식인층과 전문 기술자층은 거의 근절되었다.

캄보디아에서 학살된 이들의 해골과 뼈를 모아 놓은 선반. 킬링 필드의 잔혹함을 상징적으로 보여 주는 사진이다.

고 마오주의에서도 이탈해서 아주 다양한 변종으로 확대된 것을 보여 주는 극단적이고 비극적인 사례입니다. 캄보디아 공산주의는 농민공산주의라고 할 수 있는 마오주의의 영향을 받았는데, 마오주의보다 훨씬 더 극단적으로 나아갑니다. 그들은 마오주의의 영향을 받았고 실제로 중국의 지원도 받지만 **독자 노선과 자력갱생을 강조**합니다. 의료와 식량 원조조차도 거부해서 민중들이 고통받을 정도였습니다. 크메르 루주 지도자들은 도시와 농촌을 이분법적으로 분리해서 사고합니다. 그리고 **도시를 제국주의의 근거지이며 자본주의의 모든 악이 집결된 공간으로 봅니다**. 그래서 그들은 자신들이 농촌 출신의 빈민들을 대변한다고 주장합니다. 그리고 지주, 구체제의 군장교, 관료, 교사, 상인 그리고 도시 거주자들을 적으로 간주합니다. 크메르 루주 정권에서는 이 집단을 어떤 권리도 없는 자들로 분류했고, 그래서 이들이 집단학살의 주된 피해자가 됩니다. 심지어 모든 서구적 지식인과 도시 빈민도 크메르 루주의 공격 대상이었습니다. 이것은 **도시에 대한 그들의 적대감**을 잘 보여 줍니다.

그렇다고 해서 그들이 앙코르(Angkor) 시대의 목가적 소박함으로 돌아가려 했다고 보는 통상적인 시각은 피상적인 것입니다. 그들은 빈농의 자녀들이 주체가 되어 서구적 근대성과는 다른 캄보디아만의 고유한 발전을 이룩하리라 기대했습니다. 그리고 이를 위해서는 기존 체제의 정화가 선행되어야 한다고 보았습니다. 그런데 이때의 '정화'는 기존 체제의 문제를 개선하는 것이 아니라 청소해서 절멸시켜 버리는 것을 의미합니다. 그들은 강박적으로 폭력적 정화에 매달립니다. 그리고 농촌의 어린이들이 항상 유용한 지식을 가지고 있고, 정치적으로 해방되기만 하면 자동적으로 새로운 사회에 필요한 기술을 획득할 것이라고 믿었습니다. 마오주의적 의지주의의 극단화된 형태라고 볼 수 있겠죠.

근래에는 크메르 루주의 정치적 입장과 폭력성의 근원을 찾는 연구들이 많습니다. 이 연구들은 그들이 극단적 폭력에 의존한 이유를 여러 가지로 설명합니다. 현실적인 이유는 그들의 정치적 무능입니다. 캄보디아 전체를 장악하고 관리할 능력이 없이 집권하면서 취약한 권력기반을 과도한 폭력성으로 보완하려 했다는 것입니다. 그리고 당시의 베트남 전쟁의 긴박한 상황도 영향을 주었으리라 봅니다. 그들 입장의 지적 기원에 대한 흥미로운 연구들도 많이 나오고 있습니다 몇 년 전에 크메르 루주의 대표적인 이데올로그였던 키우 삼판(Khieu Samphan)의 파리 대학 경제학 박사논문이 프랑스와 미국에서 출판되면서 이런 연구가 활성화되었습니다. 역설적이게도 크메르 루주 지도자들은 대부분 프랑스 유학생 출신의 고학력자들입니다. 놀라운 사실은 크메르 루주의 지도자들이 집권 당시까지도 캄보디아의 현실에 대해 너무나 무지했다는 것입니다. 인민들이 기아에 시달리는 상황에서도 지도자들은 그 심각성을 인식하지 못했다고 합니다. 그들은 관념적인 틀 속에서 상상의 캄보디아와 인민들을 대상으로 혁명을 한 것입니다. 그리고 그 틀에 들어맞지 않는 현실을 폭력적으로 재단해 나간 것입니다. 대표적인 예로, 그들의 정치 노선은 농촌에서의 계급분화의 심화라는 전제에 근거하고 있었습니다. 그래서 농촌의 빈민을 기반 세력으로 설정한 것입니다. 그러나 실제로 농촌의 계급구성이 어떤지에 대해서는 거의 아무런 관심을 기울이지 않습니다. 그리고 도시와 농촌을 분명하게 나누는 것도 현실에서는 불가능합니다. 그들은 관념 속의 도시와 농촌을 현실에 적용시킨 것입니다.

문제는 이들의 이런 논리들이 대부분 프랑스 유학 시절에 형성되었다는 것만이 아닙니다. 철저한 반서구 독자 노선을 강조한 이들의 사고는 실제로는 서양이 동양을 환상적이고 관념적으로 보는 오리엔탈리즘의 전도된 형태에 불과했습니다. 서구인들은 서구를 특권화하고 상상의 동양을 열등한 것으로 보았습니다. 크메르 루주는 서구인들과 똑같은 동서양 개념을 가지고 있었습니다. 그들에게 도시는 서구 사회의 축소판이고 농촌은 동양 사회를 의미했습니다. 크메르 루주는 동양을 우월한 것으로, 서양을 열등한 것으로 가치평가한 것일 뿐입니다. 그러나 그들이 생각한 동양과 농촌은 서구인들의 관념에서 유래한 것이었습니다. 현실에서 그런 도시와 농촌은 존재하지 않는다는 것이 비극의 한 원천이었습니다. 유럽 중심주의의 폐해가 역설적으로 나타난 것이라고 볼 수 있겠죠. 지금 현재도 캄보디아에서는 크메르 루주 집권 시기의 과거사에 대한 청산이 잘 안 되고 있다고 합니다. 캄보디아 집권 세력 중에 크메르 루주 출신이 참여하고 있기 때문입니다.

라오스도 프랑스에서 미국으로 침략국이 바뀌는 비슷한 경로를 거치는데, 역시 미국이 지원한 여러 번의 쿠데타로 야기된 내전이 이어집니다. 베트남, 캄보디아, 라오스 세 나라는 모두 1990년대 이후 자본주의의 길로 나아가게 됩니다.

그 다음으로는 인도네시아 공산주의운동이 중요합니다. 전성기의 인도네시아 공산당은 공산주의 국가들을 제외하면 세계에서 가장 큰 규모였습니다. 인도네시아는 이전에 네덜란드령 동인도 제도였습니다. '인도네시아'는 나중에 붙여진 명칭이죠. 네덜란드령이었던 이 지역에 코민테른이 개입해서 공산당을 건설했습니다. 1920년에 인도네시아 공산당이 창설되는데 이것이 아시아 최초의 맑스-레닌주의 정당입니다. 인도네시아 공산당은 네덜란드에 대한 해방운동, 무장봉기를 시도했다가 실패하고 또다시 시도하는 과정을 끊임없이 반복합니다. 그러다가 1945년에 인도네시아 독립의 아버지라고 불리는 수카르노(Sukarno)가 등장해서 독립을 선언하고 민족주의 세력과 좌익 세력을 모두 연합해서 4년간에 걸친 민족해방투쟁을 벌입니다. 결국 1949년에 네덜란드를 몰아내고 독립을 쟁취하게 됩니다. 그런데 독립운동 과정에서 공산주의자들과 민족주의자들 간에 분쟁이 발생합니다. 1948년에 공산당이 봉기를 일으켰다가 실패하는데, 이때부터 공산주의자들과 민족주의자들 사이의 갈등이 본격화되었다고 할 수 있습니다.

독립 후 수카르노가 집권하고 나서 공산당이 합법화되고 아주 단기간에 엄청나게 세력을 넓히게 됩니다. 1950년대 말이 되면 인도네시아의

인도네시아 초대 대통령 수카르노. 네덜란드 식민주의에 저항해 3년간 투옥되었고 그후 3년간 유형생활을 했다. 1942년 일본이 인도네시아를 침략하자 독립을 승인하도록 일본에 압력을 가했고, 1945년의 유명한 연설에서 인도네시아의 국가원리로 인정받는 '판차실라'(Pancasila) 또는 '5대 원칙'(민족주의, 국제주의, 민주주의, 사회번영, 신에 대한 믿음)을 명시했다. 2차대전 종전 후에는 대통령에 올라 보건과 교육 등에서 성공을 거두었다. 하지만 장기 집권은 불안을 야기했고, 1965년 쿠데타가 일어나자 수하르토가 이를 진압하고 1968년에 대통령에 올랐다.

여러 정당들 중 최대 정당으로까지 발전하게 되죠. 수카르노의 노선은 반제국주의를 기본적인 입장으로 한 것이므로 공산당에 상당히 우호적이었습니다. 그러다가 1965년에 군사쿠데타 시도가 일어납니다. 군대 내 공산주의 세력이 우파 군사 지도자들을 살해하는 쿠데타 시도가 발생하고, 이때 공수부대 사령관이었던 수하르토(Suharto)가 쿠데타를 진압한다는 명분으로 군대를 장악하게 되면서 실권자로 등장합니다. 이 사건의 진상은 지금도 명확하게 밝혀지지 않았습니다. 아무튼 수하르토와 군부는 공산주의자들의 잔학행위를 대대적으로 선전하면서 대중들의 분노를 촉발하고 그에 편승해서 권력을 잡습니다. 수하르토가 군부 세력만으로 권력을 장악한 것은 아니고 이슬람 세력과 결탁합니다. 이것이 바로 공산주의운동과 종교운동이 충돌한 대표적인 사례죠. 1965~1966년에 앞에서 이야기했던 공산당 대학살이 일어나면서 동남아시아 지역에서 제일 큰 공산당이었던 인도네시아 공산당이 완전히 궤멸되었습니다. 대학살의 진상은 지금도 온전히 알려지지 않고 침묵 속에 묻혀 있습니다. 크메르 루주의 대학살과는 달리 서구 언론과 학계는 이 사건에 대해 거의 언급하지 않고 있습니다. 그러나 미국이 대학살을 사주하거나 방조한 것은 분명합니다. 학살 대상자의 명단을 미국이 인도네시아 군부에 제공했습니다. 이것은 동남아시아에서 공산주의의 확산을 막으려는 의도에서 이루어진 행동이었습니다. 결국 냉전이 이 사건의 중요한 배경이 된 것이죠.

필리핀, 말레이시아, 버마 등에서도 비슷한 역사적 과정이 전개됩니다. 즉 제국주의에 반대하는 해방혁명이 일어나지만, 해방 후에는 구제국이나 미국의 협조를 얻은 세력이 집권해 공산주의자들을 배제하는 과정을 겪습니다. 제2차 세계대전 후에 이 지역에서 일어난 무장봉기의 주요한 후원자는 중국이었습니다. 공산주의자들이 무장봉기에 실패하고 진압되면 대부분 중국으로 망명합니다. 1960~1970년대에 탄압받았던 주요 공산주의 지도자들이 지금도 대부분 중국에 망명해 있어요. 말레이시아 공산당 역시 1960년대 중반에 무장반란을 일으켰다가 분쇄되면서 남은 세력들이 타이와 캄보디아의 국경 지대로 망명합니다. 공식적으로는 계속 전쟁을 하다가 1980년대에 결국 평화조약을 체결했죠. 필리핀에서는 아직도 여러 지방에서 농민반란과 결합된 공산주의자들의 무장투쟁이 벌어지고 있습니다.

일본은 잘 알다시피 공산주의운동이 활발했지만 탄압을 거치면서 세력을 크게 넓히지 못했습니다. 그런데 일본 공산주의의 특징은 공산주의자들이 대학으로 대거 진출해서 정치경제학 연구 등 이론적 성과를 아주 많이 산출했다는 것입니다. 현재 세계에서 맑스주의 경제학의 성과가 가장 풍부한 나라가 일본입니다. 우리는 주로 서유럽 좌파들만 알고 있는데 일본의 성과들을 수용할 필요가 있을 것 같습니다. 그러나 일본에서도 연구자들의 노령화가 심각하고 재생산이 잘 이루어지지 않고 있다고 합니다. 한국의 공산주의운동은 여기서 다루지는 않겠습니다. 여기까지가 동아시아 공산주의운동이었습니다.

③ 그 외 지역의 공산주의

서남아시아에서는 인도가 중요합니다. 인도에서는 코민테른에서 레닌과의 논쟁으로 유명해진 마나벤드라 나트 로이(Manabendra Nath Roy)라는 사람이 초기부터 공산주의자로서 활동했는데, 실제로 정치 세력이 크지는 않았다고 해요. 1928년에 가서야 코민테른의 지시로 인도 공산당이 건설됩니다. 이때는 코민테른이 상당히 강경 노선을 걷던 코민테른 제6차 대회의 시기입니다. 인도 공산당은 코민테른의 노선을 따라 네루와 간디가 지도하던 '인도 국민회의'를 공격합니다. '국민회의'는 인도에서 가장 큰 민족해방운동 세력이었습니다. 그후에 국민회의와 통일전선을 형성하기도 하는데, 이런 노선의 변화는 모두 코민테른의 지시에 의한 것이었습니다. 1947년에 인도가 독립하고 인도 공산당은 1948년에 도시에서 무장봉기를 일으켰다가 실패합니다. 그러면서 여타 아시아 공산주의운동에서처럼 러시아혁명의 모델이 아니라 중국의 농민혁명 모델 또는 인민전쟁 모델이 더 적합하다는 인식을 하는 세력이 나타납니다. 구체적으로 두 가지 문제를 둘러싸고 공산당이 분열됩니다. 하나는 **의회전술을 선택하자는 입장과 계속해서 무장봉기라는 혁명전술을 고수하자는 입장이 대립한 것**입니다. 다른 하나는 **중소 분쟁 이후에 소련을 따르느냐 중국을 따르느냐의 문제로 입장대립이 일어난 것**입니다.

현재의 아시아 공산주의운동에서 인도는 상당히 중요합니다. 인도의 웨스트벵갈주(州)와 케랄라주를 공산당들이 장악하고 있기 때문입니다. 웨스트벵갈 지역은 지금까지 30년 동안 공산당이 집권하고 있습니다. 웨스트벵갈주는 단일 국가는 아니지만 인구가 8,000만 명이 넘으니까, 세계에서 현존하는 공산주의 세력 중 인도 공산당이 가장 크다고 할 수 있습니다(물론 중국 공산당을 공산주의 세력에 포함시키지 않는다면 말입니다). 8,000만 명의 인구를 지배하는 공산당은 서구 사회에는 없죠. 그러나 인도 공산당도 분열이 큰 문제입니다. 현재의 인도 공산당은 '인도공산당'(Communist Party of India, CPI), '인도공산당 맑스주의파'(Communist Party of India-Marxist, CPI-M), '인도공산당 맑스-레닌주의파'(Communist Party of India-Marxist-Leninist, CPI-ML)의 세 개의 정당으로 나뉘어 있어요. CPI-M이 스탈린주의 정당으로 웨스트벵갈주의 집권당입니다. CPI-ML은 마오주의자들입니다.

다음으로 네팔 얘기를 해봅시다. 얼마 전에 공산주의 세력이 집권했다고 언론에 많이 보도되었죠. 네팔 공산당 역시 1948년에 소련의 지시로, 정확하게 말하면 '코민포름'(Cominform)이란 단체의 지시로 건설되는데 엄청나게 분열이 심했습니다. 최근에 왕정이 폐지되었지만 그 당시는 군주제 국가였죠. 군주제를 승인하느냐 마느냐 여부를 가지고 갈등을 빚기 시작해 당이 연쇄적으로 분열하게 됩니다. 그중에서 제일 큰 세력은 '네팔공산당 마오주의'(CPN-Maoist)입니다. 1996년 이래로 계속해서 게릴라 무장투쟁을 벌여서 국토의 70% 이상을 장악했습니다. 정부는 수도인 카트만두만 장악하고 있고, 나머지는 마오주의자들이 장악한 것입니다. 그 와중에 미국의 후원으로 집권하던 왕실 안에서 자기들끼리 서로 죽이는 사건이 있었고 정국이 혼란에 빠졌습니다. 이렇게 혼란스러운 상황에서 마

공산당이 집권하고 있는 인도 케랄라주에서 당 대회가 개최되는 시기의 풍경.

오주의 세력은 의회전술을 받아들입니다. 이들은 선거에서 승리해 군주제를 폐지했고, 당의 대표가 집권 연합의 수상이 되었습니다. 그러나 공산당 군대의 정규군 편입이 무산되어 집권 연합에서 물러났고 다시 내전상황으로 치닫고 있습니다. 21세기에 들어와 일시적으로나마 공산당이 집권에 성공했던 유일한 사례가 네팔이라는 점에서 의미가 있습니다.

중동 지역은 하나로 묶어서 다루겠습니다. 이미 말했듯이 중동 지역 중 이슬람이 강한 곳에서는 무신론을 표방하는 공산주의는 뿌리내리기가 힘들어 세력이 상당히 약할 수밖에 없었습니다. 게다가 **맑스주의자들이 주장하는 여러 가지 사회주의적 정책들이 다른 정치 세력들에 의해서 부분적으로 수용되고 주장되었기 때문에** 이들과도 경쟁해야 했습니다. 대표적인 경쟁 세력이 민족주의 세력이나 아랍사회주의 세력이었죠. 이집트 대통령을 지내고 수에즈 운하를 국유화했던 가말 압델 나세르(Gamal Abdel Nasser) 같은 사람들이 아랍사회주의자입니다. 집권 후 이들은 주요 생산수단을 모두 국유화합니다. 민족주의자들이나 아랍사회주의자들이 집권하면 제일 먼저 서구의 메이저 회사들이 장악하고 있던 석유를 국유화하죠. 그러면서 서구 국가들과 갈등을 빚게 되는데, 이란과 이라크가 모두 그런 경우였습니다. 아시다시피 이 갈등은 지금도 계속되고 있습니다. 민족주의 세력이나 아랍사회주의 세력이 주요 생산수단의 국유화 같은 좌파적 성향의 경제정책을 부분적으로 채택하기 때문에 공산주의자들은 이들과 경쟁해야 했습니다. **중동에서 공산주의가 약한 또 다른 이유는 석유 자원이 중요해지면서 석유자원 통제를 위해 미국이 이 지역에 집중적으로 개입했기 때문입니다.** 그러면서 공산주의자들의 입지가 더욱 약해집니다.

그런데 이런 중동 지역에도 공산주의자들이 집권했던 두 나라가 있습니다. 그중 하나가 아프가니스탄입니다. 1978년 4월 4일에 혁명이 일어나 공산주의자들이 집권합니다. 그러자 이들을 몰아내려고 산간 부족을 중심으로 한 무자헤딘(Mujahidin)이라는 이슬람 무장 세력이 반란을 일으킵니다. 이 중 가장 강력한 세력이 탈레반(Taliban)이죠. 영화〈람보〉3편을 보면 람보가 아프가니스탄에 가서 소련군과 싸우는데, 같이 싸우는 사람들이 탈레반입니다. 아프가니스탄의 집권 공산주의 세력이 약하니까 소련이 개입합니다. 그러나 소련 군대는 아프가니스탄을 장악하지도 못하고, 남의 나라에 무력으로 개입했다는 국제적인 비난을 받은 데다가, 인명 살상만 늘어나는 상황에 빠집니다. 결국 '소련의 베트남'이라는 말을 듣게 되었고 철군하게 됩니다. 소련의 아프가니스탄 참전은 소련 붕괴를 재촉한 사건이기도 했습니다. 아프가니스탄의 공산 정권은 결국 유지되지 못했습니다. 다른 한 나라는 남예멘입니다. 지금은 통일되었지만 과거에는 남·북 예멘으로 분단되어 있었습니다. 이 중 남예멘에서 공산당이 집권했는데, 북예멘으로 사실상 흡수통일되었습니다.

이렇게 중동의 두 나라에서 공산당이 집권하기도 했지만, 대부분 지역에서는 미국의 영향력 아래에 있는 정권이 집권하고 있습니다. 그중에서 사우디아라비아나 쿠웨이트 같은 경우는 지금도 부족장들이 다스리는 정치 체제하에 있습니다. 반면에 이란처럼 아랍민족주의자들 또는 아랍사회주의자들이 권력을 장악한 국가도 있습니다. 아랍민족주의자들은 제국주의자들과도 싸우지만 공산주의자들에게도 탄압을 가합니다. 이것이 지금의 상황이라고 할 수 있습니다.

여기까지가 아시아 공산주의운동에 대한 정말 간략한 소개였습니다. 아시아 지역 공산주의운동을 살펴보면서 내릴 수 있는 결론은, 150년 전에 출발했던 **맑스주의의 이론적 틀을 가지고는 온전히 설명하기가 더 이상 불가능한 현실이 있었고, 그 현실 속에서 새로운 성격의 맑스주의가 생겨났다는 것**입니다. 아시아 공산주의운동을 보면서 맑스주의의 역사를 정리하는 것이 의미 있는 것은 바로 이런 이유 때문입니다. **맑스주의의 역사는 150년간 단일한 자기정체성을 유지한 정치적 이념의 역사가 아니라, 하나의 이름으로 불리고 어떤 면에서는 자기동일성을 유지하지만 동시에 그 동일성을 끊임없이 깨뜨리면서 새로운 영역으로 확산되어 간 정치적 이념의 역사**입니다. 아시아 공산주의운동들은 그 비동일성으로의 확산의 원인이 아시아가 처한 독특한 상황이었다는 것을 극명하게 보여 주었습니다.

나가면서

이제 강의를 마무리하면서 두 가지 문제만 함께 생각해 보았으면 합니다. 그 문제는 왜 맑스주의를 공부해야 하는가 그리고 맑스주의를 알려면 왜 맑스주의의 역사를 보는 것이 필요한가입니다. 오늘날 한국과 세계의 정치, 경제, 사회 그리고 특히 문화 등의 모든 영역에서 지배적인 지적 경향은 자유주의입니다. 자유주의 안에서도 사회적 자유주의와 노골적인 신자유주의 사이에 다양한 변종들이 존재합니다. 하지만 어떤 의미에서든 자유주의의 지배권은 과거 어느 때보다도 확고해 보입니다. 자유주의가 등장한 이래로 그와 대립해서 다른 세계를 꿈꾸었던 사회주의들, 그중에서도 약 150년 동안 자유주의의 유력한 맞수였던 맑스주의는 이제는 이미 지나가 버린 오류의 기록으로 치부됩니다. 맑스주의의 이상들에 우호적인 사람들에게도 그것은 기껏해야 몽상가들의 유토피아로만 취급되고 있습니다. 더 중요한 것은 이 이상들뿐만이 아니라 맑스가 평생을 바쳐 다듬어 낸, 자본주의 세계를 비판적으로 이해하는 과학적 틀 자체가 폐기처분되었다는 것입니다.

오늘날 (신)자유주의는 야만적인 억압과 가혹한 착취에 의존해서 작동하고 있습니다. 그러나 그 체제는 결코 안정되지 못하고 자신의 불안정성을 주기적으로 노출하고 있습니다. 이제 (신)자유주의의 피해자들은 (신)자유주의에 결코 동의할 수 없다는 것을 고통스러운 경험으로 깨닫고 있습니다. 그러나 이런 세상이 어떻게 작동하는지를 명확하게 이해하지는 못하고 있습니다. 많은 해석들과 대안들이 제시됩니다. 그러나 지난 세월 동안 자유주의의 가장 유력한 대안이었던 맑스주의를 참조하려는 이들은 찾기 힘듭니다. 맑스주의가 정말 유효성이 없는 대안이어서일까요? 제 생각에 맑스주의는 부당하게 가혹한 대우를 받고 있는 것 같습니다. 어떤 정치적 견해들도 절대적으로 보편타당하지는 않습니다. 지금 자유주의의 대안으로 제시되는 여러 주장들도 많고 적음의 차이는 있겠지만 부분적으로는 옳고 부분적으로는 적합하지 않을 것입니다. 이것은 상식입니다. 21세기에 누구도 한 사상에서만 모든 답을 찾으려 하지는 않습니다. 그래서 서로 배우고 보완해 나가면서 더 나은 대안을 모색하는 것이겠죠. 그렇기 때문에 어떤 부분적인 결함이 있다고 해서 그 입장 전체를 폐기하는 것도 올바른 접근은 아닙니다. 그러나 유독 맑스주의에 대해서는 가혹한 판결을 내립니다. 맑스 유산의 어떤 부분도 계승하지 않겠다고 공언하는 진보 세력이 적지 않으니까요. 저는 한국의 지식인들이 목욕물 버리려다 아이까지 버리는 오류를 범하고 있지는 않은지 걱정입니다. 한번은 어떤 분이 제게 아직도 낡은 맑스를 공부하느냐고 비웃듯이 물은 적이 있습니다. 그분의 전공은 서양 고대철학이었습니다. 우스갯소리가 아니라 이것이 우리의 현실입니다. 아리스토텔레스의 생물학이 현대의 생물학과 다르다고 해서 아리스토텔레스가 아무런 가치 없는 낡은 사상가라고 말하는 사람이 있나요? 그런데 맑스에게는 그런 잣대를 들이댑니다. 우리가 맑스주의를 이렇게 대하는 것은 (신)자유주의에 대한 대안의 유력한 자원을 스스로 포기하는 것입니다. 또 많은 이들이 자신도 모르는 채 맑스의 유산들을 다른 이름을 붙여 사용하고 있기도 합니다. 맑스주의의 이상을 포기하고, 또 맑스의 정치경제학 비판을 통한 자본주의 분석을 폐기하고 우리에게 남은 것은 무엇인가요?

맑스주의를 경제환원론이라고 비판하는 것이 유행하는 논리입니다. 주로 문화주의적 접근을 선호하는 분들이 하는 얘기입니다. 오늘날 누구나 (신)자유주의의 폐해를 말합니다. 자본가들 중에도 (신)자유주의의 종언을 말하는 사람이 있습니다. 그러나 소위 진보 진영에서 (신)자유주의에 대한 경제학적 비판이 얼마나 제기되었나요? 문화적·이데올로기적 비판만이 판을 치고 있습니다. 문화주의자들은 자신들의 접근이 가장 급진적이며 근본적이라고 주장합니다. 정치적·경제적 접근은 낡은 것으로 치부하며 폐기했습니다. 그러나 (신)자유주의는 본질적으로는 경제적인 현상입니다. 경제적 현상에 대한 문화주의적 비판이 유효한 측면도 있겠지만 본질적이거나 전부라고 말할 수는 없습니다. 경제 문제에 대해 어떻게든 말해야 했던 그분들은 케인스(John Maynard Keynes)나 폴라니(Karl Polanyi), 더 나아가 맑스 이전이나 당대의 경제학자들을 다시 불러냅니다. 전복적인 이데올로기 비판이 갑자기 사민주의와 짝을 이루기도 합니다. 심지어 주류 중의 주류인 미국 경제학자들이나 투기자본 운영자들이 『월스트리트 저널』이나 『뉴욕 타임스』에 실은 글을 여과 없이 번역하는 자칭 진보 언론도 있습니다. 이 이야기들이 다 틀렸다는 것이 아닙니다. 제가 말하고 싶은 것은 한국의 진보나 좌파가 자신들의 고유한 정치적·경제적 관점을 가지고 있지 못하기 때문에, 자신들과 어울리지 않는 이론에 의존해야 하는 상황에 처했다는 것입니다. 맑스주의를 폐기하면서 정치적이고 특히 경제적인 접근법을 함께 버렸기 때문입니다. 이제 문화주의자들은 스스로가 문화환원론에 빠져 버렸습니다.

맑스주의의 가장 큰 특징은 고정되지 않고 변증법적으로 스스로를 갱신하는 경향입니다. 맑스주의가 새로운 모습을 가지게끔 하는 것은 그것이 직면하는 새로운 역사적 상황입니다. 지금 우리는 맑스(주의)를 다시 꼼꼼히 읽고 생각해 볼 필요가 있습니다. (신)자유주의의 가혹함과 불안정성이 우리에게 그것을 요청하고 있기 때문입니다. 그렇다면 우리는 맑스주의에 어떻게 접근해야 할까요? **세상에 초월적이고 영원한 것은 없으며 모든 것은 역사적일 뿐이라는 것, 역사의 변화와 그 원인에 대한 과학적 인식이 세상을 변화시키기 위해서 필요하다는 것**, 이것이 맑스 사상의 대전제 중의 하나입니다. **따라서 맑스주의를 그것이 생성되고 실천으로 옮겨진 역사적 구체성을 떠나서 이해하려는 접근은 전적으로 비맑스적입니다.** 또 맑스주의가 역사적이라는 것은 **단일한 맑스주의란 있을 수 없고 최소한의 동일성을 공유하는 상이한 복수의 맑스주의들이 존재한다는** 의미이기도 합니다. 이 맑스주의들이 어떤 점에서 같고 어떤 점에서 다른지, 그 차이는 왜 발생하며 이 차이들의 실천적 의미는 무엇인지를 알기 위해서는 맑스주의의 역사를 통해서 접근해야만 합니다. 그리고 우리가 사는 한국 사회의 특수성 때문에도 맑스주의의 역사를 아는 것이 필요합니다. 한국은 냉전의 영향을 가장 오랫동안 가장 가혹하게 받은 나라입니다. 냉전 상황은 맑스주의를 정치적 대안으로 받아들이는 것은 물론이고 학문적으로도 체계적으로 수용하지 못하게 만들었습니다. 이런 상황에서 맑스주의의 수입은 부분적으로, 역사적 맥락을 충분히 고려하지 못한 채 이루어질 수밖에 없었고, 그것이 맑스주의에 대한 수많은 몰이해의 한 원인이 되었습니다. 따라서 전체적인 역사적 맥락 속에서 맑스주의를 이해하는 것이 이런 한계를 극복하는 유효한 접근법이라고 생각합니다.

이 강의는 너무나 많은 내용을 한정된 분량 안에서 쉽게 전달해야 한다는 치명적인 한계를 안고 진행되었습니다. 그래서 무엇을 말할 것인지가 아니라 무엇을 뺄 것인지가 큰 고민이었습니다. 최대한 주관을 배제하려 애썼지만 그럼에도 불구하고, 또 그 이유로 인해 강의의 내용에 대해서는 논란의 여지가 많으리라 생각합니다. 부정확한 내용도 분명히 발견될 것입니다. 이 모든 한계에도 불구하고 맑스주의에 대한 대중의 관심을 조금이라도 불러일으키거나, 이 보잘 것 없는 책의 오류를 바로잡는 더 좋은 책을 쓰도록 연구자들을 자극할 수 있다면 바랄 것이 없겠습니다. 이만 마치겠습니다.

더 읽을 책들

더 공부하고 싶으신 분들을 위해서 관련된 단행본의 목록을 작성해 보았습니다. 일단은 너무 전문적이지 않고, 한글로 된 책들만을 소개해 드립니다. 맑스주의 공부는 주로 외국의 연구 결과에 의존해야 하는데, 아쉽게도 많은 좋은 책들이 번역되지 않았습니다. 번역된 책들도 절판되어 구할 수 없는 경우가 많습니다. 그래서 구매가 가능하거나 대학 도서관 정도에서 구할 수 있는 책들에 한정할 수밖에 없었습니다. 또 하나 안타까운 점은 번역의 질입니다. 공들여서 이해하기 쉽게 옮긴 책들도 있지만 그렇지 못한 경우도 많습니다. 이 목록의 가장 큰 한계는 제가 읽은 책들만을 소개한다는 점입니다. 전문적인 연구자가 아닌 저의 무지로 인해 소개하지 못한 좋은 책들은 다른 분들이 소개해 주었으면 하는 바람입니다.

※ 여기서 소개한 책들의 저자와 제목은 한국어판의 표기를 그대로 따랐습니다.

1. 맑스주의의 등장과 유럽에서의 전개의 역사적 배경

아르투어 로젠베르크, 『프랑스대혁명 이후의 유럽정치사: 사회주의와 민주주의』, 박호성 옮김, 역사비평사, 1995.
유럽 근대 정치사와 정치사상의 흐름을 잘 개괄한 좋은 책입니다.

에릭 홉스봄, 『혁명의 시대』, 정도영·차명수 옮김, 한길사, 1998.
에릭 홉스봄, 『자본의 시대』, 정도영 옮김, 한길사, 1998.
근대 유럽의 역사 전반에 대한 충실하고 고전적인 저술로는 역시 홉스봄의 책 만한 것이 없다고 봅니다.

미셸 보, 『자본주의의 역사』, 김윤자 옮김, 창작과비평사, 1987.
자본주의의 발생부터 1980년대까지의 자본주의의 역사를 알기 쉽게 정리해 놓은 책입니다.

히라타 키요아키,『사회사상사: 비판적 사회인식의 발생사』, 장하진 옮김, 한울, 1982.
근대의 사회사상, 특히 맑스 이전의 사회주의 사상을 간략하게 정리한 부분이 유용한 책입니다.

안토니 라이트,『열린 사회주의 닫힌 사회주의』, 이승협·임현진·정일준 옮김, 역사비평사, 1997.
사회주의 역사에 등장하는 흐름들과 개념들을 정리하기에 적합한 입문서입니다.

장 프레포지에,『아나키즘의 역사』, 김지은·이소희·이지선 옮김, 이룸, 2003.
주요 아나키스트들의 생애와 사상을 함께 정리한 책입니다. 두껍지만 쉽고 내용이 충실합니다.

2. 기존의 맑스주의 역사들

Julius Braunthal, *History of the International*, trans. Henry Collins and Kenneth Mitchell, Praeger, 1967.
George Douglas Howard Cole, *A History of Socialist Thought*, Macmillan, 1953~2003.
이 두 권 같은 고전적인 저술들이 한글로 소개된다면 더 바랄 것이 없겠습니다만 아래에서 소개한 세 권의 번역서도 좋은 책들입니다.

윌리엄 Z. 포스터,『세계 사회주의운동사: 제1, 2, 3인터내셔널의 역사』1~2권, 동녘 편집부 옮김, 동녘, 1987.
대중교육을 의도하고 쓴 책이라 평이하게 읽을 수 있고 운동의 역사도 함께 알 수 있지만, 소련 공산주의의 공식 입장에 충실하다는 점을 감안하며 읽어야 합니다.

프레드락 브라니츠키,『마르크스주의의 역사』1~2권, 이성백·정승훈 옮김, 중원문화, 1987.
세 권 중 마지막 권이 번역되지 않은 점이 아쉽습니다. 역사보다는 사상에 중점을 두었고, 저자가 반스탈린적 공산주의운동의 본거지인 유고슬라비아 출신임을 염두에 두고 읽었으면 합니다.

레셰크 코와코프스키,『마르크스주의의 주요 흐름』1~3권, 변상출 옮김, 유로서적, 2007.
역시 동구 출신 학자의 책이고, 저자의 입장에 대한 고려가 필요합니다. 흐름을 잡아 나가는 서술방식이 장점입니다.

루이 알튀세르 외 지음, 서관모 엮음, 『역사적 맑스주의』, 새길, 1993.
논문 모음집으로, 에릭 홉스봄이 편집을 맡고 당대 대가들의 논문들을 수록한 *The History of Marxism* (Indiana University Press, 1982)의 일부가 수록된 책입니다.

윤소영, 『역사적 마르크스주의: 이념과 운동』, 공감, 2004.
우리 책처럼 대중 강의를 정리한 책입니다. 맑스주의의 흐름들에 대한 대담한 일반화와 주관적 평가가 특징입니다.

3. 맑스·엥겔스의 저작

칼 맑스·프리드리히 엥겔스, 『칼 맑스 프리드리히 엥겔스 저작선집』 1~6권, 최인호 외 옮김, 박종철출판사, 1997.
맑스·엥겔스 저작의 한글 번역본 중에서는 박종철출판사의 책들이 가장 믿을 만하다는 것이 일반적인 평가입니다. 『저작선집』을 처음부터 끝까지 한 번 읽어 보는 것이 어떤 해설서를 보는 것보다도 좋은 공부방법이라고 생각합니다. 『저작선집』 외에 같은 출판사에서 단행본으로 출판된 저작들도 있습니다.

4. 제2인터내셔널 시기 맑스주의자들의 저작

칼 카우츠키, 『사회민주주의 기초』, 이상돈 옮김, 백의, 1991.
「에르푸르트 강령」에 대한 해설서로, 당시 정통 맑스주의자들의 공식 입장을 담은 책입니다. 카우츠키 특유의 장황한 어투 때문에 좀 지겨울 수도 있습니다만, 역사적으로 의미 있는 텍스트입니다.

칼 카우츠키, 『프롤레타리아 독재』, 강신준 옮김, 한길사, 2006.
우경화된 카우츠키의 말년의 정치적 입장을 잘 알 수 있게 해주는 책으로, 볼셰비키혁명에 대한 비판을 목적으로 하고 있습니다. 냉전 시기의 '민주주의 대 독재'라는 반공주의 도식의 원천이라고 할 수 있습니다. 레닌의 『프롤레타리아 혁명과 배신자 카우츠키』(허교진 옮김, 소나무, 1988)는 이 책에 대한 비판입니다. 두 권을 함께 읽어야겠죠.

에두아르트 베른슈타인, 『사회주의의 전제와 사민당의 과제』, 강신준 옮김, 한길사, 1999.
수정주의의 교과서이자 베른슈타인의 입장을 견지한 책입니다. 한국어판의 번역은 상당히 매끄럽지만 「역자 해제」의 편파적 해석, 특히 베른슈타인의 제국주의적 입장에 대한 관대한 침묵은 생각해 봐야 할 문제입니다. 베른슈타인의 다른 책 『사회주의란 무엇인가 외』(송병헌 옮김, 책세상, 2002)를 같이 읽으면 좋습니다.

로자 룩셈부르크, 『사회 개혁이냐 혁명이냐』, 김경미·송병헌 옮김, 책세상, 2002.
베른슈타인에 대한 비판을 목적으로 쓴 텍스트이므로 위의 책과 비교해서 읽어야 합니다. 두 사람 중 누구의 입장에 공감하시나요? 로자 룩셈부르크의 다른 텍스트들보다 번역상태가 좋습니다.

로자 룩셈부르크, 『룩셈부르크주의』, 풀무질 편집부 옮김, 풀무질, 2002.
룩셈부르크의 사상을 이해하기 위해 꼭 읽어야 할 책입니다. 「유니우스 팸플릿」, 『자본의 축적』을 제외한 중요 텍스트가 대부분 포함되어 있습니다. 번역과 교열 상태가 조금 아쉽습니다.

조르주 소렐, 『폭력에 대한 성찰』, 이용재 옮김, 나남, 2007.
총파업 논쟁이 낳은 철학적 성찰의 결정판입니다. 파시즘과 맑스주의 모두에 큰 영감을 준 책입니다. 발터 벤야민의 「폭력비판을 위하여」(『발터 벤야민 선집 5』, 최성만 옮김, 길, 2008)는 이 책을 해설한 글입니다. 또한 벤야민의 이 텍스트에 대한 자크 데리다의 해석서가 『법의 힘』(진태원 옮김, 문학과지성사, 2004)입니다.

피터 게이, 『민주사회주의의 딜레마: 베른슈타인의 맑스에 대한 도전』, 김용권 옮김, 한울, 1994.
수정주의가 나오게 된 역사적 배경을 해명한 고전적인 역사서입니다. 하지만 수정주의자들의 제국주의 옹호에 대해 거의 아무런 관심도 가지지 않는다는 치명적인 한계도 지니고 있습니다.

5. 레닌 저작과 전기

블라디미르 레닌, 『레닌저작집』 7권 2분책, 레닌출판위원회 옮김, 전진, 1988~1992.
레닌의 저작들을 시간 순으로 모아 놓은 저작집입니다. 단행본으로 나온 다른 판본들도 많이 있으니 참고하시기 바랍니다. 러시아어에서 직접 번역하지 않았다는 아쉬움이 있습니다만, 지금의 우리 수준으로는 당분간은 기대하기 힘든 과제겠죠.

블라디미르 레닌, 『무엇을 할 것인가?』, 최호정 옮김, 박종철출판사, 1999.
기존의 번역들과는 달리 러시아어에서 직접 번역한 책입니다.

로버트 서비스, 『레닌』, 정승현·홍민표 옮김, 시학사, 2001.
한글로 된 레닌 전기 중 근래의 것으로, 그간의 역사 연구의 새로운 성과들을 반영하고 있습니다. 볼셰비키 지도자들에 대한 통념과 오해를 상당 부분 교정할 수 있을 것입니다. 무엇보다 재미있습니다.

6. 러시아혁명과 스탈린

존 M. 톰슨, 『20세기 러시아 현대사』, 김남섭 옮김, 사회평론, 2004.
분량이 많기는 하지만 이보다 잘 정리된 러시아 현대사 책을 찾기 힘드니 꼭 읽어 보시기를 권합니다. 옮긴이의 사명감이 훌륭한 번역본을 가능하게 한 것 같습니다.

알렉 노브, 『소련경제사』, 김남섭 옮김, 창작과비평사, 1998.
소련경제사와 관련해 가장 널리 읽히는 책입니다. 김남섭 선생님의 번역은 역시 훌륭합니다.

박상철, 『스톨리핀과 그의 시대(1906~1911): 체제 변혁기의 보수적 개혁』, 한국학술정보, 2004.
혁명 전 러시아의 상황을 좀더 생생히 알 수 있게 해주는 책입니다. 제가 소개하는 몇 권의 러시아 관련 집필서들은 러시아 문서보관소에서 수많은 일차자료를 뒤진 노력의 결과로, 한국 러시아사 연구자들의 성취가 상당한 수준임을 보여 줍니다.

알렉산더 라비노비치, 『혁명의 시간: 러시아혁명 120일 결단의 순간들』, 류한수 옮김, 교양인, 2008.
2월 혁명에서 10월 혁명까지의 기간을 추적한 역사서입니다. 10월 혁명을 소수 무장세력의 쿠데타로 보는 냉전적 시각에 대해 설득력 있는 비판을 제기합니다. 저자 자신이 러시아 망명자의 아들로 보수적 정치관을 가졌다는 점에서 더 흥미로운 책입니다.

스티브 A. 스미스, 『러시아혁명: 1917년에서 네프까지』, 류한수 옮김, 박종철출판사, 2007.
러시아혁명 직후의 전개과정을 개괄한 책입니다. 특히 네프를 둘러싼 논쟁의 맥락을 이해하는 데 도움이 됩니다.

이오시프 비사리오노비치 스탈린, 『스탈린 선집』, 서중건 옮김, 전진, 1988~1990.
스탈린의 주요 저작들이 거의 다 수록되어 있어서 연구자료로 유용합니다. 하지만 스탈린 사상의 핵심을 보여 주는 『사적 유물론과 변증법적 유물론, 마르크스주의와 언어학』(정성균 옮김, 두레, 1989), 『레닌주의의 기초, 레닌주의의 제문제』(윤시인 옮김, 두레, 1990) 정도만 읽어도 무방할 것입니다.

아이작 도이처, 『스탈린』, 유완식·정홍진 옮김, 한림출판사, 1983.
트로츠키주의자가 쓴 스탈린 전기입니다. 재미있지만 좀 오래된 자료라는 것이 흠입니다. 스탈린과 소련에 대한 냉전 시기의 악선전들이 아직도 유포되고 있는 것은 많이 아쉬운 일입니다. 냉전 시기 CIA가 소련을 비방하기 위해서 일부 트로츠키주의자들을 이용했다는 점을 감안하고 자료들을 봤으면 합니다. 하지만 이 책이 그렇다는 것은 아닙니다.

로버트 서비스, 『스탈린, 강철 권력』, 윤길순 옮김, 교양인, 2007.
스탈린 전기 중에서 가장 최근에 출간된 것이고, 또 엄청난 두께를 자랑하는 책입니다. 스탈린에 대한 저자의 혐오가 곳곳에서 드러나지만, 풍부한 자료를 접할 수 있는 유용한 책이기도 합니다. 냉전 시대 이래의 스탈린에 대한 악마화를 넘어서서 객관적인 평가를 하기 위해서는 냉전과 소련 붕괴 이후의 역사서들이 도움이 될 것입니다.

이완종, 『10월혁명사』, 우물이있는집, 2004.
제목과는 달리 스탈린 사상과 스탈린 체제를 자세히 다루고 있는 책입니다. 저는 한글로 된 스탈린 해설서 중에서는 이 책에서 가장 많은 도움을 받았습니다. 러시아에서 직접 방대한 일차자료를 토대로 작업한 한국 학자의 책이라는 점도 의미가 있습니다.

케빈 맥더모트·제레미 애그뉴, 『코민테른: 레닌에서 스탈린까지, 국제 공산주의운동의 역사』, 황동하 옮김, 서해문집, 2009.
최근에 나온 간략한 코민테른 역사서입니다. 큰 장점도 큰 결점도 없는 입문용 교재로 딱 적당한 책입니다.

리처드 오버리, 『스탈린과 히틀러의 전쟁』, 류한수 옮김, 지식의풍경, 2003.
할리우드 영화에서 묘사된 것과는 달리 제2차 세계대전에서 나치 침략은 거의 전적으로 소련 인민들의 희생에 의해 격퇴되었음을 여실히 보여 주는 책입니다. 소련의 고립과 스탈린 공포정치가 등장하게 된 역사적 배경을 이해하는 데도 유용합니다. 하지만 비슷한 주제를 다룬 저자의 다른 책인 『독재자들』(조행복 옮김, 교양인, 2008)은 이 책에 비하면 지나치게 지루합니다.

니키타 세르게예비치 흐루시초프, 『개인숭배와 그 결과들에 대하여』, 박상철 옮김, 책세상, 2006.
스탈린 사후에 집권한 흐루쇼프가 스탈린 개인숭배를 비판하기 위해 행한 연설문입니다. 소련의 새로운 시대를 여는 역사적 의미를 가질 수도 있었지만, 그 이후의 소련 역사는 흐루쇼프의 의도대로 전개되지는 않았지요.

안톤 판네쿡, 『노동자평의회』, 김주환·황선길 옮김, 빛나는전망, 2005.
좌익공산주의의 이론적 교과서입니다. 노동자평의회 운동에 관심이 있는 분이라면 꼭 읽어야 하는 책입니다. 평의회운동의 역사에 대한 고전적 저술인 오스카 안바일러의 『소비에트』(박경옥 옮김, 지양사, 1986)와 최근에 번역된 역사서인 도니 글룩슈타인의 『서구의 소비에트: 1915~20년의 노동자평의회 대 의회』(정민규 옮김, 풀무질, 2008)와 함께 읽으면 더 효과적입니다.

오세철 편, 『좌익공산주의: 혁명적 맑스주의 역사와 논쟁』, 빛나는전망, 2008.
좌익공산주의의 역사와 현재의 동향까지 다 나온 책을 원하시면 이 책이 도움이 될 것입니다. 하지만 번역과 교열상태가 좋지 않습니다.

7. 중국혁명과 마오주의

마오쩌둥, 『모택동 선집』 1~4권, 김승일 옮김, 범우사, 2001~2008.
마오의 저작을 직접 읽을 수 있는 책입니다. 중국에서 공식적으로 출판된 『선집』을 옮긴이 혼자서 힘을 다해 번역하고 있습니다. 중국어를 잘하는 분들과 원문 대조를 하면서 일부분을 읽어 보았는데 번역상태도 상당히 훌륭합니다. 앞으로도 계속 출판되어야 할 텐데요.

에드가 스노우, 『모택동 자전』, 신복룡 옮김, 평민사, 2006.
모택동의 전기로는 아동용을 제외하면 가장 얇은 책이어서 소개합니다. 여유가 더 있으신 분들은 에드가 스노우, 『중국의 붉은 별』(신홍범·안양노·홍수원 옮김, 두레, 1995)을 보시는 게 나을 듯합니다.

우노 시게아끼, 『중국공산당사』, 김정화 옮김, 일월서각, 1984.
이런 주제의 책들이 요즘은 잘 나오지 않아서 좀 지난 책을 추천합니다. 일본의 책들이 흔히 그렇듯이 깔끔한 정리가 돋보입니다. 그러나 한자가 많고 문체가 번역투라 읽기에 지장을 줄 수도 있습니다.

프랑소와즈 르 바르비에 외, 『중공: 1949~1976』, 공기두 옮김, 까치, 1989.
좀 지난 책이지만 문혁의 문제의식을 알기에는 유용한 책입니다.

모리스 마이스너, 『마오의 중국과 그 이후』 1~2권, 김수영 옮김, 이산, 2004.
마오주의를 중심으로 현대 중국의 역사를 개괄하는 고전적 저술입니다. 5·4운동부터 1990년대까지의 방대한 시기를 요령 있게 정리하고 있습니다. 중국 현대사를 한 권으로 정리하고 싶은 분들에게 권합니다.

시쉬옌·진춘밍, 『문화대혁명사』, 이정남·주정환·하도형 옮김, 나무와숲, 2000.
문화대혁명에 대한 중국 공산당의 공식 입장을 반영한 역사서입니다. 개혁개방 노선의 입장에서 마오 시대를 평가한다는 점을 감안하고 읽으시기 바랍니다.

백승욱, 『문화대혁명: 중국 현대사의 트라우마』, 살림, 2007.
아주 짧지만 알찬 책입니다. 문화대혁명에 대한 오해들을 많이 교정할 수 있을 것입니다. 또 문혁의 핵심 문건인 「문혁 16조」를 수록하고 있습니다.

천이난, 『문화대혁명, 또 다른 기억』, 장윤미 옮김, 그린비, 2008.
문혁에 조반파로서 적극적으로 참여한 당사자의 회고록입니다. 문혁 연구의 훌륭한 자료이며, 일반 독자도 흥미롭게 읽을 수 있습니다. 문혁에 직접 참여한 이들의 회고록에 대한 백승욱 교수의 작업의 결과물인 『중국 노동자의 기억의 정치』(폴리테이아, 2007)와 함께 읽으면 좋겠습니다. 다만 뒤의 책은 교열이 아쉽습니다.

8. 웨스턴 맑시즘

페리 앤더슨, 『서구 마르크스주의 읽기』, 이현 옮김, 이매진, 2003.
'웨스턴 맑시즘'이라는 지적 흐름을 체계적으로 분류한 당사자의 글이므로 가장 효과적인 교재일 것입니다. 원래 이 책은 *Western Marxism: A critical Reader*(Gareth Stedman Jones et al., Verso, 1978)의 「서문」으로 기획된 것입니다. 당대의 일급 학자들의 글을 수록한 이 책도 번역되면 좋겠네요. 그러나 페리 앤더슨의 입장에 전적으로 동의하지는 않는 다른 학자의 책도 함께 읽으면 더 좋겠습니다. 저는 Göran Therborn, *From Marxism to post-Marxism?*(Verso, 2009)을 추천하고 싶습니다. 이 책의 한글 번역본이 곧 나올 것이라는데 기대가 큽니다.

마틴 제이, 『변증법적 상상력: 프랑크푸르트 학파의 역사와 이론』, 강원돈·강희경·황재우 옮김, 돌베개, 1979.
제목 그대로 변증법을 축으로 프랑크푸르트 학파의 역사와 이론을 쉽고 재미있게 서술한 책입니다. 상당한 분량임에도 전혀 지루하지 않게 읽을 수 있습니다. 옮긴이 황재우는 시인 황지우의 본명입니다.

게오르그 루카치, 『역사와 계급의식: 맑스주의 변증법 연구』, 박정호·조만영 옮김, 거름, 1992.
웨스턴 맑시즘의 철학적 문제의식의 원류에 접근하기 위해서는 반드시 루카치를 읽어야겠지요. 제가 이 책을 처음 읽은 대학생 시절에는 어렵기는 했지만 큰 감동을 받았는데 지금도 그럴지는 솔직히 의문입니다. 여러분은 어떨지요.

게오르그 루카치, 『청년 헤겔』 1~2권, 김재기·서유석·이춘길 옮김, 동녘, 1986~1987.
위의 책을 재미있게 읽으셨다면 내친 김에 『청년 헤겔』에도 도전해 보십시오.

안토니오 그람시, 『남부 문제에 대한 몇 가지 주제들 외』, 김종법 옮김, 책세상, 2004.
그람시에 대해서는 상대적으로 많은 책이 한국어로 번역되어 있습니다. 그중 이탈리아에서 그람시를 전공한 번역자의 훌륭한 번역으로 그람시 초기 저작을 읽어 보는 것도 좋겠습니다. 책 말미에 옮긴이가 더 읽을 책 목록을 달아 놓았습니다. 더 공부하실 분들에게 도움이 될 것입니다.

마지막으로 아시아, 아프리카, 라틴아메리카의 맑스주의에 대한 자료도 소개하고 싶었지만 제 공부의 부족으로 다음 기회로 미루겠습니다. 몇 년 안에 아시아 공산주의를 개괄하는 강의와 책에서 소개할 것을 약속드립니다.

찾아보기

【ㄱ】

개인주의 12, 81
개혁개방 340, 343, 354
게드, 쥘(Guesde, Jules) 177, 179
게이, 피터(Gay, Peter) 158
경제환원론 69, 122, 419
계급 74, 146
　~대립 31
　~투쟁 74, 387
계몽주의 21, 27, 136
계획경제 38
고르바초프, 미하일(Gorbachyov, Mikhail) 289
고전파 경제학 86
「고타강령」 105, 109
공산주의 12, 17, 35, 44, 110, 183
　낮은 단계의 ~ 17, 110, 246, 340
　농민 321
　높은 단계의 ~ 17, 110, 340
　~ 사회 37, 41, 43, 67~68, 79, 82, 114
　~자 30, 365

공산주의자동맹(Bund der Kommunisten) 53, 70
공황 76, 257
관료제 321, 341
구조주의 380
국가 37, 75, 79, 113, 146, 171, 387
　~의 소멸 37
국가주의 95~96, 104, 106, 114
국공내전 333
국공합작 315
　제1차 ~ 310
　제2차 ~ 321
국민경제학 57
군더 프랑크, 안드레(Gunder Frank, Andre) 391
그람시, 안토니오(Gramsci, Antonio) 370, 373~377, 385
　기동전 373
　『옥중수고』 373
　진지전 373
　헤게모니 375
금융자본 48

【ㄴ】

나세르, 가말 압델(Nasser, Gamal Abdel) 413
나폴레옹 3세 172
    보나파르티즘 172
냉전 35, 371, 397
네팔 공산당 마오주의 412
노동 42, 110
    정신노동과 육체노동의 분할 68, 321~322, 325, 345, 357
    ~규율 255
노동가치설 86
노동운동 23, 104, 134
노동자계급 36, 89, 114
    ~의 국제주의 92, 175
노동자 통제 104, 254, 357
노동자평의회 370
노동전수익권 46, 107~108
노동조합 47~48, 113, 153, 164
노스케, 구스타프(Noske, Gustav) 251
놀, 론(Nol, Lon) 404
『뉴 레프트 리뷰』 364
니콜라이 2세 221, 223, 232
    10월 선언 222

【ㄷ】

대약진운동 337, 343
대장정 318
대중 노선 321
대처, 마거릿(Thatcher, Margaret) 386
덩샤오핑(鄧小平) 343, 349
「독립선언서」 74
독-소 불가침 조약 297

독일 공산당 292, 370
독일 사회민주당 19, 72, 105, 115, 135, 144, 151, 166, 176, 250
    고타 대회 105
독재 32, 34
    ~ 대 민주주의 34, 148
독점자본 141
동티모르 사태 399
두마(Duma) 222, 233
뒤링, 오이겐(Dühring Eugen) 116
드레이퍼, 할(Draper, Hal) 32
드브레, 레지(Debray, Regis) 386
디엔비엔푸 전투 403

【ㄹ】

라비노비치, 알렉산더(Rabinowitch, Alexander) 236, 246
    『혁명의 시간』 236
라살레, 페르디난트(Lassalle, Ferdinand) 95
    『라살레 전집』 145
    전독일 노동자협회(Allgemeiner Deutscher Arbeiterverein) 95
    철의 임금법칙 112
라이트, 에릭 올린(Wright, Erik Olin) 392
라이히, 빌헬름(Reich, Wilhelm) 380
라클라우, 에르네스토(Laclau, Ernesto) 387
    『헤게모니와 사회주의 전략』 387
러시아 사회민주당 211
러시아혁명(1917년 혁명) 57, 178, 292
    내전 252
    / 7월의 날들(7월 봉기) 239
러일 전쟁 219

레닌, 블라디미르(Lenin, Vladimir) 19,
34, 71, 100, 197, 360, 365
　『국가와 혁명』 100, 115, 239, 264, 276
　『러시아 사회민주당의 농업강령』 218
　『러시아에서 자본주의의 발전』 209
　『무엇을 할 것인가?』 214, 252
　『민주주의 혁명에서 사회민주주의의
　두 가지 전술』 227
　「4월 테제」 238
　「식민지와 민족 문제에 대한 테제」 278
　『유물론과 경험비판론』 366, 370
　전위당 162, 214, 217~218
　『제국주의, 자본주의의 최고 단계』(『제
　국주의』) 181, 197, 256, 276, 292, 304
레이건, 로널드(Reagan, Ronald) 386
레프, 엔리케(Leff, Enrique) 389
로이, 마나벤드라 나트(Roy, Manabendra
Nath) 411
로크, 존(Locke, John) 193
루카치, 죄르지(Lukács, György) 120,
169, 366~369
　『사회적 존재의 존재론을 위하여』
　384~385
　『역사와 계급의식』 366~368
룩셈부르크, 로자(Luxemburg, Rosa) 134,
141, 247, 365, 368
　『대중파업』 159~161
　「러시아 사회민주당의 조직 문제」 161
　『러시아 혁명』 247
　『사회개량이냐 혁명이냐』 134, 141
　스파르타쿠스단 276
　『이론과 실천』 160
　『자본의 축적』 141, 168
류사오치(劉少奇) 343, 349
리다자오(李大釗) 309

리프크네히트, 빌헬름(Liebknecht,
Wilhelm) 116, 176
린뱌오(林彪) 355

【ㅁ】

마르쿠제, 허버트(Marcuse, Herbert) 377
마르토프, 율리(Martov, Yulii) 182, 211
마셜 플랜 372
마오쩌둥(毛澤東) 21, 311, 349
　「긴급지시」 354
　『모순론』 325, 336, 360
　부단혁명론 336
　「사령부를 포격하라: 나의 대자보」
　349, 353
　『실천론』 325
　『옌안문예강화』 321, 324
　「5·16 통지」 348
　『지구전론』 317
　「후난 농민운동 시찰보고」 311
마이스너, 모리스(Meisner, Maurice) 345
마흐, 에른스트(Mach, Ernst) 366
맑스, 칼(Marx, Karl) 54~55, 88
　『고타강령 초안 비판』 17, 52, 104, 144,
　241, 243
　『공산당 선언』 17, 51, 56, 81, 89, 97,
　108, 240
　『독일 이데올로기』 52, 340
　소외 58~60, 64
　소유형태 66
　인간의 유적 본질 64~65
　『자본』 85, 108, 206
　「정치 문제에 대한 무관심」 241
　「포이어바흐에 대한 테제들」 52, 65, 82
　『프랑스 내전』 52, 71, 85, 97, 114, 240

『프랑스에서의 계급투쟁』 125
『1844년의 경제학-철학 초고』(『경제학-철학 초고』) 52, 56, 63, 123, 366
맑스주의 18, 44, 106, 206, 360, 417
  개량주의 133, 135
  다원주의적 ~ 137
  맑스-레닌주의 19
  분석~ 391
  생태~ 389
  수정주의 19, 125, 133, 189, 241
  오스트로~ 370
  웨스턴 맑시즘 120, 169, 303, 363, 364
  정통파 19, 123, 137, 139, 149, 197, 219, 258, 262
  포스트~ 372
  ~ 페미니즘 390
맬서스, 토머스(Malthus, Thomas) 113
  『인구론』 113
메를로-퐁티, 모리스(Merleau-Ponty, Maurice) 364, 366
메이데이 131
멘셰비키 182, 211, 214, 219, 225, 248
목적론적 역사관 67
무장봉기 30, 48, 143, 149, 180, 239, 246
무페, 샹탈(Mouffe, Chantal) 387
  『헤게모니와 사회주의 전략』 387
문화대혁명 325, 345, 350, 384
  공작조 348
  당권파 350
  「문혁 16조」 349, 352, 353, 354
  보황파 353
  삼결합의 원칙 357
  상하이 인민공사 356
  2월 반혁명 진압 358
  인민해방군 355
  조반유리 354
  조반파 348, 353
  주자파 350
  홍위병 351
  흑오류 354
민족자결권 285
민족주의 92
민족해방운동 199, 277
  식민지 ~ 310, 372, 396

【ㅂ】

바디우, 알랭(Badiou, Alain) 386
바란, 폴(Baran, Paul) 391
바렛, 미셸(Barrett, Michèle) 390
바뵈프, 프랑수아(Babeuf, François) 16, 30, 48
  평등파 16
바쿠닌, 미하일(Bakunin, Mikhail) 44, 48, 93
버킷, 폴(Burkett, Paul) 389
베르사유 조약 276
베른슈타인, 에두아르트(Bernstein, Eduard) 100, 103, 125, 137, 240, 243
  『사회주의의 전제와 사민당의 과제』 100, 103
베벨, 아우구스트(Bebel, August) 116, 152, 179, 390
베트남 384, 401, 402
  ~ 공산당(베트콩) 401, 402
  ~ 독립동맹(베트민) 402
  ~ 민족해방혁명 384
  ~전 반대운동 384
  ~ 혁명동맹 402
벤야민, 발터(Benjamin, Walter) 167

변증법 61, 64, 121, 123, 143, 165, 195, 327, 367, 368
    부정의 부정 61, 62
    헤겔 ~ 61, 367
보그다노프, 알렉산드르(Bogdanov, Aleksandr) 367
복지국가 체제 382
볼셰비키 211, 214, 219
부등가교환 45, 47
부르주아 146
    ~ 민주주의 14, 29
    ~지 27, 30, 74
    ~지 독재 33
부하린, 니콜라이(Bukharin, Nikolai) 282, 287~290, 298
붕괴론 136, 139, 197, 262
    과소소비설 146
    불비례설 146
브레스트-리토프스크 조약 248
브레즈네프, 레오니트(Brezhnev, Leonid) 306
블랑키, 루이(Blanqui, Louis) 17, 30, 48
비데, 자크(Bidet, Jacques) 382
    『현대 맑스주의 입문』 382
비스마르크, 오토 폰(Bismarck, Otto von) 134, 172
    ~의 복지정책 187
비시 정권 402
비치, 베로니카(Beechey, Veronica) 390
빈곤 39, 113

【ㅅ】

사물에 대한 인간의 관리 37, 244
사적 소유 58, 60
사회민주주의(사민주의) 100, 115, 120, 183, 199, 365
사회주의 12, 17, 43, 81, 92, 165
    과학적 ~ 124
    국가~ 114
    속류~ 112
    유토피아 ~ 17, 40, 67, 89, 112
    페이비언 ~ 72, 193
    현실~ 115, 120, 183, 371, 382, 396
사회주의혁명가당 237, 247
    ~ 좌파 248
산업혁명 26
삼대 격차 345, 348, 359
삼민주의 310
상부구조 60, 69, 169, 350, 360, 368
상품 58~59
상호은행 46, 48, 93
생산력 36
    ~과 생산관계의 모순 76, 81
    ~증대 22, 75, 138
생산수단 47, 74, 76
    ~에 대한 사적 소유 76, 79
    ~의 사회화 78
생산양식 64, 145, 169
    자본주의적 ~ 87, 390
생시몽, 클로드(Saint-Simon, Claude) 36, 110
    ~의 산업 36
세계체제론 388, 390
소렐, 조르주(Sorel, Georges) 154, 167
    『폭력에 대한 성찰』 167
소련 22, 112, 396
    『볼셰비키당 약사』 302
소비에트 100, 160, 224, 241, 243
    페트로그라드 ~ 233

소외 58~60, 64
  노동과 자본의 ~ 64
  노동의 ~ 59
쇼, 조지 버나드(Shaw, Geroge Bernard) 193
쇼비니즘(Chauvinism) 92
수정주의 19, 137, 367
  ~ 논쟁 77
수카르노(Sukarno) 408
수하르토(Suharto) 409
슈미트, 알프레드(Schmidt, Alfred) 392
슈바이처, 요한(Schweitzer, Johann) 105
「슈투트가르트 결의안」 182~183, 257, 261, 273
스미스, 애덤(Smith, Adam) 64
스탈린, 이오시프(Stalin, Iosif) 19, 119, 285, 365
  대테러 298
  『레닌주의의 기초』 287
  『변증법적 유물론과 역사유물론』 123, 302
  연합반대파 287
  우익반대파 287
  일국사회주의론 291, 304
  자본주의의 일반적 위기론 304
  좌익반대파 293
  진영 테제 306
  ~ 체제 57, 250, 279
  ~주의 35, 119, 249, 301
스톨리핀, 표트르(Stolypin, Pyotr) 217, 223
  스톨리핀 개혁 223
  스톨리핀의 넥타이 217
시안 사변 320
식민지 26

긍정적 식민정책 190
부정적 식민정책 190
사회주의적 식민정책 190, 198
자본주의적 식민정책 192, 198
~ 논쟁 148, 189
~ 쟁탈 174
~ 점령 26, 191
신경제정책 254, 267
신좌파 384
신해혁명 309
쑨원(孫文) 309

【ㅇ】

아글리에타, 미셸(Aglietta, Michel) 392
  『자본주의 조절이론』 392
아나코-생디칼리즘 130, 153, 156, 161, 178
아나키즘 44, 47, 96, 103, 114, 130, 241
아도르노, 테오도어(Adorno, Theodor) 377
  『계몽의 변증법』 379
아랍사회주의 413
아리기, 지오바니(Arrighi, Giovanni) 391
아민, 사미르(Amin, Samir) 391
아시시의 성 프란체스코 13, 16
  프란체스코파 13~14
아시아 공산주의운동 393
아이제나흐파 105
악셀로트, 파벨(Akselrod, Pavel) 211
알렉산드르 2세 202, 205
  농노해방 202, 219
알튀세르, 루이(Althusser, Louis) 380
앙팡탱, 바르텔미(Enfantin, Barthélemy) 36, 39

앤더슨, 페리(Anderson, Perry) 365, 366
『서구 맑스주의 읽기』 381
「에르푸르트 강령」 72, 138
에베르트, 프리드리히(Ebert, Friedrich) 251
엥겔스, 프리드리히(Engels, Friedrich) 218, 368, 390
　『공산당 선언』 17, 51, 56, 81, 89, 97, 108, 240
　「권위에 대하여」 241
　『독일 이데올로기』 52, 66, 340
　『루트비히 포이어바흐와 독일 고전철학의 종말』(『루트비히 포이어바흐』) 52, 56, 69, 118, 302, 327, 366
　『오이겐 뒤링 씨의 과학변혁』(『반뒤링』) 52, 115
　『유토피아에서 과학으로의 사회주의의 발전』(『유토피아에서 과학으로』) 117
　『자연변증법』 120
　『주택 문제에 대하여』 241
역사철학 40, 67
연방제 102, 243
연속혁명론 226, 238, 293
옌안 정신 320, 336
오버리, 리처드(Overy, Richard) 296
　『스탈린과 히틀러의 전쟁』 296
오언, 로버트(Owen, Robert) 37
오코너, 제임스(O'Connor, James) 389
우한(武漢) 348
　『하이루이 파관』 348
월러스틴, 이매뉴얼(Wallerstein, Immanuel) 391
유럽중심주의 178~179, 199
유물론 64, 82, 123
　변증법적 ~ 122, 303, 328

역사~ 122, 302
　~적 역사이해 40, 66, 85, 121
유소파 317, 326
68혁명 363, 370, 381, 384
의인동맹 53
의회전술 49, 95, 125, 135, 149, 153, 413
2단계 혁명론 208, 224
이데올로기 문제 380
『이스크라』 210
2월 혁명 230, 233
　국제 여성의 날 230
이중 권력 233
인간에 대한 인간의 지배 37, 244
인도네시아 공산당 408
인도의 공산당 411, 412
　인도공산당 412
　인도공산당 맑스-레닌주의파 412
　인도공산당 맑스주의파 412
인도차이나 공산당 402
인민공사 338, 341
인민주의 203
　게르첸, 알렉산드르(Gertsen, Aleksandr) 203
　브나로드운동 205
인클로저 28
임시정부 233
입헌민주당 236, 248
잉여가치 85~87, 107, 145

【ㅈ】

자레스키, 엘리(Zaretsky, Eli) 390
자본가계급 36, 37, 114
자본주의 22, 86, 111
　국가~ 253, 261, 334

국가독점~ 174, 262
독점~ 173
산업~ 174, 185
자술리치, 베라(Zasulich, Vera) 211
자유주의 12, 27, 43~44, 417
　신자유주의 23, 385, 388, 393, 417
장쉐량(張學良) 320
장시 소비에트 공화국 316
장제스(蔣介石) 314, 320
전시공산주의 253, 265, 267
전체주의 35, 81
　~ 대 민주주의 34
정치 45
　~권력 45, 146
　~와 경제의 분리 29
　~적 행동 45, 78, 92~94, 130, 153
제국주의 174, 184, 198
제3인터내셔널(코민테른) 199, 201, 263, 273, 292, 384, 394, 399, 411328
　동방 대학 278, 317
　동방민족대회 278
　제1차 대회 277
　제2차 대회 277
　제4차 대회 279
　「코민테른 가입조건 21개조」(「21개조」) 277
　통일전선 279
제솝, 밥(Jessop, Bob) 392
제이, 마틴(Jay, Martin) 365, 366
제2인터내셔널 72, 112, 120, 122, 127, 263, 291, 365
　런던 대회 130
　슈투트가르트 대회 130, 195, 199, 211, 273
　암스테르담 대회 194

제2차 세계대전 296, 304
제2차 인도차이나 전쟁 403
제1인터내셔널(국제노동자연맹) 44, 85, 89, 127
제1차 러시아혁명(1905년 혁명) 152, 160, 178, 211, 219, 221
　가폰, 게오르기(Gapon, Georgii) 220
　피의 일요일 160, 220
제1차 세계대전 92, 120, 183, 229, 301, 365
제1차 5개년 계획(소련) 290
제1차 5개년 계획(중국) 335, 337
제1차 인도차이나 전쟁 402
조레스, 장(Jaurès, Jean) 160, 179~180
존슨, 린든(Johnson, Lyndon) 384
종속이론 391
좌익공산주의 120, 166, 168
주더(朱德) 315
중국 공산당 335
중소 분쟁 21, 343, 397, 399, 411
중일 전쟁 333
지노비예프, 그리고리(Zinovyev, Grigorii) 239, 285, 298
지젝, 슬라보예(Žižek, Slavoj) 386
징강산 소비에트 315

【ㅊ·ㅋ·ㅌ】

차티스트운동 72, 151
　인민헌장 73
천두슈(陣獨秀) 309
청년헤겔학파 53, 56, 63
초기 50일 348
총파업 150, 167, 180
치머발트 좌파 273

카르텔(Cartel) 141, 146, 149, 259
카메네프, 레프(Kamenev, Lev) 239, 285, 298
카우츠키, 칼(Kautsky, Karl) 19, 34, 118, 137, 139, 148, 181, 258
　『권력의 길』 242
　「초제국주의」 260
　『프롤레타리아트 독재』 19, 34, 276
케인스, 존 메이너드(Keynes, John Maynard) 419
코르쉬, 칼(Korsch, Karl) 120, 366, 370
　『맑스주의와 철학』 366, 370
코뮨주의 19
코민포름 412
코헨, 제럴드 앨런(Cohen, Gerald Allan) 391
　『칼 맑스의 이론에 대한 옹호』 391~392
콜럼버스, 크리스토퍼(Columbus, Christopher) 26
크론시타트 수병반란 264, 328
크메르 루주 404
　삼판, 키우(Samphan, Khieu) 406
　킬링 필드 404
키로프, 세르게이(Kirov, Sergei) 297
테르본, 예란(Therborn, Göran) 371, 382, 386, 393
　『맑스주의에서 포스트맑스주의로?』 371, 382
테일러주의 255
토대 60, 69, 169, 350, 368
토젤, 앙드레(Tosel, André) 386
통킹만 사건 403
트러스트(Trust) 141, 149, 259
트로츠키, 레프(Trotskii, Lev) 226, 266, 285, 293, 298
　『러시아 혁명사』 226
티에르, 아돌프(Thiers, Adolphe) 36

【ㅍ】

파리코뮨 97, 101~102, 172, 241, 243, 350
파시즘 34, 378
판네쿡, 안톤(Pannekoek, Anton) 242
팔랑스테르(Phalanstère) 39~40
평등 16, 111
　실질적 ~ 109
　형식적 ~ 29, 109
포스터, 존 벨러미(Foster, John Bellamy) 389
포스트모더니즘 388
포이어바흐, 루트비히(Feuerbach, Ludwig) 53
폴라니, 칼(Polanyi, Karl) 419
폴록, 프리드리히(Pollock, Friedrich) 377~378
푸리에, 샤를(Fourier, Charles) 37~38, 41
프랑스혁명 14, 30~31, 62, 102, 243
　로베스피에르, 막시밀리앙(Robespierre, Maximilien) 15
　에베르파 15
　「인간과 시민의 권리선언」 14, 74
　자코뱅파 14, 103
　지롱드파 14, 103
　최고가격제 15
　테르미도르 반동 16
프랑크푸르트 학파 369, 377, 392
프레오브라젠스키, 예브게니(Preobrazhenskii, Evgenii) 288

사회주의적 시초축적 289
프로이센-오스트리아 전쟁 151, 171
프로이센-프랑스 전쟁 151, 171
프로핀테른 279
프롤레타리아 146
　~트 30, 74, 138, 339, 395
　~트 독재 32~34, 47~48, 78, 100~103, 147~148, 241~242, 262, 370
　~트의 계급의식 367, 369
　~트의 다수화 77, 188
　~트의 빈곤화 77, 146, 188
프롬, 에리히(Fromm, Erich) 380
프루동, 피에르-조제프(Proudhon, Pierre-Joseph) 44, 47~48, 107, 153
플레하노프, 게오르기(Plekhanov, Georgii) 119, 208, 219, 225

【ㅎ】

하버마스, 위르겐(Habermas, Jürgen) 378, 392
하이에크, 프리드리히 폰(Hayek, Friedrich von) 386
항미원조 334
해방신학 391
헤겔, 게오르크(Hegel, Georg) 53, 62, 367
혁명 135, 143, 147, 163, 370
　부르주아 ~ 14, 225, 236
　사회 ~ 78
　사회주의 ~ 194, 225, 250, 301, 360
　세계 ~ 190, 226, 263
　정치 ~ 29, 30~31, 78, 135
협동조합 45, 47~48, 95, 113, 153
호르크하이머, 막스(Horkheimer, Max) 372
　『계몽의 변증법』 379
호치민(胡志明) 20, 401
홉슨, 존(Hobson, John) 259
　『제국주의』 259
홍군 315, 318
흐루쇼프, 니키타(Khrushchyov, Nikita) 21, 306, 372
　데탕트 306, 372
히틀러, 아돌프(Hitler, Adolf) 35, 297
　『나의 투쟁』 297
힌덴부르크, 파울 본(Hindenburg, Paul von) 251
힐퍼딩, 루돌프(Hilferding, Rudolf) 259, 370
　『금융자본』 259
　조직자본주의론 259